河南省文物考古研究院综合类图书丙种第 47 号

河南考古百年志

发现篇

河南省文物考古研究院　编著
杨育彬　主编

科学出版社
北　京

图书在版编目（CIP）数据

河南考古百年志. 发现篇 / 河南省文物考古研究院编著；杨育彬主编. —北京：科学出版社, 2024.11

ISBN 978-7-03-077438-5

Ⅰ. ①河… Ⅱ. ①河… ②杨… Ⅲ. ①考古工作－概况－河南 Ⅳ. ①K872.61

中国国家版本馆CIP数据核字（2024）第007301号

责任编辑：张睿洋 / 责任校对：张亚丹
责任印制：张　伟 / 书籍设计：北京美光设计制版有限公司

科学出版社 出版
北京东黄城根北街16号
邮政编码：100717
http://www.sciencep.com
北京汇瑞嘉合文化发展有限公司印刷
科学出版社发行　各地新华书店经销
*
2024年11月第　一　版　开本：889×1194　1/16
2024年11月第一次印刷　印张：30 1/4
字数：871 000

定价：518.00元

（如有印装质量问题，我社负责调换）

前言

20世纪的中国，时局变幻，跌宕起伏。1911年清王朝被推翻，结束了两千多年的封建帝制。1921年中国共产党成立，改变了中华民族的前途和命运，也改变了世界发展的趋势和格局。中国共产党带领全国人民走上实现民族复兴的百年道路。也恰好是1921年，受聘于北洋政府农商部矿业顾问的瑞典地质学家安特生，带队在河南省渑池县仰韶村进行考古发掘，第一次找到了内涵丰富的中国新石器时代远古文化遗存，其后被命名为仰韶文化，成为中国现代考古学的开端。这也是中国文化史乃至世界文化史上的一件大事。一百年来，几代中国考古人筚路蓝缕，艰苦创业，获得了一系列重大的考古发现，展现了中国古代文明的灿烂辉煌，在地处中原的河南表现得尤为突出。于是渑池仰韶村遗址就成了中国考古的圣地，而2021年则迎来了中国现代考古学诞生100周年的盛大节日，并为此举行了一系列的纪念活动。

2021年9月，在河南举办了“河南考古百年百大考古发现”“河南考古百年经典考古报告”“河南考古百年重要考古报告”的评选活动。其中渑池仰韶村遗址、登封王城岗遗址、偃师二里头遗址、偃师商城遗址、郑州商城遗址、安阳殷墟遗址、汉魏洛阳城遗址、隋唐洛阳城遗址、开封北宋东京城遗址等100处考古遗址，被评为“河南考古百年百大考古发现”。《庙底沟与三里桥》《郑州二里岗》《洛阳中州路》《洛阳烧沟汉墓》《辉县发掘报告》《白沙宋墓》6部考古发掘报告，被评为“河南考古百年经典考古报告”。《舞阳贾湖》《郑州大河村》《二里头（1999—2006）》《郑州商城（1953—1985）》《三门峡虢国墓（一）》《淅川下寺春秋楚墓》等50部考古发掘报告，被评为“河南考古百年重要考古报告”。

2021年10月，仰韶文化发现暨中国现代考古学诞生100周年纪念大会在河南三门峡举办。纪念大会由中国社会科学院、国家文物局、河南省人民政府共同主办。大会宣读了中共中央总书记、国家主席、中央军委主席习近平发来的贺信，代表党中央向全国考古工作者致以热烈祝贺和诚挚问候。习近平指出，100年来几代考古人筚路蓝缕、不懈努力，取得一系列伟大考古发现，展现了中华文明起源、发展脉络、灿烂成就和对世界文明的重大贡献，为更好认识源远流长、博大精深的中华文明发挥了重要作用。习近平希望广大考古工作者增强历史使命感和责任感，发扬严谨求实、艰苦奋斗、敬业奉献的优良传统，继续探索未知、揭示本源，努力建设中国特色、中国风格、中国气派的考古学，更好展示中华文明风采，弘扬中华优秀传统文化，为实现中华民族伟大复兴的中国梦作出新的更大贡献。

与此同时，渑池仰韶村举办仰韶村国家遗址公园开园仪式，三门峡市举行第三届中国考古学大会。

为纪念仰韶文化发现和中国现代考古学诞生100周年，为落实习近平总书记对考古工作者的殷殷嘱托，为展现河南考古百年的光辉历程和巨大成就，为反映河南几代考古人艰苦创业的难忘岁月，为“行走河南，读懂中国”增砖添瓦，笔者受托编写这部《河南考古百年志》。耄耋之年，发挥余热，百万多字的耕耘，400多张照片，当非易事。三年间，冬去春来，寒至暑往，酸甜苦辣尽在不言中。

这套书共三本。第一本是《河南考古百年·发现篇》。2021年权威部门评选出河南考古百年百大考古发现，其中旧石器时代发现有3项发现入选，栾川孙家洞遗址、灵井许昌人遗址、郑州老奶奶庙遗址，3项发现代表了河南旧石器时代早中晚期的发展序列，引起国内外学术界的重视，我们的祖先就从这里一路走来。新石器时代有20项发现入选，包括距今1万余年李家沟文化的新密李家沟遗址，距今9000—7000年裴李岗文化的新郑裴李岗遗址和舞阳贾湖遗址，距今7000—5000年仰韶文化的渑池仰韶村遗址、三门峡庙底沟遗址、巩义双槐树遗址、郑州大河村遗址和西山遗址，距今5000—4000年的龙山文化淮阳平粮台遗址、郾城郝家台遗址、新密古城寨遗址。这些发现建立起完备的新石器时代文化谱系，反映中华古代文明起源与早期的发展。夏商时代有19项发现入选，包括登封王城岗早期夏都阳城、偃师二里头夏代晚期王都、偃师商城、郑州商城、安阳洹北商城和安阳殷墟等，一系列商代王都的变迁成就了更高层次的王国文明。两周时期有18项发现入选（本书中胡庄韩国王陵包含在郑韩故城内），东周王城，各诸侯国都邑，韩国王陵和虢国、应国、楚国大型贵族墓地，晋国盟书遗存，楚国长城。这些发现再现了长达八百年社会大变革时代，为中国古代大一统国家出现创造条件。秦汉魏晋南北朝有17项发现入选（本书将洛阳曹魏正始八年墓包含在内，因其在中国考古学中对曹魏时期研究的地位是不可替代的），陕县秦人墓地、汉魏洛阳城、东汉帝陵、曹操高陵、多处冶铁作坊、关隘漕运、农村聚落，彰显了横空出世的秦汉帝国文明和空前的民族大融合。隋唐时期有9项发现入选，隋唐东都洛阳城、龙门石窟及周边古寺院遗址、多处国家粮仓，显示了当时国力富足，经济发展，文化进步，中外交流频繁，一派欣欣向荣。宋金元明时期有14项发现入选，北宋东京城、巩义皇陵、汝窑和钧窑，直指古陶瓷的巅峰；开封明永宁王府遗址和荥阳明周懿王墓，奏响了封建社会晚期的一段挽歌。河南这100项考古大发现，也是中国考古学的缩影，已成为中国考古学发展里程碑上最耀眼的刻度之一。

第二本是《河南考古百年·人物篇》。百年来在河南考古发掘的队伍中，有1921年安特生团队在渑池仰韶村的考古发掘，有李济、董作宾、梁思永等一大批学者在安阳殷墟的考古发掘；有郭宝钧等考古前辈在豫北浚县、汲县、辉县的考古发掘；另有李景聃等在商丘永城的考古发掘；还有孙文青等在南阳汉代画像石墓的考古发掘。新中国成立之后，有中国科学院考古研究所在河南各地的考古调查与发掘，也有北京大学等多所高校考古专业在河南各地的考古发掘，更多的是河南省直及各地市文物考古部门配合基本建设的考古发掘。2021年在评选“河南考古百年百大考古发现”的同时，原本还要推介100位对河南考古有杰出贡献的个人，但由于种种原因最终未能产生，这是一项容易引起矛盾和争议的活动。作为《河南考古百年志》一书，如果没有人物志，将是一大缺憾。为此，在多次征求有关专家、领导的意见之后，几经反复，列出了这份一百年来对河南考古有过突出贡献的百位考古老前辈、老考古人和部分中年学者的名单。让人感慨的是，在推介名单过程中，有一位中国社会科学院考古研究所的资深研究员，在河南考古发掘20余年成果多多，闻名于世；有两位著名高校考古专业教授，对河南考古作出重要贡献，颇有口碑；有几位从河南省文物考古研究所调出的学者，在河南考古发掘中成就卓著，享誉省内外。他们都再三婉拒了进入这份百年考古人物的名单而谦让给他人。

第三本是《河南考古百年·纪事篇》。这是自1921年到2021年一百年间的考古纪事，可以说是一部河南现代考古编年史。这些考古发掘的对象可能是大遗址，也可能是几座古墓；发掘的主持者有的是考古老前辈，也有县里文管所初出茅庐的年轻人；发掘的时间有的持续数十年而延续至今，有的仅用了十天半个月。这些考古发掘的背后，都会有一段动人的考古故事，记述着一代代考古人与我们祖先的对话，最后叠加成为一座河南百年考古的丰碑。

第三本还包含了附录部分。包括河南世界文化遗产名录、河南全国重点文物保护单位和省级文物保护单位名录的遗址和墓葬部分，显示出文物大省河南的丰厚文化底蕴；另有年度全国十大考古新发现名录、20世纪中国100项考古大发现名录、最具中华文明意义的百项考古大发现名录、百年百大考古发现名录、河南考古百年百大考古发现名录和年度河南五大考古发现名录等。其中许多都是堪称超一流的考古大发现，且数量均在全国名列前茅。河南百年考古是中国百年考古无可替代的重要组成部分，而中国百年考古又实证了“我国百万年的人类史，一万年的文化史，五千多年的文明史”。百年考古延伸了历史的轴线，提高了历史的信度，丰富了历史的内涵，活化了历史的场景。从古到今，中华民族都是中国大地的主人，是中华文明的创造者和传承者。中华民族伟大的文化、创造、智慧和精神，构成了牢固的民族凝聚力和文化自信。

编写《河南考古百年志》也是一次难得的走近历史、走近考古、传承经典的回忆。一百年来，以李济、梁思永、郭宝钧、夏鼐、苏秉琦、宿白、安金槐、邹衡等为代表的老一辈考古学家，他们先后作为开拓者，为包括河南在内的中国考古事业贡献出毕生的精力。他们治学严谨，实事求是，安贫乐道，不计名利，体现了一种精神、一种魅力、一种永恒的人生价值。高山仰止，成为后人学习的楷模。另有郑振香、赵芝荃、杨锡璋、李伯谦、郝本性、郑杰祥等我们这一代的老考古人，继承老一辈的传统精神，数十年如一日，顶烈日，战严寒，风餐露宿，呕心沥血，坚持工作第一的信念，同样为河南、为中国的考古事业默默做出奉献。我们更高兴地看到，这种传统和精神，今天正在像以孙新民、刘海旺、史家珍、孔德铭、顾万发、何毓灵等为代表的中青年考古工作者中发扬光大。

今年是新中国成立73周年，中国人民正在完成从站起来到富起来再到强起来的历史大跨越。中国共产党胜利召开了二十大，擘画了全面建设社会主义现代化国家、以中国式现代化全面推进中华民族伟大复兴的宏伟蓝图，吹响了奋进新征程的时代号角，党和政府对文物考古事业给予空前的重视和关注。使我们文物考古工作者备受鼓舞，深感责任重大，使命光荣，我们要为建设社会主义文化强国凝聚起奋进新时代的磅礴力量，努力创造下一个考古一百年的新辉煌。

今天是2022年12月31日，恰逢岁末，明天就是2023年元旦了，本年度好事连连。河南省文物考古研究院在1995年被评为全国文化工作先进集体之后，继续砥砺前行，连创佳绩。2022年7月，再获殊荣，被评为全国文物系统先进集体。此外，河南省文物考古研究院刚刚在线上线下召开了建院70周年院庆大会。国家文物局、河南省文化和旅游厅、河南省文物局的领导以及中国考古学会、河南省各辖市文物考古机构、相关高校考古专业负责同志参会；日本奈良文化财研究所、韩国中原文化财研究所、蒙古国乌兰巴托大学考古学系等，也以视频方式传来祝福和寄语；李伯谦、刘庆柱、王巍等知名考古学家也参会并讲话。会上有两点信息值得关注：一是河南省文物考古研究院在郑州大河村另建新院，并在周口、信阳、三门峡、鹤壁和新郑，建设豫东、豫南、豫西、豫北和豫中区域考古中心，即被称为“一院五中心”的考古科研基础设施，总编制500人，可谓任重道远，前途无量；二是宣布授予郝本性、杨育彬、杨肇清、赵青云、曹桂岑5位老专家“河南省文物考古研究院终身学术成就奖”，并颁发证书和奖章。这是对我们老考古人一个甲子岁月工作的认可和褒奖，使笔者感到无上荣光！

杨育彬

2022年12月31日

目录

商代文化 172

两周文化 218

秦汉魏晋南北朝文化 292

隋唐文化 366

宋金元明文化 412

后记 471

长风破浪会有时

直挂云帆济沧海

河南考古百年志·发现篇

河南地处我国中原腹地，北依河北、山西，南靠湖北，东面与山东、安徽为邻，西边与陕西接壤，扼四方交通之要冲。全省面积16.7万平方千米，境内群山起伏，大河纵横，平原辽阔，深得天时地利之便。北、西、南三面由太行山、伏牛山、桐柏山和大别山环抱，东部迤逦于豫东大平原。黄河自豫陕晋边界折向东流，横贯河南北部，在中条山和崤山之间穿过三门峡，地势险要，出峡后至孟津以东流入华北平原。淮河发源于桐柏山，流经河南南部。全省气候温和，物产丰富，交通便利。我们的祖先很早就在这方神奇的热土上劳动、生息、繁衍。日月交替，沧桑更迭，物华天宝，人杰地灵，孕育了中华民族光辉灿烂的古代文明。由于战争的频仍、王朝的兴衰、人民的迁徙，河南又成为各民族交融汇合之地。漫长的历史岁月过去了，留下了丰富的遗迹和遗物，造就了文物大省的辉煌。

河南简称豫，夏代属“九州”中的“豫州”，夏都阳城、斟鄩、帝丘、原、老丘等均在河南。商代为京畿地区，商的建都和几次迁都如汤居亳、仲丁迁隞、河亶甲迁相、盘庚迁殷等，也多在河南。西周时在洛阳建立王都成周，管、蔡、卫、陈、宋等大批封国皆在河南。春秋时期平王东迁洛阳，东有虢，北有晋，南有楚，郑、宋、卫在其中。到了战国时期，韩、魏、楚在河南形成鼎立之势，赵还占了豫北的一角。秦时河南置三川郡、颍川郡、陈郡、河内郡，还占有南阳郡、砀郡的大部分，以及东郡、邯郸郡、衡山郡、九江郡的一小部分。西汉时河南占有司隶校尉部、豫州刺史部、兖州刺史部的大部分或一部分，以及冀州刺史部、扬州刺史部、荆州刺史部的一小部分。东汉时期河南一带的州、郡之治基本未变，只是都城由长安迁到了洛阳。三国魏和西晋、北魏的都城亦在洛阳。隋在洛阳建东都。唐因之，在河南置都畿道，并占有河南道、河北道、山南东道、淮南道的一部分。五代时期后梁、后晋、后汉、后周的都城在开封；后唐的都城在洛阳。北宋时期都城在开封，于河南置京畿路、京西北路，还占有京西南路、永兴军路、河北西路、河北东路、京东西路、淮南东路、淮南西路的一部分。金代在河南置南京路，豫北地区属河东南路、河北西路和大名府路的一部分。金代后期的都城曾设在开封。元代置河南江北行省。豫北地区属中书省。明、清至今均为河南省。从公元前2070年禹都阳城开始，到公元1234年蒙古军灭金为止，约有22个中央或地方王朝在河南建都，前后长达2200年，遂成为全国之最。

世纪的回眸

20世纪的中国时局变幻，跌宕起伏。1911年清王朝被推翻，结束了两千多年的封建帝制。1921年中国共产党成立，这是开天辟地的政治大事，改变了近代以后中华民族发展的方向和进程，改变了中国人民和中华民族的前途与命运，也改变了世界发展的趋势和格局。中国共产党带领全国人民走上实现中华民族复兴的百年征程。恰好也是在1921年，受聘于中国北洋政府农商部矿业顾问的瑞典学者安特生，带队在河南渑池县仰韶村遗址进行考古发掘，开启了中国现代考古学的序幕，这也是中国文化史上乃至世界文化史上的一件大事。

中国现代考古学的诞生有着深厚的文化底蕴和历史渊源：其一是从汉代到宋代，再从宋代到清代，中国传统的金石学研究。从器物的蒐集，铭文的考释，古碑的传拓，经典文献的解读，促进了学术的繁荣，有大量的著作问世和流传，使之达到“金石稽古，证经崇礼”的高峰；其二是1899年甲骨文的发现、收藏与著录，这为商文化的研究提供了文字记录的实证，对1921年渑池仰韶村的考古发掘也有一定的影响，更直接促成了1928—1937年中国学者安阳殷墟十五次的考古发掘；其三是西方科学的考古发掘方法在中国的第一次重要实践，在获得北洋政府批准，又得到河南省政府的同意和渑池县政府的支持之后，安特生和他的团队，包括从美国留学归来的地质学者袁复礼，中国地质调查所的刘长山、陈德广、白万玉等五位采集员，另有奥地利古生物学家师丹斯基和加拿大解剖学家步达生参加，从1921年10月27日到12月1日，在渑池县仰韶村遗址发掘了17个地点，出土了丰富的新石器时代红陶片、灰陶片和彩陶片，以及一些磨制石器等遗存。

安特生也非常看重仰韶村遗址的考古发掘。他在瑞典《远东古物博物馆馆刊》1947年第19期发表的《河南史前遗址》一文中曾写道：“仰韶村遗址是我在华北做过的发掘工作中所遇到的最大的史前村落遗址之一。这一村落的面积，东北到西南长约900公尺，西北到东南宽约300公尺。文化堆积丰富的地方，厚4公尺，一般厚2公尺。”仰韶村遗址的考古发掘是他在河南境内进行的第一次正式的考古发掘，也是他在中国境内进行的规模最大、记录最详细的一次考古发掘。此次发掘成为世界范围内人们认识中国史前文化的起点，也成为中国现代考古学诞生的里程碑。

其间，安特生等人还在渑池县调查或发掘了杨河村、不召寨和西庄村等遗址；在荥阳县调查和发掘了秦王寨、池沟寨、牛口峪等遗址；还调查发掘了新安县岗村和东杨镇遗址。在这一系列的调查和发掘中，发现了大量的石器、红陶、灰陶和黑陶、彩陶片。1923年安特生根据所发掘的考古资料写成长篇学术论文《中华远古文化》，并首次命名为“仰韶文化”。把河南境内新石器时代考古推向一个新的高度。作为一位在中国工作的外国学者，安特生为中国早期的考古学做了大量开拓性工作，最早发现、发掘和命名了仰韶文化遗址，在现代考古学的科学发掘理念和方法上、中国史前考古研究上成为中国现代考古学的奠基人，也是中外考古学文化交流的一位令人尊敬的使者。

1921年渑池县仰韶村遗址发掘之后，到1949年新中国成立之前，中国的考古发掘由中国学者主持，多半在河南境内进行，搞得有声有色。其中最重要的莫过于1928—1937年安阳殷墟十五次的考古发掘了。最初是为了寻找商代甲骨文，是由新成立的中央研究院历史语言研究所负责进行的。1928年10月，董作宾主持第一次殷墟发掘，郭宝钧、王湘、赵芝庭、李春昱、张锡晋等参加，地点在洹河南岸至小屯村。揭露面积280平方米，出土甲骨文854片，还出土了陶器、骨器、铜器、玉器、石器和蚌器等各种遗物近3000件。

1929年3—5月，李济主持第二次殷墟发掘，董作宾、董光忠、王庆昌、王湘、裴文中等人参加。地点在小屯村北、村中和村南，揭露面积280平方米。第一次划分出小屯的地层堆积：现代文化层下为隋唐文化层，最下面为殷商文化层；并注意了对灰坑、墓葬等遗迹现象的考察。发现甲骨文740片，还出土了一批陶器、石器、陶范、铜器、兽骨等。参照中国古代金石学的研究积累，注意到了陶器的名称、用途和型式，初步鉴定年代的早晚，并作为铜器、玉器、甲骨文年代早晚的参照和旁证；考古地层学、类型学的理论与工作原理都初步得到了实践。

1929年10—12月，李济主持殷墟第三次发掘，仍有董作宾、王湘、董光忠、张蔚然等人参加，地点在小屯村北和西北，揭露面积836平方米，发现墓葬24座，灰坑11个，出土甲骨文3012片，其中包括著名的大龟四版、牛头刻辞和鹿头刻辞。还出有一批青铜器、石器、陶器和骨器。其后，由于文物的归属问题产生了矛盾，1930年2—4月，河南民族博物院（今河南省博物院）院长何日章也在殷墟发掘了三个月，出土甲骨文3656片。

1930年3—5月，李济主持殷墟第四次发掘，董作宾、郭宝钧、梁思永、吴金鼎、刘燿、石璋如、李光宇、刘屿霞、王湘、马元材、周英学、冯进贤、关伯益、许敬参等参加，地点在小屯村北，发掘1470平方米，发现大片版筑基址、房基、灰坑和18座墓葬，出土甲骨文782片，青铜兵器、工具和铸造铜器的陶范、白陶、釉陶、灰陶器及玉、石、骨、牙、蚌器等，还出有象骨、鲸鱼骨和其他兽骨。对于研究殷商时代的动物群和当时的气候、生态环境与交通很有意义；在四盘磨发掘100多平方米，发现灰坑、墓葬等，出土铜器、陶器、石器、骨器、蚌器等；还在后冈发掘216平方米，发现白灰面房基、窖穴等，出土陶器包括彩陶、红陶、黑陶和灰陶等，还有骨、石、蚌器，并有1片甲骨文，这是首次在小屯之外发现甲骨文。后冈发掘中最重要的是发现了著名的“三叠层”，即殷商文化、龙山文化、仰韶文化直接叠压的地层，从而第一次确定了这三种文化的时代序列。

1931年11—12月，董作宾主持殷墟第五次发掘，郭宝钧、石璋如、梁思永、刘燿、刘屿霞、王湘、马元材、张善、李伯英参加，在小屯村北和村中发掘818平方米，发现了版筑基址、窖穴和9座墓葬，基本摸清了版筑基址的结构、范围及地层叠压关系。出土甲骨文381片，包括1片罕见的牛肋骨刻辞；又在后冈发掘385平方米，清理出多座龙山文化的白灰面房基和一条长70米、宽2—4米的夯土墙，有可能是一处龙山文化的小城址。

1932年4—5月，李济主持殷墟第六次发掘，董作宾、吴金鼎、刘屿霞、石璋如、王湘、李光宇、马元材、周学英等参加。在小屯村发掘900平方米，发现一处300平方米的版筑基址，上面有排列整齐的柱础石和三座门的遗存，当为大型宫殿建筑；在高井台子发掘300平方米，再一次发现有“三叠层”的存在；在王裕口北地发掘116平方米，清理有窖穴和墓葬等。

1932年10—12月，董作宾主持殷墟第七次发掘，有石璋如、马元材、李光宇参加。清理面积1612平方米，发现多种形制的版筑基址，表示这里为殷代宗庙宫殿之所在。出土甲骨文29片，还见有毛笔墨书“祀”字白陶器残片，另出有大量陶器、骨器、蚌器、石磬、绿松石珠等。

1933年10—12月，郭宝钧主持殷墟第八次发掘，有刘燿、石璋如、马元材、李景聃、李光宇参加。在小屯村发掘3000平方米，发现版筑基址2处，其上有石柱础和铜柱础，出土甲骨文257片及其他遗物；在后冈发掘300平方米，除继续发掘龙山文化夯土墙外，还发现一座有两条墓道的殷代大墓，大墓四隅殉葬人头28个，这是殷墟首次发现殉人的遗存。

1934年3—4月，董作宾主持第九次殷墟发掘。石璋如、刘燿、李景聃、尹焕章、祁延霈、冯进贤等参加。在小屯村北发掘300多平方米，发现灰坑和版筑基址，出土甲骨文457片及其他文物。其中“大龟七版”为重要发现。

1934年10月—1935年1月，梁思永主持殷墟第十次发掘，石璋如、刘燿、胡厚宣、尹焕章等参加，在侯家庄西北岗发掘面积3000平方米，发现4座带四个墓道的大墓（M1001、M1002、M1003、M1004），虽经多次被盗，仍出土了铜器、石器、玉器、骨器、绿松石饰等近千件随葬遗物。石制品中有精美的大理石“饕餮”建筑构件。还发掘了一批祭祀坑。正如胡厚宣先生所言殷墟第十次发掘的价值：一是基本找到了殷商王陵所在，殷墟不仅是王宫所在地，还是王陵所在地；二是为弄清殷商王陵墓葬结构等级制度，特别是为殉人和祭祀制度提供了材料。还在秋口同乐寨发掘233平方米，发现了一批殷商文化、龙山文化、仰韶文化的遗存。

1935年3—6月，梁思永主持殷墟第十一次发掘，参加人员有石璋如、刘燿、祁延霈、李光宇、王湘、尹焕章、胡厚宣、马元材和夏鼐等。发掘地点仍是侯家庄西北岗，把4座大墓清理完成，出土牛方鼎、鹿方鼎、大圆鼎、数以百计的铜盔、大量的戈、成捆的矛，以及精美的石雕、玉器、雕花骨器、牙雕、仪仗漆器等。其中一件石簋残耳上刻有“辛丑，小臣□人□俎，在□，以□”12字，这是首次在石器上发现如此多的文字。还见有数百座祭祀坑。

1935年9—12月，梁思永主持殷墟第十二次发掘，参加人有石璋如、李景聃、刘燿、祁延霈、李光宇、尹焕章、高去寻等。在侯家庄西北岗王陵区西半部发掘面积9600平方米，这是殷墟发掘以来规模最大的一次。清理3座四个墓道的王陵大墓（M1217、M1500、M1550）和1座未建成的大墓（M1567），以及数百座祭祀坑；在王陵区东半部发掘1座带四个墓道的大墓（M1400）、2座带双墓道的大墓（M1443、M1129），以及数百座祭祀坑。出土了许多精美的青铜器、玉石器、骨器和一件少见的蟒皮或鳄鱼皮鼓。此外，在范家庄发掘220平方米，在大司空村发掘1100平方米，发现一些殷商的墓葬和灰坑。

1936年3—6月，郭宝钧主持殷墟第十三次发掘，参加人员有石璋如、李景聃、祁延霈、王湘、尹焕章、高去寻、潘慤、孙文青等，发掘地点在小屯村北，揭露面积4700平方米。发现版筑夯土基址4处，窖穴和灰坑127个，墓葬181座，以及水沟等；出土陶器、石器、骨器和蚌器，还有精美的白陶器、玉饰、金叶饰、铜车马饰等。最大的收获是发现了H127甲骨坑，出土甲骨文17096片，包括完整龟甲300多版，实为空前的大发现。

1936年9—12月，梁思永主持殷墟第十四次发掘，参加人员有石璋如、王湘、尹焕章、高去寻、潘慤、王建勋、石伟、魏鸿纯、李永淦、王思睿等。在小屯村北发掘面积3950平方米，发现版筑基址26处，灰坑122个，墓葬132座及水沟等；出土一批精美的青铜礼器、玉石器及陶器等，另有2片甲骨文。又在大司空村发掘110平方米，清理一批窖穴和墓葬。

1937年3—6月，石璋如主持殷墟第十五次发掘，参加人员有王湘、尹焕章、高去寻、潘慤、王建勋、石伟、魏鸿纯、李永淦、张光毅等。地点在小屯村北，发掘面积3700平方米，发现版筑夯土基址20处，灰坑220个，祭祀坑和小墓103座和水沟等；出土甲骨文599片，以及一批青铜器、白陶器、玉石器等，还出有许多与铸造铜器有关的陶范、陶模等。此后不久，由于日本帝国主义的侵略，殷墟发掘中断。

这十五次的殷墟发掘，包括小屯宫殿区、侯家庄西北岗王陵区，以及后冈、大司空村、侯家庄南地、四盘磨、王裕口北地、武官村南霸台等遗址，还发掘了范家庄、高井台子、秋口同乐寨等遗址，总面积约4.6万平方米。发现了几十座大型夯土基址组成了气势恢宏的宫殿建筑群，又发现了大量的窖穴、灰坑、半地穴式房址、水沟等遗迹；还发掘了8座带四个墓道的殷代大墓，3座带两个墓道的大墓，一座未建成的大墓，千余座祭祀坑、殉葬坑，揭示了规模巨大的王陵区。出土了24918片甲骨文，数以万计的青铜器、陶器、玉石器、骨角牙器、蚌器等精美文物。由此推断出这里是盘庚迁殷的殷都所在，证实了司马迁所写的《史记·殷本纪》。这也为研究早期商文化，探索夏文化打下了基础。十年的考古实践，逐渐形成和建立了一整套科学的发掘方法，奠定了田野考古的规范和基础，使中国现代考古学真正成为一门新兴的学科，并为之培养了大批专业人才。

1923年8月25日，河南新郑县南门外李家楼李锐家菜园凿井灌溉，掘地至三丈许，偶得古铜器4件，次日又得数十件，开始卖出。其时，靳云鹗率北洋陆军第十四师驻于郑州，9月1日巡防至新郑，闻其事，以为钟鼎重器，尊彝宝物，为先代典型所寄，应该归于公家，垂诸后世。遂将所出青铜器陆续收回，9—10月，三次派员监督发掘，划定区域，幅员十余丈，多有所获。深挖至三丈许，达生土层面，四周试探，已无遗留，10月5日发掘结束。这是一座春秋时期的郑公大墓，出土有被称为“新郑彝器”的莲鹤方壶、鼎、簋、鬲、盘、匜、舟、敦、簠、甗、罍、浴缶、兽形尊，镇墓兽、编钟、编镈等上百件青铜礼乐器，另有戈、矛等青铜兵器和车马器，以及大量陶器、玉器和贝币等。这些文物分两次运至省会开封，交由河南古物保存所保存。1927年河南博物馆（今河南博物院）成立后，这批文物成为镇馆之宝。事后，靳云鹗在文物出土地点立碑纪念其事，碑名“河南新郑古器出土纪念之碑”，今存新郑市博物馆。

新郑李家楼郑公大墓属于偶然发现，限于当时的环境条件，只能是一次非科学性淘宝式的考古发掘，但对考古发现和学术研究均有重大意义。在军阀混战、民不聊生的旧中国，能够把一座大墓出土的如此众多的青铜礼乐器和其他文物完整地保存下来，应该是一个奇迹。这些春秋中晚期的青铜器提供了学术研究一个标准的实例，不少学者有关于新郑彝器的著录和研究专著问世。当时的郑国居于晋、楚两大国之间，由此李家楼青铜器既有晋都新田上马墓地随葬品的风格，又有接近淅川下寺楚墓青铜器的文化因素，彰显古代南北文化交流与融合。抗日战争时期河南博物馆选取馆藏文物精华、拓片和图书运往重庆，其中就包括新郑出土的青铜器。1945年8月，日寇宣布无条件投降，然而世事变化如沧海桑田，三年内战，国民党败退台湾，新郑彝器又人为分散两地，主要存于河南博物院和台北历史博物馆。2001年经两岸学者共同努力，收集整理分散于海峡两岸的郑公大墓青铜器，从其出土、收藏、离散过程，到全部器物科学分类、定名，以及对其源流、风格、演变的考订，包括对其出土环境和文化归属的多角度研究，结集出版《新郑郑公大墓青铜器》一书。经过半个多世纪离合聚散的国之瑰宝，终于史书有证，成为河南考古百年中的一个亮点。

1931年8月，由于中央研究院历史语言研究所与河南省有关单位在安阳殷墟的考古发掘问题上发生争议，最后为协调矛盾，李济向河南省政府提议仿照在山东的先例，成立国立中央研究院与河南省政府联合组成包括河南大学师生参加的河南古迹研究会，目的是共同调查和发掘河南洛阳、浚县不同时期的文化遗址。其后，河南古迹研究会顺利成立，委员长是河南省通志馆馆长张嘉谋，李济担任河南古迹研究会工作主任，秘书关百益，历史语言研究所驻会委员郭宝钧。该会主要人员还有董作宾、刘燿、石璋如、赵青芳、韩维周等。河南省古迹研究会成立之后，主要进行了浚县、辉县、巩县、广武、永城等地的史前遗址调查和发掘，进行了一些周代墓地的考古发掘。与此同时，还在河南进行少量其他的考古调查与发掘活动。1937年抗日战争全面爆发后，河南古迹研究会的工作宣告结束。

1932—1933年，主要由郭宝钧主持，吴金鼎、刘燿、赵青芳、尹焕章等参加，先后四次发掘了浚县辛村西周卫国贵族墓地。清理西周大型墓葬8座，中型墓6座，小型陪葬墓54座，车马坑2座，马坑12座。墓葬分布有明显的尚右倾向：早期墓在右，晚期墓在左；主人墓在右，陪从墓在左；男子墓在右，女子墓在左；人葬坑在右，车马坑在左。大墓内葬具有棺有椁。盗扰严重，仍出有青铜鼎等礼器，戈、矛等兵器，斧、凿等生产工具和车軎、轴、当卢等车马器，另有陶器、原始瓷器、玉器、骨角器、蚌饰、海贝和木器等。墓地出有“卫自易”铭的甲泡、“侯”字戟、“白（伯）矢”戟，还出有铜尊铭云：该侍从曾跟随卫公到过宗周。这些“卫”的地名及“公”“伯”“侯”的称谓，表明墓主人是西周卫国贵族。这是新中国成立前唯一经过科学发掘的西周墓地，也是河南考古的一个重要标识。近几十年来，随着寻根热潮的兴起，海内外卫姓、康姓的后人，根据卫国墓地的发掘与研究，将浚县辛村视为寻根祭祖的圣地，也可以说是浚县辛村考古发掘的意外收获。成果写成《浚县辛村》，由科学出版社在1964年出版。

1932年刘燿主持了浚县大赉店遗址的调查和发掘。遗址位于浚县大赉店乡大赉店村南，今划归鹤壁市新区管辖，是一处重要的新石器时代和商代遗址，面积约10万平方米，文化层厚2—6米。在这里发掘出三层文化堆积：上层陶片多饰粗绳文，器形厚重，属殷商文化遗存；中层发现圆形袋状窖穴及穴居遗迹，出土有陶器、石器、骨器、蚌器等。陶器多泥质灰陶、夹砂灰陶及很少量黑陶，饰篮纹、绳纹、方格纹，为丰富的龙山文化遗存；下层发现有半地穴式房基，出土鼎、小口尖底瓶、红陶钵和一些彩陶片。这是我国早期的考古发掘之一，再次印证了仰韶文化、龙山文化和殷商文化“三叠层”的存在。在考古学史上占有一席之地。成果写成《河南浚县大赉店史前遗址》，1934年在《田野考古报告》第一册出版。

1932年孙文青发掘了南阳草店、石桥、桐庄等地的汉代画像石墓，发表文章《南阳草店汉墓享堂画像记》（《国闻周报》1933年第41期）、《南阳汉画像访拓记》（《金陵学报》1934年第42期）等，并编写专著《南阳汉画像汇存》，由金陵大学中国文化研究所在1936年出版。1934年赵青芳、韩士哲等在巩县、广武一带进行考古调查，在黄河南岸的塌坡、马峪沟发现仰韶文化遗址，其后郭宝钧、赵青芳、韩维周进行了发掘，出土仰韶文化的红陶、彩陶片及石器，还见有龙山文化的黑陶片。同年10月，梁思永等沿洹水上游调查，发现多处新石器时代遗址。郭宝钧等又在广武青台新石器时代遗址进行发掘。1935年1月，石璋如等在河南汤阴进行了首次考古调查，在文王庙、长冢发现了龙山文化遗址，颇有收获。同年，赵青芳等在豫北进行较大规模的考古调查，足迹遍及辉县、温县、武陟、沁阳、孟县、济源、获嘉、内黄等地，发现多处仰韶文化、龙山文化遗址，采集到一大批石器、陶器等文物标本。

1935年汲县（今卫辉市）山彪镇村民李奠发现一座大墓，四周积以鹅卵石而无法盗掘。河南博物馆许敬参、段凌辰前往发掘，但仍解决不了积石、积炭问题。随即改由郭宝钧、王湘、赵青芳及河南大学、河南博物馆人员一同参与发掘。共发掘大墓1座，小墓7座，车马坑1座。大墓M1为长方竖井形，无墓道。墓底铺一层石块，上置木椁，椁周围填石子，外层又填木炭，椁内放棺，棺内有尸骨和衣物出土。棺外有大量明器，其四周有4个殉葬人。明器之外有另一层木，木之外有大量积石，积石之外垫有炭，炭层上面为封土层，也有可能是高坟堆积。出土青铜器1447件，包括有列鼎、鬲、壶、鉴等16类礼器，有两组编钟等乐器，有戈、矛、剑、戟、镞等兵器，还有一些车马饰等。其中尤以用红铜丝镶嵌的水陆攻战图铜鉴最为精美，器表分三层九组画像图案，展示了丰富的东周战争画面。还出土有陶器、玉器、石磬、石尺和海贝等。这批出土文物为研究中国古代音乐史、古代水陆战争史、青铜器镶嵌工艺、古代列鼎制度等提供了重要的资料。

1935年12月至1937年春，郭宝钧、王湘、赵青芳、周光普、孟长禄等两次发掘辉县东南郊琉璃阁多座战国大墓和一批小墓，出土大量青铜礼器、兵器、车马器、玉器等。这两处考古成果写成《山彪镇与琉璃阁》，由科学出版社在1959年出版。

1936年9—11月，河南博物馆许敬参、郭豫才等也在琉璃阁发掘约是战国早期魏国贵族的两座长方竖穴大墓，编为甲墓和乙墓。两墓相距3—4米，为一组异穴袝葬墓。甲墓东西长11米，南北宽10.3米，深约11米。有一题凑椁室，出土鼎、簋、豆、甗、敦、罍等青铜礼器，出土甬钟、镈钟、钮钟等青铜乐器及石磬，还有戈、矛、戟、斧等兵器和工具，另有多件车马器，还出有佩、狻、虎、螭等玉器，又有包金铜贝，骨贝及海贝数千枚，亦有一些金饰件和杂器等。乙墓长9.1米，宽7.6米，深11米。以柏木为椁，出土有列鼎、簋、鬲、甗、簠、豆、方壶等青铜礼器，又有圭、璋、环、玦等玉器。甲墓、乙墓附近亦有大型车马坑。由于人为的原因，辉县琉璃阁战国早期墓出土的相当数量的文物被运往台湾。2011年河南博物院与台湾历史博物馆合作出版了《辉县琉璃阁甲乙二墓》，成为近年海峡两岸学者共同的学术成果。

1936年10—12月，河南古迹研究会李景聃、韩维周等到河南东部商丘、永城一带进行考古调查并发掘了永城造律台、黑堌堆、曹桥等多处龙山文化遗址，出土了一批以黑陶和蛋壳陶为代表的龙山文化遗存。虽然这次发掘因西安事变而停止，但仍有重要学术意义。当时主持发掘的李景聃先生曾很有预见地指出："在豫东商永一带河患淤没、沙田弥漫的地段里，找到了这样的遗址，至少在龙山文化分布的链锁上给寻出了一个重要的脱落了的一环……在龙山文化的传播上，淮河流域尤其是河南的东南，安徽的西北，是一个很重要的联系，这一带必有更大的遗址可寻，说不定殷商文化前身的问题，可以得到相当的解决，这就有待于考古界的努力了。"这是商丘地区第一次考古发掘，并与寻找商文化的源头联系起来，这在河南考古甚至中国考古学史上也有一定影响。这次豫东考古收获写成《豫东商丘永城调查及造律台、黑堌堆、曹桥三处小发掘》，刊于《中国考古学报》1947年第2期。

1937年初，李永淦、尹焕章等在洹水下游发现多处仰韶文化遗址及大量的史前遗存。同年，河南省博物馆派李鉴昭赴偃师县进行考古调查，发现灰嘴新石器时代遗址。又派郭豫才赴渑池县仰韶村进行考古调查，也采集到20余件石器、骨器和彩陶片。这是河南的文物考古工作者一次较早的仰韶村遗址调查。综上所述，自1921年安特生等仰韶村发掘、中国现代考古学诞生以来，河南的考古工作从无到有，有了相当的发展。渑池仰韶村新石器时代遗址的发掘，安阳殷墟商代遗址的发掘，浚县辛村、汲县山彪镇、辉县琉璃阁周代墓地的发掘，均在国内外产生重大影响，展现了河南现代考古学的辉煌。1937年开始抗日战争，1946年又开始解放战争，河南考古基本上处于停滞状态。直到1949年10月1日，天安门前升起第一面五星红旗，新中国大规模经济建设开展，中国考古学迎来了春天。2021年在中国现代考古学诞生一百周年的时候，评出了“河南考古百年百大考古发现”，在中原大地上展示了波澜壮阔的考古画卷。

旧石器时代文化

旧石器时代是人类产生之后用勤劳的双手与大自然搏斗的时代，是一个包括几万年、几十万年以至几百万年缓慢发展而又惊心动魄的时代。在那时，我们祖先的生活是极其艰苦的，他们手中只有非常粗糙的打制石器和树木棍棒，以此来捕获猎物，挖取植物的根茎；他们用火驱赶野兽，烧烤食物；他们围树叶，着兽皮，住山洞，千方百计维持自身的生存。新中国成立前，旧石器时代考古在河南是一片空白，而今河南境内已经找到数以百计的旧石器地点和人类化石地点。一系列的考古发现，在这片白纸上绘出了五彩纷呈的画卷。

1954年在新蔡县诸神庙治淮工地晚更新世地层中，出土一批哺乳动物化石。裴文中先生在研究中发现有一件人工切割痕迹的鹿角，是用尖锐的石器进行有意识地加工所致。这是首次在河南找到数万年前古人类活动的踪迹，从而揭开了河南旧石器时代考古发现与研究的序幕。

古人类化石从来都是旧石器时代考古的重中之重。在河南已经找到了一些古人类化石的线索和重要发现。20世纪50年代，地质工作者在三门峡附近进行地质考察时，曾采集到一枚古人类的臼齿化石，表明在豫西一带确有古人类的存在。1973年夏、秋，在南阳市中药材仓库和西峡县中药材仓库的“龙骨”中，先后发现来自淅川县的13枚古人类的牙齿化石。从牙齿化石的形态看，淅川猿人化石可以看作是从较早猿人类型到较晚猿人类型的过渡。

1978年9月，在南召县云阳镇西北的杏花山脚下，发现了1枚古人类牙齿化石。这里属秦岭东段、伏牛山南麓的浅山区。经鉴定这枚人牙化石为20多岁青年人的右下第二前臼齿，与周口店北京猿人牙齿的形态基本相近。南召猿人的化石是河南经过发掘有明确出土地点和地层关系的首次发现，也是我国继北京周口店、陕西蓝田、云南元谋、湖北郧县和郧西等地发现猿人化石之后，又一新的重要发现。

1979年在豫西卢氏横涧乡的锄钩峪一带，发现了人类化石，其中包括4块头骨残片和2枚牙齿，经鉴定牙齿系左上第一前臼齿和右上第一臼齿或第二臼齿；头骨为人类枕骨，属更新世晚期的智人化石，距今10万年左右。

许昌灵井遗址是以细石器为主的旧石器时代晚期遗址，为11层河湖相沉积，厚达9米。1965年调查发现并采集大量细石器标本。2005年开始进行考古发掘，一直持续十多年。发现一批人头骨化石碎片，代表了5个个体，其中2004年由26块碎片拼接而成的1号头骨和2014年由16块碎片拼接的2号头骨较为完整，被命名为“许昌人”。

2008年第三次全国文物普查时，发现了栾川县栾川乡湾滩村孙家洞遗址。2012年进行抢救性考古发掘。发现古人类6颗牙齿化石，经鉴定包括门齿、臼齿及颌骨残块，从牙齿发育看，存在幼年个体，从牙齿大小和形态看，有不同于现代人的原始特征。这对探讨直立人的生长发育模式有重要意义。

鲁山县仙人洞遗址分大小两个洞，2020年10—11月和2021年4—6月，对小洞进行抢救性考古发掘。出土有石片、刮削器、断块和一些石料等石制品；还发现人牙、头骨断块等古人类化石遗存。对其中一件古人类头骨断块经铀系法测定，距今至少有3.2万年。这一阶段发现的古人类化石极少。鲁山仙人洞遗址头骨化石的发现，填补了中原地区这一阶段人类演化的空白。

蝙蝠洞洞穴遗址位于栾川县庙子镇高崖头村西南侧，2010年1—6月，对蝙蝠洞洞穴遗址进行考古调查和试掘。出土古人类牙齿化石1枚，保存完整，为右下侧门齿，同湖北郧西人相近。另出土一批石制品和62种动物化石。

除了上述出土古人类化石的旧石器时代遗址之外，多年来在河南还发掘了多处虽未见古人类化石但仍十分重要的旧石器时代遗址。郑州侯寨乡代家门村老奶奶庙遗址，在50平方米的范围内发现3000多件石制品，1.2万多件动物骨骼化石及碎片，20余处用火痕迹，以及多层叠压、连续分布的古人类居住面。发掘了新密岳村镇李家沟遗址。整个遗址综合有四层地层叠压关系：最下层为旧石器时代晚期的石片石器文化层，其上为旧石器时代末期向新石器时代早期过渡的细石器文化层，再上为新石器时代最早期的李家沟文化层，最上为新石器时代偏早期的裴李岗文化层。

安阳善应镇后驼村的北楼山东麓小南海洞穴遗址经过两次发掘，出土砍砸器、尖状器、刮削器、穿孔饰品等石器7078件。另出有披毛犀、水牛、斑鹿、羚羊、野猪、野驴、最后鬣狗、猩猩、獾、狼、洞熊、鼢鼠、刺猬等动物化石。从石器的形制和制作技术上，可以断定这里属旧石器时代晚期文化，代表了黄土时期的一种文化类型。

荥阳崔庙镇王宗店村北有织机洞旧石器时代遗址，遗址堆积层最厚处达24米以上。遗址上层为新石器时代堆积，出有裴李岗文化和仰韶文化陶片。遗址中下层为旧石器时代中晚期堆积，出土石制品6546件，并有大量动物化石和17处用火痕迹。

三门峡水磨沟和会兴沟位于市区东北部会兴镇和上村之间，是两条流入黄河的冲沟。这两个旧石器时代遗址点出土一批石器，包括石核、石片、砍砸器、尖状器、石球和一些石器的半成品等。水磨沟、会兴沟遗址出土的石器与北京周口店第一地点下层堆积的石器、山西匼河遗址出土的石器大体相同，均为旧石器时代早期文化。它们之间在文化性质上也可能有一定的渊源关系。

灵宝营里旧石器时代遗址是河南境内最西端发现古人类文化遗物较多的一处遗址。灵宝营里村制砖厂在村东取土时，形成一个高30余米的完整剖面，这一剖面共有12层，石制品出自距地表近20米处第8层的棕红色古土壤底部，包括石核、石片、修理石器的石锤、石砧和一些石器，主要有刮削器、砍砸器和尖状器三类。营里石器组合中石片石器占一定比例，一些石器的制作方法和器形同山西丁村石器非常接近。受北方制石工艺影响较大，但某些石核和石器选用粗大砾石作原料，也包含有南方工艺的因素，反映北方工艺越过黄河同北上的南方工艺交会，形成过渡地带特有的风格，但也能反映出北方黄土区石器工艺的特征。

洛阳北窑旧石器时代遗址位于洛阳市瀍河乡北窑村瀍河西岸的三级台地上，遗址可分为5层堆积：第1层为灰黄色黄土层，厚约1.5米；第2层为棕红色古土壤层，厚约2.2米；第3层为灰黄色黄土层，厚约2.4米；第4层为深灰色黄土层，厚约2.2米；第5层为棕红色古土壤层，厚约2米。据北京大学城市与环境学系实验室热释光测定地质年代，从距今10万年延续到距今3万年，属于旧石器时代中晚期。石制品在各层中均有发现，主要器形有刮削器、尖状器和砍砸器。另出有少量动物化石和人类用火的痕迹。北窑的石制品连续分布在黄土地层内，在国内外均不多见，这不仅在旧石器时代考古学上有重要价值，而且把旧石器时代考古与黄土研究紧密联系起来，对研究全球气候变化和探索黄土时期的人类生存环境也有重大意义。

南召发现小空山下洞和上洞遗址，在下洞发掘出土石制品124件，包括石核、石片、石器、加工石器的石锤及砾石石料。未发现动物化石，但见有厚达1米的灰烬层，当是古人类用火的遗存。小空山上洞出土石制品153件。上洞石器组合的最大特点是大、中、小型者皆有，并各占一定比例。还出土有牛、鹿、野猪、犀牛、普氏野马、最后鬣狗、棕熊、转角羊、方氏鼢鼠等动物化石。通过研究可知上洞和下洞同属旧石器时代晚期。用上洞鹿牙化石所作的铀系法测定年代距今约3万年。当时的气候较为干凉，应该有山区、丛林、草原和河流。这里与杏花山南召猿人近在咫尺，但时间上却相差几十万年，可见这一带古人类生活是多么久远。

洪沟旧石器时代遗址位于巩义市河洛镇洪沟村中部，这是一处露天的原地埋藏的旧石器时代中晚期遗址，距今10万余年。遗址出土石器550件，还发现用火的痕迹，且大量的棱角分明的石制品、动物化石都散存在用火痕迹的附近，表明洪沟遗址是先民们肢解、烧烤、分食猎物的场所。

大岗细石器地点位于舞阳县侯集乡大岗村北的一处自然岗地上。这里分4层叠压，第3层是裴李岗文化层，第4层是细石器文化层。这种新、旧石器时代地层叠压关系，在史前考古中显示出非常重要的地位。发掘出大岗细石器类别有：细石核、砸击石核、锤击石核、石片、细石叶、多种形状的刮削器、尖状器、修背石片、磨刃石片等。遗址还出土一件磨制石片，由一棕红色泥岩制作，其一面可见光滑的摩擦面，虽然数量极少，却代表了一种创新的石器加工方法，昭示了一种新的变革。据发掘者研究推测大岗细石器遗址距今约1.27万年，这很可能找到了裴李岗文化的源头之一。

此外，还发掘了栾川龙泉洞洞穴遗址、新郑赵庄遗址和黄帝口遗址、登封方家沟遗址和西施遗址，均属于距今5万—3万年的旧石器时代晚期，出土较多的石制品和动物化石。

除了上述多处发现古人类化石或出土旧石器、动物化石等遗址地点外，还有灵宝朱阳、朱阳东坡、孟村、函谷关、邢家庄，三门峡王官沟、侯家坡、赵家湾、仙沟、三岔沟、张家湾，渑池青山、任村、南村，卢氏段家窑，栾川七里坪，汝州张湾，伊川穆店，洛阳凯旋路，确山打石山，镇平叶湾、石羊岗、八里庙，西峡赵营、莲花寺岗、冢岗、土门、小沟岭、西沟岗、龙头湾、大沟口、小洞，内乡马山口，郑州董寨、胡家垴，荥阳蝙蝠洞，登封水磨湾、宋沟、瓦窑坡、月湾等80余处，另有新密赵家门、苇园、土门、天爷洞等30余处。近些年郑州、南阳、洛阳、三门峡等地进行的考古调查发现数百处旧石器地点及动物化石点，展现了河南旧石器时代的繁荣。

中国科学院古脊椎动物与古人类研究所张森水先生说过："河南地处我国中部，是旧石器文化交会的重要地区，南来北往，东播西传，都难以越过中原沃野。最早的人类及其文化是由南向北传播的。难以想象猿人历经艰险，越秦岭而北传，很可能是通过南阳通道而北来，这是一条有利于人类文化扩散的坦途。人类进入旧石器时代中期，有向西发展的趋势，豫西和八百里秦川无疑是这个时期文化发展和传播的重要地区。由此不难看出河南旧石器文化研究，在我国旧石器文化研究中，特别是时空相互关系的研究，有着何等重要的地位。"北京大学考古文博学院吕遵谔教授也曾指出："河南居全国之中的地理位置，优越的自然条件，为旧石器时代人们生活提供了良好的环境，为中国旧石器时代南北文化交流与传播起到了无可替代的重要作用。"专家们从已有的考古发现预测：在豫西黄土区寻找旧石器文化有着非常重要的意义。在豫北和豫南有许多洞穴和岩厦，为古人类提供遮风避雨、防止野兽侵害的住所，很有可能找到较完整的古人类遗址。具体一点说，豫北地区的太行山东麓，从安阳直南，再向西折向中条山东段的济源山丘内；豫西地区的黄河两岸，从孟津向西直到灵宝境内；豫西南地区的南阳盆地边缘山麓，从方城向西顺伏牛山脉到西峡沿江而入淅川。从方城而南，沿伏牛山脉与桐柏山脉相绵连的山带直至淮水之源；豫南山区的桐柏山麓，从信阳向东到豫皖交界处。其中最有希望的地区就在豫西的秦晋豫交接地带和豫西南的秦豫鄂相邻地区。即使在豫东和豫东南，更新世地层虽埋藏在地下，随着经济建设大发展也会有新的发现。河南省在今后旧石器时代考古中，期望会有一个更大突破。

在河南经过考古发掘的旧石器时代遗址中，不乏重大的考古发现。其中旧石器时代早期的栾川孙家洞遗址、旧石器时代中期的灵井许昌人遗址、旧石器时代晚期的郑州老奶奶庙遗址，2021年入选河南考古百年百大考古发现。

栾川孙家洞旧石器时代遗址

栾川孙家洞遗址，地处栾川县栾川乡湾滩村哼呼崖的断崖上，北边靠近伊河。原有洞口朝北，呈扁长形椭圆状，宽2.65米，高0.7米，但是较难出入。现在进出的洞口则是由山体裂隙扩展而来，宽0.2—0.85米，高1.7米，位在原有洞口下方7米处。洞穴内部构造复杂，高低不平，可以分为前后两个空间。前厅长约5.2米，宽约3米；后厅长约2—4.1米，宽约6米；前后两厅之间的连接通道大约2.5米。2008年第三次全国文物普查时对孙家洞进行调查，发现了大量的动物化石；2012年对该洞穴进行抢救性发掘，发掘位置距离现在进出洞口约10米处，发掘面积约3平方米，深4.6米左右（图1.1）。

图 1.1 孙家洞遗址外景

图 1.2 发掘现场

地层堆积可分五层：第一层0—1.1米，角砾层，不规则灰岩角砾，直径0.02—0.1米，风化较弱，碳酸盐胶结程度高，其中可见大量动物化石，该层底部与围岩接触部位发育空穴，其中可见方解石脉断块；第二层1.1—2米，含粉砂角砾层，灰岩角砾多为不规则状，直径0.05—0.15米，呈堆状聚集，局部粉砂含量较高呈透镜体状，该层含有大量动物化石；第三层2—2.8米，褐黄色含砾黏土质粉砂层，胶结程度低，含少量灰岩角砾，角砾直径0.01—0.05米，具含泥砾，可见大量动物骨骼化石；第四层2.8—3.4米，含粉砂角砾层，角砾多为不规则状，弱风化，其中含大量动物骨骼化石，并发现5颗古人类牙齿化石；第五层3.4—4.6米，褐黄色含粉砂层，含较大灰岩角砾，直径最大0.25米，表面风化严重，呈黄白色粉末状，其中可见磨圆度较高的河流相砾石，砾石成分多为砂岩，直径0.1—0.15米，该层含有动物化石，少量的石制品，而且在中下部发现1颗古人类牙齿化石（图1.2）。

孙家洞遗址出土的石制品原料以脉石英为主，有少量的石英砂岩和岩浆岩。打片的方法以锤击法为主，但也发现有极个别的砸击制品。类型主要包括石核、石片和断块，尚未见到有加工成器的石制品。石核有单台面石核、双台面石核、盘状石核和砸击石核，石片有远端断片和裂片。出土上万件动物化石，大多较为破碎并与沉积物胶结在一起。

可以看出典型动物种属有中国鬣狗、熊、大熊猫、狼、獾、貘、肿骨大角鹿、葛氏斑鹿、李氏野猪、牛、梅氏犀及豪猪、竹鼠、刺猬等，其中李氏野猪、肿骨大

图 1.3 牙齿化石

角鹿、中国鬣狗是中国中更新世典型动物种属，在北京周口店中国猿人及南京汤山直立人等遗址中均有出土，它们的出现表明孙家洞遗址的时代应与上述两个遗址大致相当。

出土6颗古人类牙齿化石经鉴定，包括1颗下门齿、3颗下臼齿、1颗上前臼齿、1颗上臼齿。从牙齿发育看，存在幼年个体；从牙齿大小和形态看，有不同于现代人的原始特征（图1.3）。

孙家洞遗址洞穴内构造复杂，前后区域的堆积性质可能存在差异。2012年发掘区域大部分以不规则的角砾为主，发现的动物化石大部分破裂较严重，未发现明显的人为痕迹，属于快速崩塌沉积。而发掘区底部为含砾粉砂层，在发掘过程中还发现有同一倾向的砾石分布，为河流相沉积。另外，在发掘和淘洗过程中，基本上未发现石制品碎屑或其他遗迹现象，所以该遗址发掘区域并不是古人类原生的生活场所。洞穴后半部区域堆积的性质，还有待进一步地发掘和研究。目前我国发现的中更新世古人类化石材料还很少，空白较多，任何一次直立人化石的发现都不可替代。孙家洞遗址所发现的这批古人类化石材料主要是幼年个体，对于探讨直立人的生长发育模式有重要意义。在这个阶段的幼年个体化石材料，主要在北京周口店遗址发现过，国际上也只是一些零星的发现。我们现代人第一恒齿的萌出年龄是在6岁，南方古猿是在3岁，而直立人还未知。通过萌出年龄这个关键的生物指标，来探讨直立人的生长发育问题，对解读现代人独特生长模式至关重要。

孙家洞遗址初步测年为40万年左右，这是一处全国最新发现的重要旧石器时代早期遗址。遗址出土的石制品虽然较少，但它表明了古人类曾在这里进行生产生活活动，初步展现了该区域旧石器时代早期的文化面貌；遗址出土的古人类牙齿化石是河南省境内首次发现有明确地层的中更新世时期古人类牙齿化石，对研究人类起源及演化有重要科学意义；遗址出土的动物化石非常丰富，栾川又地处中国南北地理分界线附近，对研究中国中更新世时期该过渡区域动物群的种类及特征有着重要作用，同时为动物地理区系演化及古气候环境变迁提供了重要的信息。

栾川孙家洞遗址2021年入选河南考古百年百大考古发现。

灵井许昌人旧石器时代遗址

许昌人遗址位于河南省许昌市建安区灵井镇西侧，遗址为河湖相沉积分布，面积约3万平方米。这里发育有若干小型湖泊，水源来自由西向东断裂带的地下暗河。1965年中国古脊椎动物与古人类研究所周国兴先生曾来此调查，采集一批打制石器和动物化石。2005年河南省文物考古研究院首次对该遗址进行考古发掘，一直延续了10多年。最初定名为“灵井旧石器遗址”，自2007年发现古人类头骨化石之后，更名为“许昌人遗址”，一直沿用至今。

灵井许昌人遗址堆积丰厚，已发掘的深度为9米。自上而下可分为11层，地层序列的年代从晚更新世早期延续到全新世早期。其中第1层为耕土层，厚约30厘米，地表采集有陶片及空心砖块；第2层为红褐色壤土层，厚约60厘米，属商周文化层，剖面可见陶片、房址、灰坑、陶窑等；第3层为褐色壤土层，厚约110厘米，属龙山文化和二里头文化层，剖面可见灰坑，采集有磨光黑陶片和绳纹陶片；第4层为砂质黏土层，厚约90厘米，属仰韶文化层，剖面有房址和袋形灰坑，采集有彩陶片；第5层为橘黄色粉细砂层，局部包含有粗砂粒，厚约55厘米，属细石器文化层，发现有细石器、早期陶片、雕刻艺术品、钻孔鸵鸟蛋壳装饰品和其他尚难以归类的文化遗物，碳14测年为距今1.3万年左右；第6层为钙板层，胶结致密，厚20—40厘米；第7层为橘黄色粉砂土层，厚约85厘米，含少量石制品和动物化石；第8层为黑褐色铁锈土层，属湖相沉积过滤沉淀层，厚约20厘米；第9层为棕褐色黏砂土层，含丰富的纵向黑色根孔，黄褐色锈斑点，厚约200厘米；第10层为含黄褐色铁锈根孔的黏粉砂土层，厚约160厘米。富含石制品、动物化石，偶见小砾石，有些根孔已经形成纵向钙管，成为地表水下渗的通道，发育薄的由北向南倾斜的层理，石制品和动物化石由上而下逐渐增多；第11层为灰绿色粉砂土层，未见底，含古人类头骨化石、石制品、动物化石、铁锰结核等（图2.1）。

许昌人遗址有很多重要考古发现，具有重大学术价值。

考古发现之一是第5层出土的一批细石器，包括很多细石核、细石叶和较多的石工具。石工具有端刮器、边刮器、凹刮器、琢背小刀、雕刻器、尖状器、楔形器、锯齿刃器、石锥、石镞及带有第二步加工疤的石片。灵井第5层细石器一般以

图 2.1 许昌人遗址发掘现场

燧石等为原料的小砾石制作，在石料上用间接法制出细石叶或在小砾石上用直接法制作石片。细石叶和细石片构成灵井细石器素材的主体，作为中国华北地区乃至东北亚细石器文化圈的最南部代表，具有重要意义。该遗址的细石器具有器形多样、制作精美的特点，为研究中国华北地区和东北亚旧石器时代晚期的细石器技术及人类行为模式提供了新的视角（图2.2）。

考古发现之二是距今1万余年的早期陶片。器形为陶钵一类，以素面为主，偶见绳纹、弦纹、压印纹和刻划纹等，多在腹部，个别在口沿。火候普遍偏低，质地疏松，较破碎。竹编内胎敷泥烧制，表明这种古老的烧造方式在那时就已经存在。部分标本的内外壁留有碳化物残迹，一些陶片还有烟炱痕，这是烧造或使用时留下的。陶片并没有经过水流等外力作用的搬运，当为原地埋藏。许昌人遗址早期陶片的发现，对研究中国华北陶器起源，以及旧、新石器时代过渡具有重要价值。

考古发现之三是第10层和第11层出土的大量石制品，其数量约2万件。这些与许昌人头骨化石同层的石工具，以小型为主，大型工具数量很少，这可能与工具的作用对象有关。小型工具类型多样，包括刮削器、锯齿刃器、凹刮器、石钻、汇聚型工具、尖状器等，这些也是西方旧石器时代中期遗址较为常见的工具类型。许昌人遗址石核剥片方式多样化，且以单面单向剥片、不规则多向剥片和内心剥片为主，表明这些史前居民已经掌握熟练的剥片技术。其中少量底部经过修理的尖状器

图 2.2 圆头刮削器

的发现，表明许昌人遗址存在复合型工具。这里数量较多的工具制作精细，从修疤特点和刃缘形态的观察分析来看，当时可能使用了“软锤”法和压制法来加工石英类工具。用断块加工而成的工具在数量上远多于以石片加工成的工具，体现出古人类对石英原料的高效利用。这些都为研究许昌人的技术行为，以及深入认识中国旧石器技术的发展轨迹提供了重要资料。

考古发现之四是遗址第10层和第11层出土的大量动物化石，包括8个灭绝种类和13个现存种类的猪类、鹿类、獐类、牛类、羚羊、灵猫类、熊类、鬣狗类、古菱齿象类、犀类、马类等。根据灵井哺乳类动物所反映的自然环境，可以初步断定许昌人生活在较为温暖湿润的草原灌木环境，属于北温带大陆性季风气候，年均温度应和现在相当。许昌人在狩猎中，猎获原始牛和普通马两种动物居多，兼有一定比例的幼年个体。这表明他们是熟练的狩猎者，对于大型食草类动物的生活习性或迁徙规律有了一定的掌握。此外，还可能有小规模的捕捞活动。

考古发现之五是较多骨器的出土。2006年3—12月，在许昌人遗址中发掘石制品和骨制品约1.2万件。其中石制品中的石工具约300件，骨制品中的骨工具约700件。这是国内旧石器遗址中骨器的数量首次超过石器数量的例证，这可以结束数十年来关于旧石器遗址中是否存在真正骨器的学术争论。遗址出土的大量骨器，也可能预示着工具类型模式的转变，这在国内外旧石器时代考古研究中展示了新

图 2.3 微型鸟雕

的重要学术研究信息。遗址出土的骨器中包括骨刮削器、骨尖状器、骨尖刃两用器和骨雕刻器；一般采用大型食草动物长骨打制的骨料制作骨器；骨器的加工方法以锤击法为主，这和遗址中细石器的制作工艺相一致，但在一些尖状器的制作上采取了多个方向修尖的方法，表现了较多的灵活性；制作上普遍使用裁尾技术；除少数标本有些磨损之外，多数标本棱角锋利，反映了湖相和滨湖相遗物埋藏的特点。在灵井出土有8件骨质“软锤”工具，其中7件用动物长骨来修理石质工具，长骨上保留有长期循环使用的痕迹；还有1件用来修理石质工具的鹿角。此外，灵井遗址出土有2件特殊的工艺品：1件小块动物化石碎片表面有7条平行的刻划线，经拉曼光谱仪、能谱仪测试分析，划线上有红赭石染料残留，是目前已知最早的人工刻划痕；另1件是用均匀烧烤过的一小块鹿角雕刻成的微型鸟雕，长2.1厘米，高1.2厘米，厚0.6厘米。鸟的一侧呈黑褐色，另一侧呈古铜色，形状粗壮，短头，有圆形的喙及长尾，可能属于雀形目。这是东亚地区唯一一件可以追溯的晚更新世时期的雕塑艺术品，它的发现将中国雕塑艺术向前推进了八千多年。这一发现标志着一种原始艺术传统被认知，对研究当时人类的技术水平、审美和意念表达能力，以及区域间人类群体的迁徙与交流等具有重要意义。灵井鸟雕被美国考古学会主办的面向公众的双月刊*Archaeology*（考古）杂志评为世界十大考古新发现（图2.3）。

考古发现之六是许昌人头骨化石的出土，这是该遗址最重大的考古发现。2007年和2014年发现的许昌人头骨化石代表5个个体，年代距今12.5万—10.5万年。1号和2号个体相对较为完整，分别由26块和16块碎片拼接而成；3号、4号、5号个体

图 2.4 人头骨化石

为游离的头骨碎片（图2.4）。研究显示，许昌人头骨呈现复杂的混合形态特征，表现特点为：①扩大、圆隆且纤细的脑颅结构，符合整个更新世人类头骨纤细化趋势；②具有东亚中更新世早期人类（直立人）的原始特征，低矮的头骨穹隆、扁平的脑颅中矢状面、位置靠下的最大颅宽、矮小并向内侧倾斜的乳突；③呈现尼安德特人特征，包括内耳迷路模式、水平型顶乳缝、不发达的枕圆枕和枕外隆凸及其上部的枕凹陷。许昌人头骨具有的这种混合性，尤其是镶嵌性头骨形态特征，反映东亚更新世人类演化特点既具有一般性的趋势，同时还呈现出一定程度的地区连续性和人群间交流。在晚更新世早期，东亚古人类演化是多种古人类群体并存的不同群体之间有杂交或基因交流的复杂演化模式，许昌人有可能是与中国北方地区的早期现代人的形成有关。由于迄今在中国发现的中更新世晚期—晚更新世早期人类化石大多破碎，加之对一些化石的年代存在争议，目前古人类学界对这一时期人类演化的许多问题还不清楚。解决这一问题的关键是找到更多的化石证据。许昌人头骨化石呈现的复杂及镶嵌性形态特征，为中国古人类演化的地区连续性及与欧洲古人类之间的交流提供了一定程度的支持，为探讨晚更新世早期人类的演化提供了非常重要的研究资料，对中国现代人起源研究具有重大价值。

灵井许昌人遗址2007年入选年度全国十大考古新发现；2013年被国务院公布为全国重点文物保护单位；2021年入选河南考古百年百大考古发现。

郑州老奶奶庙旧石器时代遗址

老奶奶庙旧石器时代遗址，位于郑州市西南郊二七区侯寨乡樱桃沟景区内，东南距代家门村约500米，西邻贾鲁河上游九娘庙河，坐落在河旁二级阶地之上。遗址西北角建有一座小庙，当地群众称之为老奶奶庙。遗址地处嵩山东南麓余脉向东延伸地带，属低山丘陵区，地势呈东高西低，区内黄土堆积发育。2011年4—8月，北京大学考古文博学院与郑州市文物考古研究院合作发掘该遗址，揭露面积近50平方米，发现3000多件石制品、1.2万多件动物骨骼及碎片、20余处用火痕迹，以及多层叠压、连续分布的古人类居住面。这些新发现，非常清晰地展示了当时人类在中心营地连续居住的活动细节，将近年来在嵩山东南麓调查发现的400多处旧石器地点完整地连接起来，不仅系统地再现了郑州地区晚更新世人类的栖居形态，同时也发掘出土一系列与现代人行为密切相关的文化遗存，为探讨我国及东亚地区现代人类出现与发展等史前考古学核心课题提供了非常重要的新信息。

老奶奶庙遗址东侧的马兰黄土断崖剖面高近20米，马兰黄土之上还叠压着新石器时代至历史时期的文化层。但在发掘区内，由于雨水冲刷与当地村民取土的破坏，大部分马兰黄土以上的堆积已不存在，已接近旧石器时代文化层。仅局部保留有1—3米不等的残余堆积。发掘区中部的东剖面地层堆积可分为4层。1层为表土层。2层为扰土层，含陶片、汉砖以及动物化石与打制石器等。3层为黄色至灰褐色黏质粉砂，属旧石器文化层，可进一步划分为6个亚层：6A层黄褐色黏质粉砂，含少量石制品和动物化石；6B层灰褐色黏质粉砂，石制品和动物化石非常丰富，并有多处灰堆遗迹；6C层灰褐色黏质粉砂，含石制品和动物化石等遗物，有零星用火遗迹；6D层灰褐色黏质粉砂，含石制品、动物化石及用火痕迹；6E层灰褐色黏质粉砂，石制品和动物化石较丰富，也有用火痕迹；6F层灰褐色黏质粉砂，含数量很多的石制品和动物化石，亦发现较多且面积较大的用火痕迹。4层以下发掘面积很小，平面布局情况尚不清楚。从剖面观察可见该层为灰褐色、灰黄色至黄褐色粉砂，局部有较清楚的水平层理。可分为7个亚层。除最下层为较纯净、水平层理明显的灰黄色粉砂外，其余6个亚层均含有石制品、动物化石及炭屑等文化遗存。老奶奶庙遗址主要文化层的碳14测年为距今4万年前后（未校正），结合附近遗址光释光测年数据来看，该遗址碳14测定年代在校正后应早于距今4.5万年（图3.1）。

老奶奶庙遗址有多项重要考古发现。

一是用火与居住遗迹的发现。该遗址3层和4层均为旧石器时代遗存，有多个文化层连续分布，显示古人类曾经较长时间重复占用这块地方。在已发掘的区域内除3A层的遗物相对较少，其他各层均有用火遗迹与石制品及动物骨骼构成的居住遗迹。尤为引人瞩目的是3B与3F层的发现，大量的石制品、动物骨骼与多个用火遗迹共存，清晰地反映出当时人类的居址结构复杂化的发展趋势。其中3B层共发现用火遗迹10处，这些灰烬主要分布于发掘区的中部和中南部，面积有大有小，较大者如H9分布范围南北长约20厘米，东西长约30厘米，最厚处约3厘米。剖面观察呈浅锅底状。周围发现大量动物骨骼碎片与石制品等遗物。另外在发掘区北部至

图 3.1 老奶奶庙遗址东壁剖面

中部的不同区域，也有大量动物骨骼残片与石制品及炭屑遗物密集分布的现象，是当时人类一个集中居住活动留下的活动面遗迹。另一处比较清楚的活动面遗迹保留在3F层。其原始地面呈北高南低的缓坡状分布，遗迹、遗物非常丰富，共发现灰烬堆积6处，面积分布均较大。如在发掘区西南部的灰烬堆积，平面近似椭圆形，其分布范围南北最长处约126厘米，东西最宽处约100厘米。从剖面观察，最厚处约8厘米，含有大量炭屑和灰白色斑块状物质。灰烬周围散布着较多的动物骨骼碎片与石制品等遗物。发掘区中部发现的灰烬堆积，平面形状亦近圆形，直径约160厘米。灰烬内包含大量炭屑，其周围也散布着大量密集的文化遗物。在中北部区域还有另外几处面积稍小的灰烬堆积，灰烬周围也分布大量的动物化石及石制品等（图3.2）。

图 3.2 发掘现场

图 3.3 出土石器

二是石制品的发现。老奶奶庙遗址所发现的石制品有3000多件。种类包括石核、石片、断块及各类工具等。石制品的原料以灰白色石英砂岩和白色石英为主，亦有少量的石灰岩、火成岩及燧石等原料使用。在石英砂岩制品中，石片与石核数量较多。石核多为台面石核，均为简单剥片技术的产品，尚不见预制石核的迹象。石英原料则体积较小，亦采用锤击或砸击技术直接剥取石片。经过仔细加工的工具多系石英原料，数量不多，可见到的类型有边刮器、尖状器等，形体多较细小。这些特点表现出明显的与本地区更早阶段旧石器文化的技术联系，而完全不见来自非洲、欧洲或西亚同期古人类文化影响的迹象。在当时人类居住遗迹的附近，还可以明显见到石器加工区有数量较多、属于同一原料来源的石核、石片及断块与碎屑等生产石器的副产品（图3.3）。

三是动物化石与骨制品的发现。老奶奶庙遗址的动物骨骼数以万计，包括数量较多、较完整的下颌骨、肢骨、牙齿等，以及大量骨骼碎片。其中下颌骨与牙齿等来自食草类动物头骨的骨骼比例要远远高于其他部位。多数动物骨骼的石化程度较深。可鉴定的种类主要是马、牛、鹿、羊与猪等，还有数量较多的鸵鸟蛋皮碎片。动物骨骼上完全不见食肉类或啮齿类动物啃咬的痕迹，显示大量骨骼在遗址上出现完全是人类狩猎与消费猎物活动的结果。另一引人瞩目的现象是其中较多骨片的大小比较相近，很多骨片长度集中在10厘米左右，刚好方便手握使用。有些残片上有比较清楚的打击修理痕迹，个别还可以见到明显的使用痕迹。这些迹象表明，该遗址的先民们除了使用石制品以外，还大量使用骨制工具。动物化石与骨制品的应用等特点，与本地区更早阶段旧石器文化有更多的相似性，也不见外来文化因素影响的痕迹。

四是贾鲁河上游其他旧石器地点的发现。在老奶奶庙遗址附近，沿贾鲁河上游近10千米长的范围内，还分布着20余处旧石器地点。这些地点也埋藏在马兰黄土上部堆积之下的河漫滩相堆积或与其同期异相的红褐色古土壤层中，其时代也与老奶奶庙遗址相当，只是多数地点的堆积较薄，文化遗存也较少，应只是临时活动的场所。从分布位置、地层堆积与文化遗存的保存等情况看，老奶奶遗址位于这些遗址点的中心，当是一处中心营地或称基本营地，并与前述临时活动地点共同构成一个遗址群。

综上所述，通过调查、发掘和区域地层对比，显示老奶奶庙遗址与郑州地区新发现的大量旧石器地点，主要埋藏在马兰黄土上部堆积之下的河漫滩相堆积或红褐色古土壤层中，属于深海氧同位素3阶段（MIS3）气候较暖湿时期。碳14与光释光等测年数据也显示旧石器地点的时代主要分布在距今3万—5万年。这些情况说明老奶奶庙遗址等新发现，正处于现代人类及其行为出现与发展的关键时段。另一方面位于中国与东亚大陆核心地区的嵩山东南麓，也是晚更新世人类与文化向南北与东西方向迁徙与交流的中心。该地区旧石器时代考古的新发现清楚表明，这一阶段中原地区旧石器文化与本地区更早阶段古人类文化的发展有着密切联系，而完全见不到来自非洲、欧洲、西亚等外来因素影响的迹象。这些新证据显示有关晚更新世中国与东亚地区的古人类在最后冰期寒冷气候中灭绝的认识并不符合历史实际，与此相反，这一时期该地区的人类与旧石器文化连续发展至更为繁荣的新阶段。这些新证据对于深入探讨当前世界史前考古学与古人类学界关于现代人类起源与发展问题的歧见尤为重要。因此老奶奶庙遗址的考古发掘就具有十分重要的如下五点的学术意义：

① 老奶奶庙出土的大量石制品、动物骨骼遗存与丰富的火塘等活动面遗迹，具备典型的中心营地特征，这一新发现在空间上将嵩山东南麓数百处旧石器地点连接起来，清晰地展示了中原地区3万—5万年前的栖居形态；

② 该遗址所发现的石片石器文化，在时代方面具有鲜明的承前启后的特点，将中原地区更早的旧石器文化与其后发展起来的石叶与细石器文化完整地衔接起来，非常清楚地确立了该地区旧石器文化发展谱系；

③ 老奶奶庙遗址及嵩山东南麓发现的复杂居住结构与石堆遗迹等与现代人行

为密切相关的遗存，是国内和东亚地区同时期首次发现，填补了这一时期旧石器时代考古学的空白；

④ 老奶奶庙遗址所发现的连续多个文化层以及嵩山东南麓数量众多的遗址群，完整地再现了距今3万—5万年前嵩山东南麓古人类文化发展的历史进程，使我们能够从宏观上观察、研究及整体认识嵩山东南麓古人类文化面貌；

⑤ 上述新资料清晰地展示了我国境内更新世人类发展的连续性特点，为研究现代人类及其行为在东亚地区出现与发展提供了非常重要的新证据及新视角。

郑州老奶奶庙遗址2011年入选全国十大考古新发现；2019年被国务院公布为全国重点文物保护单位；2021年入选河南考古百年百大考古发现。

李家沟文化

历史总是向前发展的，大约在距今1万多年前，人类发明了磨制石器，用来代替原始的打制石器；发明了生产性经济的种植业和畜牧业，代替了不稳定的采集和狩猎，但后者也并未放弃；人们开始从山洞里走出来，居住在河流或湖泊旁边；人类发明了烧制陶器和其他手工工艺，人类的生活和过去相比，已有了一定的保障和改善；人们盖起茅屋，以避风雨；刀耕火种，收割庄稼；修筑围栏，饲养家畜；烧制陶器，煮饭盛物；用弓箭和弹丸狩猎，执鱼叉与渔网捕鱼；其后甚至还有夯土建筑、水井和环壕的发明等。这样人类开始进入了新石器时代。

位于大中原地区中心地带的河南，新石器时代遗址种类繁多，五彩纷呈，既给周边广大地区以深刻影响，又吸收了周边地区的优长，促进了自身的发展。从1万多年前的李家沟文化到9000—7000年前的裴李岗文化，再到7000—5000年前的仰韶文化，再到5000—4000年前的龙山文化，一脉相承。其间还有东方的大汶口文化西传和南方的屈家岭文化北渐，成就了中华古代文明的起源与早期发展，直至夏王朝的建立。河南新石器时代有许多重大的考古发现，其中有20项入选河南考古百年百大考古发现。

李家沟文化因河南新密市李家沟遗址的考古发现而得名。2009—2010年，北京大学考古文博学院与郑州市文物考古研究院联手发掘新密李家沟遗址，发现四大层地层叠压关系，最下层为旧石器时代晚期石片石器文化层，其上为旧石器时代末期向新石器时代早期过渡的细石器文化层，再上为新石器时代最早期的李家沟文化层，最上为新石器时代偏早期的裴李岗文化层。李家沟文化层出土有打制石器、细石器与磨制石器。还出土有100多块陶片，几乎全部为夹粗砂陶片，陶色存在一定变化，从黄红色到红褐色不等，羼合料主要是石英砂，少量为料礓石和云母。羼合比例占陶胎的五分之三，处在原始的烧造水平。可见用泥条盘筑和泥片贴筑法制作，除素面者之外，外壁压印有间断似绳纹和很少量的线纹、刻划纹。器形很单一，均为直口的筒罐类器物。当时人们的生活，已从以大量食草类动物为对象的专业化狩猎向采集植物类食物与小型动物狩猎并重的方向发展。这会影响到人们的栖居方式，乃至社会组织方面的变化，并为农业起源提供了重要信息。碳14测年数据距今1万年左右，为中原地区新石器时代最早期文化。

新密李家沟旧石器时代至新石器时代遗址

李家沟遗址位于新密市岳村镇李家沟村西百余米处、椿板河（溱水上游）东岸二级阶地堆积的上部。2004年郑州市文物考古研究院组织专业人员开展郑州地区旧石器时代考古专题调查时发现。后因该遗址受煤矿开采、降水与河流侧蚀等因素的影响，临河一侧出现严重垮塌。为全面了解李家沟遗址的文化内涵，提供相应保护对策与方案，2009年8—10月、2010年4—6月，北京大学考古文博学院与郑州市文物考古研究院联手对其进行抢救性发掘，总发掘面积约100平方米。发掘探方分布在一条沿断层破碎带开掘的人工取土沟两侧，形成南北两个发掘区。

李家沟遗址北区的地层堆积可以划分为7层，其中1至3层为耕土和近现代扰土层，第4、5层和6层上部为李家沟文化层，第6层下部为细石器文化层，第7层为石片石器文化层；南区也可分为7层，第1层耕土层，其下的第2、3、4层为裴李岗文化层，第5层为李家沟文化层，第6层为细石器文化层，第7层是石片石器文化层。综合整个遗址南北区域为四层地层叠压关系：最下为旧石器时代晚期石片石器文化层，其上为旧石器时代末期向新石器时代早期过渡的细石器文化层，再上为新石器时代最早期的李家沟文化层，最上为新石器时代偏早期的裴李岗文化层。也就是说李家沟遗址保存了从旧石器时代晚期到新石器时代早期的连续地层剖面，在此地层剖面上可以见到属于旧石器时代晚期到新石器时代早期几个不间断的不同时代与文化性质的遗存。依据碳14年代测定（木炭样品经树轮校正），南区第6层细石器文化层为距今10300—10500年；北区李家沟文化层距今10000年（第6层）、9000年（第5层）和8600年（第4层）。这也为李家沟遗址考古地层叠压关系作了科学的诠释（图4.1、4.2）。

图 4.1 李家沟遗址外景

李家沟遗址主要发现是石制品，共约2000多件。还有更多加工石器过程中产生的碎片、断块及人工搬运的石块。这些石制品出自不同层位，最早出现的是石片石器，然后是典型的细石器，到李家沟文化阶段仍有打制石器、细石器与磨制石器共存，甚至到裴李岗文化阶段仍可见到较多打制石器的存在。出土的石制品中，其一是石片石器，均发现自属于阶地基座的马兰黄土堆积，在遗址第7层见有17件石片石器。包括锤击石核和砸击石核各1件，锤击石片2件及砸击石片1件，断裂片4件及断块6件，石工具单直刃边刮器2件。其二是细石器，分布在南区第6层，两个年度共发现石制品1600多件，占全部编号标本的三分之二以上，是李家沟遗址发现石制品最多的层位。发现的细石器包括细石核、细石叶、石料、石核、石片、断裂片、断块和边刮器、端刮器、雕刻器、琢背刀、石镞等，同时也见有反映相对稳定栖居形态的人工搬运石块及少量砍砸器等较粗大的石制品，另

图 4.2 地层剖面

图 4.3 细石器

有个别局部磨光的石锛。发掘区的西部是石制品与人工搬运石块等遗物的密集区，大致构成一个椭圆形石圈。东部则主要是动物骨骼遗存的密集区。两者均分布在同一平面上，应是当时人类临时营地遗迹。上述考古发现表明李家沟遗址早期的人们已掌握相当精湛的细石器加工技术，他们应用船形和柱状细石器技术剥取细石叶，少量以石叶为毛坯的工具存在，也显示了掌握并应用石叶技术制作各种细石器。这些精致的细石器刃口锋利，轻巧便携，是适于长途奔袭狩猎使用的工具组合。这些工具所使用的原料也多不见于本地的优质燧石，是远距离采集运输所得。这些特点显然还是典型的旧石器文化形态（图4.3）。其三是属于李家沟文化阶段的石制品分布在南区第5层和北区的第5、6层。其中南区出土的石制品不足30件，这是该阶段人类活动的边缘区；而北区出土的石制品则超过700件，结合陶片及其他遗物遗迹现象看，北区当为李家沟文化阶段人类活动的主要区域。李家沟文化阶段出土的石制品包括石核、石片、断裂片、石器和细石器、断块、人工搬运石块等。细石器为边刮器，其他的石器如砍砸器、石磨盘、石磨盘毛坯、石砧、石锤等，则形制较大。其四是裴李岗文化层的石制品出自南区2—4层。这几层沉积物均受到较明显流水作用影响，并非原地埋藏。但从各层发现陶片来看，均属裴李岗文化阶段。虽然此时已经进入成熟的新石器文化阶段，石制品应以磨制石器为主，但这里与陶片共存的只有一些打制石器，其中包括一些石核、

图 4.4 出土陶片现场

石片和边刮器、端刮器等细石器。由于堆积受过流水搬运作用，所以上述石制品可能属于裴李岗文化阶段，也可能早于裴李岗文化阶段。

李家沟遗址另一项重要考古发现是出土了一批早期的陶片。其中在遗址南区第6层的细石器文化阶段，出土2片陶片，为素面，夹粗砂，火候较低，外壁部分为灰黑色，部分为灰褐色，内壁为浅褐色，陶胎为砖红色，直口，沿面平齐，直腹，微鼓，可能是直腹罐残片。这些发现给追溯中原地区制陶技术出现在1万年之前提供了新的佐证（图4.4）。在北区的李家沟文化阶段的第5、6层内出土陶片较多，在10平方米的发掘区内发现100多块陶片，说明当时人类就在原地或附近使用这些陶器，当时人们已处于定居或半定居状态。当时所出几乎全部为夹粗砂陶片，陶色存在一定变化，从黄红色到红褐色不等。羼合料主要是石英砂，少量为料礓石和云母。羼合比例占陶胎的五分之三，显示其火候较高，已不是最原始的制陶技术，但仍处于原始的烧造水平。可见用泥条盘筑和泥片贴筑法制作，除素面者之外，外壁压印有间断似绳纹和很少量的线纹、刻划纹。器形很单一，均为直口的筒罐类器物（图4.5）。李家沟文化阶段的陶片与本地区年代稍晚的裴李岗文化的陶器有较为明显的区别。在李家沟遗址南区第2、3层出土有裴李岗文化阶段的陶片，包括有泥质素面小口双耳壶和泥质素面的红顶钵等典型器物。

图 4.5 出土陶片

李家沟遗址第三项重要发现是大量动物骨骼遗存。这对于分析该遗址的文化特点，认识遗址不同阶段居民的生产、生活及行为特点，复原当时人类的生计方式等都很重要。在细石器文化阶段地层中总计发现动物骨骼近400件。种类有鹿、马、牛、猪及鸟类。大型鹿居多，其次是马、牛、中型鹿，而小型鹿、猪及鸟类较少。动物骨骼一般都比较破碎，鹿类有角、牙、肢骨、下颌骨等；马类主要是牙齿等；牛类包括牙齿、肢骨、椎骨等；食肉类主要保存有牙齿、肢骨、距骨等；啮齿类保存有门齿；鸟类均为蛋皮。在李家沟文化阶段地层中发现动物骨骼遗存超过400件，包括鹿、羊、马、牛、猪及鸟类。以中、小型鹿的股骨和牙齿最多，另有一些烧骨和人工切割及磨制痕迹的骨骼。上述两个不同文化发展阶段的动物群的种类标本基本一致的信息说明中原地区距今万年前后的旧、新石器过渡时期的自然环境并没有明显的变化。但两个动物群不同种类数量方面的此消彼长，却反映了两个阶段人类行为变化的重要线索。两个动物群均以食草类动物为主，但在细石器文化阶段是形体较大的马、牛及大型鹿类占主导地位。但到了新石器早期的阶段马和牛数量骤减，鹿类动物中也以形体较小者为主。形体较大动物的减少，小型动物比例的增加，说明人类狩猎对象的变化。肉类资源的减少也反映了植物资源的开发利用，即当时人们从以大型食草类动物为对象的专业化狩猎向采集植物类食物与狩猎并重方向发展。随着这些生计活动方面的变化，当会影响到当时居民的栖居方式，乃至社会组织方面的变化。这些变化也是构成旧、新石器时代过渡历史进程的重要组成部分。

中原地区是探讨中国古代文明起源的核心地带，但长期以来这里旧石器时代晚期文化和已发现的新石器时代偏早阶段的裴李岗文化之间，却存在着明显的缺环。这严重制约着学术界对中原地区旧、新石器时代过渡与农业起源等重大学术课题研究，形成了认知上的空白。而李家沟遗址的考古发掘，恰好填补了这一段空白，具有重大的学术价值。李家沟遗址包含旧石器时代晚期到新石器时代早期连续不间断的地层叠压关系，为寻找中原地区旧、新石器时代过渡遗存提供了地层学方面的可靠参照；细石器文化层为距今10300—10500年和李家沟文化层距今10000—9000年的碳14测年，也为旧、新石器时代过渡的地层叠压关系提供可靠的科学证据和解读；在细石器文化阶段出现个别的局部磨制石器和少量最原始的陶片，可视为旧、新石器时代之间过渡阶段的特征，而新石器时代的裴李岗文化阶段却出土较多的打制石器，这些均可为史前考古学研究提供新的启示。总之，李家沟遗址多层文化的叠压关系，从地层堆积、工具组合、栖居形态到生计方式等多角度提供了中原地区旧、新石器时代过渡进程，亦为新石器时代起源和农业起源等提供了重要信息。

新密李家沟遗址2009年入选全国十大考古新发现；2013年被国务院公布为全国重点文物保护单位。2021年10月，入选河南考古百年百大考古发现。

裴李岗文化

在中原地区超过距今1万年最早期的新石器时代李家沟文化引领下，河南陆续出现了数以千计不同类型、不同时代的新石器时代文化遗址，其中时代最早的为距今9000—7000年的裴李岗文化遗址。裴李岗文化遗址以最初发掘于新郑裴李岗村而得名。1977年4月，开封地区文管会、新郑县文管会第一次发掘新郑裴李岗遗址，出土造型特殊的石磨盘、石磨棒、舌形双刃石铲、锯齿镰等石器，还有火候低且易碎的鼎、罐、三足壶、三足体等陶器，与仰韶文化截然不同，完全是一种新的文化类型，碳14测年距今8000年左右。遂按照考古学惯例被命名为裴李岗文化。新郑裴李岗遗址所代表的裴李岗文化内涵相近的遗址群，多分布在浅山丘陵地带，被学术界列入裴李岗文化的裴李岗类型。

贾湖遗址位于舞阳县贾湖村，1983—1987年和2001年，先后7次在这里进行考古发掘。发现各类房址53座，窖穴和灰坑446个，陶窑12座，成人土坑墓446座，幼儿瓮棺葬32座。出土大量的陶器、石磨盘和石磨棒、骨器、蚌器、家畜或兽骨。诸多发现极为突出。与舞阳贾湖遗址内涵相近的裴李岗文化遗址群，多分布在平原地带，相对年代稍早一些，被学术界列入裴李岗文化的贾湖类型。

中山寨遗址位于汝州市纸坊乡中山寨村，1984—1986年先后进行考古发掘。在仰韶文化层的下面发掘出裴李岗文化遗存，清理灰坑9个，发掘墓葬4座，遗址出土遗物丰富，包括浅腹圜底钵、浅腹平底钵、浅腹三足钵、深腹圜底三足钵、双耳壶、三足壶、平底盆、大口罐、侈沿罐、双耳罐、角把罐、三足罐等陶器；另有平底弧刃长条形石铲、扁圆形或长椭圆形弧刃石斧、有齿或无齿石镰、圆角长方形或长椭圆形无足石磨盘、圆柱形石磨棒，还出土了1支骨笛，笛身有两排相错的小孔，经鉴定认为可能是用于校音的骨笛。与其相近的裴李岗文化遗址群，相对年代较晚一些，多分布在豫西丘陵地带，被学术界列入裴李岗文化中山寨类型。

莪沟北岗遗址位于新密城南7.5千米的莪沟村北，1977—1978年，在这里进行两次考古发掘，这也是河南首批发现和发掘的裴李岗文化遗址之一。清理房址6座，发掘灰坑44个，莪沟北岗遗址内出土一批可以复原的陶器，另出有一件陶塑老人头像，扁头方脸，前额较平，粗壮的眉脊左右相连，宽鼻深目，下颊前突，口、眼是剔出来的，形象生动。还出有磨盘、磨棒、斧、锯齿镰、弹丸、砺石，以及打制的石核、石片、长刮削器、尖状器等石器。其中最大的一件石磨盘用黄灰色砂岩琢磨而成，平面呈一头宽一头窄的长椭圆形，近似鞋底状，上面较平，下面凿出4个上粗下细的柱状短足，通长0.78米，宽0.27—0.43米，高0.08米。遗址也见有麻栎、枣、核桃之类的果核，还有猫骨、鹿角及其他兽骨。

石固遗址位于长葛市西南的石固村东，1978—1980年，先后进行4次考古发掘。石固遗址上层为仰韶文化早期，下层为裴李岗文化时期，下层延续时间很长，从早到晚又可分为四期。发掘出裴李岗文化房址3座，清理灰坑189个，清理墓葬69座。遗址出土陶器有泥制红陶三足钵、平底钵、双耳壶、折肩壶、夹砂褐陶罐形鼎、角把罐、篦纹罐、纺轮等；出土石器较多，有石磨盘、石磨棒、磨光石斧、两端刃石铲、锯齿石镰及凿、杵、饼、球、砺石和打制的细石器；此外，还出有骨器、蚌器，以及榛子、核桃、榆钱、酸枣核等植物籽实。长葛石固遗址的最大特点，一是裴李岗文化堆积丰厚，可以分为四期，延续了裴李岗文化早中晚的全过程；二是裴李岗文化层上有早期仰韶文化层叠压，为裴李岗文化是仰韶文化的源头，找到了科学的实证。

水泉遗址位于郏县水泉村南侧，1986—1989年，先后进行5次考古发掘，收获甚丰。发掘灰坑83个，发掘陶窑2座，位于遗址北部，东西并排，相距1.5米，均为横穴窑。遗址北部有氏族墓地，墓葬集中，排列有序。已清理长方竖穴土坑墓120座。有两座墓用长方形石片随葬，上面附着有红色痕迹，可能与原始宗教有关，这种现象在其他裴李岗文化墓地尚不多见。水泉遗址出土遗物甚多，石器类以磨制为主，包括各类石铲、锯齿或无齿石镰、鞋底状四足石磨盘或无足石磨盘、石磨棒、石刀、石球、砍砸器、刮削器等；骨器类主要是锥、笄、镞、针等；陶器类多为泥质和夹砂红陶，器表以素面为主，有的似经打磨，纹饰以篦点纹居多，还有少量指甲纹、乳钉纹、戳刺纹和划纹等，器形有碗、平底钵、圜底钵、三足钵、双耳壶、三足壶、圈足壶、罐、鼎、器盖、勺、纺轮等；还出土少量绿松石管、角器牙饰等。

瓦窑嘴遗址位于巩义市杜甫路西侧，清理裴李岗文化灰坑31个，陶窑1座；瓦窑嘴遗址出土陶器有镂孔三足钵、圜底三足钵、平底钵、盆、小口罐、碗、壶、杯、罐形鼎、豆、勺、匕形器等；石器有磨盘、磨棒、斧、铲、凿、匙形器、饼形器、条形器、砾石、刮削器等。巩义瓦窑嘴遗址属于裴李岗文化的范围，同时该遗址自身一些文化因素也表现出与其他裴李岗文化遗存之间显著的差异，一是泥质黑陶占相当大的比例，约占15%。这部分陶器火候高，陶质硬，陶胎薄，器形规整，代表器物有平沿圈足碗、薄胎平底碗、小平底钵、喇叭口杯和深腹圜底豆等。这部分泥质黑陶器代表了裴李岗文化制陶技术最高的工艺水平。二是泥质红陶器多为内壁漆黑，外壁口部呈黑色，腹部、底部呈红色。这类器物有直口圈足钵、三足钵、卷沿盆等，是瓦窑嘴文化的一大特色。三是出土陶器中泥质红陶圈足盆形甑、施深红色陶衣直口圈足钵、薄胎深腹圈足钵、卷沿平底盆、放射状竖划纹圈足碗和深腹圜底豆等，在其他裴李岗文化遗址中少见或不见。瓦窑嘴遗址应属于裴李岗文化晚期一个新的文化类型。

唐户遗址位于新郑市观音寺镇唐户村南和村西。遗址总面积140余万平方米，文化层厚4米。这是一处跨时代的聚落群遗址，包含有裴李岗文化、仰韶文化、龙山文化、二里头文化及商周时期文化遗存。其中裴李岗文遗存面积超过30万平方米。清理裴李岗文化时期房址63座，均为半地穴式建筑，平面呈椭圆形、圆形、圆角长方形和不规则形四种，皆有斜坡形门道，方向不一，个别房址有双门道。发掘灰坑202个。唐户遗址出土石器有石磨盘、石磨棒和铲、镰等；陶器多为陶片，火候低，易破碎，可复原者极少。很有可能找到早于裴李岗文化的遗存。

综上所述，在距今9000—7000年，河南存在着较快发展的裴李岗文化。在不少遗址里，有一些是裴李岗文化单独存在；有一些是裴李岗文化层叠压在旧石器时代晚期石片石器文化层之上，或叠压在旧石器时代末期细石器文化层之上，或叠压在新石器时代最早期李家沟文化层之上；还有一些是被早期仰韶文化层所叠压。林林总总，除上面介绍的之外，还有很多裴李岗文化遗址经过调查和考古发掘，收获满满。诸如郑州朱寨遗址、宋庄遗址、岳寨遗址、南阳寨遗址，新郑西河里遗址、邓湾遗址、西土桥遗址、岗时遗址、岭西遗址、洪府遗址、店张遗址，新密马良沟遗址、老城遗址、东关遗址、杨家门遗址、张湾遗址、青石河遗址、王嘴遗址，荥阳牛口峪遗址、王宗店遗址，中牟业王遗址、冯庄遗址，巩义铁生沟遗址、滩小关遗址、水地河遗址、赵城遗址，登封双庙沟遗址、向阳遗址、王城岗遗址、东岗岭遗址，尉氏兴隆岗遗址、马家庄遗址，杞县孟岗遗址，长葛西杨庄遗址、夹岗遗址、南张庄遗址，鄢陵刘庄遗址、唐庄遗址、半截岗遗址、滕岗遗址、双堂遗址、古城遗址、蝎子岗遗址，许昌灵井遗址、丁集遗址、丁庄遗址、崔庄遗址、五女店遗址，禹州吴湾遗址、杏庄遗址，扶沟前闸遗址、雁周遗址、宋马岗遗址，西华小庄遗址，商水马村遗址，项城后高老家遗址，汝州阎湾遗址、辛庄遗址、安沟遗址、后庄遗址、前户西遗址、槐树荫村南遗址、槐树荫村北遗址、湾张遗址，叶县十二里庄遗址、孙家岗遗址、文集遗址，漯河翟庄遗址、傅庄遗址，舞阳湖南郭遗址、阿岗寺遗址、张王庄遗址、长村赵遗址、孙庄遗址、尚庄遗址，驻马店杨庄遗址，新蔡郭冢遗址，正阳晾马台遗址、李楼遗址，上蔡高岳集遗址、尹庄遗址、航寨遗址，方城大张庄遗址，信阳南山嘴遗址、平桥遗址，潢川平岗遗址、霸王台遗址、鲁寨遗址，偃师高崖遗址、马涧沟遗址，孟津朱寨遗址，嵩县乌稍岭遗址，卢氏薛家岭遗址、祁树湾遗址，新乡骆驼湾遗址，辉县琉璃阁遗址、孟庄遗址，孟州子岗遗址，浚县凌湖遗址，淇县花窝遗址，汤阴程岗遗址，安阳洪岩遗址，林州嵩园遗址，濮阳孔悝城遗址等。可谓星罗棋布，洋洋大观。其中新郑裴李岗遗址、舞阳贾湖遗址入选河南考古百年百大考古发现。

新郑裴李岗新石器时代遗址

裴李岗遗址位于新郑市西北约8公里裴李岗村西双洎河北岸拐弯处的台地上，高出河床约25米。遗址东西约300米，南北约250米，面积近6万平方米（图5.1）。1972年裴李岗村农民修水渠时挖出了一些石磨盘、石磨棒。1977年4月8—21日，开封地区文管会、新郑县文管会对裴李岗遗址进行第一次考古发掘，共开探方、探沟5个（条），发掘面积118平方米。清理墓葬8座，灰坑3个；出土石器25件，陶器21件。发掘的8座墓葬均为长方竖穴土坑墓，单人仰身直肢葬，头向南，无葬具。随葬有铲、斧、镰、刀、磨盘、磨棒等石器，以及罐、鼎、壶、钵等陶器。这次发掘发现了与石磨盘、石磨棒同墓的陶器，这为石磨盘、石磨棒的断代找到了参照物。这次发掘展现了裴李岗遗址以下几个特点：一是文化层很简单，与生土层区别不很明显；二是出土的泥质红陶器火候低，很容易破碎，器物种类少，

图 5.1 裴李岗遗址

仅有罐、鼎、三足壶、三足钵、勺等；三是石器造型特殊，有带四足的石磨盘、石磨棒、石斧、两端有刃的石铲、锯齿镰和打制的细石器等。初步认定这是一种新的文化类型，不能包括在仰韶文化之内，其时代要早于仰韶文化。碳14测年数据为7885±480年。第一次发掘收获由开封地区文管会、新郑县文管会在《考古》1978年第2期发表的《河南裴李岗新石器时代遗址》一文中有明确反映，遂被命名为裴李岗文化。

1978年4月，开封地区文管会、新郑县文管会和郑州大学历史系考古专业对裴李岗遗址进行第二次考古发掘。发掘地点以遗址内1条水渠为界，分东西两区，发掘面积340多平方米。清理灰坑5个，陶窑1座，墓葬24座；出土石器32件，陶器98件等。这次发掘厘清了裴李岗遗址的遗迹分布情况，水渠东侧是生活区，发现有灰坑、陶窑等；水渠西侧为墓葬区，是裴李岗人的公共墓地。这次发掘的24座墓葬中有8座墓随葬有石磨盘、石磨棒。这次发掘收获有三点。一是水渠以东生活区文化堆积较厚，在发掘的140多平方米范围内，没有见到墓葬等遗迹，出土有骨镞、锥、簪、匕等，以及猪、羊及其他动物骨骼，这些都是与当时人们生活密切相关的遗物；而水渠以西墓葬区文化层较薄，在200多平方米范围内，清理较为密集的24座墓葬。多为小型土坑墓，但也有像M15、M27这样较大型的墓，随葬品数量分别达到18件和13件，反映出一种明显的差别。二是出土许多猪、羊头骨及牙齿，说明裴李岗文化时期在农业生产的基础上，已出现猪、羊家畜的饲养，为我国家畜的起源提供了新的实物信息。还发现一些打制的细石片，可能与新密李家沟、郑州老奶奶庙等旧石器时代晚期遗址所发现的细石器有一定关系。三是裴李岗遗址地层较为单纯，但文化内涵比较复杂。遗址的灰坑和墓葬，都有打破文化层现象；墓葬之间也有打破关系。表明遗址虽然大体时代相同，但在文化内涵上有早晚、先后的关系。碳14测年为距今7145±300年。第二次考古发掘的收获由开封地区文管会、新郑县文管会和郑州大学历史系考古专业署名在《考古》1979年第3期发表《裴李岗遗址一九七八年发掘简报》（李友谋执笔）。

1979年4—10月，中国社会科学院考古研究所河南一队对裴李岗遗址进行第三次考古发掘。发掘面积2157平方米，清理灰坑12个，墓葬82座；出土文物400多件。其中石器101件，陶器150件，骨器15件。石器有磨盘、磨棒、铲、斧、镰、刀、弹丸等，陶器有鼎、罐、壶、盆、碗、钵、盘、瓢形器，另有陶猪头、羊头等。有集中的墓地，分布排列有序，均为长方竖穴土坑墓，头向南，多为单人一次葬，个别为合葬，仰身直肢，随葬品1—10件不等。有两座墓形制较大，随葬有绿松石珠。发掘者指出“墓里随葬的石磨盘、石磨棒和石斧、石镰、石铲一般不共存，这种情况是否与男女性别分工不同有关，要确切阐明这个问题，还有待于更多的发现和人骨鉴定”。这一判断被后来长葛石固遗址、舞阳贾湖遗址的考古发现所证明。从人骨鉴定看，凡随葬石磨盘、石磨棒、陶鼎、罐、壶的墓均为女性，凡随葬石铲、斧、镰的墓均系男性，男女分工不同。这次发掘从地层上解决了裴李岗遗址的文化分期问题，可分为上下两层。碳14测年距今7885±480年。第三次考古发掘的收获由中国社会科学院考古研究所河南一队写成《1979年裴李岗遗址发掘报告》，刊在《考古学报》1984年第1期（郑乃武执笔）。

2018—2021年，中国社会科学院考古研究所和郑州市文物考古研究院又对裴李岗遗址进行第四次考古发掘（图5.2）。在遗址的南部区域，清理墓葬70座，存在多座墓葬连续打破的复杂情况；在裴李岗遗址的西边发现了距今3万年左右的旧石器时代晚期遗存，分布面积超过5000平方米，次生马兰黄土文化层堆积厚达2.25米，其下红黏土层属生土堆积。出土有细石器文化的石片、动物骨骼、炭屑、鸵鸟蛋壳钻孔的串珠项链；也出土裴李岗文化时期的石镰、石铲、动物骨骼、炭化果壳、谷物炭化种子。碳14测年裴李岗遗址距今8200—7700年，属于新石器时代早期偏晚阶段。裴李岗遗址第四次考古发掘收获，由中国社会科学院河南一队、郑州市文物考古研究院和新郑市文化广电旅游体育局写成《河南新郑裴李岗遗址2018—2019年发掘报告》，刊在《考古学报》2020年第4期。

通过上述对新郑裴李岗遗址的四次考古发掘，已发掘出裴李岗文化时期一批20多个灰坑，1座陶窑，184座墓葬；还发掘出遗址西边一处旧石器期晚期遗存。

裴李岗遗址的灰坑平面有圆形、椭圆形、圆角长方形等多种，口径多为1米左右，最大的口径达2.2米，深0.35米。坑壁一般近于垂直，边缘和坑底不规整。填土为深灰色，土质较硬，坑内包含物有三足钵、双耳壶和夹砂深腹罐碎陶片。

裴李岗遗址发掘的1座陶窑，窑室呈圆形，直径约1米，深0.52米，窑壁的烧土厚8—14厘米；窑底为圜形，烧土厚约6厘米；窑室南壁有5个半圆形火孔眼，

图5.2 发掘现场

直径6—8厘米；火道位于窑室的东部，长约0.8米，深约0.6米，火道壁也有较厚的烧土。

在遗址中发现不少内含草秸和带植物秆痕迹的红烧土，其中较大的一块长9厘米，宽6厘米，厚3.7厘米，一面有并行排列的清晰草秸痕迹。这些红烧土应为房址的墙壁或房顶倒塌后的遗存。

裴李岗遗址发掘墓葬184座，为大片的公共氏族墓地，分布密集，排列有序，估计总数可达500座左右，均为南北向的长方土坑竖穴墓，没有葬具，除1座为双人合葬墓外，其余都是仰身直肢单人葬，绝多都是成年人的小型墓，墓边不整齐，人骨架紧贴在生土上。有3座墓形制较大，1座是双人合葬墓，墓坑长2.6米，宽2.1米，随器物14件；另2座墓长2.5—2.6米，宽1.9米，墓坑边缘整齐，随葬器物分别为18件和20件；有些墓没有随葬品，多数墓随葬有1—10件陶器和石器，只有两座墓的人骨颈下发现绿松石珠，此是仅见的装饰品。前面已经提到单人墓中凡是随葬石磨盘、石磨棒的均不见石斧、镰、铲等工具；反之，随葬有石斧、石镰、石铲的也不见石磨盘、石磨棒，两者不共存。合葬墓的情况虽有不同，但从石磨盘、石磨棒和石斧、石镰、石铲摆放的位置来看，系分属两个不同的死者。

裴李岗遗址出土文化遗物以石器为主，通体磨光，制作精致，也有少量打制细石器，器形有磨盘、磨棒、铲、斧、镰、刀、弹丸和石片等，其中磨盘、磨棒、铲、镰等是裴李岗文化的典型器，磨盘经琢磨而成，平面作前宽后窄的椭圆形，略呈鞋底状，盘底附有短柱状四足；也有的平面狭长而后端平齐如柳叶状，盘底无足。它们与扁圆柱状磨棒配成一套，是加工农作物壳皮的工具（图5.3）。铲身狭长扁薄，两端有圆弧刃；另外还有有肩石铲。镰身作拱背长条三角形，刃部有细密的锯齿，柄部较宽，上端上翘，下部磨有缺口，可能用于捆绑木柄。出土陶器为手制，胎壁厚薄不均，陶胎多是红色或橙红色，素面无纹饰；夹砂陶多呈黑红色，外壁饰有篦点纹、划纹和乳钉纹。器形有鼎、罐、壶、盆、碗、钵、盘、瓢形器和陶猪头、羊头等。骨器有针、锥、镞等。

根据地层叠压和打破关系，裴李岗遗址可分为上下两层。上层石镰除把端带缺口外，还出现个别穿孔石镰，石铲出现圆角方顶和平顶两种，石磨盘出现两端尖圆形，足更矮，似有逐渐退化消失之势。下层的石镰把端都带有缺口，石铲两端以圆弧形为主，石磨盘两端都呈圆形。陶器三足钵以小型较多，有的足却较高，双耳壶类型较多，出现大型壶和长颈壶，但不见扁长腹横耳壶。深腹罐的腹变浅，口为侈口，但不见折沿，并新出现了带乳钉纹的鼎。有个别大型深腹矮足，双耳壶较少，个别为扁长腹横耳壶，深腹罐为大口折沿腹部饰划纹，侈口素面和敛口颈部饰乳钉纹。而裴李岗遗址西边发现大面积的旧石器时代晚期细石器的遗存，包含典型的细石器工艺及小石片工艺等不同阶段，连续无间断堆积在厚达2.25米次生马兰黄土层内，表明当时的裴李岗可能是一处连续使用的营地。或可上溯探寻裴李岗文化

图 5.3 石磨盘、石磨棒

的源头。

裴李岗遗址是区域内一处使用时间较长、定居程度较高的中心性聚落，农业已有了初步的发展，也有了牲畜的养殖，但植物采集和渔猎经济仍占一定比重。从出土陶器和其他遗存相比较，裴李岗文化是仰韶文化的重要源头，在研究中国古代文明起源中占有重要地位。

新郑裴李岗遗址2000年入选河南十项重大考古发现；2001年被国务院公布为全国重点文物保护单位；2001年入选中国20世纪100项考古大发现；2021年入选中国百年百大考古发现和河南考古百年百大考古发现。

舞阳贾湖新石器时代遗址

贾湖遗址位于舞阳县城北22千米的贾湖村东，面积约5.5万平方米。1961年发现该遗址，1983—1987年和2001年，先后7次在这里进行考古发掘，遗迹遗物非常丰富（图6.1）。发掘房址53座，多为圆形或椭圆形或方形等半地穴式建筑，个别为地面上建筑。有单间或多间两种。多间房有两间的、三间的和四间的，大多依次扩建而成，各间之间有门槛或隔墙。单间房址面积较大，如3号房址直径2.76—3.7米。室内较平整，铺垫有一层厚约0.1米的黄灰土，质地较硬。室内西北部有火

图 6.1 贾湖遗址发掘现场

灶，还发现9个柱洞，斜坡门道设置于东面，有两层台阶。多间房面积不大，每间大小不等，约为2—6平方米。清理窖穴和灰坑446个，有圆形坑、椭圆形坑和不规则形坑多种，其中以圆形坑最多，椭圆形坑次之，不规则形坑很少。有的圆形坑壁留有台阶。发掘陶窑12座，其中8号窑保存较好，为横穴式窑。上口近圆形，直径1.84—2.04米，残高0.5米。由火门、火膛、火台、窑室、烟道组成。窑内存有红烧土残壁块，火门和火膛内堆满草木灰。清理成人墓葬446座，儿童瓮棺葬32座。成人墓按其位置可分为几个墓群，均为竖穴土坑墓，个别留有二层台。多为单人一次葬，还有单人二次葬、一次葬和二次葬的多人合葬，另有一例多人一次葬。大多数墓有随葬品，少者1件，多者10余件或20多件，最多者达60件。均为实用生产工具、生活用具、装饰品和宗教用品等。包括有陶器、石器、骨器、牙器和龟甲等。完整和能复原的陶器达数百件。其中陶器有盆形鼎、角把罐、卷沿罐、双耳壶、折肩壶、深腹或浅腹钵、少量的扁凿状或圆锥状三足钵、盆、碗、釜、大口器、缸及各种支足、纺轮等；除素面之外，外壁饰有粗绳纹、细绳纹、篦点纹、锥刺纹、刻划纹、席纹、附加堆纹；出土石器有磨光双面刃石斧、长椭圆形两端有刃石铲、锯齿石镰、鞋底状四足或无足和不规则形石磨盘、圆柱形或椭圆柱形或半圆柱形或圆角方柱形或三棱柱形石磨棒，以及刮削器、石料、石片、石块、钻、砺石等。出土骨角牙器有鱼镖、骨镞、骨锥、骨凿、骨针、骨笛、叉形器、骨饰品、鹿角锥、獐牙器、龟甲片等。此外还出土有猪、鹿、狗、牛、鸡、兔等家畜或兽骨，以及鱼骨、鱼鳞、蚌壳和一些果核、炭化稻米等。

舞阳贾湖遗址中确有许多重大的考古发现。

其一是骨笛。共出土34支，超过半数保存完整，还有一些残器和半成品。系用丹顶鹤尺骨制作，有二孔的、五孔的、六孔的、七孔的和八孔的，而七孔的骨笛最多，有些至今仍可吹奏。经测音和研究发现，舞阳贾湖骨笛在距今9000年前已经出现，并能用它演奏出完备的五声音阶、六声音阶和七声音阶，其准确度令人叹服。说明在新石器时代早期晚段，在中国中原大地已初步显现了古代音乐文明的曙光；在贾湖遗址存在的一千多年中，骨笛的音阶已从四声到五声、六声和七声多种类型，它由简到繁，说明中国音乐发展的渐进性。这些音阶形态在很多国家和地区都曾出现过，并一直延续使用到今天，说明它符合音乐发展的基本规律，而中国是最早认识这个规律的国家；通过对贾湖骨笛的测音，证明了在音乐普遍发现规律的基础上，在当时一些部落和氏族当中，他们在文化的发展方面有超前性，而这种文化发展的不平衡性正是事物发展的基本规律；舞阳贾湖骨笛制作积累长期的经验，并与先进的制作工艺相结合，使之制作出一批骨笛精品。先进钻具的使用，为骨笛制作和音乐的发展起到了重要作用；对舞阳贾湖骨笛的深入研究，可以使我们对中华民族古代音乐文化和文明史及其在人类文明发展中的地位有新的认识，为中国乃至世界的音乐史研究提供了极其珍贵的实物资料（图6.2）。

图 6.2 贾湖骨笛

其二是有关原始宗教遗物的出土。包括太阳崇拜，房址F18出土陶罐口沿下刻划有一个圆圈，圆圈周围刻出放射性直线，构成一组光芒四射的太阳图像；在墓葬M335内出土一件龟腹甲上刻有“日”字形符号，与安阳殷墟甲骨文中的同类字形有诸多相似之处。这些表明贾湖先民们的太阳崇拜已延续多年，不仅具有象形的图案，而且还出现了表意的符号。也包括灵魂崇拜，这是人们头脑中灵魂不死的观念，初期把死者埋在房前屋后，可能反映了人们认为死者的灵魂仍不会远去，与活着的人继续共同生活。而婴幼儿的瓮棺底部有圆形穿孔，这是供儿童灵魂出入的孔道，使灵魂不离开自己的亲人而早日再生；更多的是龟灵崇拜，贾湖遗址有相当数量的龟甲出土。在一些墓葬内随葬有成组的龟背甲和腹甲扣合完整的龟壳；在一座规模较大型的四开间房址F17的墙垛下，压一完整的龟壳，背甲朝上，腹甲在下，龟头向西，与门向一致。显然在砌墙时已将此龟置于该处，有明显的奠基祭祀意义；在少量的灰坑中的角把罐、罐形鼎等陶器内，置有完整的龟壳或鳖壳，也可能与祭祀有关。这些都反映了当时原始宗教的龟灵崇拜。值得注意的是，墓内随葬的龟甲壳内，往往装有数量不等、大小不均、颜色不一、形状各异的小石子。这既与宗教习俗有关，也反映了原始数学的思维。有专家认为“当时的人们可能已经掌握了十以内的加减运算，并可能产生了进位制计数的思想”。若确，这真是人类智慧的一个飞跃（图6.3）。

其三是在龟甲、骨器、石器、陶器上有16件契刻符号的发现。其中有的为戳记类符号，表示所有权或有标记作用；有的刻划符号具有记数的性质；但半数具有多笔组成的组合结构，应承载着契刻者一定的意图，当具有原始文字的性质。其中简单的如龟甲上所刻的“目”字、“日”字等；复杂的如柄形石饰上的三组刻符，可能是分三次所刻记录了三个不同内容的事情，或是一次刻成记录一个事

图 6.3 贾湖乌龟壳、石子

情的三个部分。但其基本结构也是由点、横、竖、撇、捺等组成，这件刻符可能是记录了一个完整内容的一组符号，尽管暂时尚无法解读破译，但其重要意义是不可低估的。八千多年前的贾湖刻符与三千多年前的殷墟甲骨文有着惊人的相似：两者书写的工具相同，都是用锐利的刻写工具把符号刻划在经过修治的龟甲或骨器上；殷墟甲骨文是用来记载占卜内容的，贾湖刻符也与占卜有关；贾湖契刻是一种事理符号，而甲骨文中与事理有关的字也很多。据此，可以认定贾湖的契刻符号具有原始文字的性质，与殷墟甲骨文可能有某种联系。从贾湖人智力水平的考察来看，他们是有能力创造出适合当时社会发展的原始文字的，这对研究汉字起源有重要意义。

其四是酿酒工艺的发明。根据安阳殷墟的考古发掘和甲骨文的记载，在商代后期至少已存在三种发酵的饮料，分别是鬯、醴和酒；商王朝已设立专门负责酒类制造的官职，并有大量的青铜和陶质酒器。鉴于新石器时代一些陶器与商代的青铜和陶质酒器造型上非常相似，人们有理由推测中国发酵饮料的产生会有很早的历史。综合运用考古发掘的方法、植物考古的方法和化学分析的方法，在贾湖遗址选择了16件陶器残片，包括腹部穿孔的甑形器、小口双耳罐、高领敞口罐等，这些器物适合用来加工、盛放和储存酒的原料或成品。被测试的陶片主要是这些器物的底部残片，它们能吸收更多的液体沉淀物凝结。检测和分析的结果表明，贾湖陶器盛放过一种加工的饮料，陶器残留物中有蜂蜡、果品酒石酸和稻

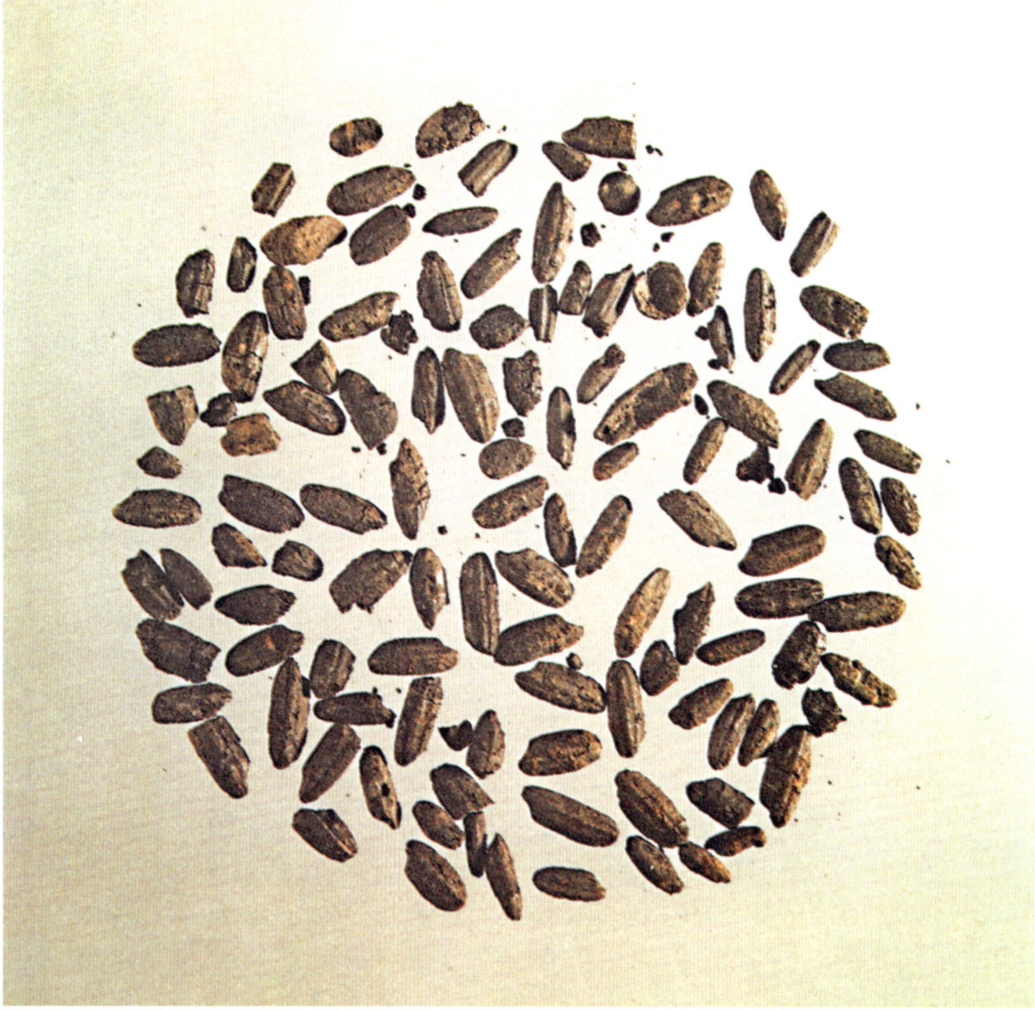

图 6.4 贾湖稻米

米的成分，果品中有野山葡萄和山楂。也就是说距今九千年前这里已经出现了由稻米、蜂蜜和野山葡萄或山楂制作的发酵饮料，现今被学术界称之为“贾湖古酒”。既可以作生活中的饮食，更重要的是在原始宗教仪式上巫师们作法通神的道具。

其五是原始人工稻作的发现。在贾湖遗址的红烧土块上发现稻壳遗迹，用硅酸体分析和水浮选法分选出一批完整的和破碎的炭化稻粒，这是八千多年前将野生稻驯化成的人工栽培稻（图6.4）。结合湖南彭头山、八十垱等遗址类似的发现，可以推断淮河上游和长江中游是中国人工栽培稻的起源中心。联系到贾湖遗址出土的石铲、石镰、石刀、石磨盘、石磨棒等农业种植、收割和加工工具，表明当时农业生产已有了一定的发展。农业生产是一种以年为周期有计划的长期活动，也是一种生产经验和知识的积累，更是一种与人类生存密切相关的综合性的文化行为，是促进古代文明产生与发展的基础。到了裴李岗文化的晚期，由于贾湖当地生态资源发生减少和枯竭的一些变化，贾湖人一部分留在当地发展为早期仰韶文化；一部分向西南迁移发展为仰韶文化的下王岗类型；一部分向东迁徙，其中一支在安徽北部与当地文化相结合发展为石山子文化，另一支到达淮南丘陵地区发展为侯家寨文化；还有很大一部分东迁后又沿淮河支流泗水、汶水北上，到达鲁中南山前平原，作为重要源头演变为北辛文化，其后又发展为大汶口文化，遍布鲁南、苏北、皖北。在大汶口文化中晚期又西渐豫东及颍河流域，构成了河南境内的大汶口文化，并对中原地区仰韶文化晚期和龙山文化早期产生了一定影响。还有向东迁移的另一支到达江苏中部的高邮一带，其中包括著名的龙虬庄遗址。经研究分析从时间上和诸多文化因素上龙虬庄遗址都可以与贾湖裴李岗文化联系起来，贾湖一部分人迁到江淮东部，在那里找到了可提供经济资源和经济增长的生存空间。引人注目的是，江淮东部高邮龙虬庄的稻作遗存由舞阳贾湖传来，而后经由山东半岛传到韩国的家瓦地、欣岩里、松菊里，最后再传到日本。1997年在韩国忠北大学召开的中韩国际考古学术研讨会上，专题讲到淮河流域贾湖遗址古稻作的起源与传播。

舞阳贾湖遗址2000年入选河南20世纪十项重要考古发现；2001年被国务院公布为全国重点文物保护单位；2001年入选中国20世纪100项考古大发现；2009年入选全国最具中华文明意义的百项考古大发现；2021年入选全国百年百大考古发现和河南考古百年百大考古发现。

仰韶文化

裴李岗文化之后，河南进入了距今7000—5000年的仰韶文化时代。河南又是仰韶文化的故乡，最早源于1921年在渑池县仰韶村的考古发掘，也是中国现代考古学的诞生之地。仰韶文化正处于我国原始社会和当时不同族属文化关系发展的一个很重要阶段，经历了母系氏族社会从繁荣到解体甚至进入父系氏族社会门槛的漫长历史时期。这也是中国古代文明研究中的重大课题。

仰韶文化从产生、发展到消亡，经历了两千多年的漫长岁月，分布地域很广，文化内涵又较为复杂，这就构成了多种既相近又有区别、既互相联系又互相分离的文化面貌，因而学术界根据各地文化面貌的差异，将其划分为不同的文化类型。仅河南境内就有洛阳以西的庙底沟类型，洛阳与郑州之间的大河村类型，豫北的后冈类型和大司空村类型，豫西南的下王岗类型等。此外，陕西的半坡类型和晋南的西王村类型也在河南有所分布，它们各自都拥有以红陶为主，包括彩陶在内的具有不同特色的陶器群。

仰韶文化在中原地区的发展不仅年代早，延续时间长，而且还起着承前启后的作用。从纵向看，向前上溯与裴李岗文化关系密切，向后延伸发展为龙山文化；从横向来看向东与山东大汶口文化相互影响，向西与甘肃、青海的马家窑文化关系较为密切，向南与湖北屈家岭文化息息相通，向北与辽西和内蒙古东部的红山文化也有某些联系，即使远在长江中游的大溪文化也能见到仰韶文化的影子。仰韶文化是中国新石器时代大发展时期的重要文化，随着史前聚落考古研究的深入、中国古代文明起源和早期发展研究水平的提高，已经把仰韶文化列入到中国古代文明的发展阶段，这无疑昭示着对仰韶文化的研究已经迈上了新台阶。鉴于仰韶文化在中国古代文明起源的进程和发展中具有重要的历史和科学价值，学术界把仰韶文化存在的两千年称为仰韶时代。

河南调查发现上千处仰韶文化遗址，分布地域遍及全省，尤以三门峡、洛阳、郑州等地最为集中。其中有数十处仰韶文化遗址经过考古发掘，包括渑池仰韶村遗址、班村遗址、关家遗址，三门峡庙底沟遗址、三里桥遗址、南交口遗址、灵宝北阳平遗址、西坡遗址、晓坞遗址、城烟遗址，卢氏祁村湾遗址，洛阳王湾遗址、孙旗屯遗址，偃师汤泉沟遗址、高崖遗址、宫家窑遗址，孟津寨根遗址、妯娌遗址，宜阳苏羊遗址，伊川土门遗址，汝州大张庄遗址、阎村遗址、洪山庙遗址，禹州谷水河遗址，郑州大河村遗址、林山寨遗址、西山遗址、后庄王遗址、尚岗杨遗址、站马屯西遗址，荥阳秦王寨遗址、青台遗址、点军台遗址、汪沟遗址，巩义双槐树遗址、塌坡遗址，安阳后冈遗址、大司空村遗址，鹤壁刘庄遗址，濮阳西水坡遗址，以及南召二郎岗遗址、竹园遗址，郑州八里岗遗址，镇平赵湾遗址，社旗谭岗遗址，西峡老坟岗遗址，鲁山邱公城遗址，淅川下王岗遗址等。其中十余项入选河南考古百年百大考古发现。

濮阳西水坡新石器时代遗址

濮阳西水坡遗址，位于濮阳县城西南隅环城路西。1987年中原化肥厂在修建引黄供水调节池时发现该遗址。遗址南部被五代时期古城墙所压，遗址北部是低洼的沼泽地，常年积水，被称为西水坡（泊）。西水坡遗址面积约5万平方米，文化层厚1.3—2.85米，共分五层：第一层属于唐宋时期的淤土层；第二层为东周时期的堆积；第三层为河南龙山文化层；第四层为仰韶文化的中期阶段；第五层属仰韶文化早期阶段，即仰韶文化后冈类型，遗址主要的遗迹和遗物多集中在这一层。

1987—1988年，进行两次大规模的考古发掘，揭露面积5000多平方米。在考古发掘中发现有大壕沟，位于遗址东部，大壕沟宽度8米余，壕沟南端向西拐，很可能是当时的聚落环壕，中间有一缺口，为进出的通道。清理地面上建筑房址4座，位于壕沟的内侧，但破坏严重，看不出平面的形状，仅发现一些柱洞、墙壁和地面的残块。发现灰坑和窖穴227个，多为口大底小的圆形坑，也有一些口小于底的袋状坑，还有椭圆形筒状坑，以及不规则形坑等多种。如H140为椭圆形筒状坑，口径1.74—2.22米，周壁修筑基本光滑规整，底部微凹，遗物较为丰富。除发现有饰指甲纹、划纹的罐、钵、碗、壶、瓶、器盖、支座等可以复原的陶器残片外，还出土不少植物种子、兽骨、鹿角和蚌片。另见有陶窑5座，墓葬148座，幼儿瓮棺葬38座。墓葬绝大多数为土坑墓，也有很少量的灰坑葬。土坑墓一般较浅，多数仅能容身，只有个别墓葬形制较大。其平面形状以长方形居多，还有方形、人头形、梯形和不规则形。埋葬的方法有一次葬，也有二次葬，有单人葬，也有集体合葬，多数墓葬没有随葬品。瓮棺葬均为幼儿墓，多为环状分布。在圆形的小墓坑中，葬具有两鼎相扣合，鼎和钵相扣合，鼎和盆相扣合等（图7.1）。

图 7.1 西水坡发掘现场

西水坡遗址仰韶文化早期墓葬中的M45，为竖穴土圹结构，墓坑平面呈人头形，南北长4.1米，东西宽3.1米，深0.5米。墓底平坦，周壁修筑规整。墓室的东、西、北三面各有一个小龛，东、西两面的小龛平面呈弧形，北面龛为长方形。东面的小龛深0.6米，西面小龛深0.8米，北面的龛长2.35米，深1.1米。墓内埋葬4人，墓主为一壮年男性，身长1.84米，仰身直肢葬，头南足北，埋于墓室的正中。另外3人，年龄较小，分别埋于东、西、北三面小龛内。东面龛内人骨头向南，仰身直肢葬，骨架保存得不好，性别未经鉴定。西面龛内的人骨身长1.15米，头向西南，仰身直肢葬，两手压在骨盆下，性别为女性，年龄在12岁左右。头部有刀砍的痕迹，显系非正常的死亡者。北面龛内的人骨，身长1.65米，头朝东南，仰身直肢葬，双手压在骨盆下，年龄在16岁左右，骨骼粗壮，性别为男性。

在M45墓室中部壮年男性骨架的左右两侧，用蚌壳精心摆塑龙、虎图案。蚌壳龙图案摆于人骨架的右侧，头向北，背朝西，身长1.78米，高0.67米。龙昂首，曲颈，弓身，长尾，前爪扒，后爪蹬，状似腾飞。虎图案位于人骨架的左侧，头朝北，背朝东，身长1.39米，高0.63米。虎头微低，双目圆睁，张口露齿，虎尾下垂，四肢交替，如行走状，形似下山之猛虎。另外，在虎图案的西部和北部，还分别有两处蚌壳。虎图案西面的蚌壳，比较乱，不规则，没有一定的形状，里面还杂有一些石片，可能是摆塑虎图案后剩余下来的。虎图案北面的蚌壳堆，形状如三角形，好像是人为摆放的。在这堆蚌壳的东面，距墓室中部壮年男性骨架0.35米处，还发现两根人的胫骨（图7.2）。

M45南面20米处，在一个压在第四层下打破第五层的浅地穴里，发现第二组蚌壳摆塑的龙、虎图案。其图案有龙、虎、鹿和蜘蛛等。龙头朝南，龙背朝北，虎头朝北，虎面朝西、虎背朝东，龙、虎连为一体；而鹿卧在虎的背上，特别像一头站立着的高足长颈鹿。蜘蛛则摆放在龙头的东面，头朝南，身子朝北。另外在蜘蛛和鹿之间，还有一件精致的石斧。

第三组蚌图发现于第二组蚌图的南面25米处，是在第五层下的一条灰沟中。灰沟的走向由东北达西南，灰沟底部铺垫有0.1米左右的灰土，然后在灰土上摆塑蚌图。图案有人骑龙和虎等。人骑龙摆塑在灰沟的中部偏南，龙头朝东，龙背朝北，昂首、长颈，舒身，高足，背上骑有一人，也是用蚌壳摆成。人的两腿跨在龙的背上，一只手在前，一只手在后，面部微侧，好像在回首张望。虎摆塑在龙的北面，头朝西，背朝南，仰首翘尾，四足微屈，鬃毛高竖，呈奔跑和腾飞状。另外在龙的南面，有一堆近圆形蚌壳和许多零星蚌壳；虎的北面，也有一堆圆形蚌壳，用意不明。

上述三组蚌塑图案南北分布约50米，均有龙腾虎跃的画面，又有骑龙升天的形象，可以说是气势恢宏，十分壮观。可以推测墓主人生前一定地位显赫。学术界诸多推测，可能是“伏羲”“黄帝”“颛顼”“三峤”“部落酋长”“巫师”等，众说纷纭，莫衷一是。

另有M50，墓室为近圆弧的多边形，其中埋葬8人：1号人骨为成年女性，仰

图 7.2 45 号墓蚌塑龙虎

身葬，头朝东北，面向上，股骨以上比较完整，盆骨上有两根胫骨，缺了腓骨和趾骨；2号人骨为壮年男性，头朝东北，面向南，四肢齐全；3号人骨为女性，二次葬，头朝东北，四肢骨堆放在一起；4号人骨为二次葬；5号人骨位于4号人骨架的东南；6号人骨为二次葬，四肢骨放在头骨的北部；7号人骨位于墓室的南部，头朝西南，面朝下，下颚骨错位置于6号、7号两人头骨之间，四肢伸直，股骨插于1号人骨架内；8号人骨属一次葬，为男性，年龄在16岁左右，头朝西南，面向上，仰身直肢。没有随葬品。这是一座仰韶文化早期一次葬和二次葬多人合葬墓的典型实例。

西水坡遗址出土仰韶文化遗物有上窄下宽弧形刃石斧，穿孔石铲，平顶弧形刃石铲等石器；骨锥，骨针，骨笄等骨器；出土遗物中最多的是陶器。陶质以泥质红陶居多，夹砂红陶次之，泥质灰陶的数量较少，以及更少量的白陶。陶器多素面，还有些饰以弦纹、指甲纹、划纹、乳钉纹、锥刺纹、麻点纹和一些彩陶。器形有红顶碗、圜底钵、深腹罐、盆形鼎、小口高领平底瓶、小口双唇尖底瓶、大口圜底缸、平底三耳罐等。不少为仰韶文化后冈类型的器物。据碳14测年数据，西水坡遗址蚌塑龙为距今6465±45年。这是我国目前考古发现时代最早的龙了。濮阳西水坡遗址的考古发现对于研究中国古代文明起源，寻找中华民族古代龙图腾的源头，具有重大历史、科学和艺术价值。

濮阳西水坡遗址2009年入选全国最具中华文明意义的百项考古大发现；2013年又被国务院公布为全国重点文物保护单位；2021年入选河南考古百年百大考古发现。

灵宝北阳平遗址与西坡新石器时代遗址

灵宝北阳平遗址和西坡遗址位于灵宝市阳平镇北阳平村和西坡村一带。灵宝市地域内调查发现百余处以仰韶文化为主的新石器时代遗址，其中有30多处仰韶文化遗址集中在阳平镇铸鼎塬周围。这里因传说黄帝在该处铸鼎升天而得名。现今保存有北阳平遗址、西坡遗址等大型中心聚落。

1982年为配合灵湖金矿厂基本建设，洛阳地区文物工作队在北阳平遗址近中部进行考古试掘，但资料未发表；1998年9—12月，河南省文物考古研究所、中国社会科学院考古研究所、北京大学考古学系及三门峡市文物工作队对北阳平、西坡等遗址进行考察，认为铸鼎塬与其周围仰韶文化遗址群的考古价值非同一般，它对研究豫西、陕东、晋南三角地带的史前考古和中华文明探源有重大学术价值；1999年2—3月，继续对铸鼎塬西侧的阳平河流域和东侧的沙河流域进行考古调查，涵盖大量的仰韶文化遗址；1999年10—12月，在考古调查基础上，对北阳平遗址进行考古试掘，揭露面积320平方米。

北阳平遗址范围最大，略呈东北—西南走向，南北长近2000米，东西宽400—500米，面积达90万平方米。从遗址断崖可见文化层厚约4米，并有一些房址和灰坑。发掘出小型房址3座，灰坑22个，小型残墓2座；遗址出土遗物有斧、刀、镞、球、珠和细石叶等石器，另有骨簪、骨匕、角锥和较多的猪及兔、鸡的骨骼；出土遗物最多的是陶器，器形以盆、罐、钵、小口尖底瓶居多，还有鼎、釜、灶、瓮、缸、壶、杯、盘、器座、器盖、陶球、陶环、纺轮和人头像等，另有一些彩陶片，包括极少的彩绘和绳纹同施于一器的彩陶片。从地理方位和遗址面积来看，北阳平遗址绝对是灵宝地区仰韶文化时期的中心聚落，有着重大的学术价值。但由于该遗址遭到人为和自然两种因素的严重破坏，最终的考古发掘结果并不十分令人满意，其后就将考古重心转移到保存状况较好且面积达40万平方米以上的西坡遗址。

其后，为实施“考古中国·中原地区文明化进程研究”项目，在2020年9月—2021年6月，又在北阳平遗址进行考古发掘，有了重要的考古发现。清理出半地穴式大型房址F2，房址被多座分布有规律的长方形周代小墓所打破。平面略呈弧角方形，东西长14.4米，南北长14米，含基坑建筑面积约185.4平方米。室内南北长

图 8.1 北阳平遗址 F2

9.5—11.3米，东西长10.9—11.7米，面积120.34平方米。F2由房基垫土、墙体、火塘、门道、柱洞和室内居住面组成。长方形斜坡门道位于南墙中部，总长6.8米。圆形火塘正对门道，口径1.5米，深约0.58米。室内居住面分四层，坚硬平整，第二和第四层表面涂朱。四周残存夯土墙高0.46—0.7米，宽0.44—0.67米。墙体内发现柱洞40个，室内柱洞5个，包括4个大型柱洞呈对角线分布。室内地面有大量屋架倒塌堆积，出土有可复原的杯、瓶、盆、瓮、缸等陶器，还见有石镞。F2对复原史前房屋建筑有重要学术价值（图8.1）。

2000年10月—2001年1月，对西坡遗址进行首次考古发掘，揭露面积400平方米；2001年3—5月，对西坡遗址进行第二次考古发掘，揭露面积550平方米；2001年11月—翌年1月，对西坡遗址进行第三次考古发掘，揭露面积650平方米，清理特大型房址F105；2004年4—7月，对西坡遗址进行第四次考古发掘，揭露面积800平方米，清理特大型房址F106；2004年11—12月，在对遗址测绘千分之一地图的基础上，以田间道路为界线，将整个遗址分解为若干钻探区，进行了拉网式的全面勘探，发现了大量房址和灰坑，南、北两道壕沟和南壕沟外的一处墓地；2005年4—7月，对西坡遗址进行第五次考古发掘，揭露面积1540平方米，清理庙底沟时期墓葬22座；2006年3—5月，对西坡遗址进行第六次考古发掘，揭露面积1450平方米，清理庙底沟时期墓葬12座；2011年，对西坡遗址进行第七次考古发掘，揭露面积1566平方米，清理大型房址F107、F108；2013年又对西坡遗址进行第八次考古发掘，揭露面积220平方米，对南壕沟进行发掘。

西坡遗址位于灵宝市阳平镇西坡村西北，还涉及许家、南涧、北涧等自然村。地处铸鼎塬中部偏东，北距黄河约6千米，南约2.5千米即为小秦岭北坡，夫夫河和灵湖河分别在遗址的东西两侧由南向北流去，遗址面积达40万平方米。在这里发掘出仰韶文化房址、蓄水池、壕沟和墓葬等大量遗迹。还出土较多的陶器、骨器、石器、玉器、象牙器等遗物。

西坡遗址清理半地穴式房址7座，包括特大型房址面积超过200平方米，大型房址面积在100平方米左右，中型房址也有50平方米。其中F105平面略呈弧角正方形，室内低于原地表0.95—1米。房基坑南北长19.85米，东西宽18.75米，面积约372平方米。四周墙壁内有圆形柱洞38个，据推测原有总数应在41个以上。柱洞直径0.4—0.65米，深2.2—2.65米，间距1.2—1.65米。底部经过夯打、砸实，还铺有矿物质的朱红色辰砂（HgS）。半地穴室内南北长14.9米，东西宽13.7米，面积约204平方米。室内地坪分为多层，自上而下为细泥层、碎料礓石层、掺有料礓石粉及蚌壳末的黑色细泥层、草拌泥层，除碎料礓石层外，每层表面均刷抹泥浆，并用辰砂涂成朱红色。夯筑墙壁仅存半地穴及其以下部分，残高0.7—0.95米，表面也涂成朱红色。火塘位于室内东部正对门道处，圆形，直壁，平底，深约0.6米，底部为坚硬的红褐色烧烤面。室内对称分布4个大柱洞，洞底有柱础石，用于立柱支撑四面坡式的方锥形屋顶。门道位于东墙中部略偏北，呈长条形直壁斜坡状，伸出回廊以外。长8.75米，宽0.95—1米，底部为踩踏硬面。门道两侧有柱洞13个，左右对称，复原为14个，用来支撑门棚。围绕室外四周有柱础坑30个，复原为37个，大

图 8.2 F105 房址发掘现场

体围成近正方形以支撑回廊，南北长24米，东西宽21米。前部回廊较宽，宽3.55—4.7米；两侧回廊稍窄，宽3—4.05米；后部回廊较窄，宽2.9—3.2米。这样，半地穴式的主室和与周围地面近平的地面式回廊，组成了半地穴与地面式相结合的F105建筑。连同回廊、门棚在内，F105整座建筑面积为516平方米，是迄今发现的仰韶文化规模最大的房址建筑（图8.2）。

F106房址结构复杂，包括半地穴式主室、柱洞遗存和地面上墙体遗迹等。半地穴部分大致呈四边形，南壁长约15.7米，东壁长约14米，西壁长约14.3米。北壁外弧，被门道分为东、西两段，长度分别为8.5米和8.8米。半地穴墙壁由夯土筑成，四周壁柱柱洞现存41个，包括东壁8个，南壁12个，西壁7个，北壁14个。室内有较大柱洞4个，用于支撑屋顶，匀称分布在室内对角线上，距其对应的屋角均约4米。室内地坪加工考究，其上为厚约3.5厘米含大量料礓石粉铺设的坚硬地面，表面涂朱。北墙中部开有斜坡式门道，长约6.8米，宽约0.8米，门道面壁抹泥。室内火塘正对门道，二者相距约2米。开口近圆形，直径1.45米，直壁，平底，深约0.9米，烧烤呈褐色。室内居住面积约240平方米，十分少见（图8.3）。

图 8.3 F106 房址发掘现场

蓄水池发掘3座，因面积较大，均未全部揭露。其中G101在遗址北部，平面略呈长方形，西南至东北向，长30米，宽10米，深1—1.5米。池底见有粉砂，发现个别蚌壳。G102位于遗址西北部，略呈南北向长方形，打破生土。池壁及底部为一层厚2厘米光滑的黄褐色硬壳，似用料礓石粉末砸筑而成。水池长约20米，宽3.5—9.5米，平均深度超过0.8米。池内堆积有含石块的黄褐土，其下有黄白色淤土，最下为浅黄色细沙，还有一些碎陶片。G103在遗址偏南部，呈东北至西南向的长条形，长约19米，宽2.5—9.5米，平均深约1.2米。池底近平，局部呈圜底状。池壁中下部和底部有一层黄褐色硬壳，厚1—2厘米，似用料礓石粉末筑成。池内有多层堆积，上部多为灰土，下部为淤沙，还见有较多的磨掉边棱的碎小陶片。

在西坡遗址南部和北部，各发现一道壕沟，长度均在600米左右，与遗址东、西两侧的夫夫河和灵湖河共同组成聚落外围的防御屏障。曾对南壕沟中部偏东处进行过一段考古发掘。南壕沟口部宽约11—12.2米，沟深约5.6—6.4米。两侧沟壁斜收，外侧坡度较陡，斜收至深约3.6—3.8米处向内折收形成宽约2—2.4米的平台；内侧坡度稍缓，斜收至深约5.3—5.8米处亦见小平台，宽约0.8—1.2米。两平台之间为锅底状沟底。沟内填满不同形状和性质的堆积，发掘者将其分为15大层52小层。每一大层或小层都出土有大量的陶器（片）、石器（块）和骨器及动物骨骼；在堆积层中还有3个灰坑和2具完整的猪骨架。这些多层堆积涵盖了仰韶文化庙底沟遗存从早期、中期一直到晚期，亦即从南壕沟修建、使用到废弃直至填满的全过程，实际上也反映了西坡聚落遗址从初始到繁荣鼎盛，再到减弱失去中心聚落的特殊地位，直至逐步废弃的演变经历。

西坡遗址的墓地分布在南壕沟以南的区域，两次发掘34座长方竖穴土坑墓。墓葬规模大小不同，墓口面积有4座超过10平方米，其余为1.08—8.37平方米。较大的一些墓内均有生土二层台，墓室脚部一端挖有脚坑。墓室和脚坑盖以木板，其上再覆以麻布，最后以草拌泥封填墓室和脚坑。墓内随葬品陶器多放在脚坑处，有一些小件置于人体旁边。其中20座墓内有1—15件随葬品，14座墓内没有随葬品。墓葬存在一定的等级差别，以规模的大小为主要因素，也参照一些出土随葬品。墓葬中最大者为M27，墓圹长5.03米，宽3.36米，深1.92米。在距现存墓口深1.3米处有南、北、东三面生土二层台，在中部下挖出墓室和脚坑。北侧二层台宽0.83—1.38米，南侧二层台宽0.9—1.35米，东侧二层台宽0.2米；墓室长3.3米，宽0.71米，深0.55米，西端深入西壁。脚坑近方形，边长1.6米。墓室和脚坑以16块木板封盖，其上有麻布印痕，再以草拌泥封填。脚坑内随葬陶器9件，包括大口缸2件、壶1件、钵1件、带盖簋形器1件、无盖簋形器2件、釜1件、灶1件，其中1件大口缸口沿涂朱呈红色彩带，缸内有保留涂朱的细麻布印痕，显示为高规格的陶器。

M14墓圹长2.86米，宽2米，深0.7米。墓内有南、北侧生土二层台和脚坑。脚坑中置7件陶器，包括釜灶1套，壶、钵、碗各1件，带盖簋形器2件。这是较为典型的陶器组合（图8.4）。

M11属于中型墓，墓圹长2.1米，宽1.87米，深0.6米。在距现存墓口深0.34米处留出南、北两侧生土二层台，在中部下挖出墓室和脚坑。北侧二层台宽0.5—0.7米，南侧二层台宽0.72—0.8米；墓室长1.45米，宽0.4米，深0.26米。脚坑正方形，每边长0.65米。墓室上以青灰色草拌泥封盖。该墓为一个3岁幼儿和一个成年女性的母子二次合葬墓。随葬品11件，包括骨器4件、象牙镯1件、玉钺3件，置于人骨架上部和下部旁边；陶曲腹钵1件、陶钵2件，放在脚坑内。

上述情况表明，西坡仰韶文化墓葬规模最大的墓未必随葬品最多或档次最高；墓内出土的陶大口缸和玉钺等玉器随葬品可能与长江流域或东方地区的交流

图 8.4 M14 陶器组合

图 8.5 墓葬出土玉器

影响有关（图8.5）。

灵宝西坡遗址的考古发现，为了解仰韶文化庙底沟类型中心聚落的布局、规模、社会结构和丧葬习俗提供了宝贵的资料，对探索中原地区古代文明起源、特点、进程与动因，具有重大而深远的意义。

2001年灵宝北阳平遗址被国务院公布为全国重点文物保护单位；2006年灵宝西坡新石器时代遗址和墓地入选年度全国十大考古新发现；2021年灵宝西坡与北阳平新石器时代遗址入选河南考古百年百大考古发现。

渑池仰韶村新石器时代遗址

河南省渑池县仰韶村遗址，位于县城北部约5公里处仰韶村南的台地上。遗址北高南低，呈缓坡状，从东北到西南长900多米，从西北到东南宽300多米，总面积约30万平方米，文化层厚1—2.5米。饮牛河自东而南缓缓流过，与台地西面的沟溪汇合，南临刘果水库，三面环水，宛如半岛。北面不远是韶山，峰峦交错，抬头仰望，心旷神怡，这大约就是仰韶村名字的由来。遗址山清水秀，土地肥沃，是远古人类农业定居、兼顾狩猎及渔牧的理想之地。远在五六千年前，我们的祖先就在这里劳动、繁衍、生息，创造出灿烂的古代文明。斗转星移，沧桑更迭，留下了丰富的遗迹和遗物，湮没在厚厚黄土层下（图9.1）。

图 9.1 仰韶村遗址

1921年10—12月，是中国考古学史上值得纪念的日子。受聘于中国北洋政府农商部为矿政顾问的瑞典著名地质学家安特生和中国学者袁复礼，以及地质调查所的采集员刘长山、陈德广、白万玉等，经过北洋政府批准，并获得河南省政府同意和渑池县政府支持，在渑池县仰韶村遗址进行了第一次考古发掘。师丹斯基、步达生也参加了一段发掘。共开挖发掘点17处，发掘了一些文化层和灰坑，并清理土坑墓葬10座；出土了一批磨制石器、骨器和灰陶器、红陶器及彩陶器。证实了中国存在着史前时期非常发达的新石器时代文化遗址。随后按发现地命名为“仰韶文化”。这标志着中国现代考古学的诞生，至今整整一百年了。

1933年我国著名学者杨钟健和裴文中曾到渑池县仰韶村和不召寨进行调查。在仰韶村采集到百余件考古标本，以石器为大宗，包括打制和磨制的两类石器，表明在新石器时代打制石器仍然流行。1937年河南博物馆派郭豫才到渑池县仰韶村进行考古调查，采集到一些石器、骨器和彩陶片，这是河南的文物考古工作者较早的一次仰韶村遗址调查。新中国成立之后，1950年2月，河南省文物管理委员会派赵全嘏赴渑池县仰韶村进行考古调查，还发现了下城头遗址。1951年6月，夏鼐、安志敏、王仲殊、马得志到渑池县仰韶村遗址进行考古调查和发掘。这是仰韶村遗址第二次的考古发掘。清理了文化层堆积、灰坑和9座排列稠密有叠压关系的、不同时期的墓葬，认定了仰韶村遗址不是单一的仰韶文化，而且还包含有龙山文化的遗存。

1963年4月，河南省文化局文物工作队孙传贤、郑杰祥、郭天锁三人，被派往渑池仰韶村用平板仪进行大地测量，绘制出仰韶村遗址及其周围平面图。1966年4月，河南省文化局文物工作队又派赵世纲、杨育彬、马宪学、张希久、邓永昌等，赴渑池仰韶村进行全面文物调查和考古勘探，采集陶片、石器等标本，记录大量钻探资料，按每个探孔的发现，绘制出大比例的文化层、灰坑、红烧土等遗迹分布图，初步划出重点文物保护区和一般文物保护区的范围。

1980年10—11月、1981年4—6月，河南省博物馆文物队（1970年河南省文化局文物工作队与河南省博物馆两家合并，1981年两家单位又分开，新建河南省文物研究所）丁清贤、赵会军、邓昌宏、王蔚波与渑池县文管会曹静波等，为配合仰韶村寺沟居民组修建住房进行考古发掘。这是渑池仰韶村遗址的第三次考古发掘，开挖探方4个，探沟4条，揭露面积200多平方米，厘清了仰韶村遗址有四期文化层叠压。第一期文化应属于仰韶文化中期发展阶段；第二期文化也包含有文化层和灰坑，出土陶器红陶减少，灰陶增多，属于仰韶文化晚期遗存；第三期文化与一、二期文化相比，变化明显，出土灰陶多，红陶少，纹饰中线纹已被淘汰，篮纹大量增多，附加堆纹和绳纹数量也有增加，属于河南龙山文化早期的庙底沟二期文化；第四期文化遗存陶器以砂质灰陶居多，泥质灰陶次之，还有些泥质黑陶，属于河南龙山文化中期发展阶段，即三里桥类型。仰韶村遗址从仰韶文化中期到河南龙山文化中期，延续了上千年的漫长岁月。

2019年，为配合渑池仰韶村国家考古遗址公园的建设及推动大遗址的保护工作，也为进一步了解仰韶村遗址的面积、分布范围、文化内涵、聚落布局和功能分区等，河南省文物考古研究院、三门峡市文物考古研究所、渑池县文化广电新闻旅游局联手进行仰韶村遗址的勘探工作。由魏兴涛为项目负责人，李世伟为现场负责人。勘探工作中发现遗址北部一条龙山文化的环壕和一条偏南一点的龙山文化南壕沟，发现遗址中部一条仰韶文化的北壕沟。

通过历年的调查和考古发掘工作，可以了解到仰韶村遗址大致可以分为仰韶文化时期和龙山文化时期两个聚落。仰韶文化时期是遗址的发展兴盛时期，该时期聚落主要位于遗址的中南部，由北壕沟和东部的饮牛河、西部的西沟共同合围而成，整体呈东北—西南向的长方形，现存面积约20万平方米，聚落内部文化层堆积较厚，遗迹丰富，是该地区一处大型中心性聚落。龙山文化时期聚落空间布局移至遗址的中北部，由环壕和南壕沟合围而成，地层堆积较薄，面积约7万平方米，遗迹被后期人类活动破坏较为严重，是该地区一处比较重要的中型聚落。

2020年8月，开始对仰韶村遗址进行第四次考古发掘，至今仍在继续。第四次考古发掘清理房址6座、灶面4处、窖穴15个、灰坑300多个、壕沟4条、灰沟10条、冲沟1条、道路5条等遗迹；出土一大批各类陶器、石器、骨器、蚌器、玉器和象牙制品等遗物。其中引人瞩目的是，发现大量涂朱红褐色草拌泥壁面和青灰色坚硬“混凝土”地坪等房屋建筑遗存，在遗址南部，发掘出面积达130平方米的大型方形房址；在遗址中部发现多条大型人工壕沟。出土包括玉环、玉璜和象征军事王权的玉钺等高规格的遗物。在仰韶文化中晚期小口尖底瓶样品中，检测提取较多的微体化石，包括淀粉粒、植硅体、霉菌和酵母。表明仰韶村遗址小口尖底瓶用于发酵粮食酒。初步分析结果可知，小口尖底瓶残留物很可能是以黍、粟、水稻、薏苡、野生小麦族和块根类植物为原料制作的发酵酒，采用发芽谷物和曲发酵两种酿酒技术。甲骨文中记录了两类酒，即“酒”和“醴”，前者是用发霉的谷物进行发酵的酒；后者则是用发芽的谷物酿造而成，酒精度相对较低。这两种酿造工艺在仰韶村遗址的小口尖底瓶残留物中均有发现，为仰韶文化核心区域粮食酒的酿造和消费提供了直接的考古证据。此外在仰韶村遗址中，虽未发现仰韶文化早期的地层和遗迹，但仰韶文化早期的遗物如钵、窄沿罐、杯形口的小口尖底瓶等，在第一次、第三次和第四次考古发掘均有少量发现，表明仰韶村遗址也确实存在有一些仰韶文化早期遗存。遗址的历史还可以上溯若干年（图9.2、9.3）。

在渑池仰韶村遗址发掘至今的一百年中，仰韶文化的考古发现以渭河、汾水、伊河和洛水等黄河支流汇集的大中原地区为中心，北到长城沿线及河套地区，南达鄂西北，东至豫东平原，西到甘青接壤地带，涵盖了陕西、河南、山西、河北、湖北、甘肃、青海、内蒙古等省和自治区。远在1931年安阳后冈“三叠

图 9.2 发掘现场

图 9.3 发掘现场的大棚内

层”的发掘，第一次揭示出仰韶文化、龙山文化和殷商文化的早晚地层关系，影响深远。

1954—1957年，西安半坡遗址发掘出仰韶文化的大沟环绕46座房址的居住区，6座窑址的制陶作坊区，250座土坑墓的埋葬区，为研究黄河流域原始氏族社会的结构、聚落布局、经济发展和文化生活等提供了一个完整的实例。

1956—1957年，发掘陕县庙底沟遗址，清理带立柱和柱础的长方形半地穴式房址、窖穴、墓葬，出土长达29厘米的石铲和口径超过半米的陶盆，大量的彩陶，除象生性的蛙纹之外，主要是以圆点、曲线、涡纹、弧线、方格纹组成的富于变化的花卉图案等，绚丽多姿，展示了欣欣向荣的农业社会丰厚的基础。

1959年发掘洛阳王湾遗址，文化层厚达3米。发掘房址9座，窖穴179个，土坑墓39座，瓮棺葬76座。可以分为三个阶段，下层为仰韶文化，中层属仰韶文化末期向龙山文化的过渡阶段，上层为典型的河南龙山文化。可以说是首尾传承，连贯发展，脉络清晰，阶段分明。

1971—1974年，发掘淅川下王岗遗址，文化层厚2—4米，包含仰韶文化、屈家岭文化、龙山文化、二里头文化和西周文化五个时期的遗存，反映了这一系列文化的消长、取代和变迁。其中仰韶文化最为丰富，发掘出几十间房址相连的长屋，地域色彩十分明显。这里仰韶文化早中晚期延续时间很长，解决了豫西南和鄂西北地区仰韶文化的分期和编年。

1972—1979年，在陕西临潼姜寨发掘出一处完整的由若干氏族组成的一个胞族或一个较小部落的聚落址。居住区内有中心广场，周围分布5群共百余座房址。房址附近有许多窖穴，还有家畜围栏及儿童瓮棺葬。居住区周围有自然河道和人工环壕。其西为陶窑场；其东为墓地，发现600多座土坑墓。出土遗物丰富，有鱼蛙人面纹彩陶盆、鱼鸟纹彩陶葫芦瓶、38种陶文刻划符号和罕见的贝饰，还有中国迄今最早的一方石砚、砚盖、磨棒、陶杯及黑色颜料等绘画工具，另出有粟等粮食。

1972—1986年，发掘郑州大河村遗址。文化层堆积厚达12.5米，大部分为仰韶文化层，可分为7期，涵盖了仰韶文化从产生、发展到消亡的全过程，为中国考古学中一个难得的仰韶文化完整发展的实例。大河村遗址发掘一些保存较好的房址，出土大量的彩陶，尤其是日月星辰的天文图像，其科学价值不可低估。

1987年发掘了濮阳西水坡遗址，三组蚌壳摆塑的龙虎图案当为仰韶文化原始宗教葬礼的遗存，距今6000年左右，是目前我国发现的最早龙形图案，可见中华民族龙图腾历史的久远。

1991年开始发掘的邓州八里岗遗址，清理出南北两排、百米左右的长屋和中间宽20米的场地组成的聚落址。还清理不少多人二次葬的土坑墓，一坑葬有数人或十多人甚至近百人不等。聚落址的布局反映了仰韶文化社会关系和组织结构的变化。

1993—1996年，发掘了郑州西山仰韶文化晚期城址。城墙用版筑法夯建而成，城墙外有壕沟环绕，发现有两座城门，门两侧有城台或望楼类建筑，门道有路土通过。城内有220座地面上长方形或方形房址，城墙和房址下有地基遗存。还清理大量成人墓和幼儿瓮棺葬。西山城址距今5300年，把我国城的出现提早了上千年。

2000—2001年，发掘了灵宝西坡仰韶文化遗址，清理多座100平方米左右的大型房址，建筑结构复杂，普遍采用夯筑技术。其中最大的一座以半地穴式近方形的主室为中心，四周围以回廊，回廊内有柱洞37个，斜坡式墓道伸出回廊外，门道两侧置有小柱洞10多个。主室内设置大而深的柱洞，柱洞下有柱础石，四周墙壁内也有相同41个柱洞，下有木头朽灰和朱砂遗留。居住面和墙面也涂有红色，显示出该建筑浓厚的宗教色彩。主室内净面积约204平方米，整体占地面积达516平方米。这是迄今为止在整个仰韶文化中所见面积最大、规格最高的房址，具有殿堂性质，开创了中国古代大屋顶建筑的先河。

2013—2017年，对巩义双槐树遗址的勘探和发掘，发现了仰韶文化丰富的遗存，确定了中心居住区、墓葬区和三重大型环壕。包括八组带走廊柱洞的房址，规模很大有序排列的墓葬群；出土牙雕蚕和一大批陶器、石器、骨器、蚌器。这处面积达117万平方米的大遗址，当为中原地区的中心聚落址，被学术界称之为“河洛古国”。

仰韶文化不但分布地域很广，而且经历了5000—7000年漫长的岁月，文化内涵较为复杂，构成了多种既相近又有区别、既互相联系又互相分离的文化面貌。学术界根据各地仰韶文化面貌的差异，将其划分为不同的文化类型，如陕西的半坡类型，山西的西王村类型，河南的庙底沟类型、大河村类型、后冈类型、大司空村类型、下王岗类型等。它们各自拥有以红陶为主，包括彩陶在内的具有不同特色的陶器群。仰韶文化在中国古代文明的起源与发展过程中占有举足轻重的地位。这彰显了渑池仰韶村遗址一百年前考古发掘无可替代的历史和科学地位（图9.4、9.5）。

1961年渑池仰韶村遗址被国务院公布为全国重点文物保护单位；2000年入选20世纪河南十项重大考古发现；2001年入选为20世纪全国100项考古大发现；2009年入选全国最具中华文明意义的百项考古大发现；2021年入选全国百年百大考古发现；2021年入选河南考古百年百大考古发现。

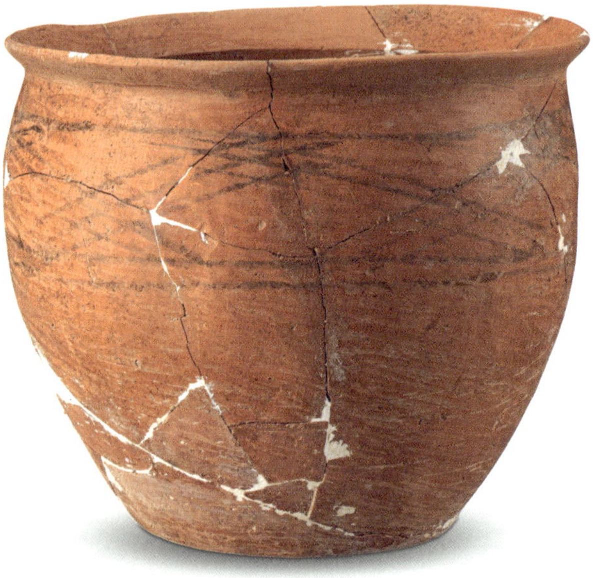

图 9.4 彩陶罐

图 9.5 仰韶遗址公园

邓州八里岗新石器时代遗址

邓州八里岗遗址位于邓州市东4千米的白庄村北岗地上，该处俗称八里岗。1957年考古调查发现；1991年北京大学考古专业学生实习进行小规模的试掘；其后1992年、1994年、1996年和1998年，又对该遗址进行多次大规模的考古发掘。遗址面积约6万平方米，文化层堆积厚3—4米。包括仰韶文化、屈家岭文化、石家河文化和很少量的龙山文化，其中最重要的是仰韶文化聚落址。

共清理房址60余座，窖穴和灰坑800多个，墓葬120余座。出土了大量的陶器、石器、骨器等人工制品和谷物、兽骨等自然遗存。其中以仰韶文化半坡类型晚期和庙底沟类型的房址等聚落内容最为丰富。这些房址修建在仰韶文化半坡类型早期聚落的废墟之上，分成东西分列的南北两排长屋，两排之间有间隔约20米的场地，场地呈多层相叠的水平状堆积，平整而又坚硬，包含遗物少而细碎，不见同期灰层或灰坑，显然是一处由人工不断平整铺垫的空场，表明该聚落布局经一次性规划后长期延续不变，是在聚落变迁过程中一段较为稳定的时期。两排长屋中有一些是遭火焚而毁弃，其墙体和居住面均被烧烤成坚硬的红烧土，因而有的房址保存尚好，残墙高0.7米左右，室内器物也因来不及搬走而遗留原地。其中南排保存较好的是房址F21，其西端为晚期遗迹破坏，东西残长26米，进深7米，面阔8间（套）。各套房面积相若，每套房又分为一大两小三间或一大一小两间，大间均在北面，面积一般在15平方米左右；小间都在南面，面积3—6平方米。大间房屋的中部或靠西墙一侧设一灶台。大小间一般各有门通向室外，但各套之间却无门道连通。F21房址之下还有更早的房屋（图10.1）。

北排房址揭露的东西长度已达百米，保存较好的房址编号为F30、F32、F34、F35、F36、F44，它们层层叠压打破，其中层位靠上的F30房址为双间套房。层位居中的F34房址从室内器物的类型判断与南排F21房址年代相当，为半坡类型晚期偏早阶段者；F34房址东端已被F30房址破坏，东西残长18米，进深7.5米，现存房间5套；各套多是一大一小两间，大小间有门道相通，大间一般为16—20平方米，小间为6—8平方米左右，各大间中部均设灶，小间也多数有灶；门的情况与F21房址相同。F35房址西部叠压在F34房址之下，未能全部清理，露出部分至少有4套；F32房址与F35房址的室外地面相连，F36房址在F32和F35房址之下，亦至少有4套。这几座房址都属于庙底沟文化类型的。北排几座保存较好的长房的情况与南排F21房址相似，唯大间在南，小间均在北，即这南北两排房址至少在一个时期之内呈完全相反的朝向。南排房屋以南尚未发掘，但北排房址以北3—5米处却发现了房址，这些房址只有局部的清理，因此不知是否为完整的另一排或是北排人群中分房居住而增盖的一些房址。从一些被火焚烧而留有器物的一些房址情况看，成套的房屋中都有石斧、石凿、纺轮和骨锥等工具，还有较多的日用陶器，如罐、壶、钵、盆、杯、缸、盘、豆等，都像是比较独立的生活单位，而在每套房屋所代表的家庭之上，又有每栋房屋和成排房屋的区分，因此八里岗遗址这一时期房屋建筑的规划布局和结构设施情况表明，当时聚落的社会群体存在着多层的分级结构。

图 10.1 八里岗排房遗址

从目前发掘情况看，长房的建筑技术基本一致，其程序大致为：一是首先平整地面，然后铺垫黄土并砸实；二是在垫土上开挖基槽，基槽即已大致规划好房址的长宽和套数，基槽深0.3—0.5米左右；三是在基槽内栽埋板材或木柱、木棍，加横木外捆绑草绳约束之，从而形成木骨；四是以草拌泥敷于木骨之上，分段起墙，每段筑至0.2—0.3米高后稍停，略干后再向上接筑，一般北墙木骨较粗，墙体也最厚，厚约0.3—0.4米；五是房门应是在筑墙时一并完成，门道宽0.4—0.5米，有木门框和长板木门槛，长板长于门道宽的一倍，应是一种侧拉门结构；六是墙筑好后内外皆用黄泥抹光，再涂抹居住面，有的内墙和居住面另抹一层厚0.02米的砂浆，十分坚硬光滑；七是抹平居住面时也修筑方形灶台，灶台两侧修有挡火墙，有的在另一侧又砌有矮隔墙；八是房址顶部的承重柱应在墙内，从塌落的房顶遗存看，房顶一般有排列密集的木椽，上面抹有较厚的草泥，也不排除有草顶者；九是室外地坪表面一般比较完整，且皆向四周下斜，利于排水。在一些房屋的房檐下和两栋房址之间的过道处，也发现有残存的器物。

在以上房址聚落遗存之下，叠压着一处仰韶文化半坡类型的墓地。在两排长屋之间的空地下面，揭露出一片分布密集的墓葬，现已清理120多座。墓葬排列大多紧密，叠压打破现象相当复杂，大致可以分为早晚两个阶段。晚段者以多人合葬竖穴土坑墓为主，有的留有二层台，每座墓内葬有数人至十数人，甚至近百人，多为二次葬，少见一次葬。早段者多为单人一次葬竖穴土坑墓，以东西走向、头向西者居多。各墓随葬品数量不等，少者1—3件，多者20余件。以陶器为主，有的以鼎、罐、钵、器座组合。随葬品中较特殊者是一种尖圆顶柱形器，中空，柱形器身有镂孔，形态颇似圆形房屋模型的陶器，亦属常见。有的合葬墓内还随葬有较多的猪下颌骨及成束骨制锥形器。在墓地范围内还有多座圆形祭祀坑，或是与墓分开的随葬品埋葬坑，一般不大，坑内置有数十件猪下颌骨和少量猪头骨，有的还同时出土数件陶罐、器盖等明器。此外，还发现了这一时期的圆形房址（图10.2）。

仰韶文化半坡类型晚期聚落之上的堆积，以石家河文化及屈家岭文化时期的遗存为主，但破坏严重，已看不出聚落的基本面貌，所见遗迹多为窖穴和灰坑，分布密集，其间打破现象较多。多数窖穴为圆形口小底大的袋状坑，较完整的尚深3米余，有的坑壁抹泥，有的穴底铺垫红烧土层以防潮，不少窖穴的堆土经浮选采集到炭化谷物及其他炭化籽实，还有一些窖穴废弃后用来葬人，或有整猪、整狗出土。灰坑中出土大量陶器，并常见鹿、牛、猪、蚌等动物遗骸。屈家岭文化和石家河文化时期，也有一些瓮棺葬，有的瓮棺葬数座成群分布。

邓州八里岗遗址的考古发掘，完整地揭露了一大批保存较好的仰韶文化庙底沟类型和半坡类型晚期的长屋基址，考古发掘中不仅注意了不同时期房址的层位关

图 10.2 八里岗墓葬

系，还特别对同时期房址室外地面进行清理，找到了保存下来同时期房址的局部室外地坪，为深入研究这一时期聚落的布局，进而探讨当时的社会生产和生活情况提供了翔实的资料。

邓州八里岗新石器时代遗址1957年被邓县人民政府公布为县级文物保护单位；1994年入选年度全国十大考古新发现；2000年被河南省人民政府公布为省级文物保护单位；2001年被国务院公布为全国重点文物保护单位；2021年入选河南考古百年百大考古发现。

郑州大河村新石器时代遗址

大河村遗址位于郑州市东北郊柳林镇大河村西南约1千米的漫坡土岗上。平面近似椭圆形，东西长790米，南北宽670米，面积约53万平方米。文化层堆积最厚处达12.5米。遗址中部为居住区，东北和西南各有一处公共墓地，东部为正在发掘的窑址区。最近又发现有环壕围绕，还发掘出一段东西长约200米的仰韶文化晚期土坯和版筑结构的城墙，城墙下疑似有奠基遗存。1972—1987年，大河村遗址陆续进行了21次发掘。进入21世纪以来至今又进行了8次发掘。总计揭露面积约1万平方米。经勘探、发掘和研究表明，这里是一处涵盖仰韶文化、龙山文化和夏商时期文化遗存的大型古代聚落遗址。

在发掘相邻探方T38、T40、T56中，有着大河村遗址深达12.5米较完整的文化层堆积：第1层为耕土层；第2层为扰土层；第3、4、5层虽土色等有别，但均是商代二里岗期文化层。开口于第5层下的2条壕沟内有4层堆积，编为5A、5B、5C、5D。其中5A、5B层为夏代二里头文化层。5C、5D层为龙山晚期文化层。第6、7、8、9层为仰韶文化第四期。第10、11层为仰韶文化第三期。第12、13层为仰韶文化第二期。第14、15层为仰韶文化第一期。第16、17层为仰韶文化前一期。第18、19、20层为仰韶文化前二期。第21层因中间有一层很薄的细沙相隔，而分为第21A层和第21B层，其内涵均为仰韶文化前三期。第21B层下为大砂生土层。

仰韶文化前三期遗存，是大河村遗址中发现最早的仰韶文化遗存，未发现遗迹，仅在文化层中出土一批遗物，包括鼎、罐、钵、盆、碗、缸、壶、豆、盂、杯、器盖、陶锉和多件圆陶片等陶器；另有石斧、蚌铲、木柄、木矛、加工木等。

仰韶文化前二期遗存，出土遗物主要是陶器，开始出现硬陶。红顶器和彩陶较前增多。器形有鼎、罐、钵、盆、缸、壶、豆、杯、碗、盂形器、器盖、器座、陶锉、圆陶片等。另有斧、铲、矛、砺石等石器；还有镞、凿、匕等骨器，以及鹿角器、蚌铲等。

仰韶文化前一期遗存，文化层厚2.4米。发现遗迹有土葬墓2座，一座为长方土坑墓，另一座无墓坑就地掩埋。均无葬具也无随葬品。还发现瓮棺葬1座，圆形墓坑。葬具为陶罐，口上盖一残陶片，罐内有婴儿朽骨。本期出土陶器较多，包括一些彩陶，饰黑、棕、红单彩，绘以带状纹、三角纹、直线纹、平行线纹、圆点纹等。本期陶器器形有各种罐、鼎、钵、盆、碗、缸、豆、小口尖底瓶、瓮、器盖、锉、铃、纺轮、弹丸等；另出土有斧、铲、犁、锛、凿、镰、镞、砍砸器、砺石等石器；还有锥、镞、铲、匕、针、簪等骨器，以及玉铲、鹿角器等。

仰韶文化第一期遗存，文化层厚0.5—1.9米。发现遗迹有长方形竖穴土坑墓2座，清理瓮棺葬3座，皆埋在大口圆形圜底或平底坑内。W115葬具为缸、盆扣合；而W116、W170葬具仅有1件陶罐，内置儿童骨骼。本期出土遗物有鼎、罐、钵、盆、碗、缸、小口尖底瓶、器座、器盖、纺轮、网坠、锉、球等陶器；出土铲、镞、纺轮、石球和砺石等石器；另有骨簪、骨镞、鹿角器、蚌镞等。

仰韶文化第二期遗存，发现残房址1座，清理瓮棺葬7座，为长方形墓坑或方形墓坑，葬具为罐与豆扣合、大口尖底瓶与罐扣合、罐与罐扣合，另有1件鼎或1件罐为葬具。内置儿童骨骼。出土有釉陶均为硬陶，器表和内壁多涂杏黄色釉，少数涂白色底釉。花纹用黑釉、棕釉绘成网纹、短平行直线纹、平行带状纹等；彩陶数量增多，多为白衣彩陶。彩绘多用黑色和红色，也有用棕色绘出带状纹、弧边三角纹、直线纹、圆点纹、睫毛纹、月亮纹、彗星纹、网纹、平行线纹、曲线纹等；本期所出陶器有鼎。罐、钵、盆、碗、盘、豆、鏊、小口尖底瓶、大口尖底瓶、缸、灶、器盖、器座、纺轮等。另出有斧、凿、刀、纺轮、球、饼、砺石等石器。还有骨镞、骨削、骨柄、鹿角器、蚌镞等。

仰韶文化第三期遗存，主要遗迹发现房址17座、灰坑14个、土坑墓2座、瓮棺葬20座。房址多为两间或两间以上的建筑群，绝大多数经火烧成坚硬的砖红色，墙体内布满圆形柱洞和芦苇束及横木痕迹。房址F1、F2、F3、F4是一组东西并列、紧密相连四间为一体的建筑群。其中F1位于F2和F3之间，面积20.8平方米。东、西、北三面墙壁高约0.5—1.05米，厚0.26—0.36米。南墙残高为0.2米。F1四周墙内共有柱洞81个。F2位于F1西侧，中间共用一墙。平面呈长方形，面积14.23平方米。房门向南。西、北、南三面墙内有柱洞56个。房内筑两个烧火台，F3在F1东侧，利用F1东墙，其他三壁是二次扩建。南墙和东墙残高0.5米，发现柱洞33个。房址平面呈长方形，面积7.8平方米。房门在北墙中部，门宽0.5米，有门槛。房内西墙中部有长方形烧火台。F4位于F3东侧，借用F3的东墙进行扩建而成。平面呈梯形，面积约2.5平方米。房门在北墙中间，门宽0.5米。房内墙壁有烟熏痕迹，地面有大量灰烬，南墙外有大堆木炭。由于F4面积太小，推测是用来保留火种的（图11.1）。

大河村仰韶文化第三期遗物丰富，主要是陶器，尤以彩陶为最。多以黑、红或棕、红两彩兼施。主要母题纹有平行直线纹、平行曲线纹、弧线纹、直边三角纹、弧边三角纹、圆点纹、圆点圆圈线、同心圆纹、锯齿纹、六角星纹、网纹、古

图 11.1 大河村房址

钱纹、太阳纹、日晕纹、月亮纹、彗星纹、菱形纹、豆荚纹、篦纹、莲蓬纹、木骨纹、树形纹、树叶纹、花蕾纹、昆虫纹、鱼纹等，并由这些母题花纹组合成数十种花纹图案。大河村遗址仰韶文化三期陶器器形有鼎、罐、钵、盆、碗、缸、瓮、壶、豆、双连壶、背壶、杯、小口尖底瓶、大口尖底瓶、甑、灶、鏊、器座、器盖、陶垫子、纺轮、盛簪器、陶铃、弹丸、陶环等。出土石器有斧、铲、凿、锛、刀、杵、纺轮、石球、弹丸、环、饰件、砺石等（图11.2、11.3）。

大河村遗址仰韶文化第四期遗存分布普遍，文化层厚度0.5—3.5米。发现房址27座，多为方形或长方形的地面上建筑，大多数为单体建筑。发现142个灰坑，可分为圆形袋状坑、椭圆形袋状坑、筒形坑、大口小平底盆形坑和不规则形坑四种。灰坑内个别葬有人骨，还有些完整的猪骨。在遗址的西南部发掘2条东南、西北向的护卫环壕，两者基本平行，相距5—6米。壕沟口宽9—11米，底宽1.5—5米，深3.5—5.5米，由于两端均伸在探方之外，发掘长度分别为31米和56米。壕沟始建于仰韶文化第四期，废弃于龙山文化晚期。清理土坑墓118座。大河村仰韶文化第四期出土遗物陶器最多。彩陶均施单一的黑彩或红彩，不见两彩兼施；主题母纹绘有直线纹、平行直线纹、圆点纹、圆圈纹、同心圆纹、三角纹、曲线纹、锯齿纹、禾苗纹、蝶须纹、网纹、垂帐纹、水波纹、新月纹、双钩纹等，并以此组成多种图案。但画面简单，笔画草率，其数量和工艺水平已较三期彩陶明显衰退。

图 11.2 双连彩陶壶

图 11.3 太阳纹彩陶片

大河村龙山文化遗存是由大河村仰韶文化第四期直接发展而来。龙山文化遗存发现房址2座，灰坑124个，灰沟1条，土坑墓57座，瓮棺葬3座。出土遗物有鼎、斝、罐、钵、盆、碗、缸、瓮、豆、盘、杯、壶、簋、瓿、甑、刻槽盆、尊形器、器盖、纺轮、陶垫子、陶球、铃、环、网坠等大量陶器。出土有铲、斧、锛、凿、刀、镰、刮削器、杵、镞、纺轮、石球、砺石等石器。出土凿、镞、刀、锥、针、镖、匕、簪、刮削器等骨器。还有蚌器、鹿角器、小件玉器、卜骨等。依据发掘资料和出土遗迹、遗物的情况，将大河村龙山文化遗存分为早、中、晚三期，不少文化因素都有明显的传承关系。

郑州大河村遗址的仰韶文化由裴李岗文化发展而来，从距今6800年划分为7期，历经两千余年过渡到龙山文化，展现了仰韶文化从产生、发展到消亡的全过程。从考古地层学和考古类型学上为中原地区仰韶文化树立了一个典型的标尺。仰韶文化的各时期遗存发掘发现有山东大汶口文化和湖北屈家岭文化的因素，这也为研究黄河中游新石器时代文化和黄河下游新石器时代文化以及与江汉流域新石器时代文化的交流，提供了一个新的联结点。同时，为研究中国古代文明起源与早期发展提供了不可多得的新资料。在大河村遗址，新近发现的环壕和土坯及版筑夯土结构城墙的发现，更具有重大科学和历史价值。

郑州大河村遗址2001年被国务院公布为全国重点文物保护单位；2021年入选河南考古百年百大考古发现。

三门峡庙底沟新石器时代遗址

三门峡庙底沟遗址位于三门峡市西南部的湖滨区韩庄村北，亦即原来的陕县老城南关东南。1953年秋季，配合三门峡水库工程建设文物调查时发现，遗址总面积约36万平方米；1956年黄河水库考古队在这里进行考古发掘，揭露面积4480平方米；2002—2003年，为配合国道310线三门峡市城区段拓宽工程，又进行了大规模的考古发掘，发掘面积约2万平方米（图12.1、12.2）。

庙底沟遗址是一块小平原，西面和西南为较深的长达7千米的庙底沟，东面和东北为长达15千米的火烧阳沟。水网发达，土壤肥沃，既受水之利，又无水之害。这两次大的考古发掘收获甚丰。1956年发掘出仰韶文化中期的庙底沟文化类型房址2座，灰坑168个，墓葬1座；又发掘出龙山文化早期的庙底沟二期文化房址1座，灰坑26个，陶窑1座，墓葬145座；出土了大量的陶器、石器、骨器和其他遗物。2002—2003年，发掘出仰韶文化中期的庙底沟文化类型、仰韶文化晚期的西王村

图 12.1 庙底沟 20 世纪 50 年代发掘现场

文化类型和龙山文化早期的庙底沟二期文化合计的房址10余座，灰坑900多个，陶窑20座，壕沟3段；另有唐宋元明时期墓葬200余座。出土大批各个不同时期的陶器、石器、骨器和其他遗物。

在遗址北部偏西发现的3段壕沟，属于仰韶文化中期庙底沟文化类型。壕沟呈东南、西北走向，壕沟口宽底窄，口部最宽处达12米，深5.8米，沟底不平，底中部有凹槽，局部铺有鹅卵石块，现已清理长度100多米。由此推断，除了防御外界的侵袭之外，防洪排水也是当时壕沟的一大功能。这几段壕沟相连可能组成当时的环壕。在遗址的南部还勘探出1条类似的东西向人工壕沟，口部最宽近30米，深达4米。

仰韶文化中期庙底沟文化类型房址多为圆形或方形的半地穴式和浅地穴式建筑。圆形房址直径一般在4—5米之间，墙壁及底部很光滑，灶多设在中部，但也有在一侧的；柱洞多在四周，数量不等；门道朝向东南或西南。如F4，口径4.3米，在东南部生土壁上掏挖一个直径0.4米的半圆形灶坑，在其中心柱洞的底及壁部嵌有一层碎石，用以固定屋柱。还有个别房址带有壁龛，如F6，门道朝西南，房径3.25—3.4米，它的南北两面共有大小四个壁龛。

方形的浅地穴式房址，面积一般较大。建造方式有两种，一种是先在地面上挖出房址四周的基槽，在基槽经过处理后竖立支柱，再在房内向下挖坑，然后填土，处理居住面。如F3，东西长8.6米，南北宽7.5米；门道在房址南部，长4.4米，宽1米，门道进入室内部分低于居住面0.3米，且有一层台阶；圆形灶设在正对门道处，直径1.2米，深1米，在朝门道一侧有一0.2米的圆形进风口。房内地坪下层

图 12.2 2002 年发掘现场

为厚0.3米的草拌泥，上层为厚0.03米的硬土面。另一种是先在房址范围内向下挖坑，然后填土处理，再在坑的周围挖出墙槽，经重新处理后再竖起支柱。如F8，东西长9米，南北宽8.5米，其门道也在南部，门道两侧有排列对称的护墙石；地坪分三层，最下层为红烧土，中层为草拌泥，上层有硬面。F8内圈有排列整齐的柱础石，而外圈还有同样整齐的柱洞，由此推断F8可能四周还带有回廊。1956年发掘的方形301号房址，南北长6.8—7.42米，东西宽6.18—6.27米。门道朝南，长2.84米，宽0.72米。房内铺有厚0.07—0.14米的草拌泥地坪。屋内靠南正对门道有竖穴圆形灶，口径1.17米，深1.24米。屋内中部有四个柱洞，对称作方形，用以支撑屋顶。柱洞内置有两面平整的天然砾石制成的柱础。四壁有33个排列整齐的柱洞，有些直立的，有些微向里倾斜，可以复原成四角锥形屋顶的房子。

在发掘的大量灰坑中，多为圆形和椭圆形坑，口径多在2—3米之间，最大的为5.7米，深度多在1—2.5米，个别最深的为3.9米。有相当数量的圆形、口小底大的袋状坑，坑壁和坑底均有明显的加工痕迹。有不少为贮物的窖穴，也有少量置有人和家畜（猪、狗）的骨架遗存，有的是灰坑葬，也有的是非正常死亡。

仰韶文化中期庙底沟文化类型的陶窑，集中分布在遗址西部，仅在一个百平方米的探方T72内就发现了3座陶窑，说明这一带应是制陶手工作业区。陶窑的窑体一般较小，直径多在1.5米左右，也有个别稍大一些的，如Y13长2.2米，宽1.4米。陶窑构造是由窑室、火口、火膛、火道及窑箅等组成，此时的陶窑均为环形火道。

庙底沟仰韶文化中期出土遗物非常丰富。石器有盘状器、网坠、刀、加工石片、锤、斧、锛、凿、铲、纺轮、球、磨盘、磨棒，以及环、珠、坠等饰品；骨、角、蚌器有骨锥、骨凿、骨镞、骨簪、骨针和角锥、角凿及蚌指环、蚌坠、穿孔蚌壳等；数量最多的是各种陶器，绝大多数为红陶，也有少量棕陶，纹饰除素面或磨光之外，还有线纹、划纹、弦纹、麻布纹、席纹、附加堆纹和镂孔等，器形有杯、盘、碗、盆、钵、小口尖底瓶、小口平底瓶、罐、釜、灶、器盖、器座、壶、甑、瓮、陶环和纺轮等；陶器中最为引人注目的是精美的彩陶（图12.3、12.4），彩绘的颜色有大量的黑彩，还有一些红彩和赭彩，以及少量的复合彩；纹饰以圆点、弧线三角为母题而构成色泽鲜艳、变化多端、连续不断的各类花卉图案，还出现了蛙纹、变体鸟纹、龟纹、变形鱼纹、蜥蜴纹等动物图案。代表了仰韶文化彩陶的巅峰之作。在植物浮选样品中发现了当时的农作物粟、黍、稻和大豆等。

在庙底沟遗址还发现有早于庙底沟二期文化，即仰韶文化晚期相当于西王村文化类型的遗存，从而填补了由庙底沟文化类型向庙底沟二期文化发展的空白。这个时期的遗存主要是灰坑等遗迹，灰坑多是圆形或椭圆形的直壁坑和口小底大

图 12.3 彩陶盆

图 12.4 彩陶钵

的袋状坑。在袋状坑的底部，一般还会向下再掘出一个口径较小的袋状小坑，有的多至三四个，主要是可增加窖穴的储量。个别窖穴内还发现动物骨架。西王村文化类型的陶器以泥质灰陶、红陶，夹砂深灰陶，夹砂红褐陶为主色；主要器形有喇叭形口尖底瓶、折沿夹砂罐、宽折沿盆、罐形鼎以及少量的豆、器盖、器座、碗等；陶器纹饰以横篮纹居多，另有附加堆纹、线纹和弦纹等；彩陶数量大大减少，颜色多为单一的黑彩，图案简单，主要是平行线纹和网状斜格纹。

仰韶文化层之上还有龙山文化早期即庙底沟二期文化层堆积，发掘出房址、灰坑和陶窑。其中1956年发掘的551号圆形半地穴式房址，系在生土中挖成，直径2.7米，墙高1.24米。地坪为草拌泥土层上再涂抹一层白灰面，中部偏北处有一直径

8厘米，深15厘米的柱洞，在西侧偏南挖一壁龛作为火灶，门道朝东，房址周围还有一周挖在生土内的柱洞，大致可复原为一座尖锥顶状的房屋。另一座2002年发掘的F5，亦为圆形半地穴式房址，直径4.9米，地坪涂抹一层白灰面，墙壁施三层灰土面，房址中部置一圆形灶，直径1.07米，灶四周起一周宽3—5厘米凸棱，高出灶面5—10厘米。门道亦朝东，长1.2米，宽0.6米。此时陶窑已较前进步，由窑室、火口、火膛、火道、窑箅组成，火道已由环形火道改为“北”字形或“非”字形多股火道，从而使窑室内火的燃烧更充分、更均匀。火道上面有窑箅，窑箅上有大小不一的火眼。灰坑为圆形或椭圆形，坑壁整齐，也见有数个灰坑葬。墓葬为长方竖穴土坑墓，多为单人直肢葬，少量为屈肢葬，除在两座墓各出1件陶杯外，绝多均无随葬品。庙底沟二期文化出土遗物丰富，其中陶器以灰陶最多，纹饰以篮纹为主，素面、附加堆纹、绳纹次之，弦纹、方格纹、划纹又次之，还有极少的彩绘陶器，器形有碗、盆、刻槽盆、杯、深腹罐、折沿罐、大口罐、小口罐、瓶、灶、豆、鼎、斝、缸、器盖及纺轮等；石器有斧、锛、刀、镰、磨盘、磨棒、镞、弹丸、环等；另有锥、匕、镞、簪、梳、针等骨器；还有大量的猪、狗、牛、羊、鸡、鱼之骨等。

三门峡庙底沟遗址的考古发掘，展现了在仰韶文化时期一处东西有自然深沟、南北有人工壕沟环绕的包括生活区、作坊区、墓葬区的聚落遗址，彰显了有较高发展水平的农业、畜牧业、渔猎业、制陶业的农耕社会。其中绚丽多姿的彩陶，反映了高度发展的制陶工艺，用丰富的想象力，绘制出以菊科和蔷薇科两种花瓣为基础的花卉图案。庙底沟文化类型的彩陶传播影响至大半个中国。北过长城，南达长江，西至甘青，东临大海。在红山文化、大汶口文化、海生不浪文化、马家窑文化、大溪和屈家岭文化、马家浜和崧泽文化里面，都能找到庙底沟文化彩陶的影子。三门峡庙底沟遗址内涵丰富，从仰韶文化中期庙底沟文化类型（碳14测年距今5900—5600年），到仰韶文化晚期西王村文化类型（碳14测年距今5600—4900年），再到庙底沟二期文化的龙山文化早期（碳14测年距今4900—4600年），一脉相承越千年，在中国古代文明起源与早期发展中，占有举足轻重的核心地位，有着重大的历史、科学和艺术价值。

三门峡庙底沟遗址2001年被国务院公布为全国重点文物保护单位；2001年入选中国20世纪100项考古大发现；2009年入选全国最具中华文明意义的百项考古大发现；2021年入选全国百年百大考古发现名录；2021年入选河南考古百年百大考古发现。

安阳后冈新石器时代遗址

安阳后冈遗址位于安阳市西北郊高楼庄村北400米洹水岸边高岗上，地处殷墟重点文物保护区内，面积约10万平方米。1931—1934年在安阳殷墟第四次、五次、八次、九次发掘时，曾对安阳后冈遗址进行了考古发掘；1958—1959、1971—1972、1979年，又对后冈遗址进行考古发掘。在前后七次对后冈遗址的发掘中，有许多重大考古发现。

安阳后冈遗址最重大的考古发现是1931年梁思永先生带队在后冈遗址进行考古发掘时，运用其掌握的考古地层学原理，非常重视自然地层堆积的变化，依据土质土色区分不同的文化层，又按照出土遗物的特征，将后冈遗址合并为上、中、下三个大的文化层。上层属殷墟文化层，为浅灰色土，出土陶器较厚大，陶色为灰黑色，少数为白色，纹饰主要是绳纹，还有压印纹、划纹等，极少数为刻纹白陶和原始瓷片，器形有鬲、簋、盆、罐、将军盔等；还有斧、刀等石器；刀、镞等骨器及猪骨、牛骨、鹿角等，另见有个别甲骨文残片。中层属龙山文化层，为泛绿色灰土，出土陶器为黑色或灰色，有夹砂和泥质，纹饰有方格纹、绳纹、席纹、压印纹、划纹等，器形有鼎、碗、杯及圈足、器耳等；石器有斧、锛、镞等；骨器有镞、凿、铲等；还见有卜骨。下层属仰韶文化层，为灰褐色土，陶器以红色为特征，纹饰有绳纹、划纹等；器形有大口平底钵、大口圜底钵、高足鼎、矮足鼎等；另有锛、铲、斧等石器及尖状骨器等。这是中国考古学第一次揭示出仰韶文化、龙山文化和殷墟文化时间先后的“三叠层”，为黄河流域尤其是黄河中游地区，建立起考古学文化的编年序列，成为中国现代考古学史上重大转折和发展新起点的标志。梁思永先生也因为将考古地层学和类型学的理论成功地应用于中国考古发掘与研究工作，成为中国田野考古学的奠基人之一。

后冈遗址第二个重大考古发现是发掘出仰韶文化早期遗存，包括有房址、窖穴和灰坑、长方竖穴土坑墓等；出土多种石器、骨器和大量陶器。陶器以泥质红陶为主，也有一定数量的夹砂红陶和泥质灰陶，大多为手制。器表以素面为主，也有一些线纹、划纹、锥刺纹和附加堆纹；彩陶数量不多，多饰红彩，黑彩较少，纹饰简单，有宽带纹、平行竖线纹、菱形网状纹、同心圆纹、波浪纹等；器形有鼎、罐、钵、碗、瓮、盆、壶、盂、灶等，而红顶碗、红顶钵最为特殊（图13.1）。形成后冈一期文化，亦即距今6000余年的仰韶文化“后冈类型”。分布到豫北、冀南、冀中地区，影响至冀西北洋河、桑干河一带。

后冈遗址第三个重大考古发现是发掘出一座龙山文化城址，揭露一道长逾70米的夯土城墙，宽2—4米，环卫后冈遗址的西面和南面。在夯土城墙环卫的范围内，发现龙山文化房址39座，灶2个，灰坑58个，墓葬28座。房址均为地上建筑，个别平面为圆角方形，绝大部分平面呈圆形或不规则圆形（图13.2）。房址直径一

图 13.1 后冈仰韶文化彩陶钵

图 13.2 后冈龙山文化房址

般3.6—5米。少量房址建在生土面上，大部分建在灰土堆积或旧房址基础上。房址下部有房基垫土，并经分层夯打。屋墙均已塌毁，残高0.1—0.8米，墙宽0.2—0.3米。有的墙基下挖有浅基槽，墙的结构可分为垛泥墙、木骨垛泥墙及土坯墙三种。垛泥墙是用黄褐色细土，掺水捣熟，垒打而成。有的墙中还夹有红烧土粒或植物茎杆。木骨垛泥墙是用直径4—8厘米的木棍密集竖立做墙骨，木棍间隙中垛以黏黄泥土块，内外抹平成墙面。土坯墙是用一种不规则的长方形土坯砌成，土坯用深褐色黏土制成，内夹少量的红烧土粒。坯长20—52厘米，宽15—38厘米，厚4—9厘米。为错缝叠砌，空隙处填以黄泥。房内地坪分为白灰面和烧土面两种。抹白灰面的有31座房址，白灰面厚2—6毫米，层次均匀，表面光滑平整。有的多次修建，就留有多层白灰面。有的房址在内墙壁上和门道也抹白灰面。烧土面地坪的有7座房址，经火烧烤呈红色硬面。此外，还有一座地面铺有木板的房址。各室内中部都有一个圆形的或圆角方形的灶面，直径一般1米左右，最大的为1.5米（F10），最小的0.64米（F28）。室内、室外、墙内和门侧均有柱洞，室内柱洞或单或双支撑屋顶。室外柱洞分布在房址四周，是檐柱的遗存。房址门道多向南，也有向西南、向东或东南的。其中F12有双门，大门朝南，小门朝东。门道内有台阶或门槛。房址四周有内高外低的散水，用黄泥拍打结实，有的还抹草拌泥或经烧烤。房址顶部为圆锥形或尖锥形，用树棍做椽，上面覆盖树枝及植物茎秆，有的还涂抹草拌泥。在建房过程中往往以儿童做奠基牺牲。如F19北墙墙基中埋有一个幼童（M19），东墙下分别埋有两个幼童（M16、M20）。后冈遗址出土龙山文化遗物丰富，石器有斧、锛、铲、凿、镞、矛、刀、镰、弹丸、环、纺轮、拍子、抹子、杵臼、磨石、磨盘和一些打制的尖状器、刮削器等；另有锥、针、镞、镖、凿、匕、铲、笄、管等骨器；还有刀、镰、镞等蚌器。陶器以灰陶为主，另有磨光黑陶及很少量的蛋壳陶和白陶；纹饰以绳纹为主，还有一些篮纹和方格纹；主要器形有深腹罐、甗、盆形和罐形斝、罐形鼎、瓮、缸、平底盆、折腹盆、碗、盘、豆、器盖及鬲、甑、皿、杯、管等。形成了后冈二期文化，即距今4700—4100年的龙山文化的“后冈类型”，主要分布在太行山东麓的黄河以北地区。

后冈遗址第四个重大考古发现是发掘出殷商贵族大墓和大型祭祀坑。这里发掘出6座带墓道的殷商大墓，其中有1座带1条墓道，其余5座均为双墓道大墓，而双墓道大墓中有2座的椁室呈“亚”字形，规模仅次于西北岗王陵区带4条墓道的大墓，其墓主应是地位显赫的大贵族。另有一些长方竖穴墓，面积最大的为11平方米，也有棺椁，随葬青铜器、玉器及殉人。后冈还发掘出1座直径2.2米的圆形祭祀坑，内置殉人73具，还出有带多字铭文的戍嗣子鼎及其他爵、卣、戈等青铜器和陶器。这里应是殷墟的重要贵族墓地（图13.3）。

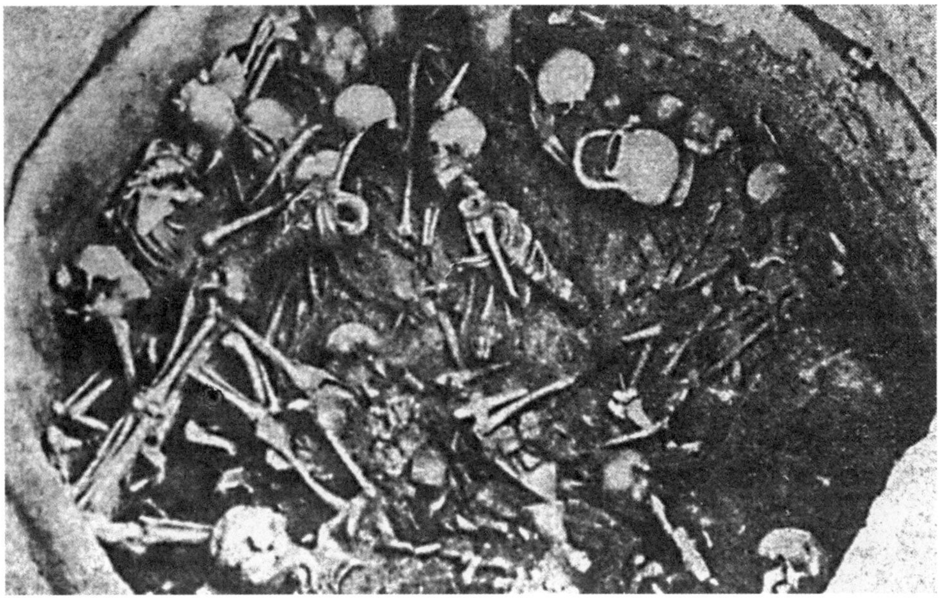

图 13.3 后冈商代祭祀坑

安阳后冈的考古发掘闻名于世，一般包含在安阳殷墟项目之内，1961年被国务院公布为全国重点文物保护单位；2000年入选20世纪河南十项重大考古发现；2001年入选中国20世纪100项考古大发现；2006年列入世界文化遗产名录；2009年入选全国最具中华文明意义的百项考古大发现；2021年将安阳殷墟（含洹北商城、后冈遗址）列入全国百年百大考古发现；2021年又将安阳后冈遗址单独列入河南考古百年百大考古发现。

洛阳王湾新石器时代遗址

洛阳王湾遗址，位于洛阳市西郊邙山乡王湾村偏北涧河岸边台地上。1958年调查发现，南北长约200米，东西宽约100米，面积为2万平方米，其后相当部分遗址遭到破坏；1959年北京大学历史系考古专业1955级同学到此进行考古发掘实习，揭露面积1785平方米；1960年北京大学历史系考古专业1957级同学到此进行考古发掘实习，发掘面积1840平方米（图14.1）。

王湾遗址文化堆积甚为复杂，除了包括周代、西晋、北朝和隋代的一些遗迹之外，最多的是新石器时代遗存，文化层厚达3米以上。王湾遗址新石器时代文化划分为三个阶段：王湾一期文化，王湾二期文化，王湾三期文化。各期文化又分为若干个小阶段。这三期文化性质既紧密相联，又互相有区别，其特征显著。其中一期文化与仰韶文化庙底沟文化类型相当或略早，三期文化与河南龙山文化相当，而二期文化介于本地区仰韶文化与龙山文化之间，具有过渡性质，反映出王湾遗址新石器时代文化是一脉相承的。

图 14.1 王湾遗址发掘现场

王湾一期文化在最下层，发现房址7座，可分大、中、小三种，皆为地面上建筑。地坪结构有草拌泥红烧土面，相当坚固但有龟裂；也有白灰面地坪，类似三合土，十分坚硬平滑。墙基结构多为挖槽建造，内填红烧土碎块，墙基内外有柱洞，有的墙基底部还铺有大块平整的砾石。如F15房址，为近方形的地上建筑，南北长7.4米，东西宽7米。墙基为大块平整的天然砾石铺就，其上直接筑墙，墙内立木柱，两边涂以草拌泥。房址内及边沿和墙基中发现14个柱洞，柱径0.11—0.35米。居住面为经火烧而成的龟裂草泥土地坪，房内西北角有烧土灶台。清理灰坑8个，分为锅底形、直筒形和袋状坑三种。一般口径为2—3.5米，深约2—2.5米。坑壁上还留有明显的工具痕迹，坑内出土较多的陶器残片，以及一些石器、骨器和兽骨等。发掘各种墓葬76座，包括长方竖穴土坑墓25座，带二层台的竖穴墓4座，小口尖底瓶葬43座，瓮棺葬4座。通常成人多为单人仰身直肢二次葬，头向西北，绝多墓内无随葬品。人头骨涂朱现象较普遍。王湾一期文化出土遗物较多，包括斧、刀、锛、铲、镞、盘状器、磨棒等石器；锥、匕、簪、镞、针等骨器；出土大量陶器，有红陶、灰褐陶和彩陶，器形有釜、灶、甑、鼎、盆、瓮、罐、钵、小口尖底瓶、缸、纺轮、陶刀等（图14.2）。

王湾二期文化发现残房址2座，见有5块白灰面地坪和17个柱洞。清理灰坑85个，有袋形坑、直筒形坑、锅底形坑和不规则形坑四种。以袋形坑最多，形制规整，坑底平坦，坑壁平滑，有的坑壁上涂一层草拌泥，个别的坑壁见有宽9厘米的石铲痕迹。坑内出土不少完整的陶器，也有石器和兽骨。有的灰坑内见完整或零乱的人骨架。发掘墓葬39座，包括33座长方竖穴土坑墓和6座瓮棺葬，二层台墓增多，还有两座俯身直肢葬，其中一双手被缚。随葬品也很少。本期出土物已有变化，新出现有穿孔石铲、石镰、弹丸、网坠等石器；骨器也增多；还新见有蚌刀、蚌铲、蚌饰等；陶器以夹砂灰褐陶最多，泥质黑陶也有增加，红陶大量减少，彩陶也很少见，增加有极薄的蛋壳陶，新出现横篮纹和方格纹。器形除一期文化原有的之外，又出现双腹盆、单耳杯、碗、豆、盘等（图14.3）。

王湾三期文化发掘灰坑78个，以袋形坑为主，也有少量的直筒形坑、锅底形坑和不规则形坑。坑内遗物较为丰富，有完整的陶器，较多的石器、骨器、蚌器和装饰品等。在一些灰坑内，也发现有人骨架，多为1具，而H79灰坑内竟有5具之多，经鉴定为1位成年男子和4个儿童，显然与正常埋葬有区别。本期发现墓葬4座，均为长方竖穴土坑墓，单人仰身直肢葬，没有随葬品。本期出土遗物是王湾遗址中最多的。其中石器与二期文化比较，不论在数量、器形和制作技术上都有新的进步。石器有铲、刀、镰、斧、锛、凿、纺轮、镞、矛、弹丸等。其中石铲、有肩石铲、穿孔刀、三棱镞等最为突出；骨器有锥、匕、簪、针、环等；另有蚌饰、牙饰等；陶器以灰陶为主，另有不少黑陶，而褐陶减少、红陶绝迹；制作方法以轮制为主；纹饰以方格纹、竖篮纹较多；除二期文化原有器形之外，还新增加带领瓮、夹

图 14.2 彩陶钵

图 14.3 灰陶罐

砂小瓮、单耳罐、鬲、斝、鬶、盘、镂孔器座等，属于典型的河南龙山文化。

综上所述，洛阳王湾遗址的考古发掘，找到了王湾一期仰韶文化层，王湾二期仰韶文化向河南龙山文化过渡层，王湾三期河南龙山文化层的三层地层叠压关系，犹如当年安阳殷墟考古发掘在后冈发现殷商文化、龙山文化、仰韶文化“三叠层”那样，是中国考古地层学又一经典之作。为仰韶文化向龙山文化过渡阶段的年代分期与发展联系诸问题，提供了明确的地层关系和大量的实物资料。尤其是王湾第三期文化被公认为河南龙山文化晚期代表的“王湾类型”，像考古年代学的标尺一样，屡屡被许多考古发掘项目所对比和引用。这些对新石器时代考古研究和早期夏文化研究，都有重大学术意义。

洛阳王湾遗址2006年被国务院公布为全国重点文物保护单位；2021年入选河南考古百年百大考古发现。

淅川下王岗新石器时代遗址

下王岗遗址位于淅川县西南35千米的宋湾乡下王岗村红石岗上，丹江从遗址的北、东、南三面环绕流过。现存面积6000平方米。1971—1974年，河南省博物馆文物工作队在这里发掘2309平方米。遗址包含仰韶文化、屈家岭文化、龙山文化、二里头文化、殷商与西周文化遗存，其中仰韶文化遗存最为丰富。从地层叠压关系和出土陶器分析，下王岗仰韶文化可以分为三期（图15.1）。

仰韶文化一期是遗址中最早的文化遗存，分布在遗址的中部和西部。清理房址6座，平面均呈圆形，分为半地穴式建筑和地面上建筑两类。半地穴式建筑面积较小，一般在4.9—7.5平方米；地面上建筑面积较大，一般在13.85—50.38平方米。房

图 15.1 下王岗遗址发掘现场

址的居住面平坦坚实，先经过火烧，然后在其上铺一层黄沙。房内有灶；发掘灰坑37个，依坑口分为圆形坑、椭圆形坑、圆角方形坑、不规则形坑四类；清理土坑墓123座、瓮棺葬1座。土坑墓绝大多数是单人仰身直肢葬，也有1座两个中年男性合葬墓和一些儿童土坑墓。随葬品存放位置比较固定，多在人骨架上身两侧，只有少数置于下肢两侧。陶钵多盖在死者的头部，陶壶、细颈瓶则多放在人骨架的腰部两侧。石铲、石斧多放在两手附近。殉狗置于人骨架头部或脚旁，殉龟则多放在手臂上。根据人骨鉴定，殉狗、殉龟的墓主人均为男性，而且都是青壮年。唯一的一座瓮棺葬为W131，竖穴土坑内置一夹砂棕陶罐，内有婴儿骨骼，无随葬品。下王岗仰韶文化一期出土斧、铲、耜、刀、镰、凿、磨盘、砧、镞、网坠、弹丸、球、匕、刮削器、砺石等石器，打制和磨制各半；另出土铲、锛、凿、镞、镖、锥、针等骨器；还出土罐、鼎、钵、碗、细颈瓶、壶、盘、杯、器座、器盖等陶器；还有一些蚌、骨、牙、水晶石类饰品。其中一些鼎、钵、壶等陶器，与新郑裴李岗遗址、长葛石固遗址、舞阳贾湖遗址同类器相近；墓葬内殉龟、殉狗的习俗也与裴李岗文化关系密切。下王岗遗址的仰韶文化一期是从中原裴李岗文化发展而来的。同时也受到了关中西安半坡仰韶文化早期和长江流域大溪文化某些因素的影响。

下王岗仰韶文化二期。发掘房址4座。全是地面上建筑，平面呈圆形，建筑时先挖墙基槽，将柱子埋入槽内，用红烧土填埋；然后用黄黏土拌灰土依柱建墙。在房子中央或墙内立柱，都是共同支撑屋顶用的，房内地面经过烧烤，有的有灶。灰坑发现72个。从灰坑的坑口看，有圆形坑、椭圆形坑、长方形坑和不规则形坑四类。坑的形状有袋状坑、直筒状坑、锅底状坑和浅形坑四种。其中直筒状坑H179、锅底状坑H367、浅形坑H119，坑底均有柱洞，表明坑上曾加棚盖，这些灰坑可能是储存粮食或其他物品的。清理陶窑2座。地面之下挖坑建成。有窑门、火膛、窑室、烟道，破坏较甚。墓葬发现很多，其中土坑墓451座，瓮棺葬21座。一次葬的土坑墓和瓮棺葬，多分布在遗址的房址附近；二次葬多在遗址东北部的公共墓地。下王岗仰韶文化二期盛行二次多人合葬墓。在遗址东北部墓区内见有二人合葬墓26座，三人合葬墓19座，四人合葬墓11座，五人合葬墓9座，六人合葬墓5座，七人合葬墓3座，八人合葬墓4座，九人合葬墓3座，十二人、十五人、十六人合葬墓各1座，二十人合葬墓2座，二十一人和二十九人合葬墓各1座。这些多人合葬墓虽然是二次葬，但每具人骨架摆放有序，多将头骨放于正位，下放肢骨。二次多人合葬墓，以个体为单位，或一横列，或双横列，或三横列；或一层，或双层，或三层叠置；也有个别是纵列放置的。可知当时对死者骨架摆放的位置，应是遵循一定的制度，而不是随意乱放的。例如M198是一座16个男女合葬的二次合葬墓，人骨架排列如三角形，中年男性居首，并拥有较多的随葬品，而其他15人则居其下，随葬品只有一两件；M300是20个男女合葬的二次葬墓，11个男性均排列在女性的前面；M177为9人二次合葬墓，6个男性居前。由此可见，这里多人合葬墓所反映的葬俗是男性居于首要地位，女性居于次要地位；这里合葬墓反映的显然“应是父系氏族社会的一种葬俗”。幼儿瓮棺葬一般是先挖一个竖穴土坑，然后置瓮棺于坑内，葬具为陶瓮、陶罐、陶鼎等三种。一般一个坑内置1件瓮棺，个别稍大的坑内有放4件瓮棺的。其中W317葬具是1件大口平底瓮，上盖1件底部中央有孔的红陶钵。内有一个一岁左右的幼儿，还随葬有1件薄胎红陶碗。这是这批瓮棺葬中唯一有随葬品者。仰韶文化二期还有一些彩陶，其内容既没有西安半坡遗址的动植物写实图案，也没有陕县庙底沟遗址那样的象生图案和花瓣式图案，它超越了对动植物的写实或象生阶段，进入了比较抽象的几何形图案化阶段。

下王岗仰韶文化三期。发掘房址33座，灰坑8个，墓葬1座。房址为20套方形连间排房组成了一组“长屋”，另有圆形房址1座。其中长屋17套是一字排列从遗址中部穿过，横贯于遗址东西，只有3套位于排房东端向南拐出，总长80余米，是仰韶文化时期少见的“长屋”。17套连间排房的房门皆朝向东南，每套房又分外间、内间。进门是外间，外间面积较小。有的外间连着一间内间房，有的外间连着两间内间房。17套连间排房中有12套为双间，5套为单间，东端拐角处的3套皆

图 15.2 仰韶文化房址

图 15.3 彩陶钵与器座

为单间。这种内外间套房的出现，在邓州八里岗遗址仰韶文化的房址中也有发现（图15.2）。

从出土遗物尤其是出土的陶器看，下王岗遗址一至三期仰韶文化是属于中原仰韶文化。在下王岗出土各期仰韶文化的陶器中，有鼎、罐、小口尖底瓶、钵、盆、壶、器座等，其中以鼎为炊具不仅源自裴李岗文化，而且也是中原地区仰韶文化的重要标志；彩陶纹饰有一些应是受中原地区仰韶文化半坡类型和庙底沟类型的一些影响。而仰韶文化的器座则是吸收大溪文化因素的结果。下王岗仰韶文化属于仰韶文化的早期，向南则成为鄂西北仰韶文化的源头。从而构成了受中原地区和长江流域一些文化的影响并有地域特点的仰韶文化下王岗类型，这是下王岗遗址考古发掘与研究的重大收获（图15.3）。

淅川下王岗遗址，自仰韶文化早期经屈家岭文化、龙山文化、二里头文化到殷商文化和西周文化，也为豫西南考古编年序列提供了新的实例；这里地处江汉流域北沿，中原地区之南界，同样为南北文化交流提供新的信息，连接了黄河流域和长江流域的古代文化。

淅川下王岗遗址2021年列入河南考古百年百大考古发现。

巩义双槐树遗址

巩义双槐树遗址位于巩义市河洛镇双槐树村南高台地上，北距黄河南岸2千米，西距伊洛河4千米，遗址核心区基本处于北部地势较高处。1984年进行文物普查时发现，因当时遗址所在地属于滩小关村，故命名为滩小关遗址；1990年再次进行调查；1992年5月，又对该遗址进行复查；1992年10—11月，为配合310国道工程建设，对遗址进行考古发掘；2004年对遗址再次进行调查，发现滩小关遗址仅为遗址东北部的一部分，大部分归双槐树村所管辖，因此重新命名为双槐树遗址；2006—2010年又对遗址进行大规模调查；2013—2020年，对双槐树遗址及其周边区域进行考古勘探与发掘。遗址现存东西长约1500米，南北宽为780米，面积约117万平方米。发现有仰韶文化中、晚期环壕、院落式夯土基址、大型夯土建筑群基址、瓮城结构围墙、大型版筑遗迹、墓地等，另有数量较多的房址、灰坑、人祭坑及兽骨坑等，出土了丰富的新石器时代遗物（图16.1）。

图 16.1 双槐树遗址发掘现场

双槐树遗址环壕有内壕、中壕、外壕共3道。内壕（G5）周长约1000米，上口宽6—15米，深4.5—6.15米，东部有东门通道；中壕（G1）周长1500余米，上口宽23—32米，深9.5—10米，北部有宽达10米的道路出口；外壕（G3）残存周长1600余米，上口宽13.5—17.2米，深8.3—10.5米，东南部和西南部分别有门道相通。内壕和中壕修建时间要早于外壕。

中心居址区，位于内壕圈内的北部，在居址区南部修建有两道围墙（Q1、Q3），围墙基槽夯筑而成，墙内发现有承重柱。Q1长约261米，墙基槽宽1.1—1.7米；Q3长约84米，墙基槽宽1.2—1.9米。Q1、Q3墙体在中心居住区南部偏东相连。Q1、Q3发现有明显的门道错位，形成瓮城式结构。居址区由北部内壕与Q1、Q3这两道围墙合围而成，形成封闭的半月形区间，面积达1.8万平方米。发现有分布密集的4排大型房址。由南向北第一排为F13、F20、F36，第二排为F11、F12，第三排为F10，第四排为F40，平面均为长方形或少量近方形，四周墙基槽有柱洞，房内有成排的隔间柱洞或4个呈长方形分布的顶梁柱洞。门道向南，南墙外多有两排东西向的廊柱洞。其中位置居中的F12面积有200多平方米，非常特殊的是在房址中心位置的夯土中有一完整的麋鹿骨架，头向南，对着门道。在该建筑基址主体东南部和整个回廊夯土中，有意埋藏着分置布列的9件陶器，发掘者认定其寓意“北斗九星”。F12的这两种考古发现，当与原始宗教思想和对古代天文学的认知有关。F13平面呈长方形，东西长15.8米，南北宽6.5米，墙基槽宽0.7—0.9米，基槽内发现有圆形或椭圆形柱洞35个。室内有南北向4行柱洞将房址间隔为5间。门道在南墙正中。房屋南部发现两排廊柱，第一排距南墙1米，第二排距南墙2.8米。在F13东北部室外活动面发现1件兽牙蚕形器，实为国宝级的珍贵文物（图16.2）。

大型夯土建筑群基址，位于内壕中部，中心居址区以南。夯土基址东西长127米，南北宽41米，总面积约5300平方米。基址全部采用版筑法夯筑而成，保存较好的西北部夯土残高1.9米，主体建筑以道路为界，分为东西两个区域，其上建筑密布，可分为三处大型院落，其中一、二号院落较清晰。一号院落位于基址西半部，平面呈长方形，东西长53.1米，南北宽25.15米，面积1300余平方米。院墙基槽内填土经过夯打，院内主体建筑F76平面呈长方形，根据屋内柱洞可知为面阔十一间，东西长38.5米，南北宽约8米，面积达308平方米。南院墙偏东位置有主门道，门道有对称的柱子和台阶，门道东侧有门塾一处，西侧门塾已无存（图16.3）。南墙外有面积880平方米的大型广场。二号院落位于基址东半部，平面呈长方形，东西长46米，南北宽33米，面积1500余平方米。由四道墙体合围而成。共发现门道三处，其中南墙偏东的1号门道，被门柱分为三道，形成“一门三道”现象；2号门位于院落东北隅，门向东；北墙东侧为3号门，有门塾一处。二号院落内发现大型建筑，内有复杂的柱网结构。

图 16.2 牙雕蚕

图 16.3 一号院落大型夯土遗迹

大型版筑遗迹位于一号院落南部，叠压着一号院落南墙及墙外部分广场活动面。平面是长方形，南北分为十三版夯打，为圜底集束夯，夯窝直径约4.5厘米。已发掘面积东西长53.5米，南北宽13米，面积约700平方米。又被龙山文化早期地层所叠压，属于仰韶文化晚期遗存。

发现仰韶文化墓葬1700余座，分布在4处墓葬区内：遗址外壕西北部（墓葬一区）；内壕内侧中部稍偏南（墓葬二区）；外壕与中壕之间的西南部（墓葬三区）；外壕与中壕之间的东南部（墓葬四区）。墓葬成排分布，排列规整，排与排之间间距15—18米。已发掘墓葬均为东西向，头向西，单人仰身直肢葬，基本不见随葬器物。墓葬区中发现夯土祭坛遗迹，其中墓葬一区一处，墓葬二区两处。发掘的一处在墓葬二区，夯土被破坏严重，只残存底部，平面呈圆角长方形，面积240多平方米。用红褐色黏土夯打而成，夯层厚0.08—0.11米。发现柱洞4个，直径0.6—0.7米，深0.75—0.9米，底部有柱础石。

双槐树遗址内发现的其他重要遗迹有人骨坑、兽骨坑、器物坑和陶窑等。其中H677为圆形坑，口径1.5米，深0.88米。坑内有人骨两具，上、下叠压在一起，均为仰身屈肢，头向南，面向西（图16.4）。H962为近圆形袋状坑，坑口大径1.8米，深1.7米。坑底置鹿骨两具，小鹿头向东，肢体向南；大鹿头向北，肢体向西。H147为圆形坑，口径1米，距坑口约0.52米处出土大量完整陶器，包括泥质灰陶缸1件、夹砂灰陶鼎2件、夹砂陶罐2件、彩陶钵1件、泥质灰陶钵1件（图16.5）。H890平面呈椭圆形，坑壁上部近直，下部呈袋状。坑口长径2.64米，短径2.4米。坑内出土大量蚌壳、兽牙、鱼骨、兽骨和少量完整陶器及较多陶片。发掘陶窑Y2，由操作面、火膛、窑室、火道、窑箅组成（图16.6）。操作面有三个柱洞，窑室平面呈椭圆形，穹窿顶，窑室下部两道隔墙将火道分为三道。属仰韶文化晚期。

双槐树遗址文化堆积很厚，遗迹之间叠压打破关系复杂，除上述介绍的各类遗迹之外，以陶器为代表的出土遗物也很丰富。发掘者将出土陶器分为七组，其中第一组为裴李岗文化时期遗物；第二组至第六组分别代表了仰韶文化庙底沟类型偏晚阶段和大河村类型晚段；第七组为龙山文化早期遗物。联系周边青台、点军台、秦王寨、西山、大河村、汪沟、后庄王、陈沟、西史赵、站马屯、庄岭、楚湾、尚岗杨等仰韶文化中晚期大型遗址或环壕聚落或早期城址，表明郑州地区是继豫西、晋南地区庙底沟文化衰落之后新出现的文明中心。双槐树遗址的大型建筑群结构，多座院落建在大型夯土地基之上，“一门三道”门道遗迹的出现、错位门道近于瓮城的设计均具有中国早期宫室建筑的特征，为探索夏商时期宫室制度找到了源头，被专家称为“河洛古国”。又为中国古代文明起源研究提供了极为重要的科学资料。

巩义双槐树遗址2020年入选全国十大考古新发现；2021年入选全国百年百大考古发现；2021年入选河南考古百年百大考古发现。

图 16.4 人骨坑

图 16.5 陶器坑

图 16.6 Y2 陶窑

郑州西山仰韶文化城址

郑州西山仰韶文化城址位于郑州市北郊惠济区古荥镇孙庄村西，1984年筹建中原石刻艺术馆时调查发现；1985年进行第二次调查，确认遗址南北长为500米，东西宽约400米，属于仰韶文化晚期秦王寨类型遗址；1992年河南省文物局在西山举办首届考古钻探领队培训班并进行考古发掘，揭露面积约280平方米；1993—1995年，国家文物局在郑州西山举办第七、八、九期全国考古领队培训班，又进行考古发掘，揭露面积6000平方米，确认在遗址南部有一座仰韶文化晚期城址；1996年又发掘100平方米。多年的考古工作，厘清了西山遗址的城墙、城门和城内布局。

西山城址平面近于圆形，直径约180米。现有半圆形城墙埋在今地面之下，残长约265米，并发现有西城门和北城门。若以西城门和北城门为界，可将城墙分为西墙北段、北墙和东墙北段，而南墙已无存。西墙：自西门南壁至南部断崖，存长24米，宽6—6.25米，残高2.55米。北墙：自西门北壁至北门西壁，全长163米，宽3.2—8米，残高1.5—1.9米。其中北城墙的西北城隅段呈弧形，由西南向东北曲缓与北墙相连，此段城隅墙基底宽11米，顶宽8米，存高2.5米，这是为提高城墙薄弱处的防守能力而加宽加厚城隅的。东墙：自北门东壁至南部断崖，存长50.5米，宽3.5—6.1米，残高1.5米。城墙用版筑法分块、分段、分层夯筑而成（图17.1）。城外侧有壕沟环绕，显然是取土筑城而形成的。壕宽5—7米，壕深3—4.5米。城墙和壕沟共同构成城址的防御屏障。西城门设在城址西北隅，门道宽约17.5米，其南侧城墙宽约6米，北侧城墙宽9米，其上有望楼一类的建筑。西门门道偏南处正中发现有城门奠基遗存，分作上下两层，分别以鼎、罐和大口尖底缸、环形平口尖底瓶为葬具多达20余件，多件器物内有婴幼儿骨骼（图17.2）。北门设在城址东北隅，门道宽约10米，东西两侧筑有城台。北门外侧正中横筑一道形如影壁的护门墙，东西长约7米，宽约1.5米，应如后世文献宋陈规等著《守城录》中记载："所以遮隔冲突，门之启闭，外不得知。"为增强城门的防御功能而设置。北门西侧的城墙内，墙基部位埋有陶鼎，底部夯层中埋有陶罐，墙体夯土中分层埋设有彩陶钵、鼎、罐等10余件陶器，多数陶器中残存婴儿遗骨。北门西侧城台周围则是以大口尖底缸、

图 17.1 西山仰韶文化城墙

图 17.2 瓮棺葬

罐为组合的一组奠基陶器。亦有类似西门的奠基遗存。近年来，在现存城墙北侧及东北侧约200米处，勘探出长达数百米的弧形的外环壕。

城内发掘出道路和大量房址、窖穴、灰坑、墓葬和瓮棺等遗迹。在东北部居住区通向北城门发现有南北向道路，存长25米以上，宽0.5—1.85米，路土厚0.4米，系用粗砂和红烧土碎粒、细沙黄土及碎陶片铺就。

城内发现220座房址，均为地面上长方形或方形建筑，有些房址底部垫土层中也埋有罐、鼎等完整陶器，少量的陶器内有婴幼儿骨骼，这同样是有宗教意义的奠基祭祀礼仪。房址建筑工艺精致，且有一定布局。门向北的一组，以F144房址为例，系先挖筑房基槽，在房基槽内层层铺垫形成基础，然后开挖墙基槽，以版筑工艺筑墙，墙基内埋设木柱，构建木骨泥墙，架设梁架，覆盖草顶，整修多层坚硬平整的料礓石粉末地坪；另外一组以F135、F136房址为例，门向城内中心方向，似环绕一处公共活动场所。西门内东侧则是一座大型夯土建筑基址，略呈扇面状，东西长约14米，南北宽约8米。在它的北侧，是一个面积约400平方米的广场。

清理窖穴和灰坑2000多个，多为口小底大的袋状坑。城内西北部地势较高区有十余座大型窖穴，有序排列，当为集中储物之地。在一些窖穴底部发现有属于窖穴使用时期的数组陶器、石器，一些陶器底部粘附有炭化粮食作物的遗痕。

发掘的143座仰韶文化晚期的墓葬至少分属两处墓地。一处位于城外西部，均为单人葬，不见任何随葬品；另一处位于城内北部，情况较为复杂。这处墓地经历了使用、废弃、在其上建房、又再次作为墓地的演变。在这处墓地中见有成年男性和婴儿的合葬墓，又见有成年男女合葬墓。另有一些墓葬则是一次葬和二次葬的男女同穴分层合葬墓。这批墓葬反映出西山遗址的中后期，作为社会基本细胞的家庭结构，已经发生了深刻的变化，折射出当时社会的深刻变革。西山墓葬的人骨资料还反映出医学上的重要意义。M113墓主人是一个25岁左右的年轻孕妇，宫腔中清晰的婴儿遗骨明显表明这位妇女死于难产。其他大批的人骨资料显示，龋齿、牙周病、关节炎等症在死者中十分普遍，说明当时的生存环境异常恶劣。婴幼儿瓮棺葬以陶瓮、罐和少量的鼎为葬具。其中一部分与北区的成人墓地交错，且往往多层叠压，另一部分则被埋在房址的周围，大量婴幼儿瓮棺葬的发现，说明当时的婴幼儿死亡率相当高，这也从另一个侧面反映出西山先民生存的艰难。

大量的奠基和祭祀遗迹的发现，也是西山遗址发掘的另一个重要收获。如前述，在西城门门道下，在北城门西侧城墙内和西侧城台周围，在城内一些房址的垫土层中，均发现有各类完整的陶器和婴幼儿遗骨。依据考古发掘现场的分析，并参照相关民族志的资料，这些均是在西山遗址建筑活动中一种具有特殊宗教意义的祭祀礼仪即奠基活动。西山遗址发掘中，还发现有被扔在废弃窖穴中呈挣扎状的人牲，他们与兽类同弃一穴。这些人牲的身份不是异族的战俘，就是本氏族因违犯族规而被处死的人。20多座废弃窖穴中有较大的兽骨架，有被腰斩后埋入的半身牛骨架，还有被捆绑的猪骨架，这些显然是当年祭祀活动中所用的牺牲。

西山遗址出土了数千件各类陶器及石器、骨器、蚌器、角器及玉器等，采集了大批动物遗骸和植物标本。陶器中包括鼎、罐、盆、钵、碗、壶、瓮、小口尖底瓶、大口尖底缸、器盖等。其中泥质红陶红彩高领壶、由平行线、弧线等组成优美

图 17.3 彩陶壶

图 17.4 彩陶钵

的复合图案。白衣褐彩彩陶钵纹饰由圆点、弧线三角、椭圆形内褐白相间的几何形图案等构成，当为珍贵的古代艺术品。由此可以窥知古代人们的社会经济生活和原始艺术观念（图17.3、17.4）。西山仰韶文化城址经碳14测年可知，其绝对年代距今约5300—4800年。这把我国古城产生的历史提早了800—1000年。

5000多年前西山古城的出现，是当时社会的政治、经济、文化发展到一定历史阶段的产物。仰韶文化中期庙底沟文化类型在持续繁荣千年之后，开始发生严重裂变，各地具有鲜明地域特征的考古学文化纷纷崛起，各氏族集团对生活资料和生存空间的争夺日趋激烈，导致了同室操戈旷日持久的残酷战争。保卫氏族集团公共财产和成员安全的环壕和城垣应运而生，也催生了凌驾于一般社会成员之上的绝对权威阶层，把处于漩涡中的中原地区率先推进到文明社会的门槛，促使早期方国的出现。西山古城宣告了一个长期稳定、繁荣、统一的氏族社会结束，开启了以后持续千年的那种万国林立、大发展、大变革龙山文化时代的先河。

郑州西山仰韶文化城址1995年入选全国十大考古新发现；1996年被国务院公布为全国重点文物保护单位；2000年入选20世纪河南十项重要考古发现；2021年入选河南考古百年百大考古发现。

大汶口文化

论述河南考古百年的时候，不能忽略在仰韶文化晚期时有两种新石器时代文化出现在中原大地，一是黄河下游山东大汶口文化由东向西在河南传播发展；二是江汉流域湖北屈家岭文化北上到河南继续繁荣。这两种在中国古代文明起源与早期发展中产生重要影响的新石器时代晚期文化在一个省相遇实属全国之唯一。大汶口文化因1959年首先发现于山东泰安大汶口遗址而得名。这是一种主要分布在以山东为中心的黄河下游及东部沿海地区的新石器时代文化，距今大约6300—4500年，大致可分为早、中、晚三期。河南境内大汶口文化的发现可追溯到20世纪50年代在荥阳点军台遗址、郑州林山寨遗址、信阳阳山遗址的考古发掘。而首次发现成组的大汶口文化器物则是1962年4月在偃师滑城遗址墓葬内出土，主要有高领罐、高柄杯、觚形杯、背壶、器盖等。此后，通过大量的田野调查和考古发掘，分别在永城洪福，虞城营廓，夏邑三里堌堆，鹿邑栾台，郸城段寨、展庄户、丁寨、汲冢，沈丘黄花城、东冢，项城高寺，淮阳平粮台、范丹寺、蒋台寺、三里堂、磨旗台、朱丘寺，太康方城、槐寺，扶沟梅桥，商水章华台、大邵、宋王、洼刘、阎庄、白塔寺，周口水灌台，西华陆城、小白庄、瓦屋赵、前柳城、陵西、泥土店，禹州谷水河、瓦店，鄢陵故城，新郑唐户，郑州大河村，平顶山寺岗，汝州大张、北刘庄，洛阳矬李，偃师二里头、南寨，孟津寺河南，正阳姜黄庄，遂平唐岗，上蔡十里铺、段寨、钓鱼台、蟾虎寺、晒书台、李湾，固始刘楼，潢川霸王台、碾盘山，淮滨沙冢，唐河湖阳等遗址或墓地中发现了大汶口文化遗存。主要分布在商丘、周口、许昌、平顶山、郑州、洛阳、南阳、信阳、驻马店9个市范围内。大汶口文化遗址多位于高出地面的台地上，遗址被称为“堌堆”“冢”“台”。不少大汶口文化遗存还与仰韶文化，或龙山文化，甚至屈家岭文化交织在同一处遗址内。这些为研究大汶口文化在河南的分布、文化面貌和特征，为确定仰韶文化、大汶口文化、屈家岭文化和龙山文化之间年代的发展序列，为探讨上述各文化之间的相互交流和影响等，都提供了重要的全新资料。

河南境内比较典型的大汶口文化遗址和墓地有段寨、栾台、平粮台、水灌台、章华台、大河村、谷水河、寺河南、寺岗等。其中段寨遗址位于郸城县巴集乡段寨村西北，是一处高出周围地面约5—6米的台地。遗址堆积较厚，以大汶口文化为主，也有少量仰韶文化和一些龙山文化及商周时期的遗存。1974年在遗址北部平整土地时发现一批大汶口文化陶器，包括白陶鬶、褐陶鬶、高圈足盘形镂孔豆、宽肩壶、篡形器、宽边罐、高柄杯等，可能是墓内的随葬遗物。1979年开始在这里进行考古发掘。

发现大汶口文化灰坑13个，多为圆形坑，少量为椭圆形坑，个别为长方形坑。出土较多的灰陶和棕色陶片，个别为黑陶，器形有鼎、罐、鬶、背壶、杯等（图18.1、18.2）；另有骨镞、陶纺轮和方格纹、弧线纹、平行线纹等几何纹饰彩陶片。而灰坑H11，椭圆形口，直壁，平底，出土一批完整的陶器，可能是一个窖藏坑。清理大汶口文化墓葬2座，其中M1为圆形土坑墓，直径1.12—1.2米，深0.18米。墓内人骨架紊乱，应是二次葬。经头骨鉴定，为一成年女性。从死者外侧门齿的齿痕已经愈合的情况推测，表明该牙齿早已被拔掉。这与山东、苏北大汶口文化墓葬中拔牙的习俗相似。墓内随葬有高领壶、小杯、鼎、器盖等陶器。M2为长方竖穴土坑墓，长2.9米，宽1.31米，深0.18米。单人仰身直肢葬，头向东，面向上，骨架南侧放置随葬品，计有高足杯、盘形粗柄镂孔豆、高领釜形鼎、背壶等陶器，墓坑东壁下还有残石铲，右臂、腰部及股骨间放有猪牙。经鉴定，死者是一位老年男性。

栾台遗址位于鹿邑县王皮溜乡普大庄村西北地，高出周围地面5米左右，其上有栾香寺旧址，当地村民称之为“栾台”。1978年曾在这里进行考古调查，认定遗址主要包含龙山文化、商代和周代三个时期的文化遗存。1989年国家文物局确定探讨苏、鲁、豫、皖四省交界处古文化面貌及东西方文化相互作用的学术课题，遂对栾台遗址进行考古发掘，揭露面积460平方米。这里文化地层堆积丰厚，一般都在7米以上，自下而上大致可以分为六期文化：最下层第一期文化为大汶口晚期文化；第二期文化为龙山文化；第三期文化为岳石文化；第四期文化为二里岗期商文化；第五期文化为西周文化；第六期文化为东周文化。从大汶口文化晚期到战国初期连续文化层堆积基本上无间断，在全国也尚属少见。这就完成了豫东地区考古学文化的编年序列，对进一步深入研究这一地区考古学文化的纵向发展和横向联系也起到积极的作用，有重要学术价值。栾台遗址的大汶口文化遗存，可作为河南境内大汶口文化晚期的代表，主要是文化层堆积和一批窖穴、灰坑。其中H142和H155均为圆形，直壁，底近平。而H156则为不规则形，坑壁倾斜为锅底状。坑内堆积主要是大块红烧土，红烧土一般厚5厘米左右，多有平整的草泥土面，另一面有清晰的木痕，似为倒塌的墙体。由此可以推知，这时期的房屋可能是地面建筑，有经过火烧的墙体。出土遗物以陶器为主，其中以泥质棕红陶最多，还有泥质灰陶、泥质黑皮陶、夹砂褐陶和夹砂灰陶等。器物多素面磨光，也有饰以横篮纹、弦纹、瓦棱纹等。主要器形有鼎、鬶、盉、壶、尊形器、罐、高圈足镂孔豆、高柄杯、器盖等（图18.3）；还出有石斧和蚌刀等。

图 18.1 段寨大汶口文化陶壶

图 18.2 段寨大汶口文化陶杯

图 18.3 栾台大汶口文化陶豆

其年代距今4900—4500年。

水灌台遗址位于周口市川汇区蔬菜乡水灌台村，为一高出地面6.4米的台地。1958年部队在这里施工，发现泥质和夹砂红灰陶罐、大镂孔圈足豆、三角形鼎足、鸭嘴形鼎足、碗、壶、纺轮及磨制斧、镰、镞等石器，属大汶口文化和龙山文化，也见有很少量仰韶文化遗物。被公布为河南省级文物保护单位。1985年在其西南300米处修建周口地区烟草公司仓库，这里有仰韶文化层，出土红陶钵、釜、盆之类的残片，还有一些彩陶。发掘大汶口文化墓葬4座，均为长方竖穴土坑墓。其中M1、M2、M3为仰身直肢葬，均有随葬品；M4为二次葬，未见随葬品，但发现死者切齿被拔除，这是大汶口文化典型的习俗之一。前3座墓随葬的生产工具有舌状刃石铲，磨光精致，质细如玉；还有夹蚌粉的陶纺轮，两面磨光，中间穿孔。随葬生活用具均为陶器，有盆形鼎、直口高领形陶壶、双耳背壶、敞口杯、黑陶三乳足杯、圈足豆、平底钵、碗、黑陶壶、小陶罐、磨光黑陶觚形器等大汶口文化早期的代表，与仰韶文化的关系也很密切。考古发现与研究表明，山东大汶口文化早中期曾受到中原地区仰韶文化的影响并吸收了仰韶文化的某些元素，充实了自身的发展。到了大汶口文化中晚期亦即河南仰韶文化晚期至龙山文化早期时，山东大汶口文化向东、向南扩展，至少已到达颍河流域，融合了当地的土著文化构成了河南境内的大汶口文化，又反过来影响仰韶文化，某些陶器特征又被仰韶文化晚期所吸收。

屈家岭文化

屈家岭文化是1954年在湖北京山县屈家岭首先发现并命名的一种古代原始文化。它以江汉平原为中心，西至四川东部，南逾长江至湘北，东达鄂东及江西修水一带，北抵河南西南部地区甚至黄河南岸。分布地域辽阔，是长江流域一支重要的新石器时代晚期文化遗存。距今约5300—4200年。屈家岭文化的蛋壳黑陶、朱绘黑陶、彩绘陶纺轮等陶器，独具一格。河南境内屈家岭文化遗存的发现，也可上溯到20世纪50年代，在泌阳三所楼、信阳阳山、唐河寨茨岗、社旗茅草寺、镇平赵湾和淅川下集诸遗址的发掘中，都包含有屈家岭文化的遗存。到了60年代和70年代初，又较大规模地发掘了淅川黄楝树、下王岗等遗址，并在下集、黄楝树、下王岗等遗址发现了仰韶文化、屈家岭文化和龙山文化的“三叠层”。这些发现为研究中原地区和江汉地区新石器时代文化的关系，甚至为探讨楚文化的发展渊源等，都提供了重要的实物资料。迄今为止，河南又调查或发掘了不少屈家岭文化遗存，总计达160多处。其中主要有豫西南的淅川下王岗、下集、马岭、黄楝树、门伙、沟湾、东庄、李寨、张河、金河、双河镇、马山根、大寨、庙岭，邓州太子岗、老龙冢、八里岗、下岗，西峡马家营、上营、小水、秧地、牛王村、南塘岗，内乡茶庵、杨营、小河、朱岗、香花寨、岗堤、寨后沟、小寨、李南村、黄龙庙岗，镇平冢上寺、冢洼、灰土坡、赵湾，唐河湖阳、寨茨岗、许河、回龙寺、陈马庄，新野凤凰山、邓禹台、西南营、翟官坟、马鞍山，南阳黄山、王营，南召竹园、二郎岗、寨上、小余坪、庙坡，桐柏陡坡嘴、闵岗、回龙，社旗谭岗、茅草寺、潘庄，方城油房庄、枣庄、金汤寨、平高台、徐庄、汉王台、一里坡；豫南的信阳阳山，罗山堰嘴、小罗湾、庙岗、杨树、宋畈、周桥、杨寨、姜嘴、刘台、李上湾、梨园堆、方湾、擂台子，息县秦楼、张庄、龙岗、兴泰寺、前王沿、赵庄、许冢、黄围孜，光山徐畈、陈乡、卧龙台、翁岗、古城村、小易畈，潢川后盘龙岗、刘冢、钟冢、凉马台、新印堆孜，新县南墩、天亮寺，驻马店双高楼，新蔡郭冢、小侯寨、冢子怀，遂平杨台寺、唐岗、梅庄、魏湾、陈庄，上蔡高岳集、杨庄、邝庄、张卜楼、李湾、十里铺、蟾虎寺、叶王、太子庙、土屯、翟庄，泌阳唐瓷岗、蒋庄、太子岭、三所楼、荆树坟，正阳王家冢、刘岗、黄刘庄、楼台、台子坡、台子堆、老母洼、西夏湾、卢庄、八里庙、小唐庄。大黄庄、卧牛堆、七门村、潘庄、黎台、清凉寺、李台、任庄、李楼、翟庄、晒谷堆、鲁庄、薛寺、姜黄庄，确山朱庄，汝南曹寨；河南中西部一带的郑州大河村，禹州谷水河，汝州北刘庄，荥阳青台，洛阳王湾等地，均发现有屈家岭文化遗址或遗存叠压在仰韶文化层与河南龙山文化层之间，或散存于仰韶文化晚期的地层与器物群之中。

黄楝树遗址位于淅川县滔河乡黄楝树村西台地上，由于高台地俗称龙山岗，故又称为龙山岗遗址。1965—1966年，曾两次进行考古发掘。黄楝树遗址有三层文化相叠压，最下层为仰韶文化层，中间为屈家岭文化层，上层为龙山文化层。这是一处原始社会晚期由母系氏族社会过渡到父系氏族社会的聚落遗址，这里发现的屈家岭文化层堆积之厚，发现遗迹和遗物之丰富，在河南境内是罕见的。发掘出屈家岭文化25座房址，都是方形或长方形的地上建筑。其中18座房址为单间房子，有7座房址为双间房子。房址布局较有规律，北排房5座，东排房17座，二者垂直构成长方形聚落庭院的东北角，另有2座位于东排房西端和南端，构成庭院的两个西南角，还有1座位于庭院中部。房址先挖出墙基槽，后在槽内立木柱和竹竿作骨架筑成泥墙，地坪经夯打并涂抹白灰面，门道筑门槛，房内置有火塘，反映了父系氏族社会个体小家庭的特点。其中最典型的房址为F11，这是中间有隔墙的两间一组地上建筑，东西长8.35米，南北宽4.25米，残墙高0.3米。四面墙壁、中间隔墙和房址内均有多个柱洞。地坪铺有0.2米的细黄沙土，其上涂敷白灰面。房内各有1个圆形火塘。出土较完整的陶器等26件，当为房址遭火灾废弃后的遗留。碳14测年距今4730年。发现灰坑18个，有圆形坑、椭圆形坑、袋状形坑及长方形坑。出土陶器、石器等遗物，在1个椭圆形坑内置有一具完整的狗骨架。清理长方竖穴土坑墓18座，绝多为仰身直肢葬，仅有一例为仰身屈肢葬。随葬品极少，只有4座墓分别随葬1—2件陶鼎、罐及石珠、陶环等。还发掘瓮棺葬20座，葬具放置在土坑内，并有陶器作盖扣合，包括罐和碗、罐和豆、罐和罐、罐和瓮、碗和豆等多种。在葬具底部或盖的底部钻有小孔。值得注意的是，有3座土坑墓和3座瓮棺葬分别组成合葬墓，瓮棺位于土坑墓骨架的腰下，犹如殷商时期墓葬之腰坑，土坑墓主为成年女性，这可能是分娩难产，致使母子双亡，出于亲子之心遂同葬一墓。黄楝树遗址屈家岭文化遗物非常丰富。陶器有鼎、罐、钵、镂孔豆，高柄杯、直口高领鼓肩彩陶壶、器盖、甑、瓮、刻槽盆、尖底器、缸、纺轮、陶垫子等（图19.1）；石器有斧、锛、铲、凿、镰、刀、网坠、镞、杵、臼、砺石、钻孔石器、钻孔石芯、环、珠、镯、璜等；骨器有锥、刻刀、镞、

图 19.1 黄楝树屈家岭文化彩陶壶

匕、鱼钩、针、簪、环等；另有刀、镞、环等蚌器。出土陶器中以折腹镂孔高足杯、蛋壳黑陶塔式高足杯、彩绘陶壶最为精美；出土陶纺轮263个，有角边的、弧边的、鼓面的、折边的，造型各异，有红色的、灰色的、黑色的和彩绘的，十分少见；钻孔石器和钻孔石芯表明当时用竹管、砂粒和水进行两面钻孔；石杵、石臼是加工稻谷的工具，显然要比裴李岗文化的石磨盘、石磨棒进了一大步。

下王岗遗址位于淅川县宋湾乡下王岗村东岗地上，1971—1974年进行考古发掘。这里有仰韶文化、屈家岭文化、龙山文化、二里头文化和西周文化。其中屈家岭文化发现有文化层堆积和灰坑、墓葬等遗迹，出土较为丰富的各类遗物。发掘灰坑35个，平面有圆形、椭圆形居多，还有少量长方形、不规则形等，从剖面上看有口小底大的袋状坑，口底相当的平底直筒坑，口大底小的锅底状坑等。如H5，坑口呈圆形，袋状坑，壁斜直，平底。口径2.2米，底径2.4米，深1.7米。在深1.4米处，坑的东南角有一老年女性人骨。坑内出土有鼎、罐、豆、器座、鬶、碗、杯、喇叭形支垫、盘等13件陶器，另有石斧、铲、刮削器、网坠及骨锥、骨镞等。H15，壁微弧，平底，也是圆形袋状坑。口径2.37米，底径2.56米，深1.4米。坑底部有大量蚌壳，另出有较为完整的罐、鼎、碗、豆、杯、盘、喇叭形支垫、纺轮、环等陶器34件；另有斧、铲、凿、镞、砺石等石器19件；还有笄、镞等骨器13件。估计此坑应是储物的窖穴。清理长方竖穴土坑墓2座，1座为成年女性，仰身直肢葬，随葬骨笄1件。另1座为一儿童，缺下肢，无随葬品。清理椭圆形土坑墓1座，内置人骨架4具，有一男、一女、二儿童，为一次合葬墓，无随葬品。还清理3座瓮棺葬，置于圆形或椭圆形坑内，用陶罐作葬具，内葬幼儿，盖以陶碗。下王岗遗址屈家岭文化出土各类遗物，其中有斧、锛、凿、刀、镰、镞、刮削器、弹丸、网坠、砺石、环、管等石器；镞、鱼钩、鱼镖、锥、匕、笄、针、牙刀等骨牙器；鼎、钵、豆、碗、杯、器盖、彩绘壶、甑、盆、澄滤器、鬶、盘、瓮、器座、支座、环、空心球、鸡、狗等陶器（图19.2）。

黄山遗址位于南阳市东北部卧龙区蒲山镇黄山村北，东靠白河，西南距产玉的独山约3千米，西北距盛产石灰岩和汉白玉的蒲山约3千米。遗址分布在一处五级台地组成的高17米小土山上及其周围。1958—1959年，河南省文化局文物工作队曾在遗址西部发掘1600平方米，出土10多座房址和一批陶器及少量玉器；其后一些单位曾在这里采集到一些玉石器；2017年为编制黄山遗址文物保护规划，河南省文物考古研究院对遗址进行勘探；2018年至今，河南省文物考古研究院与南阳市文物考古研

图 19.2 下王岗屈家岭文化陶鼎

究所联手进行考古发掘，有很多重要的考古发现。

黄山遗址面积达30万平方米，文化内涵有丰富的仰韶文化、屈家岭文化和一些石家河文化遗存。遗址被3条古河道与今天的白河相围合。仰韶文化遗存包括木骨泥墙的多间长屋8座，夯土墙房址1座，带柱洞围墙的房址5座，圆形地面棚式建筑10座；出土一批各类罐、小口瓶、瓮、鼎、缸、豆、钵、杯等陶器，磨石墩、钻杆帽、钻头、锤、磨石棒、磨石片等制玉石工具，还有璜、环、铲、钺等玉器和一些玉料、玛瑙料，另有斧、锛等石器。那些房址既有居住功能，又作为生产玉器的作坊，形成“坊居合一”式的家庭生产模式。还发现有16座圆形或椭圆形的粮仓基址，已具备“古国粮仓”的形态。

屈家岭文化的遗迹遗物十分丰富。清理各类建筑基址22座，包括柱列式、夯土墙基式、圆形半地穴式的各种房址，另有一批工棚式作坊和露天作坊；出土大量的大口罐、罐、豆、曲腹杯、盆。鼎等陶器，另有很多的陀螺形钻头、菱形薄片式钻头、钻杆帽、磨石墩、磨石棒、刻刀等制作玉石器的工具，还有斧、钺、锛、耜、璜、耳珰、珠等玉器，又有石斧、石钺和罕见的刻绘图案石块，石块长32厘米，宽15.5厘米，高93厘米，为长三角形的黄砂岩卵石质。三面刻绘褐红色图案，均是先刻划，形成局部刻槽和印痕，再用褐红色颜料描绘而成，内容为人物劳动、卧猪、兰草等。

清理屈家岭文化墓葬150座，均为长方竖穴土坑墓，排列有序，方向一致，仰身直肢葬。大中型墓有单棺单椁或梯形棺，小型墓有棺或无棺。随葬品以猪下颌骨为主，87座墓和1座祭祀坑共出土1600多个；其次有陶器、纺轮和石砂岩类制玉工具、玉料、玉石坯料。重要墓葬随葬玉石钺、弓箭、象牙器、玉璜等，属于当时掌权者的高等级墓葬。又有多座玉石工匠墓（图19.3）。另外还见有一批瓮棺葬。

黄山遗址上层石家河文化遗迹破坏严重，仅见有个别工棚式制玉作坊、少量墓葬和灰坑。另发现有延续多个时期的人工河道和“码头”遗存。通过考古发掘可以确认黄山遗址是一处仰韶文化、屈家岭文化和石家河文化一脉相承制作玉石器的中心性聚落遗址，反映了新石器时代晚期南北文化交流融合发展社会复杂化进程的面貌，也显示了南阳地区存在仰韶文化晚期“居家式”制玉作坊群向屈家岭文化时期“集体式”生产模式转变的规律，填补了中原地区和长江中游地区新石器时代制玉手工业体系的空白，有着重要的学术价值。

2013年南阳黄山遗址被国务院公布

为全国重点文物保护单位；2021年入选年度全国十大考古新发现；2021年入选河南五大考古新发现。

综上所述，以山东为主体的大汶口文化和以湖北为主体的屈家岭文化，在其中期和后期分别东来和北渐，都深入到河南境内，并对中原地区仰韶文化的晚期和龙山文化早期产生强烈影响。这无疑促进了中原地区古代文化向更高的层次发展，率先进入文明时代，在华夏大地形成了一种强大的民族凝聚力，使周边各地区与中原的联系更加紧密，最终形成我国统一的民族文化，使中国古代文明以其连绵不断的历史和博大精深的面貌而在全世界大放异彩。

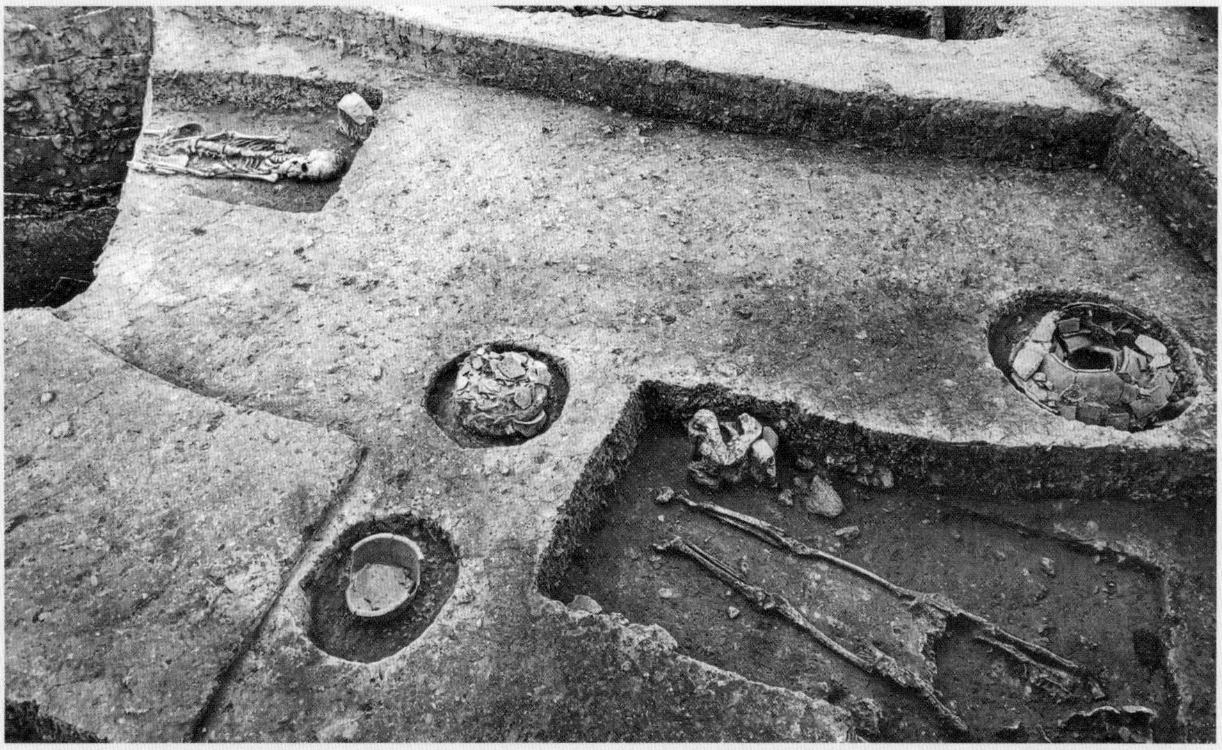

图 19.3 黄山屈家岭文化玉石工匠墓

龙山文化

龙山文化是因1928年首次发现于山东省章丘龙山镇城子崖遗址而得名，是继仰韶文化之后在黄河中下游发展起来的一种新石器时代晚期文化。河南的龙山文化遗址1931年最早发现于安阳后冈，其后在河南许多地方迭有发现。其文化面貌以饰绳纹、篮纹、方格纹的灰陶器为显著特征，这与山东地区发现的以磨光黑陶为主的龙山文化有所不同。在20世纪50年代后期，考古学界称之为河南龙山文化。

河南龙山文化距今约5000—4000年。这也正是中国原始社会晚期大发展、大动荡、大开放的一千年，最后催生了中国奴隶社会第一个王朝夏的诞生。迄今为止河南各地发现的龙山文化遗址约有一千多处，可以说是遍布全省，大多是叠压在仰韶文化遗存上的遗址，也有一些是单独存在的龙山文化遗址。其中经过发掘的重要遗址有安阳后冈、八里庄，汤阴白营，淇县王庄，濮阳程庄、马庄、戚城，辉县孟庄，济源庙街，焦作赵张弓，新乡李大召，郑州二里岗、牛寨、站马屯、胜岗、马庄、阎庄、陈庄，新郑人和寨，新密古城寨、新砦，禹州瓦店、阎寨、吴湾，登封王城岗、程窑，巩义小訾殿，汝州煤山、李楼，偃师灰嘴，洛阳王湾、矬李、西吕庙，孟津小潘沟，三门峡庙底沟与三里桥，泌阳荆树坟，信阳三里店，淮滨沙冢，罗山擂台子，固始平寨，淮阳平粮台，西平上坡，鹿邑栾台，永城王油坊，柘城李庄，夏邑三里堌堆，郾城郝家台，方城平高台，驻马店杨庄，淅川下王岗，南阳叶胡桥，叶县时庄等数十处，有不少重大考古发现。其中有近10项被列入河南考古百年百大考古发现名录。

漯河郝家台龙山文化城址

漯河郝家台遗址位于漯河市郾城区三周乡石槽赵村东北500米高台地上，当地称之为郝家台。《郾城县志》记载："郝家台，县东五里许，上有裴晋公庙。"遗址面积5万多平方米，文化层厚3—5米，京广铁路从遗址西半部穿过，将遗址分为东、西两部分。1986年京广铁路漯河至孟庙段在路东增建第三线，又必须在遗址上通过，为此，1986—1987年，先后进行两次考古发掘，揭露面积3212平方米，发现城址1座，清理房址15座，灰坑310个，墓葬90座。基本上厘清了郝家台遗址的文化内涵。郝家台遗址是一处河南龙山文化、新砦期文化、二里头文化、周文化的重要遗址

图 20.1 郝家台发掘现场

（图20.1）。

郝家台河南龙山文化早期（一期），遗存范围较小，遗迹、遗物较少，清理灰坑6个，灰沟3条，以及一些构不成房址的柱洞。出土铲、凿、刀、镞等石器；镞、鹿角锥等骨器；陶器较多，泥质陶为主，夹砂陶次之。灰陶居多，红陶、黑陶次之。纹饰以素面为主，篮纹次之，也有很少的划纹、弦纹。器形主要有鼎、罐、高领罐、壶、盆、甑、碗等。

郝家台河南龙山文化中期（二期），发现一座河南龙山文化城址，清理各种房址14座，发掘灰坑50个，以及土坑墓3座，瓮棺葬5座。城址平面呈南北向的长方形，南北长222米，东西宽148米，面积约3.3万平方米。其中南城墙坐落在生土之上，上宽3.5米，底部宽4.4米，残高0.8米，夯层厚0.2米，未发现夯窝。夯土城墙外侧为深4.75米的壕沟。东城墙上部夯土残宽4.75米，夯土底部宽5.2米，残高1米。夯土建在生土上，城墙外侧为壕沟。东城墙中部有一宽8.8米的缺口，可能为东城门的遗存。西城墙上部夯土残宽5米，夯土底部宽5米，残高0.8—1米，夯土建在生土上，夯层厚0.05—0.1米，最厚达0.35米。夯层清晰，夯窝为圆形圜底，直径5.5厘米，深1—2厘米。北城墙未发掘，通过钻探搞清了城墙的位置和宽度。

郝家台河南龙山文化中期城址中清理同期房址14座。有2座为半地穴式建筑。F4平面呈圆形，F20平面为长方形，周边均有多个柱洞以支撑屋顶。更多是地面上的房屋建筑，分布在城内南北向道路的东、西两侧。除6座一般房址之外，最突出的是6座排房建筑，每座各为一排，排与排的间距不等，大体为10米左右。其中F16位于城址内北部东侧，为长方形6间排房建筑。其顺序由东向西排列为甲、乙、丙、丁、戊、己6个单元。各单元房均呈长方形，南部设有门，F16甲门在南墙西端，F16乙、F16丙门在南墙东端，F16丁、F16戊、F16己门在南墙中部，均筑有草拌泥门槛。屋内垫夯棕褐花土地坪，用草拌泥将墙和地面抹平，屋内中北部有圆形灶面。排房南墙和北墙均宽0.33—0.5米，残高0.12—0.5米；隔墙宽0.26—0.48米，残高0.12—0.48米。各单元房内南北宽为3.6—3.8米，东西隔墙之间为2.54—5.6米。因此各单元房面积大小有别，F16甲、F16丁、F16己面积较大，其余面积较小。

F18排房位于城址内北部西侧，为长方形排房，其顺序由西向东排列为甲、乙、丙、丁、戊、己、庚、辛、壬9间。多为单间房，其中F18丙和F18辛带有套间，套间室内有门与主室相通。各单元房均为长方形，南部皆设有门，且多有草拌泥门槛。其南北长约为3.3米，但各室隔墙之间宽度不一，约在3.25—4.5米之间，因此各单元房面积大小也不同。屋内设有烧灶面，但方位不统一。通过F16、F18可知，郝家台遗址河南龙山文化中期排房为平地起建，已经普遍采用夯土技术，在地面上垫土之后，用夯打技术将地坪夯实，作为地基使之高出原来自然地面，然后在此基础上版筑屋墙，完工后加盖“人”字形草屋顶，然后用草拌泥涂抹墙壁和地

图 20.2 郝家台房址

坪及屋外的散水坡，最后在屋内地面上用草拌泥堆筑圆形或椭圆形灶面，同时用草拌泥做一个断面呈半圆形的门槛，防止雨水流进屋内。这些排房是统一规划，同时施工。每个带灶的单间房应是一个独立生活的单位（图20.2）。

郝家台河南龙山文化中期出土遗物很丰富，包括斧、铲、锛、凿、刀、镰、钻、杵、锤、锥、网坠、纺轮、石祖及玉片等石器；另有铲、凿、刀、锥、镞、镖、簪、针等骨器；数量最多的还是陶器，以泥质陶为主，夹砂陶次之；从陶色上看灰陶最多，棕陶次之，黑陶较少；纹饰以篮纹居多，还有些绳纹、弦纹及附加堆纹等；器形有鼎、罐、甑、鬶、刻槽盆、盆、高领罐、壶、钵、碗、盘、豆、觚形器、杯、瓮、缸、器盖、纺轮、陶拍子、陶龟、陀螺等。

郝家台河南龙山文化晚期（三、四、五期），清理房址1座，灰坑158个，土坑墓33座，瓮棺葬19座，陶窑2座，水井1眼。其中房址为F13也是1座长条形排房，东西长23.2米，南北宽4—4.56米，中有五道隔墙将其分为6间，从西向东分别编为

图 20.3 郝家台觚形器

图 20.4 郝家台陶鬶

甲、乙、丙、丁、戊、己。各间室内进深和宽度不等，故使用面积也大小不同。门均置于南墙，除F13戊与F13己隔墙相通，共用一门，其余各间均向外开门。郝家台河南龙山文化晚期出土遗物也很丰富。石器有斧、铲、凿、锛、镰、刀、钻、镞、矛、拍子、璧、砺石等；骨器有凿、刀、镞、镖、匕、簪、饰件、鹿角锥、角锄、龟板、卜骨等；最多的遗物是各类陶器，包括鼎、罐、甗、甑、鬶、刻槽盆、钵、碗、盘、豆、瓮、碟、杯、觚、轮盘、器盖、陶拍、纺轮等（图20.3、20.4）。

郝家台遗址除河南龙山文化早、中、晚期的遗迹、遗物外，另见有晚于河南龙山文化而早于二里头文化的新砦期文化遗存，还发掘出二里头文化从早期到晚期的文化遗迹和遗物。完成了绵延千年的考古学编年。尤其是河南龙山文化中期郝家台城址的发现，经碳14测年距今4600年，这是国内目前龙山文化最久远的城址。而学术界主流认知河南龙山文化晚期和新寨期文化属于早期夏文化，二里头文化属于晚期夏文化。这彰显了郾城郝家台遗址重大的学术价值。

郾城郝家台遗址2006年被国务院公布为全国重点文物保护单位；2021年入选河南考古百年百大考古发现。

汝州煤山新石器时代遗址

汝州煤山遗址位于汝州市区西北500米北刘庄村西的漫坡土岗上，因土质发黑，当地群众称之为“煤山”。1958年中国科学院考古研究所调查发现；1970年洛阳博物馆在此继续进行调查并试掘；1975年中国科学院考古研究所河南二队进行考古发掘，揭露面积547平方米；1987—1988年，河南省文物研究所配合基本建设发掘煤山遗址，揭露面积375平方米；1995年为配合基本建设，河南省文物考古研究所再次发掘该遗址，发掘面积达1500平方米。经过历年的考古勘探和发掘可知，汝州煤山遗址东西长约500米，南北宽430米，面积约21.5万平方米，文化层厚4—5米（图21.1）。遗址分为四层文化层叠压，上面的一层和二层，分别为二里头文化二期和二里头文化一期；下面的三层和四层，分别为煤山类型二期文化和煤山类型一期文化，均属龙山文化晚期。这四层文化堆积，早晚一脉相承。

图 21.1 煤山遗址

汝州煤山遗址发现丰富的遗迹和遗物。遗迹包括房址、灰坑和窖穴、水井、陶窑、墓葬等。其中房址数量较多，1975年清理煤山类型一期文化房址17座，煤山类型二期文化房址16座，1995年又发掘出大量房址。房址为地面上建筑，平面呈长方形或方形，多为两间或多间的连间房子，有些还成排分布，井然有序。房门多开在北面，房址地坪涂有白灰面，室内还有红烧土灶面，四周墙内有柱洞。极个别房址下见有儿童骨架，疑为奠基遗存。灰坑和窖穴清理120多个，有口小底大的圆形袋状坑，口大底小的圆形锅状坑，圆形直壁筒形坑，椭圆形坑，圆角长方形坑，不规则形坑等多种，出土各类遗物也较多。在1个椭圆形灰坑里，发现男性人骨2具，作十字交叉叠压在一起。上面的人骨头向东，侧身屈肢；下面的人骨头向南，仰身近直肢，左手屈置腹上，右臂高举过头，右腿稍有内屈。另有1个灰坑，内置猪骨架。发现水井多眼，深2.5米以上仍不见底。发掘陶窑4座，相距较近，平面呈葫芦形，分窑室、火膛两部分，窑室前面为火膛，上口与窑箅相平，窑箅有火道，在火道较宽处有“土坯砖”，窑室周壁呈弧形内收，窑室后面有烟道。水井和陶窑均在房址附近，与人们的生活关系密切。

煤山遗址清理墓葬20多座，为龙山文化的长方竖穴土坑墓。依其形制、葬具和随葬品可分为三种。一是墓坑长2.2米，宽1米以上，墓内有木棺和一周二层台；随葬品在10件以上。如1995M5，长方竖穴土坑墓，棺木灰痕清晰，墓内有一周二层台，出土随葬品15件，大多置于墓主人头部上方的二层台上；1995M7，长方竖穴土坑墓，墓内有人骨架1具，骨架上有少量朱砂，墓内有一周二层台，出土随葬品14件，其中11件陶明器，置于二层台上，另有獐牙2件放置于右胸外，穿孔玉斧1件置于下腹部。二是墓口长2米以上，墓内仅头部上方有二层台，无木棺，随葬品在10件以下。如1995M1，长方竖穴土坑墓，墓内有人骨架1具，出土随葬品9件，均置于头部上方二层台上；1970M1，长方竖穴土坑墓，墓坑长2米，宽0.6米，头向东，墓内出土随葬品10件，置于足部。三是长方竖穴土坑墓，没有二层台，极个别墓内有随葬品；1975M7，墓坑长2.6米，宽0.95米，足部随葬残骨簪1件；1995M4，俯身屈肢葬，墓坑长2米，宽1.2米，深0.2米，左胸部随葬石凿1件，右腿中部置圆形石头1件；1987M4，足部随葬陶纺轮1件。通过上述墓葬的不同，可以看出墓主人身份的差异，社会已经出现了较为明显的等级分化。墓葬中另有婴幼儿瓮棺葬6座，一种葬具是大口罐扣以盆或钵，另一种仅是1件陶鼎。1975W8，葬具是大口深腹罐，上面扣合陶钵，钵的底部穿一小圆孔，置于圆形土坑内。1988W1，为圆角方形土坑内置一夹砂篮纹鼎，鼎内有幼儿头骨和肢骨，鼎口朝上，口部未覆盖任何陶器。

汝州煤山遗址出土遗物丰富。有斧、锛、刀、矛、镞等石器；另有凿、刀、锥、笄、镞等骨器和蚌器，以及少量的玉器。陶器数量最多，出有各种形制鼎、斝、罐、甗、甑、箅、盆、瓮、刻槽盆、钵、圈足盘、豆、壶、觚、杯、鬶、碗、

图 21.2 煤山陶鼎

图 21.3 煤山陶罐

器盖、纺轮、网坠、球、鸟、陶人等（图21.2、21.3）。出土遗物中最令人关注的是灰坑H28和灰坑H40内发现有炼铜的坩埚残片，其中最大的1块长5.3厘米，宽4.1厘米，厚2厘米，上面保存6层铜液，每层厚约0.1厘米，表明煤山遗址已经冶铸青铜器。汝州煤山遗址的考古发掘，显示出这里是一处区域性地位较高的中心聚落；并为龙山文化晚期向二里头文化早期的过渡提供了科学的实证，对研究中华古代文明起源与早期发展和探索早期夏文化的面貌，有着重大的学术价值。

汝州煤山遗址2013年被国务院公布为全国重点文物保护单位；2021年入选河南考古百年百大考古发现。

淮阳平粮台龙山文化城址

淮阳平粮台遗址位于周口市淮阳区大连乡大朱村西南高台地上。1979年调查发现；河南省文物局在此举办全省文物工作人员训练班并进行考古发掘；1980—1989年，河南省文物研究所陆续在这里进行考古发掘，揭露面积4532平方米；2014—2019年，作为国家重点文物保护专项资金支持项目，河南省文物考古研究院与北京大学考古文博学院组成考古发掘队，对淮阳平粮台遗址进行再次勘探、测绘与考古发掘。前后多年的考古工作，有许多重大发现（图22.1）。

这里是一处中国最早确认的新石器时代龙山文化城址之一，平面呈正方形，城圈内侧长、宽185米，其城内使用面积约3.4万平方米；加上城墙宽度，则城址占地面积约5万多平方米；若再包括外侧城壕，城址长、宽大致各310米，总面积近10万平方米。现存城墙高约3.65米，底部宽约13米，顶部宽8—10米。东城墙、南城墙遭到破坏，西城墙、北城墙保存较好。因城墙建于较高台地上，系直接修整地表，然后采用小版筑堆筑法修建城墙，先用掺有红烧土的褐色土夯筑出一道较窄的版筑墙作为城墙芯，宽0.8—0.85米，高1.2米，夯层厚0.15—0.2米。然后依内壁起版筑墙待至一定高度，即在其外侧倾斜或平铺分层堆土，逐层夯筑到超过版筑墙的高

图 22.1 平粮台发掘现场

度，再分层砌筑城墙上部。夯窝形状有圆形和椭圆形，还发现有用四根木棍捆绑成的夯具痕迹。

平粮台城址南、北、西三面城墙中部各有一城门，东城门可能遭晚期破坏而无存。南城门发现有门道路土，宽1.7米，门道两边有两座房址相对，应属门卫房。其中南门道东侧为F13，平面呈长方形，南北长4.4米，东西宽3.1米；东墙宽0.7米，残高0.3米；南墙宽0.7米，残高0.16米；西墙宽0.5—0.6米，残高0.24米；北墙宽0.5—1.1米，残高0.3米。房门位于西墙偏北部，宽0.5米。房墙用土坯垒砌，土坯有方形、长方形、三角形等不同的形状。在南墙外部用褐色草拌泥涂壁，厚0.04米。房址内的红烧土居住面低于房外地面，上面留有草木灰烬。房内北部有灶面，已烧成蓝灰色，非常坚硬。南门道西侧为F14，平面呈长方形，南北长4.2米，东西宽3.3米；房门位于东墙偏北部，与F13房门相对，宽0.58米；F14东墙宽0.4—0.6米，残高0.33米；南墙宽0.7米，残高0.41米；西墙宽0.62米，残高0.22米；北墙宽0.69米，残高0.3米。亦用土坯垒墙，南墙、北墙的外部也用褐色草拌泥涂壁，厚0.04—0.06米。房内红烧土居住面也低于房外地面，上面有灰烬，但未发现灶。南门门道路土之下0.3米处，发现有陶排水管道。在门道下挖一条北高南低、上宽下窄的土沟，沟上部口宽和沟深均约0.74米，沟内铺上二下一倒“品”字形的三条陶排水管道。管道每节长0.35—0.45米，直筒形，一端稍细，直径0.23—0.26米，一端较粗，直径0.27—0.32米，每节小口朝南，套入另一节的大口内，节节套扣，整体北端稍高于南端，便于向城外排水。现残存陶水管道长约5米多，陶水管道周围填充碎料礓石和黄土，上面再铺厚土作为路面。

城内中轴线位置发现一条南北向干道，两端分别对应南城门和北城门，并延伸至城外。路宽6—7米，垫土为细密的白色细沙土。根据南城门内外道路和城内中部道路的路面堆积层位可知，这条中轴干道从建城之初一直延续使用到龙山时期最晚阶段。城内布局以南北干道为中轴，规划有序，经大面积勘探和发掘揭露，在城内东部偏南和西部偏北发现有大量的房址，还见有多个灰坑、陶窑和墓葬。以发掘的东部偏南区域为例，确认了多排东西向布局的高台式排房。最初的房屋在生土上统一规划建造，一般先垫筑厚达数十厘米纯净的房屋垫土，再以土坯为材料平地起建。排房前后间距15米左右，室外活动面基本串通相连；每组房址的门向均朝南，布局规整统一。单排房址东西延续60余米，接近中轴线东侧为止。后期排房逐渐向南北两侧扩展。每排房屋由3—4组多间房组成，所有单间的规模均较为一致（图22.2）。

为解决城内排水，高台排房和道路外缘均分布有纵、横向的排水沟。在长排房址西部发现一组原址保存的陶排水管道，东西向埋设于长排房北侧室外坡脚，与居住区边缘有意开凿的南北向水沟相通，水沟另一侧为中轴线道路。除在南城门门道路土下发现陶排水管道之外，又在南城门附近新发现两组龙山文化时期的陶排水管道，节节套扣，构思精巧，纵向穿过城墙基础。每组排水管道皆有一定的坡度，城

图 22.2 平粮台房址

图 22.3 排水管道

内高于城外，城内沟渠或洼地有进水口，城外通过沟渠排向外侧的壕沟。陶排水管道和纵、横连通的沟渠，共同构成了目前国内已知年代最早、最为完备的城市排水系统（图22.3）。

在城内南部早期道路上，还发现有车辙痕迹。车辙宽0.1—0.15米，深0.12米，最明显的一条长达3.3米。其中一组基本平行的车辙间距0.8米，当为双轮车的车辙印痕。该段道路向东延伸并转弯向南，连接中轴干道直通南城门。经打破道路遗迹

图 22.4 兽面纹陶碗

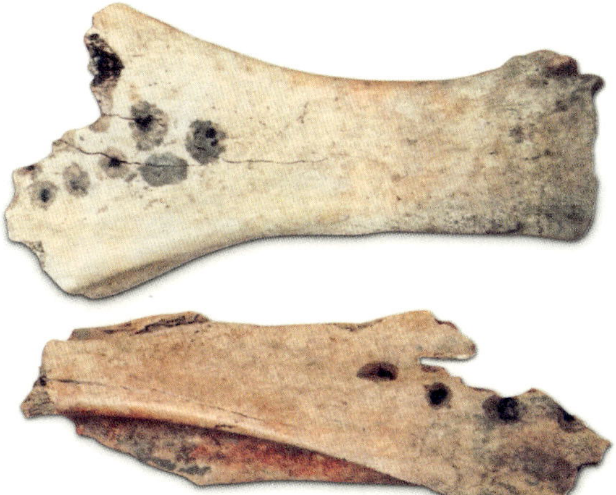

图 22.5 卜骨

堆积物中有机质样品碳14测年，这些车辙印痕的绝对年代不晚于距今4000年。这很可能是我国年代最早的双轮车车辙痕迹，与偃师二里头遗址发现的车辙相比，将我国用车的起源又提前了约500年。

作为豫东地区重要的龙山时代区域中心，淮阳平粮台城址出土了大量的遗物，除了为数最多的各类陶器及石器、骨器之外，还出土了一些具有多元文化背景和重大学术价值的遗物。在南城门附近道路垫土中发现有1件玉冠饰残片，残长4厘米，宽2.4厘米，厚0.4厘米。表面平整，呈片状，透雕，形状及加工特征与湖北石家河文化和山东龙山文化的同类器物很相似；在排房F44的北侧室外堆积中，出土1件可复原的龙山文化时期陶碗，表面刻画有对称的复杂兽面纹，与长江流域的玉器纹饰在结构和表现方式上很接近（图22.4）。城内还发现多座完整牛骨架的祭祀坑，这在豫东柘城一带龙山文化遗址中还有更多用牛的祭祀，作为“大牢”祭祀，更显示其重要性。还发现有一些用牛的肩胛骨制作的卜骨（图22.5）。在灰坑H15中还出土了一块铜炼渣，表明平粮台古城时期已掌握了青铜铸造工艺。

上述考古发掘展示出平粮台古城址方正规整、中轴对称的特点，无疑是中国古代城市规划思想的源头，在城市发展史上具有里程碑式的重要地位；年代最早、最为完备的陶水管道排水系统，也是重大的考古发现；城内出土的遗物，又展现了河南龙山文化与周边各种新石器时代晚期文化的交流和影响。从其所处的时代，有专家将淮阳平粮台城址解读为太昊伏羲氏之“宛丘”。《史记·殷本纪》引《汤诰》云：“古禹、皋陶久劳于外，其有功乎民，民乃有安。东为江，北为济，西为河，南为淮，四渎已修，万民乃有居。”这里说的是夏初王朝的地望，而平粮台古城正位于夏王朝所控制的东部边陲地区。这里也是商部族活动的范围。由此，淮阳平粮台古城的考古发掘，对研究中国古代文明起源与早期发展，对探索夏文化和先商文化有着重大的历史和科学价值。

淮阳平粮台遗址1988年被国务院公布为全国重点文物保护单位；2000年入选20世纪河南十项重要考古发现；2021年入选河南考古百年百大考古发现。

濮阳戚城龙山文化城址

濮阳戚城遗址位于濮阳市区南侧原戚城村北一带，今已辟为戚城文物景区。这里传为周代卫国的重要城邑。

1963年河南省文物工作队对戚城遗址进行考古调查，依据在遗址东城墙和南城墙缺口处所见的城墙剖面认为，城墙明显分为上、下两部分，上部包含有汉代遗物，下部包含有周代遗物。1965年北京大学历史系考古专业李仰松先生又对遗址进行调查和试掘。1986年河南文物部门对戚城遗址东城墙进行解剖，对城内东北部进行发掘，确认戚城城墙修建在龙山文化层之上。主城墙经过春秋、战国、汉代三次附加修筑。1992年对戚城南城门及城内布局进行勘探。1995年又对遗址进行局部发掘。2006年在遗址西南部开展冬季植树造林活动中发现龙山文化灰坑打破地下夯土墙的现象，找到了戚城周代城址之下可能叠压有早期城址的线索（图23.1）。

2008年对戚城遗址进行全面勘探，确认戚城周代城墙之下叠压有一座早期城址。其后对早期城址的东城墙南段、西城墙北段及城内东部偏南处的文化

图 23.1 戚城城墙

层进行探沟式解剖发掘，三处探沟分别编号为2008PHQTG1、2008PHQTG2、2008PHQTG3。断定戚城晚期城址之下叠压的早期城址时代为龙山文化时期；并对龙山文化时期城址的分布、保存情况、城墙结构、建造程序、修筑方法等有了一定的了解。本次发掘面积总计280平方米，勘探面积3万平方米。除了对龙山文化城墙进行解剖外，还清理出不同时期的灰坑40个、灰沟5条、墓葬6座，出土一大批龙山文化时期的陶、石、骨、角、蚌器等遗物。2014年又对戚城龙山文化城址的南城墙中段缺口处和城墙西北拐角处进行考古发掘，并对2008年发掘的东城墙南段探沟即2008PHQTG1四壁进行外扩。发掘面积总计664平方米，勘探面积5万平方米。清理出不同时期灰坑17个、灰沟4条、墓葬3座，排水渠1条、道路7条，出土大量陶、瓷、铜、铁、石、骨器等遗物。2015—2016年，对戚城晚期城址即东周时代城址及龙山文化城址北城墙西段进行解剖发掘。布设1条特大探沟，长约87米，宽为17米，发掘最深处约13米，并对戚城遗址外围进行全面勘探。2016—2017年，勘探发现戚城遗址外围的东周时代外城，并对外城东城墙进行解剖发掘（图23.2）。

通过戚城遗址多年持续的考古工作，从平面布局上看，大大扩展了戚城遗址的范围，从纵的角度看，戚城遗址在龙山文化早期就是一处较大的聚落，其面积约为17万平方米。龙山文化晚期在这个范围四周，开始修筑城墙。东西长420米，南北宽390米。城墙为平地起建，结构上分主墙体和内护城坡两部分，采用夯筑、版筑和堆筑三种修筑方法。墙基宽20多米，残高3米，墙外有城壕。文献记载濮阳一带是上古五帝时代的颛顼、帝喾和舜的活动范围。戚城龙山文化城址的发现与发掘，

图 23.2 戚城城墙探沟

对探索中国古代文明起源和国家的形成具有重大学术价值。

东周时代戚城修建了外城、内城和宫城，出现了三重城防并用的现象。东周外城北到子路墓祠北围墙，南到石化路南戚城村东西向水泥路，西到温馨苑小区西围墙处，东到京开大道西侧。南北长1000米，东西宽900米，面积约为90万平方米。城墙基宽30—40米，东北城角宽70米以上。东墙北段有缺口，可能是东城门之所在。在戚城景区内，东周时代内城叠压在龙山文化城址之上，二者大小范围相若。内城城墙最高处8.6米，最宽处16.5米。内城发现东西向和南北向干道各1条，夯土基址2000余平方米，还出土有铜盂、铜镞等。内城中还围卫有宫城，宫城南北长90米，东西宽70米。宫城四周一面为夯土城墙，另三面为围沟环绕。戚城东周城址，据《左传》等文献记载，春秋各国诸侯曾七次会盟于戚，在历史上占有重要地位。因卫灵公时这里曾为孔悝封邑，故又称为“孔悝城”。汉代及宋代时期，戚城的东周时期外城和宫城均已废弃，而内城被重新修补和利用。东周时期内城城墙之上发现有晚期修补城墙的夯窝，出土有汉代及宋代时期的陶片及瓷片等。南门缺口处解剖发现有汉代及宋代路土遗存。

前述2016年在戚城遗址东周时代内城及龙山文化晚期城址北城墙西段进行解剖发掘的大探沟，长约87米，宽为17米，深约13米。很具有考古学术价值。探沟最下面为龙山文化早期文化层，其上分别为龙山文化晚期城墙、东周时期城墙、汉代城墙及宋代城墙。其中东周时代、汉代及宋代城墙，均是在龙山文化晚期老城墙基础上附加修筑的。这一层位的叠压关系，很好地展现了戚城遗址从早到晚城防体系演变脉络，是戚城乃至濮阳地区深厚历史文化积淀坚实的考古学依据。

参看碳14及光释光测年情况，最下层龙山文化早期文化层距今4900年左右，最上层宋代城墙距今1100年左右。这些城墙内外两侧，黄河决溢，洪水泛滥，由大自然作用力形成的堆积层与人文堆积形成的城墙及文化堆积层，层位上相互叠压，信息上相互支撑，是难得的黄河考古环境研究的素材。从濮阳附近的内黄三杨庄汉代遗址，到濮阳市区的戚城遗址，再到濮阳县的高城龙山文化至周代遗址，是豫东北地区三处呈现的环境研究信息非常丰富的考古发掘地点，包含着大量的新石器时代至战国、汉代及宋代以来不可多得环境研究信息，也将是未来豫东北地区乃至整个豫北地区黄河考古环境研究可作参照的三个具有标杆性质的坐标点，具有重大历史和科学价值。

濮阳戚城遗址1996年被国务院公布为全国重点文物保护单位；2021年入选河南考古百年百大考古发现。

新密古城寨龙山文化城址

新密古城寨龙山文化城址，位于新密市东南35千米的曲梁乡古城寨村。最初依据密县地方志，被认为是西周郐国故城；1997年进行文物调查时发现其时代早于西周，应为龙山文化城址；1998—2000年，又进行大规模的勘探和发掘，初步厘清了古城寨龙山文化城址的布局、城墙的建筑结构，城内大型夯土建筑基址的情况。

城址平面呈东西横长方形，较好地保存着北、东、南三面城墙和南北相对的两个城门缺口，西墙因溱水东移被冲毁。北城墙地下基础长500米，宽42.6—53.4米，地面上城墙长400米，底宽12—22米，顶宽1—5米，高7—16.5米；东城墙保存最好，无一处断缺，地下基础长353米，宽85.4—102米，地面上城墙长345米，底宽36—40米，高13.8—15米；南城墙地下基础长500米，宽42.6—62.6米，地面上城墙长460米，底宽9.4—40米，顶宽1—7米，高5—15米；西城墙复原长度370米。在北、东、南城墙外侧有护城河，这是在城的西北部引溱水东流，至城东北角向南，再至城东南角与城南的一条无名河汇流即为南护城河。护城河宽34—90米，深4—5米，再向下见软泥不到底。西墙外是利用溱水作屏障。城址面积近18万平方米。

城墙的修筑方法因地势而异。在地势低洼的东南部，先清理地面下的窖穴和灰坑内的堆积土，重新分层填土，然后层层夯筑出地面，形成坚实的基础层和宽阔的墙基，再起版夯筑主墙体；在地势较高的西北部，先挖深约1米的基础槽，在生土上夯出基础层，然后在基础槽内起版分块夯筑；在其他地势适中的地方，直接平整出较宽的地基，夯出基础层后起版夯筑。主体墙每层有版筑墙5—12块。主体墙外护坡的夯筑方法以南城墙为例，其外侧是顺着内高外低的坡状基础，先夯出基础层，然后夯出多版墙体，再在上面层层夯打直至延伸至主体城墙。夯窝以圆形小圜底为主，直径2—3厘米，也有椭圆形和不规则圆形数种，最大夯窝直径15厘米。夯筑时墙基底部使用大的河卵石作夯具，墙体夯筑则以4—7根一组的成束木棍作为夯具。每层夯面上常见有铺垫的植物茎秆痕迹，是为防止粘滞夯具、增强城墙凝固力而有意设置的（图24.1、24.2）。

图 24.1 古城寨北城门缺口

城址内清理出一座龙山文化晚期大型夯土建筑基址F1，同时期的大型廊庑建筑F4，以及其他建筑的部分墙基、磉墩、柱础和柱洞等。F1位于城址中部略偏东北，为南北纵长方形夯土建筑基址。坐西朝东，南北长28.4米，东西宽13.5米，面积达383.4平方米。南北排列六排柱洞和磉墩，将其分隔成七间。每排有柱洞5个，仅在各排的中心柱洞下有柱础或磉墩。排与排间距不一，F1周边发现有小型柱洞41个，柱洞之间还有更小的柱洞，柱洞直径0.15—0.2米，应是木骨泥墙的痕迹。在房址的南、北、东三面还发现有廊柱磉墩19个，其中南部2个，北部5个，东部12个。南北廊的磉墩呈均匀分布，多为不规则的圆形或长方形，形制较大，直径0.6—0.8米。东廊磉墩3个一组，柱间距约1米，组间距约2.5米。总体可复原为带回廊的大型宫殿建筑（图24.3）。

廊庑基址F4位于城内东北部，南距夯土建筑基址F1约7.4米。东起F1，东北向西至60米处南拐，此段为北廊庑，向南仅清理16米，是西廊庑的一部分。F4是由二至三道墙基槽、门道、门房和许多的柱洞组成，宽4米。北廊庑东半段的三道墙基槽南北并列，每道宽0.3—0.5米。南北两道基槽内有较多的柱洞，柱洞以外的墙土经过夯打，可能为木骨泥墙的遗留。中部基槽内的柱洞较大，间距较远，可能是承托房脊中心柱的遗留。北廊庑由东向西19.2米处，有一北向的门道缺口，宽1.1

图 24.2 古城寨城墙剖面

米，为1号门遗存。进门往西不远在廊庑内有一小间守门房。在北廊庑西端与西廊庑的交接处，发现了北廊庑的2号门，门向北。在西廊庑北段发现了3号门，门西向。从基址方位和出土遗物看，F4围绕F1是同时期修建的，二者同属一组封闭的包括宫殿、廊庑、庭院完整的四合院式建筑，

古城寨出土龙山文化晚期遗物非常丰富，包括石器、玉器、骨器、蚌器和陶器等。其中有斧、铲、镰、镞、杵、凿、纺轮、环、砺石等石器；铲、凿、环等玉器；匕、凿、镞、针、卜骨等骨器；刀、饰件等蚌器；出土最多的是各类陶器，器形有罐、鼎、斝、盆、双腹盆、刻槽盆、瓮、甗、甑、豆、壶、觚、杯、圈足盘、钵、碗、器盖、鬶、缸以及弹丸、环、纺轮和陶祖等。在多件壶、缸、瓮残片上，有各种刻划符号。另外，发现有釉陶残片和熔炉残块，表明制陶工艺的进步和青铜冶铸业的存在。还见有牛、猪、羊骨骼等。

古城寨遗址除发现龙山文化晚期城址之外，在城西南部发现有仰韶文化遗址，在城北和城东发现有龙山文化早期遗址，在城内外还见有二里头文化、二里岗文化、殷墟文化、东周文化和汉代文化的遗存，完成了本地区古代文化的考古学编年；龙山文化晚期的古城寨城址属于王湾三期文化的范畴，这与早期夏文化有所关联；城址高墙深池，南北仅有两座城门，显示了它的封闭性和一定的军事

图 24.3 古城寨大型建筑基址

色彩；城内大型宫殿基址、廊庑、庭院组成的四合院式建筑，也开启了夏商时代宫殿建筑布局及其模式的先河，对研究中国古代文明起源及城市的发展史有重大学术价值。

新密古城寨龙山文化城址2000年入选全国十大考古新发现；2001年被国务院公布为全国重点文物保护单位；2021年入选河南考古百年百大考古发现。

辉县孟庄龙山文化城址

孟庄遗址位于新乡市辉县孟庄镇东侧。1951年发现，当时初步认定是一处商代遗址。1992—1995年，配合孟庄镇的基本建设，对孟庄遗址进行多次考古勘探和发掘。发现了裴李岗文化、仰韶文化、龙山文化、二里岗期商文化、殷墟文化和两周文化的遗存（图25.1）。

裴李岗文化遗存分布在孟庄遗址西南部，发现灰坑7个。其中圆形坑4个，椭圆形坑2个，不规则形坑1个。出土石斧、骨匕、骨锥、陶纺轮等生产工具；另有较多生活用陶器。这些发现表明，在八千多年前这里就是古人类居住的小聚落。

孟庄遗址仰韶文化遗存主要分布在遗址西南部，仰韶文化遗迹有房址12座，均为地面连间式排房，清理灰坑22个，发掘瓮棺葬19座。孟庄遗址出土仰韶文化遗物有生产工具，包括铲、斧、球、镞等石器，锥、镞等骨器，镞、刀等蚌器；另有生活用具，以陶器为主，包括一些彩陶。

图 25.1 孟庄发掘现场

图 25.2 孟庄陶鼎

图 25.3 孟庄陶斝

孟庄遗址龙山文化早期遗存主要在遗址西南部和中南部。清理房址1座，为椭圆形地面建筑，白灰面地坪，房内东侧有2个柱洞。发掘灰坑10个，灰沟1条；清理土坑墓、瓮棺葬各1座。

龙山文化晚期遗存是孟庄遗址内最重要的遗存，文化内涵十分丰富。发现有城址、房址、灰坑、灰沟、水井、墓葬等遗迹。城址平面略呈方形，东、西、南、北四面城墙均为直墙。东墙长375米；北墙残长260米，复原长度340米；西墙破坏严重，复原长度330米；南墙已不存在，仅有南护城河。从保存较好的东墙和北墙看，主体城墙基础部分宽13—14米，内侧附加部分6—7米，残高0.5—1.2米。城墙内的面积约12.7万平方米，在外围有一周护城河。城址东城墙中部发现有城门，东城门两侧设有基槽，靠近墙壁还贴有木板。门道正中有路通过，分上、中、下三层路土，看来东城门建成后又经过一次以上的整修。在孟庄龙山文化晚期城址内，发掘房址9座，地坪为白灰面，房内和四周多有柱洞；发掘灰坑278个，可分为圆形坑、方形坑、椭圆形坑、不规则形坑、特殊形坑五大类；发掘灰沟3条；清理水井4眼；发掘土坑墓17座，瓮棺葬4座，还出土一大批龙山文化陶器（图25.2、25.3）。

孟庄遗址二里头文化遗存也较丰富。主要有城址、房址、灰坑、灰沟、水井、墓葬等遗迹。其中二里头文化城址直接叠压在龙山文化城址之上，城址平面也是近方形，面积大小也与龙山文化城址一致。东墙长约375米，北墙长约340米，西墙长约330米，南墙已被毁掉无存。目前已发掘的东、西、北三面城墙上都发现有二里头文化修补或新筑的夯土。在孟庄二里头文化城址西中部，发现一处大面积的用灰土夯砸而成的遗迹，上部已被破坏，现存厚度0.50—1米。夯砸灰土垫面内发现3个人头骨，这是一处二里头文化的祭祀遗存。孟庄遗址发掘二里头文化房址6座，发掘灰坑72个，发现东西向灰沟3条，灰沟当是二里头文化城址内的排水设施。清理水井1眼，清理土坑墓23座。

二里岗期商文化遗存在孟庄遗址内分布范围最广，虽然当时城址已废弃不再使用，但仍是一处重要的聚落址。发现有广场、房址、灰坑、灰沟、陶窑、水井、墓葬等遗迹。

孟庄遗址属于殷墟文化遗存的有城址、房址、灰坑、灰沟、水井、墓葬等遗迹。在孟庄二里头文化城墙之上、商代二里岗期商文化的遗迹上面，发现一些夯筑坚实的夯土，夯窝清晰，夯层较厚，在这类夯土上又发现被西周时期的灰坑打破，此类夯土在西城墙及东城墙均有发现，结合城内殷代遗迹的大量出现，这应是殷代在二里头文化城址基础上又修筑了城墙，其面积和形状应同二里头文化城址一样。清理殷代房址1座，发掘灰坑232个，发掘水井2眼，清理土坑墓13座。

孟庄遗址的西周文化遗存主要有灰坑、陶窑、墓葬等遗迹。战国时期遗存有灰坑、陶窑、墓葬等遗迹。

辉县孟庄遗址涵盖了裴李岗文化、仰韶文化、龙山文化早期、龙山文化晚期、二里头文化、二里岗期商文化、殷墟晚商文化、西周文化、春秋文化、战国文化长达五千多年的漫长岁月，完成了连绵不断的考古序列编年，这是比较少见的。考古发现也极为丰富，有属于新石器时代早、中、晚期的聚落址，有属于夏代早期、夏代晚期和商代早期、商代晚期的城址或大型聚落址。这里地处夏商时期的近畿范围，与周边同时期遗址往来关系密切，具有重大的历史、科学和学术研究价值。

辉县孟庄遗址1994年入选全国十大考古新发现；2001年被国务院公布为全国重点文物保护单位；2021年入选河南考古百年百大考古发现。

夏代文化

夏代是我国最早建立的奴隶制国家，由于脍炙人口的大禹治水的故事，使得夏王朝妇孺皆知。从考古学角度去探索、寻找和研究夏文化是新中国成立后提出的新课题之一。1950年郑州发现早于殷墟的二里岗期商文化，填补了约二百年商代前期文化的空白，拉近了与夏文化的距离。其后1953年在登封玉村遗址的考古调查，1956年在郑州洛达庙遗址的发掘，尤其是1959年偃师二里头遗址的发现与发掘，找到了晚于龙山文化和早于郑州二里岗期商文化的二里头文化，数十年的考古后续发掘，证明偃师二里头遗址为夏代晚期的王都。

河南境内经过正式发掘的二里头文化遗址主要有：郑州洛达庙、上街、大河村、岔河，荥阳西史村、阎河、竖河，新郑望京楼，偃师二里头、灰嘴，巩义稍柴，登封王城岗、程窑，汝州煤山，伊川南寨，新密新砦、黄寨、曲梁，洛阳东干沟、矬李、东马沟、皂角树、吉利东杨村，新安太涧、盐东，济源留庄、交兑、白沟，渑池鹿寺、郑窑，陕县七里铺、西崖村，杞县朱岗、牛角岗、段岗，郾城郝家台，沈丘乳香台，驻马店党楼、杨庄，方城八里桥，邓州陈营、穰东，淅川下王岗。河南境内的二里头文化遗址还有：巩义小芝田、花地嘴、石灰务、康沟，登封玉村、石羊关、安庙、南高马、十字沟、王村、小李湾、北庄，禹州崔庄、董庄、龙池、下毋、连楼、冀寨、枣王、余王、王山、吴湾、阎寨，偃师高崖、夏后寺、南蔡庄、沙沟、程氏沟、孙家湾、西岗、寨湾、景阳岗、灰嘴、崔河、酒流沟、罗圪垱、水牛沟、将江村、东岗、寺沟，孟津台阳、台阴、挂沟、平乐、霍村、东立射、廛沟口、大阳河、水泉、寺河南、菠萝窑、后李、南徐、小潘沟、李窑、潘庄，新安阎湾南、阎湾北、安乐、南岗、孝水，洛阳半个店、黑王、夏庄、西高崖、柳行、聂湾、孙旗屯，汝州李楼、夏店、柏树圪垱，温县上苑，沁阳西苟庄、花地岗，宜阳庄家门，嵩县瑶店，伊川白元、半坡、南村、白湾，商水朱集、良台寺（阎庄）、王田寺，太康方城，项城高寺砦、骨头冢、骆驼岭，淮阳范丹寺、双冢，西华陆城、后于王庄、泥土店、后段庄，扶沟村砦，沈丘东冢，济源庙街、河头、西关汽车站，焦作府城、小尚，武陟大司马、赵庄，温县北平皋、西梁所，孟县禹寺，辉县孟庄，长葛石固，信阳三里店、朱庄、南山嘴，息县范庄，商丘坞墙。

上述二里头文化遗址有不少重要的考古发现。再加上前面提到的登封王城岗遗址、禹州瓦后遗址等河南龙山文化晚期遗存，新密新砦遗址的新砦期文化遗存，构成了早期夏文化的丰富内涵。这些代表了夏文化早期和晚期的重要遗址，其中有9项入选河南考古百年百大考古发现。

登封王城岗夏都阳城遗址

登封王城岗龙山文化城址位于登封市告成镇八方村东北约500米的五渡河西岸岗地上，当地俗称为“王城岗”，南距颍河约400米。1954年文物普查时发现，当时命名为“八方龙山文化遗址”；1959年徐旭生先生也曾到告成镇一带做过“夏墟”调查；1975年为探索夏文化又在王城岗及其周围进行考古调查；1976年开始进行勘探和试掘；1977年在王城岗遗址发现龙山文化城址夯土遗存；1981年开展大规模的考古发掘工作，最终确认了两座东西并列的小城址（图26.1）；2002—2005年，“中华文明探源工程预研究——登封王城岗城址及周围地区遗址聚落形态研究”专题组在这里再次进行大规模考古发掘，发现了王城岗龙山文化城址的大城和城壕；2020—2021年，为推进“考古中国·夏文化研究”项目，重启对登封王城岗遗址的考古发掘。

登封王城岗龙山文化小城为东西两城并列，东城的西墙就是西城的东墙。其中东城的东墙、北墙、南墙的东段和西墙北段已被西移的五渡河水冲毁，尚有南墙西

图 26.1 王城岗发掘现场

段残长30米，西墙南段残长65米，二者垂直相交构成西南城角部分，复原起来可能是座方形小城，参照西城的形制和规模，东城面积约1万平方米。西城保存较好，东墙北段已无存，南段残长65米，北墙东段被山洪冲毁，北墙西段残长29米，西墙长约92米，南墙长82.4米。在南墙东端有一个宽约10米的缺口，可能是西城南门的遗存。西墙与南墙、北墙均垂直相交，两个城角内角均呈凹弧形，城角外角均呈凸圆形，西南城角凸出城墙3.68米，西北城角凸出城墙2米，城址面积约1万平方米。这东西并列小城的筑法是，先挖口宽底窄、两壁斜直、平底或凹弧形底的基槽，然后在基槽内逐层填土夯实。夯土层厚薄不均，薄的3—4厘米，厚的约有20厘米。每层夯面上都有一层细沙。夯窝有圆形圜底、椭圆形圜底、不规则形圜底等，形状、大小、深浅不一，直径4—10厘米，深1—11厘米。可能是用河卵石作夯具，比较原始，在一个夯层面上还真发现有直径8—18厘米的河卵石，当为筑城墙时遗留下的夯土工具。东西两城均修建于河南龙山文化晚期，东城修筑略早于西城。

在西城内的中西部和东北部，发现10余处夯土建筑遗存，被破坏严重，看不出夯土基址的形状，仅残存多座圆形夯土坑及夯土残片。有一些圆形夯土坑内还埋有人骨架，少者2具，多者达7具，这与当时夯土建筑遗迹下面的奠基坑有关（图26.2）。其中奠基坑1为圆形袋状坑，口径2.07—2.52米，底径2.82—2.94米，残深2.66米，坑内夯土20层，在下部夯土内分层埋有7具人骨架，包括2男、2女、3儿童。在西城内除出土大量龙山文化晚期陶片之外，还出土有1件青铜容器残片和1件刻有双手形组成的“共”字黑陶薄胎平底器残片。

图 26.2 王城岗奠基坑

大城位于王城岗遗址中部，由夯土城墙和城壕组成，城墙外5—10米处环绕着城壕。城址西北部保存较好，东南部被毁严重。北城墙夯土残长350米，残高1.2米，复原长度600米，其东端与王城岗小城对应，北城壕保存完整，全长620米，剖面大体呈斗形，口宽约10米，底宽约7米。残深2.4—5米。向东通往五渡河，把王城岗小城环围其中。西城墙复原长度580米，西城壕残长130余米，口宽10米，残深1.5—2米，复原长度600米，向南通往颍河。东城墙无存，东城壕可能以五渡河代替；南城墙亦无存，南城壕可能以颍河代替。大城为长方形，东西复原长600米，南北复原长580米，总面积约34.8万平方米。城墙为平地起建，修筑在生土或经平整的河南龙山文化晚期文化层上，逐层夯筑而成。夯层厚5—30厘米，夯窝明显，直径5—7厘米，系用河卵石类夯具所夯砸。大城内发现祭祀坑，出土有玉石琮和白陶器等，中部偏北还钻探出几处大面积的夯土基址。大城城墙夯土上被河南龙山文化晚期层所叠压，其自身又压在河南龙山文化晚期文化层上；城壕开口于河南龙山文化晚期层下，在城壕中发现有河南龙山文化晚期的堆积，因此大城和城壕的年代应属于河南龙山文化晚期。但其修建时间又稍晚于小城。据碳14测年登封王城岗河南龙山文化晚期城址的年代约在公元前2070年前后，进入了夏代早期纪年。

据文献记载，夏都阳城遗址和东周阳城遗址均在登封告成一带。《国语·周语上》说："昔夏之兴也，融降于崇山。"韦昭注曰："崇，崇高山也。夏居阳城，崇高所近。"崇山即今嵩山。《史记·夏本纪》载："禹辞避舜之子商均于阳城。"集解引刘熙曰："今颍川阳城是也。"《水经注》颍水条载："颍水出颍川阳城县西北少室山。"郦道元注曰："颍水又东，五渡水注之……其水东南经阳城西……昔舜禅禹，禹避商均，伯益避启，并于此也。"《括地志》还记载："阳城县在箕山北十三里。"以前发掘的小城，发掘者安金槐先生曾推定为禹居之阳城，但因其过小，曾遭诸多质疑。现在新发现34.8万平方米的大城，城内有大面积的夯土基址、奠基坑等遗迹，出土有玉石琮和白陶器等高等级遗物，加上小城内的考古发现，这就大大提高了王城岗城址的地位。此外，在告成东北一带发现并发掘了东周阳城遗址，平面呈纵长方形，南北长2000米，东西宽700米，城墙高约8米。在城内发现铺砖地面和地下铺设陶水管道的大型建筑基址，在南城墙外发现有东周铸铁遗址，这里出土的陶器上有"阳城仓器"等铭文。这些均为王城岗龙山文化城址是禹居之阳城、夏都之阳城提供了佐证。这对于早期夏文化探索具有里程碑之意义，彰显重大的学术价值。

登封王城岗龙山文化城址1996年被国务院公布为全国重点文物保护单位；2000年入选20世纪河南十项重大考古发现；2001年入选中国20世纪100项考古大发现；2009年入选全国最具中华文明意义的百项考古大发现；2021年入选河南考古百年百大考古发现。

禹州瓦店夏代早期遗址

禹州瓦店遗址位于禹州市火龙乡瓦店村东南部和西北部的台地上。1979年进行颍河两岸考古调查时发现该遗址；20世纪80年代初曾进行过三次考古发掘，揭露面积700平方米（图27.1）；1997年启动“夏商周断代工程”，“夏代年代学研究——早期夏文化研究”专题组根据课题研究需要对瓦店遗址又进行考古发掘，揭露面积180平方米；2007—2008年，启动“中华文明探源工程（二）”，“颍河中上游流域聚落群综合研究”课题组对瓦店遗址进行测量、调查、勘探、发掘与多学科研究工作，考古发掘面积460平方米；2009—2010年，实施国家文物局“禹州瓦店遗址群考古工作计划”和国家支撑计划项目“禹州瓦店遗址聚落形态研究”，对遗址进行新的测量、勘探和发掘工作，并开展资源调查和多学科研究，发掘面积953平方米。

多年的考古勘探和发掘工作发现有一批建筑基址、奠基坑、房址、灶、柱坑、灰坑、窖穴、灰沟、水井、陶窑、道路、壕沟、土坑墓、瓮棺葬等大量遗迹（图27.2）；出土丰富的陶器、石器、玉器、骨器、蚌器、角器、牙器等数千件遗物。通过大规模的考古调查、勘探与部分考古发掘获知，瓦店遗址由相连的西北台地和东南台地两大部分组成。西北台地面积约50万平方米，东南台地面积约56万平方米，瓦店遗址现存总面积达100余万平方米。是目前所知河南境内龙山文化时代面积最大的遗址。

瓦店遗址西北台地发现有三面大型环壕，东壕残长150米，西壕残长210米，东壕和西壕复原长度皆约400米；南壕长1000余米，壕沟口宽约30米，底宽约18米，残深2—3米。其环壕聚落由东、西、南三面的壕沟与东北面的颍河共同构成，环壕与颍河合围的聚落面积达40余万平方米。大型环壕的使用年代当为王湾三期文化晚期阶段。

瓦店遗址东南台地亦有大型环壕围绕，地面现存的西环壕和南环壕均残长700米，壕沟宽20—35米，残深3—5米；台地北部有一条东西向的路沟，其东段在20世纪70年代被填平，其西段残长300米，残宽20余米，残深3—6米，当为东南台地的北环壕；东南台地东面为颍河。即由西环壕、南环壕、北路沟和东面的颍河合围成环壕聚落，面积约50万平方米，其内主要是王湾三期文化晚期遗存。在东南台地东

图 27.1 瓦店发掘现场

图 27.2 瓦店灰坑及墓葬

高岗区域，还见有西北、东南走向的堆筑土墙，残长314米，残高0.5—0.7米，剖面上窄下宽，其外侧似有护坡，疑为寻找城墙的线索。

在瓦店遗址西北台地环壕范围内中部偏南地方，发现两处与南环壕走向大体一致，并呈东西相对间隔300米王湾三期文化晚期的大型夯土建筑基址。东部建筑为WD2F1，该夯土建筑由数条围沟组成，其平面大体呈“回”字形，东西长30米，南北宽30米，面积约900平方米。基址厚约1.5米，夯土是直接夯筑在生土上，分块夯筑的迹象明显，在建筑基址上发现用于奠基或祭祀的多具身首分离的人牲遗骸和动物骨骼数具。在WD2F1的西侧，紧靠着另一座夯土建筑，也是由围沟组成的，在沟内及其附近也发现有用于奠基或祭祀的人牲遗骸和动物骨骼。从已有的考古材料看，很可能与WD2F1是同一组建筑。西部建筑由WD1TJ1、WD1TJ2、ND1TJ3三座建筑基址组成。其中WD1TJ1建筑基址现存长方形基础部分，南北长约35米，东西宽约30米，面积近千平方米。用纯净黄土多层铺垫形成基础，铺垫层厚0.2—0.8米不等，基础总厚2—3米。在其西北角的铺垫层中，发现人头骨，该建筑基址可能为古代文献中“墠”一类的祭祀设施。WD1TJ2为平地起建的圆形建筑，直径约10米，面积60余平方米。WD1TJ3建筑基址，其东部与WD1TJ1相邻，其西、北、南三面皆不到边，从已有的发掘情况看，估计其面积当有数百平方米。系用黄土分层夯筑而成，夯层厚0.2—0.3米，基址总厚约1米。在其表面发现有多个呈东西向排列的由灰褐色土或黄褐色土组成的环形圈，环形圈直径0.8—2米不等。分析显示两处建筑基址可能都与祭祀活动有关，这种位于超大型中心聚落（城邑）南部且对称布局的祭祀遗址，或可视为古代“左祖右社”建筑格局之滥觞。

史前时代壕沟分布广泛，对其功能和性质不应一概而论，需要置于各自的自然环境和社会背景中去考察。发掘者认为瓦店遗址属于龙山文化时期的区域聚落群的中心，人工壕沟当为动员较多人力修建的大型建筑，属于服务性的公共设施。禹州瓦店遗址出土的王湾三期文化晚期遗物中以陶器为主，分夹砂陶和泥质陶，多为深灰陶，灰陶、黑陶、褐陶、白陶等较少，纹饰多篮纹，方格纹、弦纹、绳纹、锥刺纹、附加堆纹等较少，也有素面陶；器形有矮足鼎、高足鼎、甗、罐、大口罐、甑、盆、刻槽盆、折腹盆、瓮、壶、缸、钵、碗、豆、圈足盘、鬶、斝、盉、觚、杯等。出土石器有铲、刀、镰、镞、矛、斧、凿、锥、锤、杵、砺石等。玉器有铲、璋、璧、鸟（鹰形玉笄）等。骨器有凿、镞、锥、簪等。蚌器有刀、镞等。上述出土遗物中以陶列觚、白陶或黑陶（蛋壳陶）或灰陶的成套酒器（鬶、斝、盘、杯、觚）、陶塑人头像和长尾鸟、刻划符号或纹饰（鸟纹、云雷纹、几何纹）、玉器和大卜骨为代表，引起人们的关注（图27.3、27.4）。成就了瓦店遗址在颍河中上游的政治、经济、技术、文化、宗教活动的核心地位。

禹州瓦店遗址2006年被国务院公布为全国重点文物保护单位；2021年入选河南考古百年百大发现。

图 27.3 瓦店玉璧

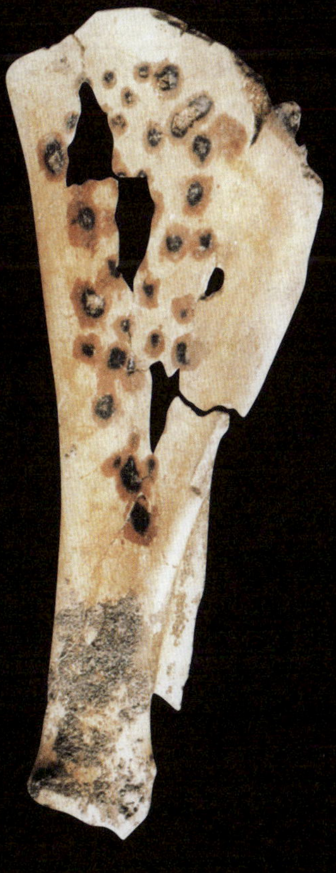

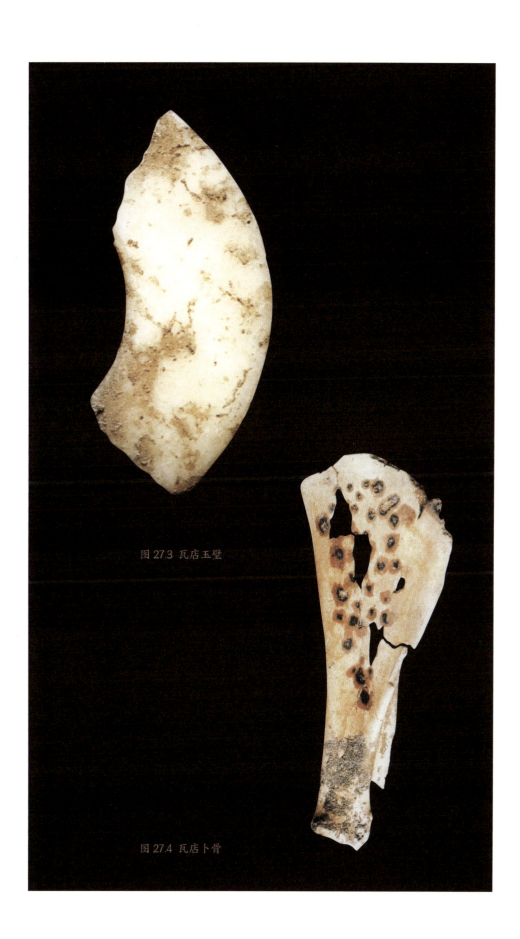

图 27.4 瓦店卜骨

新密新砦夏代早期遗址

新密新砦遗址位于新密市东南18.6千米的刘寨镇新砦村西面台地上。1964年由密县文管所魏殿臣调查发现；1979年赵芝荃先生对新砦遗址进行调查和试掘，发现了龙山文化晚期与二里头文化早期的文化遗存，提出了介于二者之间“新砦期文化”的概念，引起了学术界热烈的讨论；1999—2000年，为配合“夏商周断代工程”又对新砦遗址进行两次考古发掘，出土了大量文化遗物，发现了王湾三期文化、新砦期文化与二里头文化早期的地层叠压关系，证实了新砦期文化的存在；2002年以来，新砦遗址作为“中华文明探源工程”聚落考古研究的子课题，又进行了多次发掘，发现了城址和大型建筑（图28.1）。

通过考古勘探与发掘，可知新砦遗址是一座设有外壕、城壕和内壕多重防御设施的大型城址，始建于龙山文化晚期末段，延续于新砦期文化，废弃于

图 28.1 新砦城墙与城壕

二里头文化早期。整个城址均掩埋在今地表之下，平面形状基本呈圆角长方形，南以双洎河为自然屏障，现存东、北、西三面城墙及靠近城墙下部的壕沟（护城河）。以外壕的范围论之，整个城址总面积逾100万平方米。按城墙的围圈论之，城内面积约为70万平方米。新砦城址的东墙和北墙是利用自然冲沟的内壁修整、填土夯筑而成。东墙南半部已被双洎河及其故道冲毁，现存南北长160米，高4米，未到底部；北城墙东西长924米，高5—6米；西墙及其护城河系人工挖筑而成，南半部亦被双洎河及其故道冲毁，现存南北长470米，高2.5米。三面护城河宽10余米至数十米不等。龙山文化晚期城墙废弃之后，新砦期文化的城墙直接建在龙山文化晚期城墙外坡之上，且打破龙山文化晚期城墙外侧的护城河。新砦城址外壕位于北城墙以外200余米处，东西长1500米，壕沟宽6—14米，深3—4米。城内中心区挖筑西、北、东三面内壕，其中北内壕长约300米，东、西内壕南段遭破坏，残长近200米。在西内壕中部有缺口，当为门道之所在。内壕圈内所占面积超过6万平方米。

在内城中部偏北发现有一处浅穴式大型建筑遗址，使用年代为新砦期文化晚段，废弃于二里头文化早期。西端已遭农田破坏，现存部分整体呈刀把形，主体为长条形，东西长92.6米，南北宽14.5米，东端向南内收2.4米，总面积达1000余平方米。该建筑基本坐落在一条东西向的大路上面，大路已探明的部分东西长逾140米，南北宽10.4米，向西基本与西城墙缺口相对应，向东直抵双洎河故河道的断崖，很可能是穿越城内的主干道。其建筑过程为截取位于内城中间的一段大路，再向南北扩展，挖成一个低于当时活动地面的大型基础浅坑，浅坑的底部平整，并在原有大路的路土上铺设两层厚5—10厘米的垫土层，又在浅坑的四周壁上涂抹一层厚2—4厘米的黄泥，其后即开始使用，形成最初的底层踩踏面。经过一段时间的使用，四周浅壁的黄泥脱落，于是便贴着黄泥的内侧再加筑一道宽25—40厘米的纯净夯土带，类似一道矮墙，并涂抹一层白灰皮，用以再次加固浅坑的周壁。这道矮墙直接叠压在第一层踩踏面上，而建筑内部的踩踏面也进行加高，形成第二层踩踏面。再经过一段时间使用，矮墙也会损坏，于是在其内侧加筑补修矮墙，同时形成第三层踩踏面。四周矮墙的作用是在于修饰和加固浅坑内壁，其上均无柱洞，都不具备承重作用，表明这一浅穴式建筑是一处大型露天活动场所。在其附近发现有整猪骨架坑和较多兽骨的灰坑。联系到古籍中关于“坎”和“墠”的记载，高出地面用土堆筑起来的为“坎”，低于地面开掘出来的为“墠”，均为祭祀性建筑。这座浅穴式大型建筑位于内城的最高处，其浅穴的形制总体符合“高而人于下”之“坎”的特点。再联系到其附近发现同时期的整猪骨架坑和兽骨灰坑，应与“坎”“墠”之类的祭祀遗迹有关。

在新砦遗址还发现有房址、灰坑、墓葬等遗迹，出土一批很有特点的陶器（图28.2、28.3）。

图 28.2 新砦灰坑葬

新密新砦城址是河南目前所见面积最大的一处龙山文化城址，也是唯一一座能够确认的新砦期文化城址，它填补了河南龙山文化晚期与二里头文化早期之间的一段空白，也是“夏商周断代工程”和“中华文明探源工程”预研究项目的重要研究对象，对研究中华文明起源与发展，对早期夏文化研究具有重大学术价值。

新密新寨砦遗址2006年被国务院公布为全国重点文物保护单位；2021年入选河南考古百年百大考古发现。

图 28.3 新砦猪首器盖

平顶山蒲城店夏代城址

蒲城店遗址位于平顶山市东高皇乡蒲城店村北。现存面积约18万平方米。20世纪50年代末调查发现，2004—2005年，进行考古发掘，揭露面积6200平方米。

遗址主要有龙山文化、龙山文化向二里头文化过渡时期、二里头文化三大阶段遗存。遗址内龙山文化遗存：在遗址东北部发现一座略呈东西向、圆角长方形的龙山文化城址。见有东、西、南三面城墙与城壕，其中北墙全部、西墙北段和中段、东墙北段可能已被湛河故道冲毁。西墙残长124米，南墙长246米，东墙残长200米左右，现存城址总面积约4.1万平方米。若复原起来完整的城址面积要比此大得多。其中西城墙用修整过的自然高地作中心基础，采用夯筑与堆筑结合的建筑技术，由主墙体和两面护城坡组成。底宽14.5米，顶宽7.05米，残高2.3—4.35米。外护坡底部较深，甚至超过城壕底部。城墙夯土有个别圆形夯窝，直径7—15厘米。大部分夯窝较大，形状不一，夯具当以石块为主。北城壕宽23.4米，深4.3米。城壕略斜壁，底部较为平坦。另发现龙山文化房址，如F39为3间相连多间房地上建筑，平面呈东西向长方形，保存有墙体，多个柱洞，2处火塘，南向门道，房外有散水和活动面及排水沟。还发掘出龙山文化的陶窑，如Y5，窑室、箅孔、火道、火门、火膛保存较好，并有工作面、灰坑等相关遗迹。窑室呈圆形，直径1.45—1.56米，顶部已残，窑箅上有10个圆孔，孔径0.08—0.23米不等。窑壁呈弧形，火膛位于窑室北部，平面半圆形，最宽处0.68米，内高0.72米，火膛底部有灰烬层。火膛南侧有2条火道，开口是喇叭状。窑室、箅孔、火道、火膛均用细泥涂抹，烧烤成青灰色。窑壁外侧有一层灰褐色泥土加固。同时发掘一批灰坑，出土大量龙山文化陶片。

蒲城店遗址是龙山文化向二里头文化过渡时期的遗存，发掘出房址、灰坑、灰沟和墓葬等。其中H411为一大型不规则形灰坑，南北长13.6米，深1.8米，坑壁内收，略呈圜底，填土分三大层，出土大量的陶器和其他遗物。与龙山文化遗存相比，这一阶段新出现了子口盆、子口缸、深盘豆等器形，其他器物形态特征也发生一些变化。有层位关系表明，这时的遗存晚于龙山文化而早于二里头文化。

遗址内二里头文化遗存在龙山文化城址的西南侧，发现一座略呈东西向圆角长方形的二里头文化城址。城址东西长约260米，南北宽为204米，面积约5.2万平方

图 29.1 蒲城店房址

图 29.2 墓葬 M40

米。筑城时先将拟建城墙之处挖出基槽，再填充纯净土并夯打使城墙地基坚实。修建地表以上城墙时，还采用有版筑法。夯窝圜底，呈圆形或椭圆形，直径6—10厘米。可能使用石块或较大的木棍作夯具。城墙外侧城壕宽9.1米，深3.65米。城内出土较多的各类二里头文化早期陶片。在遗址的中偏西部，发现一道南北向的夯土墙HQ1，宽1.95—2.6米，长41米以上。夯土墙仅存地基部分，其东部未见什么遗迹，其西4.65米以外是成片的二里头文化房址，应该是房址区，经过专门规划，并且用夯土墙分隔开来。

蒲城店遗址龙山文化城址以西，二里头文化城址以北，在南北宽20米、东西长近百米的发掘区域内，发现有20多座二里头文化的房址。这些房址均为地面上建筑，排列有序，有单间、双间、三间、四间、五间、六间等多种形式，为东西向排房（图29.1）。其中F10是一座六间相连的地面式建筑，东西长21.65米，南北宽6.5米，总面积约140平方米。房址尚残存墙基，墙内有柱洞16个。屋内地坪坚硬有踩踏痕迹，均有椭圆形烧灶，有的灶面还存留有陶支架残块。门道朝北或朝南，排房隔墙有内间门相通。房址外侧有含料礓石土铺就的散水。

另发掘有灰沟，东西向延伸至发掘区外，长20米以上，宽4米，深2.4米。沟内填土中有二里头文化的大量陶片。还清理一批长方竖穴土坑墓。其中M17为一男性成人仰身直肢葬，无葬具，骨架上和墓底铺有朱砂。墓主右侧置盆1、觚2、圈足盘1。M40随葬有较多的陶器（图29.2）。

蒲城店遗址，从龙山文化晚期至二里头文化，两座城址及其他遗迹一脉相承，为研究夏代早晚期文化提供了新的具有重大学术价值的实例。

平顶山蒲城店遗址2021年入选河南考古百年百大考古发现。

郑州洛达庙夏代晚期遗址

洛达庙遗址位于郑州西郊的洛达庙村东北的丘陵地上，1954年调查发现。1956—1958年，为配合郑州第二砂轮厂和郑州电缆厂建设工程，进行了三次考古发掘，总计揭露面积1600平方米。遗址中发现早、中、晚三期的地层叠压和遗存。

洛达庙一期文化遗存，发掘灰坑7个，分为长方形坑、椭圆形坑和不规则形坑三种形制。其中长方形坑H26，坑口南北长1.75米，东西宽0.8米，深5.4米以上，出土一些陶器、石器和骨器等，可能是水井。H245为直壁圆筒形坑，口径2.5米，底径2.3米，深0.75米。内置仰身直肢成人骨架1具，俯身屈肢儿童骨架1具。H246为近似长方形大坑，南北长4.6米，东西宽3.05米，深1.8米。内置1具完整的牛骨架。发现陶窑6座，由窑门、火膛、支柱、窑箅、窑室组成。窑址相距较近，分布集中，可能是制陶手工作坊区。清理小型长方竖穴土坑墓2座，其中M13为一仰身直肢成年人，随葬三足盘1件；M12葬一儿童，随葬1件石凿。

洛达庙一期文化出土遗物有铲、斧、刀、镰、凿、镞等石器；鼎、深腹罐、花边罐、圆腹罐、甑、豆、簋、三足盘、大口尊、小口尊、瓮、盆、刻槽盆、缸、器盖、杵、纺轮等陶器；另有铲、锥、凿、镞等骨器（图30.1、30.2）。

洛达庙二期文化遗存，发掘灰坑12个，有长方形、椭圆形和不规则形三种。其中H351为长方形坑，直壁，平底。坑口南北长2.24米，东西宽2.1米，深约5.46米。距坑口深1.08米处有二层台。东西两壁挖有可供上下的脚窝。坑内仅出土一些陶大口尊残片和红陶片，可能是水井。H307为不规则圆形坑，斜壁，平底。口径4—4.2米，深1.4米。坑内黄灰土，出有鼎、大口尊残片及骨锥等，该坑应为当时取土所致。

洛达庙二期文化出土遗物有铲、斧、刀、镰、凿等石器；锥、簪、镞、卜骨、带锯痕加工骨等骨器；鼎、鬲、深腹罐、圆腹罐、甑、簋、爵、壶、瓮、大口尊、盆、缸、刻槽盆、器盖、杵等陶器（图30.3）。

洛达庙三期文化遗存，发现半地穴式方形房址1座F2，四壁垂直，底部平坦，南墙西端有斜坡门道，房内有三个柱洞，在东北角有椭圆形的烧土硬面，东南角有烧土坑。房址外西北约2.1米处有一个灶坑，由灶门、灶膛、烟囱组成，堆满陶片、烧土块和草木灰。清理灰坑35个，可分为长方形、椭圆形和不规则形三种。

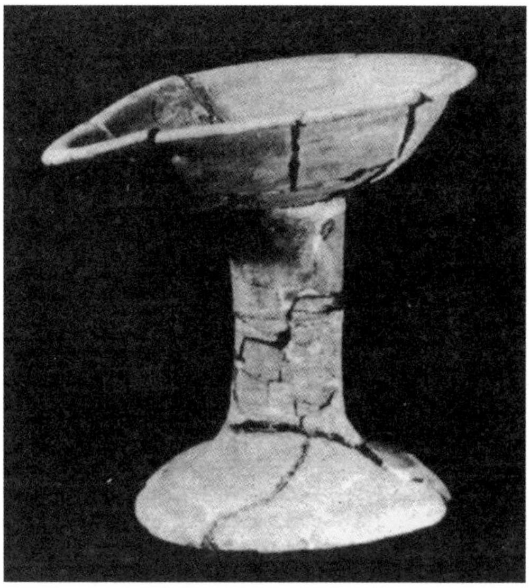

图 30.1 洛达庙一期陶豆

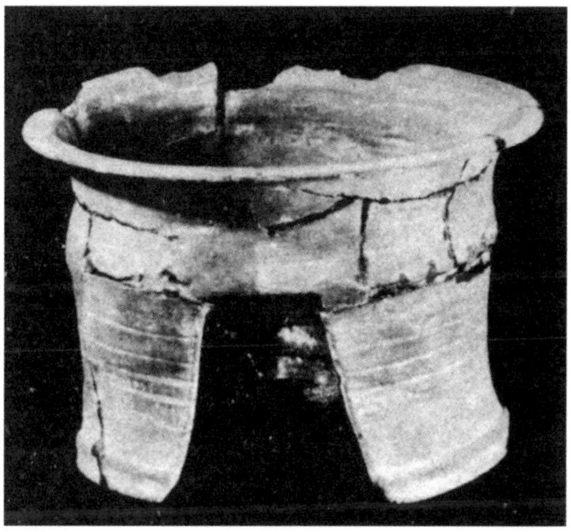

图 30.2 洛达庙一期三足盘

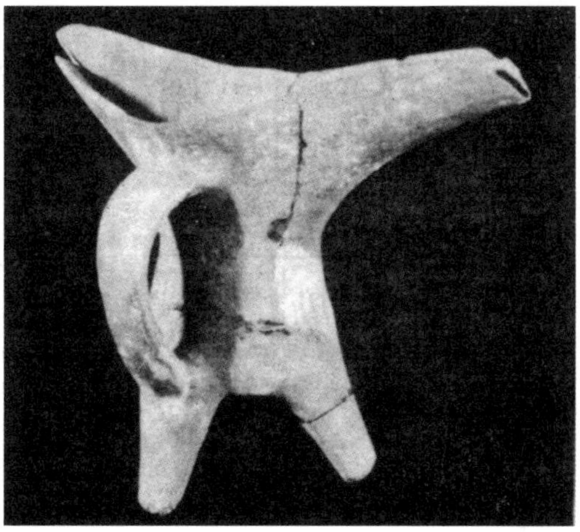

图 30.3 洛达庙二期陶爵

其中H97坑口近椭圆形，距坑口1.4米深处有二层台，二层台以下坑变成长方形。坑的西壁有6个脚窝，东壁有3个脚窝。坑深5.9米，填有灰土和较多陶片。该坑应是当时的水井。另有H343为不规则形大坑，南北长5.36米，东西宽4.58米，深1.4米。坑内置完整牛骨架3具和羊骨架5具；其旁6米处有H352，内埋1具无头牛骨架；还有H38内置大量牛、羊骨骼。这些可能与祭祀有关。清理长方竖穴土坑墓14座，除M142葬一幼童外，均为成年人墓。少量墓内随葬1—3件陶器及玉饰、绿松石饰和涂朱圆陶片。

洛达庙三期文化出土遗物有数量较多的铲、斧、刀、凿等石器；另有少量刀、镞、锥、簪、梳、卜骨等骨器；更多的是陶器，包括鼎、鬲、甗、罐、斝、爵、杯、豆、簋、瓮、大口尊、小口尊、缸、刻槽盆、器盖、杵、网坠、纺轮、涂朱圆陶片等；还有石环、玉环、玉饰、绿松石饰等。

通过洛达庙遗址的考古发掘，找到了早于郑州二里岗期下层商文化的地层和遗物的实证，郑州二里岗期商文化是由洛达庙期类型文化发展而来的。

洛达庙一、二、三期文化遗存相同于后来的偃师二里头遗址的二、三、四期文化。由于偃师二里头遗址规模和范围极大，出土遗迹和遗物特别丰富，还可与古文献记载联系起来，由此学术界最终把郑州洛达庙类型文化归入二里头文化范畴之中。

郑州洛达庙遗址虽然未被列入河南考古百年百大考古发现名录之中，但其发现早于偃师二里头遗址5年，考古发掘早于二里头遗址3年，对探索和寻找夏文化开拓之功，已载入中国考古学史册之中。

郑州东赵夏代晚期及商周城址

郑州东赵夏商周城址位于郑州市西郊高新区沟赵乡东赵村南。东距郑州商城约14千米，北距大师姑城址约7千米，东北距小双桥遗址约9.5千米，西距荥阳关帝庙商代晚期遗址不到2千米。东赵遗址地处郑州夏商文化分布的核心区域。1985年春，进行文物调查时发现该遗址；2002年对遗址进行测绘；2005年又对遗址进行复查，在遗址东部发现一段夯土墙；2006年再次对遗址进行勘探，又发现夯土城墙与壕沟；2012—2015年，为完成“中原腹心地区早期国家的形成与发展”科研项目，就进行过大规模的考古发掘工作，揭露面积7000平方米。发现有不同时代的小、中、大三重城址，出土了一大批各类遗物，当为重要的考古发现（图31.1）。

图 31.1 东赵城址发掘现场

图 31.2 东赵中城城壕剖面

东赵遗址小城位于遗址东北部，平面呈方形，每边长150米，面积约2.2万平方米。因过去平整土地，城墙墙体破坏殆尽，仅存基槽，基槽宽4米，深1.5米，基槽内夯土土质较紧密，土色均为浅黄色，夯层清晰，每层厚5—8厘米，但夯窝较为模糊，紧靠城墙外侧有城壕，宽5—6米，深3—5米，城壕底部为淤土堆积。通过对东城墙、北城墙、南城墙三处横断解剖，发现城墙基槽均被二里头文化一期遗存打破，基槽夯土层内有少量龙山文化晚期陶片和较多的新砦期文化陶片，护城壕内所有陶片均属新砦期文化。这就表明东赵遗址小城始建于新砦期文化，废弃于二里头文化一期，属于夏代早期城址。小城内破坏十分严重，大多为当代垫土堆积，仅见有很少量的新砦期文化遗存，布局尚不清楚。

东赵遗址中城位于遗址中部，平面基本呈梯形，南城墙长256米，北城墙长150米，南北长350米，面积约7.2万平方米。东赵遗址地貌为南高北低，根据解剖可知，中城当时是依地势而建，城墙墙体被破坏无存，仅见有城墙基槽部分，呈现南浅北深的情况。墙基宽4—7米不等，基槽内夯土较为紧密，土色均为浅黄色，夯层较为清晰，层厚6—8厘米，部分剖面尚可见到圜底夯窝。在中城南墙基槽内发现一具孩童骨架，应是二里头文化遗址中少见的奠基遗存。城壕宽3—6米，深2—3米，壕内均为淤土堆积（图31.2）。中城墙基被二里头文化四期灰沟打破，在东、南、北城墙基槽内均有二里头文化二期陶片，城址使用时期的壕沟底部出土二里头文化二期陶片。在城垣内外分布着二里头文化二期晚段和三期早段的遗存，由此判断东赵中城始建于二里头文化二期，兴盛于二里头文化二期晚段和三期早段，废弃于二里头文化四期。在中城东墙中部偏南处，有一条东西向的路沟，道路宽2米，路土厚0.5米，道路两边为中城夯土基槽，发掘者判断此处为中城东城门之所在。中城中部偏东区域发现有较为集中的多个圆形地穴式祭祀遗存，内置完整的猪骨架、未成年人骨架、龟壳等。在H342圆形坑中出土近20块牛肩胛卜骨，有明显灼痕，时代为二里头文化二期，卜骨数量之多甚为少见（图31.3）。在中城北部发现有祭祀遗存和建筑遗迹，是中城布局中的重要区域。在中城南部发现有小型房址与大量的生活遗存，该区域当为一般居民区。在中城东南角有一长方形商代二里岗期下层回廊式建筑，当是东赵遗址中城废弃后所建，仅存夯筑基础。其范围东西长75米，南北宽40米。东廊南北长40米，东西宽10米；南廊打破中城南墙，东西长70米，南北宽10米，基础厚1米，中部偏东位置有近2米的缺口，应为门道；西廊揭露部分南北长20米，东西宽10米；北廊东端保留，西部、中部上层被破坏，下层夯土尚在。整体建筑布局中间为庭院，四周为回廊，主殿建筑在北，门道在南（图31.4）。

东赵遗址大城四周环绕中城，遭破坏更甚，多为现代厂区、砖瓦厂、养殖场占压，残存部分城墙基槽经勘探可知，大城整体平面近似横长方形，东西长约1000米，南北宽为600米，面积60万平方米。残存城墙基槽形状为倒梯形，槽深约1米，上口宽1米，底宽0.4米。夯土质量较高，基槽内出土陶片为东周时期。大城城壕宽3—6米，深2—3米。壕内也见有很少量的东周陶片。大城的始建和使用年代应是东周战国时期。

郑州东赵遗址清理各个时期的灰坑近500个，发现水井近100眼，还有一些房址、陶窑、水池、道路、墓葬等。出土大量遗物，包括铲、斧、刀、镰等石器；匕、簪、镞等骨器；蚌刀、蚌镰及贝币等。出土最多的是陶器，主要有深腹罐、花边口沿罐、捏口罐、小口高领罐、盆、甑、矮领瓮、附加堆纹缸、觚、鬲、大口尊、豆、斝、碗等。

东赵遗址涵盖龙山晚期文化、新砦期文化、二里头文化、二里岗期商文化、两周文化，对夏商周年代谱系完整有重大学术价值。其中东赵遗址小城为郑州地区嵩山以北确认发现的第一座新砦期文化城址，为研究夏代早期的新砦期文化面貌、性质及归属等问题提供了全新的资料；东赵遗址中城是为数不多的夏代晚期二里头文化城址，有着重要的军事和社会地位；在东赵中城废弃之后，这里出现了二里岗期商文化大型建筑基址，应是与郑州商城紧密相连的聚落区；东赵遗址两周遗存丰富，从东周大城上溯，或可提供西周管国的一点线索。

郑州东赵夏商周城址2014年入选全国十大考古新发现；2014年入选年度河南五大考古新发现；2021年入选河南考古百年百大考古发现。

图 31.3 中城祭祀坑

图 31.4 夯土基址剖面

偃师二里头夏代晚期王都遗址

偃师二里头遗址位于偃师市西南8千米的翟镇镇二里头、圪垱头、四角楼等村一带。东距偃师商城约6千米，西距洛阳汉魏故城约5千米，地处北面洛河和南面伊水之间。1957年当地村民在动土过程中发现该遗址，并报告至偃师县文化馆；1959年5月，徐旭生先生带队在豫西调查“夏墟”过程中，在偃师县文物干部高某协助下调查二里头遗址，当年11月发表《1959年豫西调查“夏墟”的初步报告》（《考古》1959年第11期）；依据考古调查与发掘记录可知，河南省文化局文物工作队的刘胡兰小队，1959年6月曾到偃师二里头遗址调查夏文化，并于7—8、10月至翌年2月，进行两次考古发掘，揭露面积300平方米。清理房址2座，灰坑8个，陶窑1座，墓葬13座；出土各类陶器如大口器、罐、鼎，鬲、三足皿、器盖等，加上其他文物共计538件。其后整理编写出《偃师二里头遗址考古发掘报告》（初稿），但一直未曾发表；几乎与此同时，1959年秋天，中国科学院考古研究所开始在二里头遗址进行考古勘探与发掘，除“文化大革命”中断了数年（1965—1971年）之外，一直延续到今天，有许多重大考古发现。

经过几代考古人一个甲子时间的努力，二里头遗址的年代、范围、内涵已经比较清晰。二里头文化是介于河南龙山文化晚期与郑州二里岗期商代早期文化之间的一种考古学文化。偃师二里头遗址的范围大致呈西北、东南向的长方形，东西最长约2400米，南北最宽约1900米，面积约3平方千米。遗址北部和东北部边缘因洛河泛滥，多次冲刷，沙土堆积，具体边界已无法确指；其南部和西南部边缘则为洛河故道形成的冲积堆积；东南边缘以外是落差2米的断崖；东部边界则为一条南北走向长350多米的大灰沟；西部和西北部与生土区相接。在这样一个大范围内，文化层厚约3—4米。是一座经过缜密规划和精心建造的大型城址，城内有宫殿建筑群，宫城墙和围垣设施，宫格式的道路网，各类手工业作坊，祭祀遗址，贵族聚居区，平民居住地，灰坑和水井，池状堆积与排水沟渠，贵族墓葬，平民小型墓等大量遗存遗迹。这里代表的是原始社会瓦解之后，中华大地上出现最早的王朝，被称为华夏第一王都。

宫城是二里头遗址的中心，位于遗址中部稍偏东的最高处，由构成“井”字形的四条东西向和南北向的道路相围，在道路内侧修筑夯土宫墙，东墙残长330余米，复原长度378米；南墙残长120余米，复原长度295米；西墙残长150余米，复原长度359米；北墙残长250米，复原长度292米。四个城角基本垂直相交，平面呈长方形，总面积约10.8万平方米。宫城内发现有东、西两组大型建筑群组。其一是西部建筑群组，位于宫城内西部偏南侧；其二是东部建筑群组，位于宫城内东部偏北侧（图32.1）。

西部建筑群组包括具有共同中轴线的1号、7号基址，以及宫城西墙南部的8号基址和1号基址门塾石前方的9号基址。其中1号基址是西部建筑群组中最主要的宫殿建筑，这是一处高出当时地面约0.8米的夯土台基，整体略呈东北角内凹的正方形，东西长约108米，南北宽约100米，总面积超过1万平方米。主殿位于夯土台基的北部正中，其长方形基座略高于周围的台基面，基座东西长36米，南北宽25米。殿堂就建于基座之上，也呈长方形，东西长30.4米，南北宽11.4米，四周有一圈直径约0.4米的大型檐柱洞，南北两面各9个，东西两侧各4个，柱洞之间相距约3.8米。在每个檐柱洞之外0.6—0.7米处，均有两个直径为0.18—0.2米的小型擎檐柱洞，柱洞之间相距1.5米。上述两种柱洞底部都有柱础石，皆为没有经过加工的不规整的方形石料，分红砂石和青石两种，大石料只放1块，小石料则铺垫3—5块。从檐柱的排列可以看出，这是一座面阔八间、进深三间的大型殿堂建筑。从擎檐柱

图 32.1 二里头夯土建筑基址

的遗存，推测殿堂的屋顶可能是四坡出檐式的大屋顶。在殿堂地面上，没有发现墙体，只有少量的木柱灰痕和草拌泥土块，则可能以木柱为骨，用草拌泥堆砌成墙；也可能是夯土墙，而以木架草拌泥为屋顶。殿堂前面是平坦广阔的庭院。围绕殿堂和庭院的四周有一组完整的廊庑建筑，这组廊庑建筑有两种形式，一种是南面和北面的廊庑，中间起墙，两边立柱，构成两面坡顶；另一种是西边和东边的廊庑，外面起墙，里面立柱，构成单面坡顶。现存廊庑的墙基中间均有一排小柱子洞，洞底还见有柱础石，这应是在夯土台基上挖沟槽后，再铺石立柱修起来的木骨墙，这不但可隔绝宫室内外，而且还可以支撑廊庑的屋顶。在庭院南面廊庑的中间有大门的遗存，由3条门道和门道两侧的4座屋室建筑组成。3条门道均有南北向路土，门道之间4座屋室的四角均有柱洞，残留有墙基。在殿堂附近和庭院中，还发现有一些灰坑内掩埋被捆绑的人骨架，有的灰坑填土还经过夯打，这些很可能是举行某种仪式祭祀时的牺牲。在宫殿遗址中没有发现居住生活的现象，这里应是王室的宗庙建筑。

东部建筑群组包括具有共同轴线的2、4、6号基址，以及3、5、11、12号基址。其中2号基址是东部建筑群组中最主要的宫殿建筑，其东依宫城东墙，南邻4号基址，北邻6号基址。2号基址也是一座大型夯土基址，南北长72.8米，东西宽57.5—58米。四边有北夯土墙，东夯土墙和内侧的东廊，西夯土墙和内侧的西廊，南木骨泥墙和两侧的复廊，中间围成一个庭院。庭院北部是中心殿堂，中心殿堂与北墙之间有一座大墓。中心殿堂是在2号基址上再夯筑基座而建成，殿堂台基东西长32.75米，南北宽12.75米。台基上四边各有一排柱础槽，槽内有柱洞，洞下有石柱础。东西向的一排10个，南北向的一排4个，柱洞径0.2米余，洞距3.5米左右。柱洞里侧约2米处，有一周长方形木骨墙，中间又有两道南北向隔墙隔成三室。东、西二室面阔7.7米，中间一室面阔8.1米，进深约5.5—5.6米。木骨均靠墙里侧立着，墙槽底部置有方形横木以承木骨。中心殿堂三室南面均开一门，中间隔墙也有门相通，室外为回廊建筑。大墓位于中心殿堂北面略偏东的地方，北距北墙近1米，南距中心殿堂台基1.5米，东距东廊15.2米，其中线向南延伸正好通过南大门门道正中，大墓与南大门南北对应。该墓为长方形竖穴土坑墓，墓口东西长5.2—5.33米，南北宽4.25米，墓深6.1米，墓内有生土二层台。墓内填土全经夯筑，夯层厚5厘米左右。该墓中部有一早期大盗洞直通墓室，墓内遗物被盗一空，仅存少量朱砂、漆皮、蚌饰片、涂朱陶龙头和一具装入红漆木匣内的狗骨架。该墓规模与殷墟妇好墓相当，这是我国迄今所发现奴隶社会中最早的大墓，属于二里头文化三期即夏代晚期，与中心殿堂时代相同。南墙和复廊被位于中部稍偏东的南大门分为东西两段。南大门南北墙向外凸出又有回廊。整座南大门范围以廊檐计算东西长14.4米，南北宽10.7米。南大门建筑面阔三间，东西两间略呈正方形，南北长3.15米，东西宽3.3

米。可能就是文献记载的东西“塾”或左右“塾”。中间的一间东西长5.4米，南北宽3.2米，为一穿堂建筑，屋内南北有宽2.9米的缺口，即为南大门的门道，向南向北均有路土延伸。鉴于中心殿堂北侧的大墓，由此推断2号基址也很可能属于宗庙之类的建筑。

宫城四周城墙外侧的东西南北四条构成“井”字形大道，勘探长达300—700米，路宽15米，道路两侧还有宽约2米的夯土墙。随着考古发掘的深入，道路均向外延伸。在宫城外侧的东部、西部发现较多的夯土建筑基址，属于贵族的聚居区。在西部和北部多见有小型房址为一般居住区。在宫城以南为围垣区，发现有大型铸铜作坊；另有绿松石器作坊。在二里头遗址西北部发现有制漆的作坊遗址，发掘出土800多片器表、断茬带有红漆的陶片。还发现有大面积的制陶作坊遗存，包括陶窑、存泥坑、泥坯、烧土、炉渣、变形陶器、大量陶片及陶垫等制陶工具。在宫城西南角发现骨器、角器加工作坊，出土大量动物遗骨、牛角、鹿角，骨器的锥、镞、簪等成品及半成品和废料，在骨质、角质遗物中有不少砸击、切割、磨制的痕迹。在宫城外侧的北部，发现有大量的祭祀遗存，呈东西方向排成一线，连绵二三百米。这可能是文献记载中“坛”和“墠”类遗迹，坛是凸出于地表的圆形土坛，坛面正中有一土墩，其周围是内外两圈小土墩，内圈6个，外圈12个；墠是平面呈长方形的浅穴活动面，在其上举行各种宗教活动。在宫城内和周围其他地方，还清理出400多座墓葬，其中有一些随葬青铜器、玉器、漆器和绿松石饰的贵族墓。

上述考古发现，揭示了二里头都邑为分层规划，宫城居中，显贵拱卫，分区而居，区外设墙，居葬合一的多网格式布局，显示出当时已有明确的规划，社会结构层次明显，等级有序，已经成熟的统治制度。这是二里头进入王朝国家的重要标志。

二里头遗址出土遗物非常丰富，包括数量较多且工艺复杂的青铜器，有刀、锥、凿、锛、鱼钩等生产工具，戈、镞、戚等兵器，爵、斝、盉、鼎等青铜容器（图32.2），还有铜铃和精美的镶嵌绿松石铜牌饰等；出土成批的玉器和绿松石器，有琮、璧、钺、璋、圭等礼器，铲、戈、刀、斧、凿、锛、镞、纺轮等工具和兵器；璜、环、坠、管等装饰品，还有大量的绿松石片、珠等，其中宫城内3号基址附近清理的一座贵族墓（02VM3），出土一件由2000多片各种形状绿松石片组合成的玉龙形器，通长0.702米，展现了精妙无双的中华龙图腾（图32.3）；另出有锛、铲、斧、锤、凿、镰、刀、镞等大宗石器；铲、锥、叉、刀、镞、凿、匕、针等骨器；铲、锥、镰、凿、镞等蚌器；出土遗物最多的还是陶器，器形有深腹罐、圆腹罐、鼎、甑、甗、鬲、盆、平底盆、刻槽盆、簋、钵、豆、三足皿、捏口罐、敛口罐、高领罐、高领尊、矮领尊、大口尊、小口尊、缸、瓮、罍、盘、壶、爵、角、觚、碗、碟、杯、器盖等，可谓五彩纷呈（图32.4）。

图 32.3 绿松石龙形器

图 32.2 二里头青铜爵

图 32.4 二里头陶角

以偃师二里头遗址命名的二里头文化，是当时华夏大地最重要的考古学文化，二里头文化的分布包括河南全部、晋西南地区、河北南部、陕西关中东部和丹江上游一带，以及豫鄂交界地区。偃师二里头遗址就是这个辽阔地域的核心与引领者。如前所述，二里头遗址宫城规矩方正，其内分布有明确中轴线的大型夯土台基，展示了主殿坐北朝南并以廊庑组成四合院建筑的宫室形制，以及宫庙分置等礼仪建筑布列制度。这是首次发现最早的规划明确、布局严整而又规模空前的王都遗址，开启了中国古都营建规制的先河。二里头遗址晚于原始社会又早于商代文化而没有间隙，虽然还没有发现像安阳殷墟甲骨文那样的成熟文字，但种种考古发现并结合文献记载，也可分析出遗址的历史属性，说其是夏王朝也绝不会有什么大差。从时间、空间、规模及对中华大地的影响来看，二里头遗址彰显出一派王朝气象。二里头文化开启了中国古代文明起源与发展中最早的三代王国文明，其重大的历史价值、科学价值、艺术价值绝对不可低估。

偃师二里头遗址1988年被国务院公布为全国重点文物保护单位；2001年入选中国20世纪100项考古大发现；2009年入选全国最具中华文明意义的百项考古大发现；2021年入选中国百年百大考古发现；同时还入选河南考古百年百大考古发现。

荥阳大师姑夏代晚期城址

荥阳大师姑遗址位于荥阳市广武镇大师姑村和杨寨村南地，北距黄河、西南距荥阳市区均为13千米。该遗址是在1984年郑州市开展文物普查时发现的。2002年春，又进行勘探。发现遗址面积很大，四至清楚，夏、商遗存都很丰富。在遗址的北、东、南三面探出环绕遗址的壕沟，东壕沟较直，北壕沟和南壕沟都通入今索河河道。同时在南壕沟的内侧，发现有一长段东西走向与南壕沟平行的硬土。2002年10月，为配合当地农田建设，对遗址进行了考古发掘。证实了勘探发现的南壕沟内侧硬土是二里头文化时期的夯土城垣，环绕遗址的壕沟为城垣的护城壕。表明大师姑遗址是一处二里头文化时期的城址。2003年上半年，又对索河西岸杨寨村南地进行勘探，发现索河东岸的城垣和城壕越过索河继续延伸并找到了城址的西墙、南墙西段和北墙西段。表明索河西岸的遗址也是大师姑二里头文化城址的一部分（图33.1）。

荥阳大师姑遗址内涵丰富，以二里头文化为主体，发现有房址、灰坑、灰沟、墓葬、城垣和城壕等遗迹。清理房址1座，为带柱坑的长方形地面建筑。发掘灰坑56个，灰坑中H2为椭圆形坑，底部埋葬一具人骨架，为壮年男性，仰身屈肢葬，上、下肢有部分残失。H70为长方形坑，形制较大，坑口长2.98米，宽1—1.22米，坑底长2.5米，宽0.9—1.14米，坑深1.15—1.3米。出土有大口尊、盆、深腹罐等陶器，另出有方玉杯、卜骨、甲鱼盖及残骨、蚌器等。H75出土带弯头的陶水管道，别具一格（图33.2）。发现灰沟4条，清理墓葬5座。均为长方竖穴土坑墓（图33.3）。

荥阳大师姑遗址发现最大的遗迹是二里头文化的城垣和城壕。该城址位于大师姑村和杨寨村南地，今索河河道从城南向东于城址南偏西部折向北流，将城址分成东西两部分，大部分在河东岸，少部分在河西岸。城址由城垣和城壕两部分组成。城垣距现地表深度不一，一般在1米左右。已发现南墙西段480米与南墙东段的部分城墙，还有西墙北段80米和北墙西段220米及东墙北段的部分城墙。城壕和发现的城垣平行，除北壕西段因索河河道间隔和城址西南角暂未发现外，其余地段均已封

图 33.1 大师姑城墙发掘现场

图 33.2 陶水管道

图 33.3 二里头文化墓葬

闭。东壕南北长为620米，北壕长度为980米，西壕发现长度为80米，复原长度应为300米，南壕长度已发现770米，复原长度为950米，总周长已发现长度2450米，复原长度2900米，城址总面积为51万平方米。城址平面呈东西长、南北窄的横长方形。

现存城墙以南墙西段解剖为例，顶部宽度为7米，底部宽约16米，现存残高为3.75米。夯土城墙的结构较为复杂，依据土质、土色的差别，可分为7个夯土层。夯1层：位于墙体南部，从北向南倾斜，水平夯筑，南北宽2—3米。该层堆积由多层夯土筑成，总厚度约2.1米。黄褐色花土，质地坚硬，每小层夯土厚0.1—0.4米，夯窝不清晰，直径0.04米，深0.02米，夯土堆积层下为回填土层，黄褐色，含较多料礓石颗粒，质地坚硬，未经夯打，最厚处达0.65米。回填土层下有一层淤积土层面向上与夯1层和夯2层的交接面重合。无出土物。夯2层：宽0.45米，厚2米，浅褐色土，上下平夯，夯层及夯窝结构与夯1层相同，无出土物。夯3层：宽0.55—0.8米。上部厚1米，宽0.8米。黄褐色花土，质地较硬，含少量料礓石颗粒。逐层水平夯打。夯层与夯窝情况与上层相同，其下为黄褐色回填土层，较纯净，未经夯打，但质地较硬。其北侧堆积线与夯4层的交接面相通。该回填层南北两侧较浅，中间较深，呈沟状，出土有1件深腹罐残片。夯4层：位于墙体北侧夯7层的两侧与上部。褐色土，土质较杂，夹杂有红烧土粒、炭屑等。质地较硬，经过夯打。夯层情况同上，夯窝不清晰。其上层宽度约2.6米，从夯7层两侧开始呈斜坡状堆积，南侧宽0.6米，北侧宽2.5米，南侧厚0.7米，北侧厚1米。两侧的土质、土色相同。出土有少量陶片。夯5层：位于墙体北侧夯4层下。从南向北呈倾斜状堆积。灰褐色，土质杂乱。倾斜夯打，每层夯层厚度不等。上部夯层明显，每层为0.1—0.4米，下部稍厚。出土有少量陶片。夯6层：位于夯5层下。从夯7层北侧由南向北倾斜，宽度为0.4—1.85米，厚0—0.8米。深褐色土，质地较硬，水平夯打，夯层、夯窝同夯4层。无出土物。夯7层：位于墙体中心。宽0—0.6米，上部厚0.4米，黄色土，质地疏松，未见夯层。下层厚0.98米，浅褐色土，质地较硬，经过夯打，夯层与夯窝同上。该层打破一淤土层，无出土物。

城址的四周均有城壕。曾对东部城壕和南部城壕进行解剖。其中东城壕沟口距地表2.6米，断面呈倒梯形，斜直壁，平底。壕沟口宽5米，底宽3.25米，深2米。壕沟堆积可分3层。第1层为红花土层，深2.6—3.25米，厚0.1—0.75米。土质较硬，密度较大。内含大量黄褐土块、料礓石及少量红烧土颗粒、炭屑、螺壳等。夹杂一些黑灰土。无出土物。第2层为黄白砂土层，深3.7—3.8米，厚0.1—0.4米。土质纯净、松软，无包含物。第3层为红褐花土层，深2.6—4.1米，厚0.5—2.1米。质地纯净。出土人头骨1块，以及泥质黑陶和泥质灰陶绳纹陶片，应属二里头文化遗物。而南部城壕的沟口距地表1.4米，沟口宽约9米，沟深2.8米。底部略呈圜底。黄褐色花土、淤土等堆积。包含很少量碎陶片。

大师姑二里头文化遗存堆积丰富，地层关系复杂，出土遗迹种类多样。这些遗迹单位相互之间构成各组叠压和打破关系，出土器物繁多，这为进行二里头文物遗存的分期提供了条件。大师姑二里头文化遗存的年代可分为五个阶段。第一阶段是夯土城垣始建阶段，整体面貌与偃师二里头遗址第二期偏晚阶段相近，应属于二里头文化二期或略晚。第二阶段是大师姑遗址二里头文化的繁盛期，整体文化面貌与偃师二里头遗址第三期偏早阶段相近，应属于二里头文化三期偏早。第三阶段仍是大师姑遗址二里头文化的繁盛期，整体文化面貌与偃师二里头遗址第三期偏晚阶段相近，应属于二里头文化三期偏晚。第四阶段发现遗迹数量较少，整体特征与偃师二里头遗址第四期偏早阶段相近，应属于二里头文化四期偏早。第五阶段遗存更少，整体面貌与偃师二里头遗址第四期偏晚阶段相近，应属于二里头文化四期偏晚。

荥阳大师姑遗址，还发现有较为丰富的二里岗期商文化遗存。其遗迹包括壕沟、灰坑、墓葬3类。在大师姑遗址北、东、南、西的四面均发现有壕沟。二里岗文化壕沟与二里头文化壕沟平行相伴，位于二里头护城壕沟的内侧。外侧或打破二里头文化护城壕沟，或利用该壕沟的外侧壕壁，内侧则为新挖成，并打破了叠压城墙外侧的二里头文化地层。二里岗文化环壕的形制和二里头文化护城壕沟不同。口部较宽，壁较缓，到下部内收后陡直，底部较平。其中东部壕沟的沟口距地表0.6—1.2米，沟深7.4米，沟口宽度为13米，沟底宽度为2米。断面呈喇叭形。壕沟内有6层堆积，出土有陶片、红烧土颗粒、兽骨和螺壳。南部壕沟现存沟口宽14.55米，沟底宽1.5米，沟深4米。断面也呈喇叭形。壕沟内有8层堆积，出土一些碎陶片、红烧土颗粒和炭屑。

荥阳大师姑遗址的核心遗存是一座面积达51万平方米的二里头文化大型城址。这里西距偃师二里头夏代晚期王都约70千米，为夏王朝一处重要城址。《史记·孙子吴起列传》记载："夏桀之居，左河济，右泰华，伊阙在其南，羊肠在其北。"这段话明确指出夏王朝的东境应在河济之间。《尚书·禹贡》又记："导沇水，东流为济，入于河，溢为荥，东出于陶丘北……又东入于海。"济水入河的地点，《汉书·地理志》和《水经注》记载在今温县和武陟县间，其"溢为荥"的地点在今郑州西北的古荥镇东。综上述可知河济相交处应在今温县、武陟和黄河南岸的荥阳一带。大师姑遗址正位于古文献记载河济相交处和以沁水为界的夏商文化的分界线附近。这一带分布有郑州洛达庙、董砦、上街、洼刘等多处二里头文化遗址，由此可见，大师姑二里头文化城址很可能是夏王朝设置在东境的一处地域管理中心和军事重镇。

史书文献资料和甲骨文记载，二里头文化时期有大量的方国存在。在夏朝的东境就有葛、韦、顾、昆吾及有缗、有仍、戈、商等。其中顾、韦距大师姑遗址所在地望相近，也不排除大师姑遗址为韦或顾之一的方国都邑。

荥阳大师姑遗址2003年入选全国十大考古新发现；2006年被国务院公布为全国重点文物保护单位；2021年入选河南考古百年百大考古发现。

新郑望京楼夏代及商代城址

望京楼遗址位于新郑市区以北约4千米的新村镇孟家沟村西南部，一处当地俗称“望京楼”的岗地上。1965年孟家沟村农民在农田平整沟渠时发现一些夏商时期青铜器、玉器，新郑县文化馆对该处进行钻探，确认这是一处古文化遗址。1973年河南省博物馆新郑工作站也对此处进行钻探，认定这里文化层堆积很厚。1974年农民平整土地又出土了一批青铜器，再次钻探，发现该遗址东西长400米，南北宽300米，文化层2—4米。1996年河南省文物考古研究所在这里进行考古发掘，发现大量二里头文化与二里岗文化的遗存。2010年为配合郑州、新郑快速通道工程建设，郑州市文物考古研究院开始组织实施该工程穿越望京楼地段的文物勘探及考古发掘，收获满满。特别是发现了一处二里头文化大型城址，以及与之几乎完全重叠的大型二里岗期商文化城址（图34.1）。

图 34.1 望京楼遗址发掘现场

图 34.2 望京楼二里头文化南城墙夯层

望京楼二里头文化城址由外城和内城组成。外城未发现城墙，由人工挖掘的北壕沟与西边和南边环绕的黄水河，以及东边黄沟水组成了水域外围防护圈。城址平面呈不规则长方形，南北长约1510米，北壕沟长约1181米，南边长985.4米，面积约168万平方米。外城人工北城壕经过解剖可知，壕沟口距地表深度为0.35米，壕沟残深3.3米，底宽2.5米。沟内有4层堆积，出土有许多泥质灰陶、夹砂灰陶片，也有少量的黑皮褐陶和夹砂红陶片，其上饰有绳纹、附加堆纹、弦纹等，可辨器形有鬲、大口尊、罐、盆、器盖、缸、瓮等。另有陶纺轮和骨镞等。

内城均掩埋在地表之下，平面稍近似于菱形的横长方形。城墙墙体均残存不多，东城墙长625米，残宽3—3.5米；南城墙残长41米，残宽5.8—6.6米；北城墙残长32米，残宽1.1米。东城壕残长约645米，北城壕残长约180米，南城壕残长220米，其余部分被压在公路和民房下面无法知晓（图34.2）。

二里头文化城址内发现遗迹很多，包括建筑基址及附属设施、房址、灰坑、灰沟、陶窑、水井、墓葬等。其中内城西南隅有被称为“望京楼台”的大型夯土台，其下层为二里头文化时期的夯土基址（编为夯3）。据勘探夯土基址南北长95米，东西宽87米，距地表3.7—3.95米，残存厚度为1.7米。分段夯筑，夯层明显，每层厚0.06—0.07米。圜底圆夯窝，4个为一组，直径为0.03米，窝深0.01—0.02米。出土少量泥质红陶片及灰陶片，这很可能为寻找望京楼二里头文化时期城址宫殿所在地提供线索。在望京楼夯土台基北约50米处，发掘出一座长方形的大型蓄水池，编号为H291。长约13.5米，宽为11.2米，深2.85—3.65米。为黄沙淤土堆积。出土有大块牛骨、少量兽骨、较多的罐、盆、大口尊、缸、鼎等陶片，还有残石钺、石镰、蚌刀、陶纺轮、卜骨等。其西壁与大型水沟G20相通。该蓄水池当与望京楼二里头文化夯土基址有关。

发现二里头文化房址2座，灰坑330个，灰沟10条，陶窑3座，墓葬15座。墓葬均为长方竖穴土坑墓，单人仰身直肢葬，没有发现葬具，有的墓没有随葬品。其中M60，墓长1.6米，宽0.36—0.4米，直壁底不平，残存深度0.35—0.6米。单人仰身直肢葬，头向南，面向上，其身上铺撒有朱砂，胸部、两臂、两腿部均被染红。墓主人为女性，年龄30岁左右。随葬蚌珠项链一串，戴在墓主人的脖颈上。

望京楼遗址出土二里头文化时期的遗物相当丰富。其中石制品以青色石灰岩最多。包括成品、毛坯、废料三种。成品有刀、镰、铲、斧、锛、凿、锤、钺、戈、杵、臼、网坠、球、饼等一批石生产工具、兵器和生活用具。

出土陶器十分丰富，器形有深腹罐、圆腹罐、花边口沿罐、捏口罐、鬲、鼎、甑、甗、盆、刻槽盆、大口尊、小口尊、高领尊、瓮、缸、壶、簋、豆、碗、钵、觚、杯、器盖、陶饼、纺轮、垫子等。此外还出土有刀、镞等小件青铜器；铲、凿、锥、匕、刀、镞、簪、针等骨器，以及卜骨、牛角、鹿角等；另有刀、镞、项链等蚌器。

依据地层叠压关系和各遗迹间的相互打破关系，排列出各个地层和遗迹单位的时间先后，结合出土遗物特别是陶器的形制特征，将望京楼遗址的二里头文化遗存分为一期和二期。再参照偃师二里头遗址的分期年代，望京楼第一期文化遗存相当于偃师二里头遗址的第三期；望京楼第二期文化相当于偃师二里头遗址的第四期。这样就把望京楼遗址纳入到二里头文化第三期和第四期的大范围之中。

望京楼二里岗文化城址是在二里头文化城址的基础上建造而成。外城则沿袭使用，仍然是由人工壕沟与周围自然河流形成一圈护城壕。外壕以外未见有二里岗文化的遗迹。内城则向内缩小了一圈，平面形状近菱形。东西长624米，南北宽500米，总面积约为37万平方米。内城城墙由墙基槽、主墙体及护坡组成，为加固城墙每隔一段修筑有护墙墩。

通过考古勘探与发掘，望京楼二里岗文化城址共发现了3座城门，东城墙2座和南城墙1座。经过发掘的是东城墙2座城门，编为东一城门和东二城门。其中东一城门位于东城墙偏南，南距城墙东南拐角约198米，东紧邻孟家沟村。平面形状呈“凹”字形，由城墙、护墙墩、城墙护坡、木骨门墙、门道、门墙内护坡、道路及附属建筑组成。城门处主墙体宽7.8米，护墙墩均匀分布在主墙体两侧，南北间距17.5米，东西长3米，南北宽2米，平夯而成，保存高度与主墙体等同，其外被护坡所环绕，外护坡宽7.5—8米，内护坡宽2.2—2.5米。门道两侧对称，东城墙在城门处向西折拐15.5米，而后修筑门墙，门墙长7.7米，宽5.8米。门道长5.8米，宽3—3.3米。木骨门墙系门道两侧的东西向窄墙，夯打而成。宽0.9—1米，残高1米。墙内有排列密集的柱洞，柱洞底部有柱础石，木柱已不存，当是包裹在窄墙之中的暗柱，形成木骨门墙。城墙与门墙底部附有护坡，护坡长18.8米，其外部与城墙转折外护坡相接。护坡之上发现路土。门道有坚实的路面，宽3.33米，残存路土厚0.2—0.4米（图34.3）。东二城门位于东城墙中部偏北处，北距城墙东北拐角约198米，

图 34.3 望京楼二里岗文化东一城门

南距东一城门约195米。其形制和结构与东一城门相同。

望京楼二里岗文化城址遗迹丰富，包括城内道路、夯土基址、房址、灰坑、灰沟、水井、墓葬等。其中发现四条道路贯穿城内，对应东一城门的编号为路L1，保存长度为235米；对应东二城门的编号为路L2，保存长度421米；对应南门的编号为路L3，保存长度506米；偏西部的1条南北向道路虽未发现城门，但从其间隔距离来看，亦应是对应城门，编号为路L4，保存长度391米。四条道路两纵两横，基本形成一个“井”字形，大致将城内分为九个区域。发掘了路L3，内含沙土，结构紧密，见有碎小陶片，无可辨器形。路面发现四组车辙，三组轮距1.05米，一组轮距1.1米。这表明在商代前期已普遍使用双轮车了。

在城内发现三处大型夯土建筑基址。城内中南部有F10，为一座围合式建筑，中间为庭院，四周为建筑主体。残长32.5米，残宽29米，总面积为94.25平方米。其中西部建筑保存尚好，平面为南北长方形，残长29米，残宽4.5—5米，残厚约1.2米。发现有墙基槽及少量木骨泥墙，其北部墙内残存10个柱洞，墙内亦为夯土。另外两处是望京楼夯土台基上层的一部分，以及城内西南角的F13。

依据地层叠压关系和各遗迹之间的相互打破关系，以出土陶器为载体，将望京楼遗址二里岗文化遗存分为四期。参照郑州商城二里岗文化，望京楼遗址的四期文化遗存分别相当于二里岗下层一期偏晚阶段、二里岗下层二期、二里岗上层一期、二里岗上层二期。这四期基本上是一个连续不断的文化发展过程。再联系到望京楼遗址两期二里头文化遗存，即相当于偃师二里头遗址三期和四期。这样望京楼遗址就经历了夏代晚期至商代前期漫长的历史阶段。发掘者认为望京楼二里头文化城址应是一处夏代晚期重要的方国都邑；而望京楼二里岗文化城址应是一座商代军事重镇。其中城墙的护墙墩，已有后世“马面”的作用。东一城门的发掘，似乎找到了后世“瓮城”的源头。这里出土的大铜钺、铜戈、铜镞和石钺等兵器，具有浓厚的军事色彩。

新郑望京楼遗址2010年入选河南五大考古新发现；2013年被国务院公布为全国重点文物保护单位；2021年入选河南考古百年百大考古发现。

淮阳时庄夏代粮仓遗址

时庄遗址位于周口市淮阳区四通镇时庄村。2019—2021年，对其进行考古发掘。遗址总面积约10万平方米，包括龙山文化末期、岳石文化和春秋战国时期的遗存。

在遗址南部发现一座人工垫筑的台地，面积约5600平方米，台地外围有宽浅的围沟，台地上有东、西两处夯土围墙圈。东围墙宽1.9—2.8米，残高0.75—1.2米，内部圈围面积近1100平方米，围墙东南有门道进出。围墙内有居住型连间房F1；西围墙宽3—3.5米，残高0.45—1.3米，内部圈围面积1200余平方米，围墙北部有门道出入。围墙内有居住型四开间排房F38。东西夯土围圈内，围绕2座连间房F1和F38周边有29座粮仓集中分布（图35.1）。

这些仓储设施建造时大多先平整垫高地面，然后以土坯建造土墩或墙体，外侧涂抹细泥。大致可以分为两类，第一类为地面上建筑，共13座，平面呈圆形。建筑

图 35.1 时庄夏代粮仓遗迹

图 35.2 地面上粮仓 F6

方式是用土坯垒砌成多个高出地面的圆形土墩作为立柱，直径0.5—0.9米。立柱和柱间土坯墙围合成圆形建筑基础。其上铺垫木板作为仓底，再以土坯围砌一周仓壁，上面封顶。其建筑面积最小者5.5平方米，一般8—14平方米，最大者21.6平方米。第二类为地面建筑，共16座，建筑方式是以土坯在地面上直接垒砌墙体。按其平面又可分为圆形7座，建筑面积5平方米；近方形9座，建筑面积9—12平方米（图35.2）。

这些仓储建筑与普通居住的连间房有明显的不同，其形制与文献记载、民族志记录的各类粮仓及历史时期出土的粮仓建筑模型均很相似；在粮仓底部堆积中检测出较单一的植硅体组合为粟和黍类；用浮选法选出的植物种子遗存绝大部分为粟、黍和黍亚科类；从其建筑上的防水防潮措施，符合作为粮仓建筑的特定要求。

依据考古发掘出土的一些陶器看，淮阳时庄遗址为龙山文化末期，相当于嵩山地区新砦期文化阶段，碳14测年距今约4000—3750年，属于早期夏文化的范围。到岳石文化早期时衰落废弃。

时庄遗址是我国目前发现年代最早的粮仓城，布局清晰，功能单一，是一处以储粮为主要内涵的特殊围垣专门化的小型聚落。系统的考古工作表明，在时庄遗址周围150平方千米的范围内，还存在着至少13处同时期的聚落址，共同构成了庞大的区域性聚落群，是对时庄单一功能聚落发展的重要支撑。时庄遗址为研究我国古代早期国家的粮食储备、统一管理和可能存在的贡赋制度等提供了全新的实物资料，对于重新认识夏代早期的社会组织结构、管理水平和国家治理能力等都具有重大学术价值。

淮阳时庄遗址2020年入选全国十大考古新发现；2020年入选河南五大考古新发现；2021年入选河南考古百年百大考古发现。

商代文化

商代是我国历史上第二个奴隶制王朝，是古代灿烂的青铜文化发展到高峰的历史阶段，也是我国奴隶社会逐步上升的历史时期。在夏王朝时代，商是东方的重要方国部落。文献记载夏、商交错于河、济间数百载，夏亡而商兴。从某种意义上说商文化也是夏文化的继承者。商文化，包括商灭夏之前的先商文化和灭夏之后的商文化，代表了中国古代文明起源及早期发展的进程中，从初级的方国文明迈入高一级的王国文明。在政治、经济、科学、文化艺术各个领域对后世产生了极其深远的影响。商代考古历来是河南考古的重头戏。1928—1937年安阳殷墟的发掘，代表了新中国成立前中国考古的辉煌。新中国成立后，安阳殷墟的继续发掘，郑州商城、偃师商城、洹北商城和诸多商代遗址及先商文化的考古发现，更是不可同日而语。这些商代王都的布局、宫殿建筑、青铜冶铸、陶瓷烧造、玉石磨制、习刻字骨和甲骨文字，涵盖了商王朝500多年的辉煌历史，显示了我国青铜文化发展到高峰的鼎盛面貌。

20世纪30年代，考古学家李景聃先生等调查发掘了商丘地区永城县的造律台、黑孤堆、曹桥三处龙山文化遗址，同时指出：“说不定殷商文化前身的问题，可以得到相当的解决。”这就与先商文化联系起来。近年，在柘城李庄龙山文化晚期遗址发掘出东西相连的5间房址，在房址南30米处有略呈圆形的大型祭祀坑，内置有九头整牛和一个鹿头，有的牛已被肢解。这种九牛的大牢祭祀表明，祭祀者和被祭祀者地位都很显赫。这个考古重要发现也把先商文化与豫东龙山文化联系在一起。发掘者认为这可能就是殷商文化的前身。而近年鹤壁刘庄的考古发掘，找到了一处先商文化（下七垣文化）的墓地。商代的考古发掘收获满满，有10项列入河南考古百年百大考古发现。

鹤壁刘庄遗址

刘庄遗址位于鹤壁市淇滨区大赉店镇刘庄村南，原归浚县管辖。1932年郭宝钧先生发掘辛村墓地期间调查发现了该遗址。面积约30万平方米，文化层堆积厚0.6—1.5米。作为南水北调中线干渠工程首批实施的文物保护控制项目之一，2005年7—12月，在刘庄遗址进行两次大规模考古发掘，揭露面积7700平方米。2006年又进行第三次考古发掘，揭露面积3450平方米。

在遗址发现较为丰富的仰韶文化遗存。遗址北部和西部为居址区域，清理长方形地面建筑木骨泥墙房址和大量柱洞，463个窖穴和灰坑，残破的陶窑，长达75米和81米的多条排水沟，面积为近百平方米或数百平方米的9处灰土堆积，厚0.1米呈不规则状的5处陶片铺垫遗迹。出土大量的各类陶器及一些石器、骨器、蚌器、鹿角器等。属于豫北冀南地区仰韶文化晚期的大司空类型，有相当的学术价值。

考古发掘的另一收获是清理了338座被称作先商文化的墓葬。墓地大致分布在东西110米，南北55米的范围之内，可将其分为东西两大区。东区墓葬多头向东、南北成行排列，西区墓葬多头向北、东西成行排列。各区均由若干排墓葬组成，少者七八排，多者十余排，较有规律（图36.1）。墓葬多为长方形竖穴土坑墓，个别口部为长椭圆形，一般较为狭长，大小稍有差别。墓坑一般较浅，多数深度为0.3—0.5米，最浅的仅0.1米左右，最深的约1.1米。墓葬可分较大的、中型的和小型的三类：较大的墓坑长2.5米，宽0.6米以上；中型的长2米左右，宽0.4—0.6米；小型的长1.6米，宽仅能容身，墓主人为少年。墓葬多为仰身直肢或俯身直肢葬，多数不见葬具，少量有木质单棺。其中M145为石棺墓。长2.61米，宽0.65米，石棺由13块自然片石组成，长2.25米，宽0.45—0.5米，上部平盖3块片石象征棺盖，墓底未见石块。墓主俯身直肢，骨骼粗壮，应为男性，棺内随葬陶鬲1件，置于脚部。另外，还有近20座墓葬在墓主头脚两端各放置1块或多块石头，以象征石棺。有随葬品的墓葬208座，占墓葬总数的60%以上。一般随葬陶器1—6件不等，大多放置在墓主脚部、头端（图36.2）。以随葬单件陶鬲的最多，其次是随葬单件夹砂罐，其他常见的有豆、盆、圈足盘等。少数墓葬还有石钺、绿松石串饰等。随葬的陶器有些与河北南部下七垣文化同类陶器特征相近，其中卷沿鬲又与郑州二里岗下层的

图 36.1 刘庄先商墓地发掘现场

图 36.2 刘庄先商墓葬 M13

图 36.3 M218 陶器组合

商代陶鬲接近，具有明显的承继关系（图36.3）。

对于下七垣文化，邹衡先生最早提出了先商文化的概念，虽然还有一些学术争论。鹤壁刘庄遗址的考古发掘有重大学术价值。正如发掘者指出的："夏代中原地区，如此规模公共墓地的发现目前尚属首次，为先商文化的发掘研究工作填补了一项空白。尽管高规格墓葬未有发现，墓主身份可能不会太高，但墓地布局清楚，保存完整，随葬品较为丰富，不失为研究其墓葬制度、社会结构、商人渊源、夏商关系等学术问题的重要实物资料。"

2005年鹤壁刘庄遗址入选全国十大考古新发现；2021年鹤壁刘庄先商遗址入选河南考古百年百大考古发现。

偃师商城遗址

偃师商城遗址位于偃师市西郊商城街道办事处所属塔庄、大槐树、新寨等村落之间的城乡结合部一带。1983年春、夏，中国社会科学院考古研究所汉魏洛阳故城队在配合洛阳首阳山电厂基建选址工程中勘探发现了偃师商城西、北、东三面城墙和城内3处大型建筑群，确定南部正中的一号建筑群有一圈围墙；1983年秋—1988年春，发掘西二城门、东一城门和一号建筑群的4号宫殿基址和5号宫殿基址；1988—1995年，发现护城壕，发掘城内普通居住区、手工作坊区，发现一些墓葬、南城墙，发掘城内西南隅二号建筑群、西城墙南段和西一城门；1996—1999年，在“夏商周断代工程”启动过程中，“偃师商城的年代与分期研究”是其中重要的专题。这期间发掘了城内东北隅，又发现了小城北城墙、小城西北角和东城墙，还发掘了大城东城墙和西城墙；2007—2020年，在小城西北角发现十三号建筑基址群，近年考古发掘证实其为粮食仓储区，又发掘小城北墙及寻找北门遗存。

经过近40年的考古工作，初步厘清了偃师商城遗址的平面形制、布局，年代和文化内涵，勘探发掘出城墙、城门、宫殿区、府库区、祭祀遗址、池苑、护城壕、城内居址、水井、铸铜和制陶作坊、道路、水渠、墓葬等各种文化遗迹。偃师商城由宫城、小城和大城组成。偃师商城大城原本可以是南北纵长方形，因其东南部有大面积的古代湖泊，城址向内凹进一大块，平面就成了刀把形。大城西墙略呈南北直线，现存长度为1745米，宽17—24米，残高1.5—3米；北墙亦呈东西直线，东端微弧，长1240米，宽16—19米，最宽处达28米，残高2—3米；东墙自城东北角一直向南约955米处折向西南，在塔庄村北再折向南，至塔庄村东小路，保存情况较差。合计东墙现存总长1640米，宽20—25米，残高0.3—2.5米；南墙东西穿过塔庄村内，总长约740米。大城城墙由墙基和墙体两部分组成，墙体内外两侧有质地坚硬的斜坡状附属堆积，内侧附属堆积宽3.3米，外侧附属堆积宽5.1—5.25米。城墙外侧有与城墙基本平行的城壕，城壕口宽20米，壕深6米。城墙与城壕之间有宽约12米的平坦之地。大城总面积约205万平方米。依据最新的考古发现，大城现有9座城门。西墙自北向南有西三城门、西二城门、西一城门和最新发现的新西门；东墙自北向南有东三城门、东二城门和东一城门；北墙正中有北城门；南墙正中有南城

图 37.1 大城西二城门发掘现场

门。其中经过发掘的城门遗址有4座。其一是1983年秋季发掘的西二城门，城门由南北两侧木骨墙和门道组成。门道长约16.5米，宽2.3—2.4米。门道两侧木骨泥墙宽0.75—0.9米，残高0.9米。墙内有密集排列的木柱洞痕迹，多有砂岩柱础石。门道路土出城门至6.5米处，分别沿城墙向北、向南延伸。西二城门经过一段使用后废弃，并在门道东西两侧夯筑墙体进行封堵（图37.1）。其二是1984年秋季发掘的东一城门，城门由木骨墙、门道和排水道构成。木骨墙宽1.4—2.08米，木骨墙体内大部分木柱下埋置有础石。门道长22米，西端入口处宽2.3米，中部最宽处约3米。门道路土下方是大型木石混合结构的排水道设施，排水道有木质盖板，系由宫城内向城外排水的主要通道。其三是1990年勘探发现，1994—1995年发掘的西一城门，由木骨墙、门道和进水道组成。木骨墙宽1—1.1米，门道宽3.2米。进水道位于门道下方，后在2007—2008年西一城门外的发掘中，进水道的源头跨过了大城护城壕，一直向西延伸至205米外的一处南北向冲沟内。其四是西三城门，2007年勘探发现此门，2008年夏季进行发掘。城门由木骨墙和门道组成。木骨墙宽0.8—0.9米，门道宽3.3—3.35米。大城内西三城门与东三城门相对，西二城门与东二城门相对，西一城门与东一城门相对，北城门与南城门相对。对应城门之间有道路相通；西一城门与新西门门道下有进水渠道，向东通过宫城之后，再向东通过东一城门向城外排去。

小城位于大城的中南部，平面呈南北长方形，南北长约1100米，东西宽约740米，城墙宽度多为6—7米。面积逾81万平方米。各面城墙并非直线走向，有的地段

图 37.2 小城北城墙发掘现场

或内凹或外凸。据勘探和局部发掘，已知西、北和东三面城墙中，北墙中段内凹，即自西北城角由西向东延伸约180米后，北墙南拐约8米，再折而向东延伸360米，又北拐12.5米后，再折而东200米至东北城角（图37.2）；东城墙中部向外凸而南行；西墙中部则内凹而南行。小城始建早于大城，大城是在小城基础上改扩建而成。小城西墙、南墙和东墙南段均包括在大城城墙之内，而小城北墙和东墙北段则破坏严重。小城城墙有北门和东门，而西墙大城改建后的西一城门和新西门，也可能是与小城西墙有关系的西门。

宫城位于小城稍偏南部的中轴线上，平面近方形，东墙长180米，南墙长190米，西墙长185米，北墙长200米。墙宽1.95—2.15米，残高0.35—0.5米。南墙居中置有宽2米的门道。宫城南部是宫殿建筑群，约占宫域面积的三分之二；宫城北部是祭祀区和池苑，约占宫城面积的三分之一。其中1号宫殿居中，其东侧有4号宫殿，东南侧有5号宫殿及其下层的6号宫殿；1号宫殿西侧有2号宫殿，西南侧有3号宫殿，东北侧有8号宫殿。其中4号宫殿为一单体宫殿建筑，夯土基址平面呈长方形，东西长51米，南北宽32米。主殿在北，东西长30.5米，南北宽11.8米。台基四周有成排的椭圆形夯土墩，台基南缘伸出4个长方形台阶。殿堂东西两侧和南部相距近15米处，有东、西、南三面廊庑围成一处庭院。东庑基址南北长25.2米，东西宽5.1—5.4米，北、东、南三面围以宽约0.6米的木骨夯土墙，面向院落的西面埋置柱子。基址被4道宽约0.6米的夯土隔成5室。西庑基址南北长24.9米，东西宽5.5米，遭受破坏未见有隔墙。东侧有一排多个柱洞，中部有宽约1米的门道即西侧门连通庭院内外。南庑基址北缘东西长40.1米，南缘东西长约51米，南北宽约5.5—5.7米。被位于中部稍偏东处的南大门分成东西两部分。东部分被4道夯土墙隔成4室，西部分被5道夯土墙隔成5室。南大门门道两侧均有南庑的夯土墙。门道宽2.1—2.4米，北连庭院，向南伸出宫殿，为进出4号宫殿的主要通道。在庭院东北、东南和南庑南面，各发现一处石砌排水沟，石块砌成沟壁，沟底铺设片状石块。其中南庑南面排水沟埋于地下，内宽约0.3米，高0.47米。该水沟是宫城的一处重要排水设施（图37.3）。

祭祀区位于宫城的北部，东西长约200米，主体部分由东向西分为A、B、C三个区域。A区面积近800平方米，由若干个30—130平方米平面呈圆形或长方形的祭祀场（坑）组成。用于祭祀的内容多样，有人、牛、羊、猪、狗、鱼等牺牲，另有水稻、小麦等粮食祭品；B区面积近1100平方米，C区面积约1200平方米。二者东西并列，在布局、形制、结构上基本一致，平面均为长方形。周围有宽约1

图 37.3 宫殿基址

米的夯土围墙，门道位于南围墙中部，主体部分是一沟状遗存，又称之为“大灰沟”，以猪为主要祭品，共存有多种动物。在C区已发掘的三分之一范围内，出土猪已超过100头。单独用猪的多为全猪，也有用猪头、肢体的。多为1头猪，也有2—4头的。还有猪与牛、羊或鹿、兔共存的，也有伴出陶器的。最多的一处有10个猪头、1个牛头和多件陶器。

池苑遗址位于祭祀区的北部中间，为石砌长方形大水池。东西长130米，南北宽20米，深1.5—2.1米。水池南部中央有水榭类建筑遗存。在水池的东、西两端各有一条石块砌筑的渠道同水池相连通。西渠是注水渠道，东渠是排水渠道。西、东两渠分别从宫城的西墙、东墙下穿过，经过两次直角转折之后，又分别从大城的西一城门和东一城门的门道下通过，同城外的护城河道沟通。二渠总长度1200米。其中西渠长近400米，通过宫墙、大城门道及城门内外路土下为暗渠，水腔截面宽约0.4米，高0.5—0.6米，顶部用较大的石板封盖。东渠全长约800米，通过大城城门及城外路土下暗渠为木石混合结构，水腔截面呈长方形，底部以板块状石片或石块铺就；两侧壁按一定间隔各设置一排木柱，然后再用石块嵌入木柱间以加固木柱；顶部用木质盖板，盖板上覆一层厚近0.5米的草泥土。

除宫城之外，在偃师商城内发现多处建筑群，其中二号建筑群位于城内西南隅，东北距宫城近100米，平面大体呈方形，外围有宽约2米的夯土围墙，东墙长218米，西墙长233米，南墙长220米，北墙长197米。形成相对独立而封闭的建筑大单元，总面积约4万多平方米。围墙内夯土建筑基址东西向共6排，每一排由16—18座基址组成，每座基址南北长20余米，东西宽逾6米。发现有基槽、台基并有墙柱洞、廊柱洞和室内柱洞。建筑基址间距相近，十分整齐。建筑基址四周有路土，并有排水沟相通，形成网状排水系统。属于商代早期国家级别的府库群。

三号建筑群位于宫城的东北方，地处小城东墙的外侧，其范围东西长128米，南北宽163米。其内有南北5排，每排约为16座房址组成，总计77座，大小相等，间距相同，排列整齐。最初认为四周有围垣，但近期考古发掘，证实东、北、南三个方向均未见存在墙垣的迹象，仍然归为府库的范围。

十三号建筑群位于小城西北角，北距小城北墙西段约11.5米，西距大城西墙东缘11.6米。该半封闭区域平面为正方形，每边长约200米，面积为4万平方米。在其范围内探明现存圆形建筑基址断续有10列，每列有1—6座，合计23座。这些圆形夯土基址直径8—13米左右，上部无存，下部有“十”字形夯土基槽、台基夯土及台基表面的柱洞，中心为1个较大的柱洞，沟槽内有4—5个小柱洞，台基边缘还见有一圈小柱洞。经勘探和发掘可以复原十三号建筑基址群应有11列，每列有11座，总计约121座圆形建筑基址。发掘者认为这些圆形建筑基址应是文献中所载的囷或窌，属于国家的粮食仓储遗存，也是都邑类城址的基础设施之一。

偃师商城出土遗物以陶器最多，器类主要有深腹罐、捏口罐、鬲、斝、盆、豆、大口尊、簋、钵、瓮、缸、甑、三足皿、鼎、甗、器盖等，另有代表当时陶瓷工艺最高水平的黄绿釉原始瓷尊等；青铜器出土不多，有斝、爵、尊、戈、锥、刀、凿、镞、铃、鱼钩等；另有较多的石器，包括铲、斧、镰、锄、凿、锛、戈、璧、镞、纺轮等；还有较多的笄、簪、锥、匕、凿、针等骨器，以及鹿角器和兽牙饰品；也见有镞、刀、饰品等蚌器；又有锛、璜、刀、笄、柄形器、饰件等玉器，以及一些卜骨等，亦有漆木器的残迹。

依据遗迹的地层叠压和打破关系，以及出土陶器等遗物的分析，偃师商城遗址分为三期7段。其中一期1段约为二里头文化四期偏晚阶段；一期2段相当于郑州二里岗下层一期早段；偃师商城最晚的遗存即三期7段则与郑州二里岗上层二期（白家庄期）相当。从始建到衰落这是一个连续不间断的文化进程。从偃师商城小城墙体下压的商代最早期的小水沟和宫城祭祀区遗址“大灰沟”第9层和第10层出土遗物看，偃师商城小城起始于一期1段，即其上限已经进入二里头文化四期的范围。

关于偃师商城的性质一直为学术界所关注，主要有两种不同意见：一种意见依据考古发现结合文献记载和青铜器铭文以及当地大量唐代墓志认为偃师商城当为汤之西亳；另一种意见偃师商城是放逐太甲之桐宫，镇抚夏人的军事重镇或为别都。我们认为，偃师商城是商灭夏后所建商代最早的王都，亦即董仲舒《春秋繁露》所说的商汤灭夏“作宫邑于下洛之阳”。偃师商城与夏代晚期都城二里头遗址相距仅有6千米之遥，可谓近在咫尺。这种无可替代的时空条件，是其他所有的商代遗址不能比拟的。在二里头文化四期时，即在公元前1600年左右，偃师商城出现在夏都二里头遗址旁边，这标志着已经完成了夏商王朝的政权更替，偃师商城遂成为夏商文化分界最佳的界标。通过对二里头遗址和偃师商城遗址的对比研究，可以区分夏文化和商文化；通过对偃师商城的研究，可以区分成汤灭夏前的先商文化和灭夏之后的早商文化。偃师商城彰显出重大的历史和科学价值。

偃师商城1988年被国务院公布为全国重点文物保护单位；2001年入选中国20世纪100项考古大发现；2009年入选全国最具中华文明意义的百项考古大发现；2021年入选全国百年百大考古发现；2021年入选河南考古百年百大考古发现。

郑州商城遗址

1950年秋，曾为河南古迹研究会工作人员的郑州南学街小学教师韩维周先生，在郑州东南郊二里岗一带发现并采集一些古代绳纹灰陶片和磨制石器，经鉴定为商代遗物，由此发现了郑州商代遗址，后被定名为二里岗期商文化。后续多年的考古工作表明，郑州商代遗址分布范围很广：东起凤凰台，西至西沙口，北抵花园路，南到二里岗，面积达25平方千米。1955年秋，在郑州白家庄西侧（今黄河医院大门以北），发掘出两座商代房址，房址下压很厚的商代夯土层。后经勘探与发掘，夯土层一端向西北，一端向南延伸，方知这里是郑州商城的东北城角。郑州商城呈南北纵长方形，东北城角内收。其中东城墙和南城墙均长约1700米，西城墙长约1820米，北城墙长约1690米，总周长6910米。城墙剖面呈梯形，中间是水平夯打的主城墙，两侧是斜层夯筑的护城坡。南城墙现存顶宽10.8米，底宽22米，高5.7米；东城墙现存顶宽10.06米，底宽21.85米，高5.4米。在东城墙南段和南城墙东段外侧，见有距地表深达10米以上的城壕残迹（图38.1）。

在郑州商城内的中部偏北和东北部是郑州商城宫殿区，已发现大小数十座夯土建筑基址（图38.2）。其中位于东里路中段路北的黄委会水科院南院内有15号房基（C8G15），东西长65米左右，南北宽13.6米。房基面上有南北两排东西向的长方形柱础槽，北面一排现存有27个，南面一排东部有10个，西部被现代房舍所压。柱础槽均为长方形，一般南北长1.5米，东西宽0.8米，现存深度0.4—0.7米。大部分柱础槽中部保留有圆形的深灰色木柱痕迹，木柱径0.3—0.4米，木柱下都有一个石柱础，有的是红色砂岩，有的是青白色河卵石。石块长宽约0.3—0.5米。木柱与木柱间距约2.1米，排与排间距9米。值得注意的是在北面一排柱础槽的外侧，还发现4个排列有序的较细木柱痕迹，直径0.15—0.2米，其下未见石柱础，这应是擎檐柱的遗存。15号房基可复原成四阿重屋式的建筑。

在城北路中段南侧，今河南省中医研究院大院内发掘出16号房基（C8G16），南北长38.4米，东西宽31.2米，距地表深3米余。西部和南部保存较好，中部、北部、东部均为战国文化层破坏。房基夯土最厚处为1.5米，房基西部和南部面上，

图 38.1 郑州商城城墙

图 38.2 宫殿区发掘现场

包括西南拐角在内，有内、中、外三排距离很近且又相平行的柱础槽，柱础槽皆为圆形，边框直径为0.95—1.35米。槽内中部圆木柱痕直径为0.3—0.4米。柱下石础都是大块青色河卵石，从残存的石柱础布局看，该建筑有较宽的回廊和重檐，也许是“堂”一类的建筑。

在宫殿区还发掘出一些有关生活和防御的设施，包括大段夯土墙、较深的壕沟、石筑输水管道（图38.3）、石筑水池、大型水井等。还出土有青铜簪、玉铲、仿铜器纹饰的精美陶器等。

在郑州商城发现两处铸造青铜器的手工业作坊：一处位于郑州商城南城墙外陇海东路一带的郑州南关外商代铸铜作坊遗址；另一处位于郑州商城北城墙外的郑州紫荆山北商代铸铜遗址。二者遥遥相对，正好处于郑州商城南北中轴线的两端。其中南关外商代铸铜遗址范围较大，发掘出壕沟和白灰面地坪的建筑遗迹，地坪上粘附有多层铜渣的硬面，硬面上还有多个圆锥形坑窝，这是放置坩埚的地方。还见有大量的熔炉残块、铜炼渣、铜矿石、坩埚残片、铸器陶范等。郑州紫荆山北商代铸铜遗址范围较小，发现有铸铜操作场地，数间半地穴式小房址和灰坑。出土较多的铜矿石块、熔铜坩埚片、小件铜器和各种陶范等。在大量的陶范中，能看出器形的有铲、斧、凿、锥等工具范，方鼎、圆鼎、鬲、斝、爵、觚、尊等容器范。值得注意的是，除了出土相同种类的陶范之外，在南关外作坊中发现有数量较多的镞范和䦆范；而在紫荆山北作坊中则发现较多的刀范和戈范。从而说明郑州商城的铸铜作坊可能已有了一定的分工。

郑州商城西城墙外的铭功路西侧郑州第十四中学，发现了一处规模较大的商代制陶作坊遗址。在约1400平方米的发掘范围内，发掘出14座排列有序的陶窑和10多座小型房址。陶窑大多数为圆形，个别为椭圆形。陶窑分上下两部分，上面是窑室，下边是火门和火膛，中间以带圆孔的窑箅相隔，箅下有长方形土柱支撑，箅下可以烧火。因经高温火烧，窑壁内已变成砖灰色。在窑址和房址附近，还出土一批陶拍子和陶印模等制陶工具。也出土大量陶器碎片和烧坏的残破陶器，以及未经烧制的陶坯子。这里陶器品种比较单一，多为泥质陶盆和陶甑，而夹砂的陶鬲、甗、缸等却很少发现。表明这处作坊是专门烧制盆、甑等泥质陶器的，这显然是一种商品生产。

在郑州商城北郊，还有一处磨制骨器的手工业作坊遗址。虽然发掘面积不大，但出土物却很丰富。在一个长方竖井形窖穴中，就出土了上千件骨器的成品、半成品及带锯痕的骨料和废料，还出有一些磨制骨器的砺石和加工骨器的小型铜刀。骨器的成品和半成品中绝大多数是骨簪和骨镞，也有少量的骨锥和骨针。骨器和废料经过鉴定除了有牛骨、猪骨、羊骨和鹿骨之外，相当一部分是人的肢骨和肋骨。无独有偶，在郑州商城宫殿区即今东里路东段路北，郑州北大街农业队的菜地中，发现一条商代壕沟，内置三堆总数近百个人头骨，绝大多数都带有明显的锯痕，一般都是在眉骨和耳部上端横截锯开而制成器皿。经鉴定多为青壮年男性，这些人可能是战俘。壕沟的东侧可能就是加工人头骨器皿的场地。此外，郑州商城还出土有象牙觚和象牙梳，这也应与制骨作坊有关。

图 38.3 宫殿区石筑输水管道

图 38.4 杜岭窖藏坑大方鼎

郑州商城西城墙北段与南段外侧，以及东南城角外侧，发掘出3座青铜器窖藏坑。出土了一大批商代前期青铜礼器和兵器，是郑州商城的重大考古发现。其一是1974年9月，在郑州商城西城墙外侧，即今郑州杜岭办事处张寨南街“深挖洞”的施工中，距地表深约6米的一座直径2米的商代窖穴里，出土2件大型铜方鼎。出土时两鼎东西并列，口沿平齐。均为双耳，斗形方腹，器表饰饕餮纹和乳钉纹，下附4个圆柱形空足。其中西侧1号鼎较大，通高1米，重86.4千克（图38.4）；东侧2号鼎稍小，通高0.87米，重64.25千克。由于1号鼎较高，为了使两鼎口沿平齐，1号鼎下的生土面挖低了一些。表明两鼎的放置是经过从容设计的。2号鼎内还有1件通高0.35米、口径0.22米的青铜鬲，腹底有烟熏痕，应是实用器。从窖穴内出土陶片看，当属商代二里岗期上层遗物。

其二是1982年7月，在郑州向阳回族食品厂基建工地，距郑州商城东南城角外侧的地下4.6米深处，发现了1座近圆角方形的商代青铜器窖藏坑（图38.5）。在坑的南半部有饕餮纹、乳钉纹大方鼎和饕餮纹大圆鼎各1件，两鼎鼎口相对，平放在坑底，鼎内和两鼎之间，放置有牛首尊2件，素面盘1件，羊首罍1件，中柱盂1件；在坑的北半部又有1件大方鼎，鼎口向东，横置于坑底，方鼎内有提梁卣1件，饕餮纹觚2件，云雷纹扁足小圆鼎2件。其中两件大方鼎均通高0.81米，分别重

图 38.5 向阳食品厂窖藏坑

75千克和52千克。大圆鼎通高0.773米，重33千克。窖藏坑的旁边还有同时期的3个长方形坑，其中2个坑还埋有残缺的牛骨架。从坑内出土的陶片看，属于二里岗上层一期，与杜岭张寨南街的窖藏坑相同。

其三是1996年2月，在南顺城街即郑州商城西城墙南段外侧，又发现一处商代青铜器窖藏坑。窖藏青铜器埋在坑内中部偏下部位，先置铺朱砂的木板，再摆放青铜器，器上还盖有一层铺朱砂的木板。窖藏青铜器12件，包括饕餮纹、乳钉纹大方鼎4件，斝2件，爵2件，簋1件，钺1件，戈2件。这组青铜器，依其用途分为食器、酒器和兵器，但均属礼器之列。尤其是4件大方鼎，通高分别为0.83、0.725、0.64、0.59米，呈列鼎排列。从出土陶片和青铜器形制看，为二里岗上层二期稍偏晚些。上述3座商代青铜器窖藏坑所出的一批青铜器组合，尤其是成双成对的大方鼎和大圆鼎，均属商代王室所用之重器。从青铜器形制和铜器摆放及铺朱砂木板与其旁的牛骨坑看，这应是商代王室祭祀的遗存，有重要的历史、科学和艺术价值。

1953—1955年，在郑州凤凰台、二里岗一带发现一段夯土墙基，后又在南仓西街以西发现有夯土城墙遗存。1986年6月，在郑州火车站附近的振兴商场（今银基商贸城）发现南北向的夯土城墙墙基，该墙向北延伸至兴隆街和福寿街北段。1991—1992年，在三德里和花园新村（今布厂街东侧）又发现夯土城墙遗存。1994

年在郑州饭店工地发掘出长约58米的一段夯土城墙，并向北延伸。这样大致搞清楚了郑州商城东墙南段外侧600—700米处，南城墙外侧900—1100米处和西城墙南段外侧700—900米处发现断断续续的外城墙夯土墙基，其总长度在5千米左右，实际发现城墙夯土约2.9千米。自郑州商城东南、南和西南的外侧环绕。至于外城墙西墙北段和北墙是弧形还是直角，说法不一，需要继续勘探和发掘。郑州商城外城墙东墙南段宽20米左右，残高1.8—3.75米；南墙宽13.5—14米，残高0.8—1米；西墙南段宽16—17米，残高2—2.3米。在郑州商城内外城之间，即外城的范围内，发掘有多座青铜铸造、烧制陶器、磨制骨器等手工作坊遗址，还发现多处与祭祀有关的商代青铜器窖藏坑，并清理一批商代墓葬，包括多座随葬青铜器墓。但在外城之外，就很少发现商代遗存了。

提及郑州商城的墓葬，最近在郑州商城内城东南部的书院街一带，发现了一处商代贵族墓地，现存面积约1万平方米，墓地南北两侧发现两条东西走向的壕沟，间距约130米，清理墓葬25座，其中3座墓出土较多的青铜器。M2是等级最高的一座，发现有疑似朱砂的红色遗迹，出土青铜礼器、兵器20件，玉器11件，金器5件，另有贝币123枚，绿松石管珠和镶嵌绿松石的牌饰等。金器中有1件罕见的“金覆面”（图38.6）。这是一处有组织、有规划、有设计、有管理的专门区域。两条壕沟很可能具备了商代最早的“兆域”雏形。为研究商代的丧葬礼制和郑州商城的布局提供了一种新的文化视角。

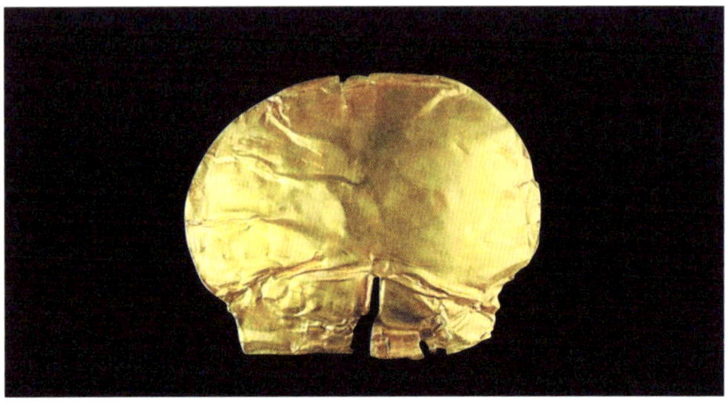

图38.6 商墓出土“金覆面”

郑州商城除了发现内城、外城、宫殿区、各种手工作坊、青铜器窖藏坑、祭祀遗址、房址、灰坑、窖穴、壕沟、水井、多座墓葬等各类重要遗迹之外，还出土了大量的珍贵文物。包括青铜器、陶器、骨器、石器、玉器、蚌器、原始瓷器、金器、象牙器、卜骨、刁刻字骨和陶文符号等。青铜器有大方鼎、大圆鼎、小圆鼎、鬲、斝、爵、觚、尊、罍、卣、盉、盘等青铜容器，除个别素面之外，多饰有饕餮纹、乳钉纹、联珠纹、云雷纹、夔纹、弦纹、“人”字纹、涡纹、牛首纹、羊首纹、龟形纹、镂孔等等，可以说是似真亦幻，富贵华美，引人入胜；另有镬、斧、刀、锥、钻、凿等青铜生产工具；还有矛、戈、镞等青铜兵器。

出土最多的遗物就是与人们生活关系密切的陶器了。从陶质上看，有泥质的和夹砂的；从陶色上看，有灰陶、红陶和黑陶；从制法上看，有模制的、轮制的和手制的；从纹饰上看，有素面、磨光、绳纹、弦纹、篮纹、方格纹、圆圈纹、附加堆纹、“人”字纹、云雷纹、饕餮纹、乳钉纹、镂孔等；从形制上看，有平底器、圜底器、三足器、圈足器等；从用途上看，有炊器、饮器（酒器）、盛器、生产工具和雕刻艺术品；器形上包括鬲、鼎、甑、罐、甗、斝、爵、杯、簋、豆、盆、壶、大口尊、小口尊、钵、缸、盉、罍、器盖和纺轮、网坠、弹丸、拍子、印模等工具，虎、羊、龟、鱼、鸟等陶塑艺术品和陶埙等乐器。在郑州商城发现有多件带釉的原始青瓷器用高岭土制成，火候高，质地坚硬，吸水性弱。其中西城墙外商代墓内出土的1件原始青瓷尊，通高0.27米，口沿内侧有明显的轮制痕迹，肩部饰席纹，腹部饰篮纹，胎骨灰白，器表和器内遍施光亮的黄绿色釉。把我国烧造瓷器的历史上溯到三千多年前。

郑州商城另出土有簪、镞、铲、锥、针等骨器，以及卜骨、卜甲、象牙觚、象牙梳、海贝、蚌珠等。还出有铲、璋、戈、璜、玑、簪、柄形器、饰件、玛瑙块等玉器。

通过对郑州商代遗址丰富的地层叠压关系和遗迹之间打破关系的研究，通过对大量的各类出土遗物尤其是诸多种类的陶器研究，发掘者把郑州商代遗址划分为二里岗下层一期、二期和二里岗上层一期、二期。并认定郑州商城始建于二里岗下层二期为商代前期的一座王都。郑州商城作为商代前期的王都学术界没有大的争议，但是哪一位商王的都城却存在着两种不同的学术观点：一种是郑州商城作为王都为距今3500年商王仲丁所迁之隞都；另一种是郑州商城为距今3600年商王成汤灭夏后所建的亳都。现在看来，这两种不同的学术观点都有一定的科学依据，都有其存在的道理，但同时又都不能立于绝对确证的优势地位，都有应该修订的缺陷，都有值得继续研讨深思的空间。我们期待今后在郑州商城能有更多的考古发现，用未来的新资料去催生、审视、修订、补充更多的研究成果。

争论的重中之重是郑州商城内东北隅战国晚期遗址出土陶豆上的“亳”字陶文问题。在这里引用一位局外专家的看法，1999年9月25日，在北京召开夏商周断代工程阶段成果学术报告会上，时任中国历史博物馆馆长、“夏商周断代工程”专家组成员的俞伟超先生，做了长达万余言的主题发言，其中有一段是专门论述郑州商城的，郑州商城的规模、内涵是商代前期最了不起的遗址，拿它来做夏商分界年代测定跟偃师商城一样。但是目标一定要说是什么地点，这可不见得能说清楚。比如“亳”的问题，商汤居亳应该是这个，但说郑州是“亳”有什么根据。第一文献根据，书上关于“郑亳”没有一条材料，没有这个说法。第二讲发现陶文，在器物上的现在可以肯定，都是战国晚期的，就是秦人设三川郡以后。汉以前，秦代或在战国末年设三川郡以后。单独一个字有人说过“亭”，有人说过“京”，有人说“亳”，现在好像多采取“亳”的说法。这个字，第一它的性质是所谓秦人出现了才有，周初之时还没有；第二单独一个字怎么解释都可以，如果解释“亳”字，它又跟别的字搭在一起，一个陶器两个字，一个是所谓“亳”，一个是“昳”，两个搭在一起。另外还有一个“昳亭”，那个“亭”字不是这个写法。是小篆，但不是汉代小篆，是战国小篆。一对比这是个“亭”字。我（俞伟超，下同）再谈一下文化性问题，“亭”这个字秦人特别爱用。秦灭六国过程中走到哪里就把这个字带到哪里，咸阳是很早就有，出于战国什么时候说不清楚，所以三川郡以后在郑州出现这个字，很清楚是秦灭六国过程里面出现的。这个字孤零零本身很难说，但从整个文化过程看应该怎么解释很清楚。所以我觉得郑州商城是个了不起的都城，商汤伐桀以后完全可以定，一定要说有个“郑亳”，确实难。要是拿战国文字别人可以说你是错的。不说毫无影响，当然这也是一家之言。按照史书严格地说郑州战国属“管京”，“亭”和“京”本来就难分，这是清楚的。郑州战国是“京”没有叫“亳”这一说，还有，战国陶文上面很难是一个地名。郑州商城不是因为年代有争论，可能争论更大的在这里。我是说更完善一点，回避一点争论大的，采用大家都公认的东西。俞伟超先生关于郑州商城的讲话，有助于读者对郑州商城性质的认识。

郑州商城遗址1961年被国务院公布为全国重点文物保护单位；2001年入选中国20世纪100项考古大发现；2009年入选全国最具中华文明意义的百项考古大发现；2021年入选中国百年百大考古发现和河南考古百年百大考古发现。

郑州小双桥商代遗址

小双桥商代遗址位于郑州市西北20千米的石佛镇小双桥村西南。1989年发现该遗址；1990年进行第一阶段的考古调查与发掘；1995—2000年，其中包括“郑州小双桥遗址的分期与年代测定”列入“夏商周断代工程”研究专题，继续对小双桥遗址进行第二阶段的全面调查与大规模的考古发掘工作；2002—2009年，配合当地农田基本建设，在小双桥遗址再次进行第三阶段的考古发掘；2012—2021年，为搞清遗址布局及各区域文化特征，又连续进行第四阶段的考古发掘（图39.1）。

图 39.1 小双桥遗址发掘现场

随着逐年的考古发掘，小双桥遗址范围面积也在不断增加：在第一阶段考古调查与发掘时，认定小双桥遗址东西长500米，南北宽300米，总面积为15万平方米；第二阶段考古发掘时，发现诸多处文物遗迹，联系起来遗址分布扩大到小双桥、岳岗、于庄、后庄王、葛寨等5个村子之间。南北长1800米，东西宽800米，遗址面积扩大到144万平方米；通过第三阶段的后续发掘工作，基本确认遗址大致呈东南、西北走向的长方形，南北长近2000米，东西宽近1000米，遗址总面积又扩大到150万—200万平方米；而第四阶段工作重点集中在中心区域偏东部和遗址中心区的外围，小双桥遗址范围又扩大至500万—600万平方米。

考古发掘表明，遗址内最早的文化堆积为龙山文化晚期，分布在小双桥村西北的索须河东岸一带，遗存范围约4万平方米。在小双桥村西南的于庄村西侧，发现有郑州二里岗下层二期的遗存，范围约3万平方米。遗址的其他部分大面积的商代文化堆积则属于郑州二里岗上层二期即白家庄期。但分布不均，文化层也较薄。在遗址的中心区域发掘出地面之下一道夯土墙基槽，东西长约53米，南北宽为2.6米，槽内尚存夯土厚0.35米。基槽东部被破坏无存，西端向南折拐，残存长12.5米，这应是遗址中心区域的一道北墙，被发掘者称之为宫城墙。在遗址中心区发现多座夯土建筑基址，有的建有柱础，由于晚期破坏，保存甚差，看不到建筑边缘。其中HJ1，东西残长50米，南北宽12米，发现有柱础坑和柱础石。HJ6南北残长30米，东西残宽约21.8米，面积逾650平方米。有东西向柱础坑三排，南北向柱础坑五排，坑下有片石作柱础，使该建筑基址成为L形，可分为五间大小不等的房间。部分地坪有烧土面和铺有卵石。这些被发掘者称为宫殿建筑或宗庙建筑。

遗址中的周勃墓为一处高台夯土建筑，东西长约50米，南北宽为40米，高13.5米。在台基上部发现唐宋时期和明清时期两条沟环状分布，在沟内有数个陶瓷坑，布局有一定规律。其下当为商代夯土基址，是以夯土为芯，上下三层建筑。夯筑过程中，根据部位不同，设有桩、枋、永定柱，形成框架结构，与夯土互相扶持，这比单纯围绕夯土芯建造木构建筑有非常大的进步。

小双桥遗址发掘出数座商代居住房址、少量青铜冶铸残迹、为数不多的灰坑、灰沟和水井等遗迹。遗址发掘的最重要内涵是几处面积1500—3000平方米的祭祀场，这实际上也是决定小双桥遗址性质之关键所在。在这些祭祀场里，有大量的各类祭祀坑遗存。其中有30多个人牲祭祀坑，包括多人丛葬坑、四人葬坑、三人葬坑、双人葬坑、单人葬坑、乱葬坑、散乱人骨架坑等七类（图39.2）。H45为椭圆形人祭坑，坑壁近直，坑底近平，坑口长1.85米，宽1.4米，深0.66米。坑内埋4人，上层3人，下层1人，有的骨架缺失，均为非正常埋葬。还有大量的牲祭坑，其中H6为不规则椭圆形坑，东西长5.8米，南北残宽2.1米。坑内出土大量的牛头骨、牛角和其他牛骨，另有猪骨、鹤骨、鸡骨，以及较多的厚胎缸片，鬲、尊、斝等陶片，原始瓷尊片，还有玉片、石器、蚌壳等；H29亦为椭圆形坑，内置牛角40只和猪、鹿、狗、象等兽骨；还有各类陶器片、原始瓷器片、长方形穿孔石器、近圆形蚌壳堆；另有一些小件铜器、铜炼炉残块、铜炼渣、孔雀石等。此外，还发掘有大批牛头坑、牛角坑、牛头牛角坑、牛角器物坑、狗祭坑、奠基坑等，还见有经过多次烧烤的燎祭坑遗存（图39.3）。

图 39.2 人牲丛葬坑

图 39.3 牛角祭祀坑

小双桥遗址出土遗物也很丰富，包括各类陶器、石器、玉器、青铜器、原始瓷器、卜骨和陶缸上的朱书文字。学术界对于小双桥遗址的性质提出多种看法，主要有二种。一是隞都说。依据文献记载和考古发掘资料，认为在白家庄时期小双桥繁荣，郑州商城废弃，这一兴一废，完成了由郑州亳都到小双桥隞都的历史转换。二是商王室祭祀场地说，同样依据文献记载和考古发掘资料，认定白家庄时期郑州商城并无废弃，大量的宫殿建筑及青铜器窖藏坑和高等级墓葬等，展现商王室的活动。从市区迁到郊区建新都，从高墙深池的郑州商城迁到无险可守的平原小双桥，难以解释。小双桥主要是各类祭祀遗存，当为郑州商城晚期的王室祭祀遗址。郑州小双桥商代遗址具有重大的历史、科学和艺术价值。

1995年入选全国十大考古新发现；2000年入选20世纪河南十项重要考古发现；2006年被国务院公布为全国重点文物保护单位；2021年入选河南考古百年百大考古发现。

焦作府城商代城址

府城遗址位于焦作市区西南郊府城村西北部台地上。1991年考古调查发现该遗址，面积约10万平方米。1998—1999年，进行了考古发掘，揭露面积1700平方米（图40.1）。

遗址文化内涵十分丰富，包括夏代晚期的二里头文化、商代早期的二里岗文化，以及少量的西周文化和汉代遗存。其中最重要的发现是一座二里岗期商文化城址，平面为正方形，北城墙长约284米，高2—3米，宽约6米；西城墙压在一条南北向的小路下，长约280米，宽4—8米，高2—3米；东城墙破坏严重，其北段地面上尚有一些夯土，南段已无存，南端拐角处有地下基槽，东城墙复原长度280米；南城墙只有地面下基槽，宽15米，深1.05米，口大，底小，复原长度295米。北城墙中部稍偏东有一处缺口，疑为城门遗存。城墙外侧有一条与之平行的白马门河，宽7—9米，当为护城河。从保存较好的城墙断面看，呈上窄下宽的梯形。系用黄黏土夯筑而成，每层厚8—12厘米，布满了凹凸相套的圆形圜底夯窝印痕，与郑州商城

图 40.1 府城遗址发掘现场

城墙的夯窝印痕别无二致（图40.2）。

在城内北半部稍偏东处，发掘出有叠压打破关系的5座夯土建筑基址，属于古城的宫殿区。这些建筑基址打破关系复杂，破坏十分严重。总体看来可分为上、中、下三层。下层宫殿为3、4、5号夯土建筑基址，其中3号基址为长方形，坐北朝南，已发掘部分居住面长8.2米，宽6.15米，厚0.4—0.5米。用黄红土夯筑而成，夯窝印痕与城墙相同。居住面之下为基槽，最厚处为2.9米。5号基址位于3号基址东北部，二者大致平行，用黄沙土夯筑而成。而4号基址被2、3号基址打破，面貌不详。

中层宫殿为1号夯土基址，平面为长方形，南北长70米，东西宽约55米，仅发掘了西半部分。1号基址分为南北两个院落，南院的南部为前殿（南殿），南北宽约7.5米，前殿与西边的西配殿连在一起，西配殿南北长20米，东西宽7.75米。北院发掘出靠北部的后殿（北殿），南北宽4.4米，已发掘部分东西长14.75米，见有3个圆形柱洞。后殿西侧还有与之相连的西回廊，西回廊外侧有小石子铺垫的散水。南北院之间为中殿（正殿），南北宽14.8米，东西已发掘部分长度为11.7米，殿基夯土厚度为1.9米，其上也发现有圆形柱洞和柱础石。

上层宫殿为2号夯土基址，叠压着中层1号基址的后殿，平面为长方形，已发掘部分南北长12.5米，东西宽6.5米，为地面式建筑。在居住面上有南北向排列5个圆形柱洞。从上述考古发掘的发现，古城址的考古学年代和地理方位，再结合多项历史文献的记载，说明焦作府城古城址应是商代之雍邑和后来西周时代之雍国。这对研究商周时期方国（封国）历史和古代城市的发展，都具有重大历史、科学和学术价值。

焦作府城的考古发掘，1999年入选全国十大考古新发现；2001年被国务院公布为全国重点文物保护单位；2021年入选河南考古百年百大考古发现。

图 40.2 府城遗址北城墙

安阳洹北商城遗址

安阳洹北商城位于安阳市北郊，地处洹河以北，北部包括花园庄、韩王度、董王度、屈王度、十里铺、屠王度等村落，西部与三家庄为邻，南部不远即为大司空村，其西南隅与安阳殷墟重合。1960年中国科学院考古研究所安阳工作队在洹北花园庄村东北地调查发现商代遗物；1964年在三家村东南地发现商代青铜器窖藏；1979年在董王度村收集到商代墓葬出土的青铜器和骨、蚌器；1980年在花园庄村南地清理8座商代墓葬。上述这些考古调查与发现均属于洹北商城范围之内的遗存，当时被列为安阳殷墟之内，还不知道有洹北商城。1997—1999年，中国社会科学院考古研究所与美国明尼苏达大学合作开展“洹河流域考古调查”课题，将洹北花园庄遗址作为重点勘查的首选；与此同时，国家“夏商周断代工程”决定在三家庄村附近选点发掘，以获取碳14测年标本；经过勘察与发掘，发现有宽7—9米，厚2米以上，呈东北—西南走向的黑色夯土遗迹，并有规律地向两端延伸；在1999年11—12月，最终证实了这是封闭的大型方形夯土城墙基槽，将遗址定名为洹北商城；2000年对洹北商城城墙进行解剖，还勘探发现了城内中南部的宫殿宗庙区；2001—2002年，发掘宫殿宗庙区的1号夯土基址；2005年又对洹北商城遗址进行大规模的考古勘探，在城内东部发现大范围的夯土基址，并在洹北商城的西南角发现一座方形小城；2007年再次勘探洹北商城，在城内中南部宫殿宗庙建筑基址区外围发现了宫城夯土城垣，还清理了宫城内西部的一处商代小型夯土基址；2008年发掘了宫城内的2号夯土基址；2015—2016年在洹北商城宫殿区以北今韩王度村东地，又进行大规模的考古发掘；2021年在洹北商城以北稍远的地方，发掘了与之关系密切的陶家营遗址。对洹北商城长期的考古勘探与大规模的考古发掘，有许多重大的考古发现。

洹北商城平面呈正方形，东墙长约2230米，西墙长约2200米，南墙长约2170米，北墙长约2150米，面积约4.7平方千米。四周均为城墙基槽，宽7—11米，深约4米。其中东、北、西墙基槽完全夯筑填实，东墙基槽上甚至有部分墙体高于当时地面0.3米。城墙基槽由内外两部分土构成，先垫内侧土，未经夯打，形成宽约1.5

米的一道内槽；然后依托内槽用黑土夯筑成外槽，城墙基槽外围未见护城河（壕沟）遗迹。宫城位于南部略偏东，平面呈南北长方形，南北长795米，东西宽515米，面积约41万平方米。四周城墙夯土基槽宽6—7米，墙体宽5—6米，残高0.35米。宫城内发现30余处大型夯土建筑基址，南北成排，布局严整有序，其中有两座超大型宫殿夯土建筑基址，编号为1号夯土基址和2号夯土基址。

1号夯土基址平面呈"回"字形，四周为建筑主体，即北面的主殿及两侧的双坡廊庑，西配殿和东配殿，南部单坡廊庑和门塾及门道，中间围成庭院。东西长约173米（靠东一部分未能发掘，依钻探数据），南北宽为85—91.5米，总面积近1.6万平方米。主殿位于基址北部正中，南北宽14.4米，东西总长超过90米，殿基高于周围地面约0.6米（图41.1）。现已发掘东西9间正室，每间面阔7.6—8.4米，进深4.9—5.4米，墙体多用土坯垒砌，四周外围有回廊柱洞，每间正室都向南开门，并有台阶。主殿西数第1间和第6间正室对应回廊北侧也各有一个台阶。西数第8间

图41.1 洹北商城1号宫殿发掘现场

和第9间正室之间，有1条宽约3米的门道将主殿分为东、西两部分。与主殿最西端回廊相接的是一条长达30米的双坡廊庑，该廊庑近主殿处被一条宽4米的南北向门道分为东、西两段，西段廊庑正中向南有一个台阶。西配殿破坏严重，南北长85.6米，东西宽13.6米，未见分间和门道，可能是土坯筑墙，平面上没有发现柱洞，朝向庭院的方向设有3处台阶。南廊庑西端与西配殿南端相接，南廊庑南部是一道长墙，单坡长廊设在北侧，自门塾开始向东、西延伸，南廊庑西段长65米，东段因局部未发掘而长度不详。门塾设在南廊庑中段偏东部，长38.5米，宽11米。门塾中间有2条南北的门道，将门塾分为左、中、右三部分，面积相仿。从结构看门塾三个部分的南侧都有东西向的墙将其南北隔开。门道南北长11.4米，宽4米，设有门槛。门道地面经过抹平和硬化处理，两侧墙体用白灰涂抹。在1号夯土基址的夯土中及庭院内外，共发现40余处祭祀遗存，一类是埋有羊骨、猪骨、狗骨等动物牺牲的祭祀坑；另一类是以人为牺牲的祭祀坑，个别还出土有玉柄形饰。1号夯土基址是迄今发现的规模最大的商代宫殿建筑。基址表面清晰的柱网结构为以往发现的任何商代基址所未见，其保存下来的台阶、门道，特别是周围倒塌的各种墙体和屋顶残块，可以最大限度地复原出一座规模宏大的商代宫殿。这在中国古代建筑史上也有重大学术价值（图41.2）。

图 41.2 1号宫殿的2号门道

2号夯土基址位于1号夯土基址的北部，二者相距29米。其平面亦呈“回”字形，北面正中为主殿及单坡耳庑建筑，南、东、西三面为单坡廊庑建筑，中间围成庭院。东西总长92米，南北宽为61.4—68.5米，总面积近6000平方米。主殿东西长43.5米，南北宽13.8米，北部宽于两侧耳庑6.4米，现存高度高于当时庭院0.67米。主殿整体夯筑在事先挖好的深约1米的圜底基槽内，槽内用纯净黑色黏土夯打，超出地面用纯净黄土夯打。主殿的前、后廊柱及墙体内木骨柱础石绝大部分被破坏，主殿有四座单间房屋相连，每间面阔7.5米，进深4.7米。殿前南侧有四级台阶，主殿后侧未见台阶。西耳庑长26米，宽6.6米，有一个宽2.8米的门道南北相通；东耳庑长为22.4米，没有门道。西廊庑与东廊庑相似，外侧为墙，内侧为单坡长廊。在东廊庑外侧的东南部，还见有夯土附属建筑和水井等遗迹。南廊庑整体东西面阔92米，南北宽6.1米，稍偏东部有一处宽3.1米的门道将南廊庑分为东、西两部分，在东部北侧发现面向庭院的三个台阶。从考古发掘可以看出，1号夯土基址与相邻的2号夯土基址时代相同，且联系紧密，1号夯土基址主殿的北部面向2号夯土基址有台阶可出入；主殿西侧回廊有门道通向2号夯土基址；主殿东部的门道更是与2号夯土基址相通；2号夯土基址西耳庑也发现有向北通行的门道。由此可以推测1号夯土基址和2号夯土基址可能是一体建筑的不同部分，是同一组建筑群。

在洹北商城中北部和中东部，勘探发现较多的夯土建筑基址和一般的小型房址。在宫城以北的韩王度村东一带，发掘出房址、灰坑、水井、道路、墓葬等遗迹。其中包括铸铜作坊和制骨作坊遗址，出土有大量的陶模、陶范、磨石、鼓风嘴、炉壁残块、铜炼渣等铸铜遗物；另出有骨器的成品、半成品、骨料、废料、边角料等制骨遗物。表明在洹北商城内还有贵族居住区，平民聚集区和不同的手工作坊区等。

在洹北商城外围地区也有重要的遗址发现。2021年在距洹北商城以北3.8千米的陶家营村一带，发现一处商代晚期的大型环壕聚落遗址，平面呈长方形，东西长约560米，南北宽为330米，总面积约18.5万平方米，四周围以环壕。发掘面积2160平方米。发现一批夯土基址、82个灰坑或窖穴、多眼水井、陶窑和20多座墓葬。聚落内分布有规划明确、相对独立的生活区、生产区和墓葬区。其中墓葬区集中在南壕沟西段北侧，南北两排，十分规整。男性墓主多为俯身直肢葬，女性墓主多为仰身直肢葬，根据墓葬排列方式，推测其为两两一组的异穴并葬墓。墓地中M12、M28、M29、M30形制较大，出土器物较多，包括一批青铜礼器、兵器、工具和陶器、玉石器、骨器、蚌器、海贝等。随葬品中流行碎器（或称毁器）葬，特征突出。发掘者认为陶家营大型聚落址有可能是洹北商城北部重要的“卫星城”，具有重大科学研究价值。

安阳洹北商城的时代介于郑州二里岗上层二期（白家庄期）与殷墟大司空的一期之间，即河亶甲居相、祖乙迁邢、南庚迁奄、盘庚迁殷之间。洹北商城作为王都没有争议，但属于何王之都有两种不同的看法，一种认为是河亶甲居相的相都；另一种认为是盘庚最初的迁殷之地。后者的理由似乎更充足一些。在殷墟小屯一带出土的大批甲骨文中，没有找到属于盘庚、小辛、小乙三王的卜辞；在小屯的殷墟宫殿或宗庙建筑基址中，也没有发现可以确指的盘庚、小乙、小辛时期的遗迹；在侯家庄西北岗殷墟王陵区内发掘的四条墓道的商王陵墓中也没见到盘庚、小辛、小乙三位商王的陵墓；而发现稍早于殷墟大司空村一期的盘庚、小辛、小乙时期的遗存，则出土于洹河以北的郭王度、韩王度、董王度、三家庄和花园庄一带，这些地方均属于洹北商城的范围。种种迹象表明，安阳殷墟作为王都似乎是从武丁时期开始的。因此很有可能洹北商城是盘庚最初迁殷之地，但城垣一直未曾完全修好。武丁即位，可能因小屯地势较高，可以避免水患，又与洹河相依，取水也方便之缘故，就由洹北商城迁到小屯一带。由于当时国力鼎盛，商王朝强大到周边方国无法染指于此的地步，所以就不再修筑城墙。最终解决洹北商域的性质问题，一方面有赖于系统整理调查和发掘的全部资料，另一方面还有待于今后的田野工作。

安阳洹北商城2021年并入安阳殷墟一道入选全国百年百大考古发现；安阳洹北商城2021年入选河南考古百年百大考古发现；2021年安阳陶家营晚商环壕聚落遗址入选河南五大考古新发现。

安阳殷墟晚商都城遗址
（含安阳辛店晚商铸铜遗址）

殷墟位于安阳市西北郊，以小屯村为中心，地跨洹河南北两岸。北至今安阳邺城大道及京深公路一线；东到彰德路、胜利路一线；南临安阳文明大道以北约200米；西逾梅东路、安阳钢铁公司西部及范家庄一线。南北直线距离约6.2千米，东西直线距离6.7千米，总面积约有36平方千米。主要包括盘庚最早所迁之地的洹北商城遗址，小屯一带的殷墟宫殿宗庙遗址，侯家庄西北岗及武官村王陵大墓，后冈遗址以及大司空、郭家庄、刘家庄、徐家桥、戚家庄等大型殷墟族邑聚落遗址。此外，在殷墟外围较远的地区，还发现有人民医院新址、安阳辛店、陶家营等聚落和铸铜遗址。1928—1937年，在中国现代考古学诞生之后，在安阳殷墟进行了15次里程碑式的考古发掘。新中国成立至今，也一直不间断地进行考古发掘，有许多重大的考古发现。

殷墟宫殿宗庙建筑遗址主要分布在小屯村东北一带。在南北长1000米，东西宽650米的范围内，先后发掘商代晚期大型建筑基址80多座，筑于夯土台基之上，平面有方形、长方形和“凹”字形等多种，为“茅茨土阶，四阿重屋”形制的大型夯土建筑群。大多为四合院式建筑，基本符合“前朝后寝，左祖右社”的建筑布局。台基上有成排柱础，台基下有人牲奠基。这些有规律分布的大型宫殿建筑群，地处洹河自然形成的河曲内高地上，并有“大灰沟”与洹河河曲北、东两点相连接，形成一个与周边其他手工作坊、族邑居住区相隔离，相对封闭的宫殿区（图42.1）。

此外在宗庙宫殿区周围，还发现大量的祭祀遗址、墓葬、铸铜遗址、制玉遗址和众多的甲骨窖藏坑等重要遗址。甲骨窖藏当为中国最古老的“档案库”。远在1936年发掘的甲骨坑YH127，出土甲骨1.7万余片；1973年发现的小屯南地甲骨有5000余片；1991年花园庄东地出土甲骨1583片；2002年在小屯南路西段发现甲骨窖穴，出土甲骨400余片。上述甲骨内容包括祭祀、田猎、农业、天文、军事、医药等诸多方面，为商代历史研究提供了无可替代、极为宝贵的科学资料（图42.2）。

图 42.1 殷墟宫殿区

图 42.2 殷墟甲骨文发现地

图 42.3 王陵 M1217 发掘现场

殷墟王陵遗址位于洹河北岸的侯家庄西北岗和武官村北地的高地上。距宫殿区约2500米，遗址东西长450米，南北宽250米，总面积11.25万平方米。从1934年开始，这里共发掘13座王陵大墓（包括1座未完成的大墓M1567）。其中西区有7座带四条墓道的大墓，分成4排，一南一北分列。最西为M1500、M1217，第二排是M1003、未完工的M1567，第三排是M1004、M1002，第四排是M1001、M1550（图42.3）。东区5座大墓，其中四条墓道大墓1座M1400，两条墓道的大墓3座，分别是M1129、M1443和武官村大墓50WGKM1，一条墓道大墓1座84M260。这些大墓都是南北向，平面分别呈“亚”字形、“中”字形、“甲”字形，最大的面积可达数百平方米，深达15米以上。那些带有四条墓道的大墓即商王的陵墓，从商王武丁至商王帝辛时期，全部的商王都葬在这里，前后延续200余年之久，这也是我国目前发现最早的王陵遗址（图42.4）。商代王陵东西分区的陵园格局，也为后期中原地区的皇陵所继承，形成了较为严格的昭穆制度。在王陵区还发掘出大批商代祭祀坑和少量陪葬墓。其中东区1383座，西区104座。人祭坑数量最多，一般为方形人头坑和长方形人骨架坑。每个坑一般内置被砍杀的人牲8—10人。1976年发掘清理的191座人祭坑内有人牲1178具。还有兽祭坑，以马坑居多，另还有象坑3座，以及猴、羊、鸟坑等，也有人兽同坑的。从祭祀坑的发掘看，西区主要是王陵大墓，而东区则是商王室用于祭祀先祖、先王的大型公共祭祀场所。

近期在殷墟王陵及周边地区又勘探和发掘出两个东西并列的围沟，各自闭合，成为古代陵墓的隍壕，殷墟王陵区的规模由原来的10万平方米扩展到16万平方米。还发现了南北向干道的路沟及两个路口，推测为商代晚期大邑商都的干道之一。是很重要的考古发现。

除王陵大墓之外，在殷墟还清理有3000座以上王室贵族墓、其他中高级贵族墓、小型贵族墓和大量族葬墓、平民墓群等。其中1976年在宫殿宗庙区范围内，发掘了著名的妇好墓。墓上有一座南北长约6.5米，东西宽约5米的房基。上面保存有排列规整的6个柱洞，房基外侧东、西、北三面有成行的夯土柱基，门向东，推测应是甲骨文中称为“母辛宗”的享堂类建筑。墓口南北长5.6米，东西宽4米，深7.5米。有腰坑、二层台和东、西壁龛。葬具为一椁一棺，墓室有16个殉人，6只殉狗。出土青铜器468件，玉器755件，石器63件，宝石制品47件，骨器564件，象牙器3件，以及海贝6800多枚。其中青铜器、玉器、象牙器造型新颖，工艺精湛，堪称国之瑰宝。通过青铜器上的铭文，认定墓主人是商王武丁三位法定配偶之一的妇好。妇好手握重兵数度四方征伐，又代商王主持多次祭祀，这是安阳殷墟科学发掘以来，唯一一座完整的、有多条甲骨文记载并断定年代、墓主

图 42.4 殷墟王陵分布

图 42.5 妇好墓发掘现场

人及其身份的商王室成员墓葬（图42.5）。

安阳后冈位于高楼庄北，从1933年到新中国成立之后，在这里发掘出殷墟时期大型贵族墓葬5座和其他一批中小型墓。包括带2条墓道的“中”字形大墓4座，带1条墓道的“甲”字形大墓1座。其中最大的1座有20米长的斜坡南墓道，11.6米长的台阶状北墓道。墓室长7米，宽6.2米，深8.5米，中间为木椁。有被砍人殉头骨28个。1959年在后冈发掘一处圆形祭祀坑，坑内殉人79个，并出土一批青铜器和陶器，内有带铭30字著名的“戍嗣子”鼎。1982—1992年，在殷墟郭家庄西南地区发掘一批商代墓葬。其中M160为长方竖穴土坑墓，墓室长4.5米，宽2.88—3.04米，深5.7米。一棺一椁，发现殉人4和殉狗3，出土各类随葬品353件。其中青铜器291件，包括鼎、甗、簋、尊、罍、卣、盉、斝、觯、觚、角、盘、斗等礼器，200多件钺、刀、戈、矛等兵器，以及900多枚铜镞，而方尊、方斝、方觚、方鼎等17件方形器非常少见，另有10件青铜觚和10件青铜角的组合也是特例。还见有璧、环、璜、钺、戚、戈等33件玉器。大部分青铜礼器有“亚址”等铭文，亚址为商代的武职官名，墓中大量青铜钺和玉钺等兵器，显示了墓主人武将的风范。

1969—1977年，在殷墟西区发掘出939座小型墓葬，有规律地分布在8个墓区内。各个墓区之间有一定的界线，各个墓区的墓葬在埋葬习俗、随葬陶器组合及铜器铭文等方面，各具一定的特征。在所出的数百件青铜器中有43件上带有族徽的图形文字，有一些与甲骨文中常见的殷代族名完全一致，由此可知，一个墓区就是一个族的墓地。一些先秦史料和甲骨文都记载有殷代社会中还保留着原始社会所残留的族的组织形式，殷人在从事生产活动或军事活动时，往往是以族为单位进行的。他们生时聚族而居，合族而动，死后聚族而葬。这些分区的小型墓葬，更从考古资料上加以证实。这些小型墓中大多有棺为葬具，除一些青铜器之外，还都随葬有觚、爵等陶礼器，有的还随葬农业和手工业生产工具、青铜兵器等。说明墓主人生前有一定的生活资料，有一定的社会地位，能参加一些政治活动和宗教活动，他们从事生产劳动，一些男子还是士卒。他们应属于殷代社会的平民。这些为研究殷代社会的阶级结构、族的组织形式，以及为青铜器的分期和断代，提供了重要的实物资料。

殷墟作为商代晚期的王都所在地，拥有不同门类的手工业作坊，代表了当时世界的先进水平。主要包括铸铜、制骨、烧陶和制玉等不同手工业体系。其中铸铜作坊遗址有较多的分布，在苗圃北地、孝民屯东南地和西地、小屯村东北、薛家庄南、任家村西南和殷墟外围的辛店等都有发现。苗圃北地铸铜作坊遗址，位于小屯村东南1千米处，面积约1万平方米。1959年和1964年，进行过两次考古发掘，揭露面积5000平方米。在作坊区内发现20多座单间及个别双间的工房或工棚式的地上建筑，还有多处浇铜场地，硬土与烧土地面；又发现地面上土炉式熔炉和半地下土坑式的熔炉残块，以及许多粗砂质或细泥质坩埚残片；另有大量铸造方鼎、圆鼎、簋、觚、斝、爵、觯、尊、卣、觥、方彝和少量戈、刀、镞的陶范和陶模，以及整修青铜器的磨石和修治陶范、陶模的小件青铜工具、骨器等。上述出土物表明，这里是一处铸造青铜礼器为主的作坊遗址。在遗址范围内还发现与祭祀有关的马坑和牛坑。

孝民屯铸铜作坊遗址，位于村南和村西地，东距小屯村2.5千米。总面积约5万平方米，是迄今所见殷墟最大的一处铸铜遗址。20世纪60年代曾进行过试掘。2000—2001年和2003—2004年，对遗址进行大规模考古发掘。在遗址内发现大量商代晚期的窖穴、灰坑、房址、青铜器铸造场地、铜绿锈土面、范土备料坑、范块阴干坑，还有与铸铜有关的祭祀坑等。出土6000多块熔炉残块和坩埚残片，另有3万多件陶范和一批陶模、陶芯等。陶范器类有觚、鼎、卣、簋、罍、尊、爵、斝、觥、盉、盘等。从出土陶器看，孝民屯铸铜作坊出现于殷墟二期，发展于殷墟三期，繁荣于殷墟四期，结束于商周交替之际。这是一处规模大、规格高、延续时间长、以生产礼器为主的铸铜作坊。

安阳市辛店铸铜遗址位于安阳市北关区柏庄镇辛店集南部和西苏度村东部、东苏度村北部、沙高村西部一带。2016年发现并发掘，揭露面积1360平方米，收获甚丰。在此工作基础上，本年为配合安阳市中华路北段拓宽工程，河南省文物考古研究院、安阳市文物考古研究所孔德铭、孔维鹏、申明清等多人，又进行了第二次大规模考古发掘，揭露面积4200平方米。发现有夯土建筑群，南北长53.57米，由于受发掘区限制，东西宽度尚不清楚。包括大型房址、院落及围墙。发掘出铸铜作坊5处，多为地面露天式作坊。而F9则为地面和半地穴两种形式构成的工棚式作坊，

图 42.6 殷墟辛店铸铜遗址方鼎范

图 42.7 圆尊范

可分为东、西两间。西间为地面工棚建筑，南北长6.62米，东西宽2.65米，地坪有多个柱洞，西间东部有置幼儿骨架的长方形土坑墓；东间为半地穴工棚建筑，东西长15米，南北宽7.6米，深0.3—0.69米，地坪有踩踏面、红烧土面、铜绿锈堆积。发现灰坑189个，约有160个灰坑内出土与铸铜相关废弃物。其中28个坑内数量最多。还有一些灰坑，内置猪、马、牛、狗甚至以人为牺牲的祭祀遗迹。如H340为一深井，上、下部各层内有狗骨2具、猪骨46具、牛骨1具、牛头1个、人骨2具。当为多次铸铜时祭祀的遗存。辛店铸铜遗址出土物极为丰富。包括熔炉炉壁3600块，另有陶管、铜块、木炭块等；发现陶内模60余件，均为容器附件分模。包括有鼎、卣、簋、斝等的兽首、鋬、提梁，扉棱、柱帽等；陶外范3万余块，器形有鼎、簋、尊、卣、罍、瓿、斝、甗、彝、觥、觯、觚、爵、器盖、戈、镈等；纹饰有兽面纹、夔龙纹、凤鸟纹、目纹、云雷纹、牛纹、羊首纹、乳钉纹、弦纹、联珠纹、圆涡纹、蝉纹、羽纹等（图42.6、42.7）；出土泥芯约1600块，多为明芯，泥质夹细砂及蚌粉，部分芯表面有黑灰色浇铸面，少量芯面粘有铜渣。可辨器形有鼎、簋、觚、爵、器盖等。铭文芯发现17块，可辨铭文有父辛、舌、羊、举、亚等；还出有铜刻刀、铜削、铜刻针、骨锥、骨针、骨铲、磨石、卜骨、卜甲等。清理殷墟时期墓葬33座，其中M13为长方形，口小底大，墓底长3.2米，宽1.7—1.8米，深3.32米。底部四周有熟土二层台，底部正中有腰坑。一棺一椁，椁板髹黄漆，兼有白漆、黑漆。棺板髹红漆，兼有黄漆。棺内铺一层朱砂。椁室和棺内随葬鬲、簋、罍等陶器；方鼎、圆鼎、簋、甗、罍、斝、盘、卣、尊、觯、盘、觚、爵、戈、刀、铲、锛、凿、饰件等青铜器；还见有鸮、管、纺轮、璋等玉石器。在14件青铜礼器上有“戈齐”铭文，1件铜觯上有“戈”铭文，1件铜爵上有“天黾父丁”铭文。鉴于辛店遗址另有9座墓内也出有“戈”“戈齐”“陶戈”“戈父丁”等铭文，表明辛店一带由“戈”族控制着。而“天黾父丁”的“天黾”则是一小国族名，表明“戈”族与“天黾”族联姻或文化交流。辛店遗址距殷墟核心区10千米，是“居、葬、生产合一”的大型聚落址，也是殷都“大邑商”的重要组成部分，有着重大的历史、科学和艺术价值。

制作骨器也是殷墟时期重要的手工业部门。大司空村制骨作坊位于大司空村东南地，1963年发掘，揭露面积1380平方米。发现一批房址和10多个骨料坑，出土大量骨料和骨器中，骨笄的半成品和骨料约占总数的一半。北辛庄制骨作坊1959年发掘，也发现房址和骨料坑，出土5000多块骨料，骨笄亦为其主要产品。还见有铜锯、铜钻和石刀等制骨工具。新安庄东铁三路制骨作坊遗址，长约220米，宽为80米，总面积1.76万平方米。2002—2008年进行了三次考古发掘，发现有20多座房址、大量灰坑和道路、墓葬等；出土了成吨的骨料、成品、半成品、废料等，骨料中绝大多数为黄牛骨，也有少量马骨、水牛骨、羊骨、猪骨、鹿角等，骨器成品和半成品多为骨笄、骨镞等，制骨工具见有磨石、石锥、石刀等，规模较大，技术也很先进。

陶器是殷墟时期的人们使用最多的日用品，在各类文化遗迹中大量出土，而墓葬中觚、爵、簋、鬲等陶器组合，还起到了礼器的作用。殷墟发现最大的制陶作坊遗址是位于宫殿宗庙区之南不足千米的刘家庄北地遗址。南北长300米，东西宽约200米，总面积达6万平方米。1988、1990、2008和2010—2011年，多次进行考古发掘。清理了31座陶窑，均属于圆馒头形窑，由窑室、窑箅、火膛、火门组成。出土大量的豆、簋，还有一些瓿、钵、盆、鬲、甑、器盖等；另有一些陶拍、陶垫、陶印模等制陶工具。遗址东南紧邻苗圃北地铸铜遗址，2006年又在遗址东侧发现大量骨料坑，形成了重要的手工作坊区。

殷墟考古发掘另一类突出的发现是族邑聚落的密集分布。在洹河沿岸宫殿区的东部、东南部、南部及西南部的广大区域内，包括小屯村西北地、南地和西地，四盘磨村西，高楼庄北，大司空村东南，侯家庄南，郭家庄西南和东南，刘家庄周边，徐家桥村北、村南，老六家庄，戚家庄东，白家坟村南，孝民屯村西，王裕口村南，任家庄西、东南和南地，范家庄东北及后仓街东等地。存在着不同数量的殷墟时期建筑基址，既有连片的大型建筑，也有小型夯土建筑和普通的房址，有的组成了四合院式的建筑群，还发现许多灰坑、窖穴、水井和埋有牛、马的祭祀坑等，这形成了一处处族邑聚落。有些大型聚落又常与大型手工业作坊相连；还发现有相当数量的墓葬，墓内出土青铜器上还有不同的族徽相区别。族邑聚落内有着更为相近或相同的文化习俗、统一的族徽、统一的手工业作坊和产品，技术传承，繁衍生息，过着居葬合一的生活。聚落之间有道路相通，还有水渠纵横，再考虑到殷墟外围较远的地方仍有大型铸铜作坊和聚落址的发现，让人们对殷墟的布局有了新的思路。由于殷商王朝国力强大到足以让周边的方国部落无法染指的地步，无需修建王都的城墙设施。

安阳殷墟发掘出大量的各类遗物。除了前述极为重要的甲骨文之外，还有3000多件青铜礼器，包括鼎、觚、爵、罍、簋、甗、尊、方彝、斝、卣、觯、觥、盉、盂、罐、盘、角、缶、壶、箕形器等20余种。1937年前在殷墟王陵发掘出大型牛方鼎、鹿方鼎，1939年武官村北地出土超大型的司母戊大方鼎，鼎口长112厘米，口宽79.2厘米，壁厚6厘米，通高133厘米，重达832.84千克。代表了中国古代青铜铸造的超高工艺水平；还出土5000余件青铜兵器，包括戈、矛、大刀、镞、戣、剑及甲胄等；另有青铜乐器铙，多数为3件成编，个别有4件、5件、7件成编。大小依次递减，铙上多所有铭文；还有刀、斧、锛、凿、锯、钻、锥、削、铲、鱼钩等；另有铜镜、笄、匕和大量车马器。安阳殷墟还出有3100多件精美绝伦的玉器，其中礼器有璧、环、琮、璋、圭、簋等；仪仗类有戈、矛、戚、钺、大刀等；工具类有斧、凿、锛、刻刀、锥、纺轮、铲、镰等；用具类有梳、耳勺、匕、笄、镯、柄形器等；艺术类有龙、凤、鸟、鱼、虎、象、熊、猴、马、鹰、鸽、蝉等动物造型，形象逼真，栩栩如生。殷墟所出5000多件石器，同样也很精彩。包括鬲、豆、簋、尊、璧、璋等礼器；磬、埙等乐器；戈、钺、戚、镞等仪仗或兵器；斧、锛、凿、钻、刀、镰、铲、锤、纺轮、网坠、弹丸、磨石等工具，以及一些装饰品和动物形象的石雕等；此外，还发掘出大量的各类陶器、白陶器、硬陶器和原始瓷器；另发掘出较多的骨器、蚌器和海贝等。展现了殷墟王都经济发展、文化进步、生活繁荣的景象。

安阳殷墟1961年被国务院公布为第一批全国重点文物保护单位；1990年安阳殷墟郭家庄160号墓入选全国十大考古新发现；1991年安阳殷墟花园庄商代甲骨窖藏入选全国十大考古新发现；2000年安阳殷墟入选20世纪河南十项重大考古发现；2001年安阳殷墟入选中国20世纪100项考古大发现；2006年入选世界文化遗产名录；2009年安阳殷墟入选全国最具中华文明意义的百项考古大发现；2016年安阳辛店商代晚期铸铜遗址入选河南五大考古新发现；2021年安阳殷墟（含洹北商城、后冈遗址）入选全国百年百大考古发现；2021年安阳殷墟入选河南考古百年百大考古发现；2021年安阳辛店商代晚期铸铜遗址入选河南考古百年百大考古发现。

荥阳关帝庙商代晚期聚落址

关帝庙遗址位于荥阳市豫龙镇关帝庙村西南部。为配合南水北调中线干渠工程建设，2006—2008年，进行了连续的大规模考古发掘，揭露面积2.03万平方米。在该遗址发现仰韶文化晚期、商代晚期，以及两周、汉、唐、宋时期文化遗存，以商代晚期遗存最为丰富（图43.1）。

发掘出商代晚期环形围沟G10，沟口宽1米，深1.3米，复原长度约为580米，围成一处小型聚落。围沟南部有8.1米宽的缺口，残留路土，当为聚落的进出通道。在围沟之内有较明显的功能分区，西北部是房址和陶窑的集中分布地，西南部有较大型的祭祀场，各种灰坑和附近的墓葬散布在聚落不同区域；围沟外围东北部还有

图 43.1 关帝庙发掘探方分布

一处墓葬区。由于围沟宽度和深度都不大，不具备防御的功能。结合墓葬区分布在围沟环绕的区域之外来看，此围沟很可能是一条用来区分某种活动区域的界沟。

清理房址22座，均为半地穴式单室建筑。平面多为长方形或方形，也有少量圆形。多有南向台阶状或斜坡状下行门道，部分房址在台阶旁挖有袋状的圆形小深坑。房内多有在生土上挖建的椭圆形或圆形连体灶，灶旁一般另有火塘；也有部分房址内无灶，只见有形状不规则的火塘；个别房址的灶前还有椭圆形操作坑。部分房址内设有壁龛，个别壁龛上部留有火烤痕迹，内有放置火把的小洞。在一座房址的底部活动面下，发现排列有序的小圆坑，填土纯净，坑底分别放置陶器或蚌壳、石块等，应为房址的奠基遗存（图43.2）。

发掘陶窑20座。在生土或文化堆积层上挖建，均为升焰窑，由操作坑、火门、火膛、窑室等部分组成。操作坑近椭圆形，个别坑壁上留有半周二层台；火门呈圆形；火膛位于窑室下方，规模较大，略呈椭圆形；窑室为圆形，直壁，平底或略呈袋状。窑箅孔眼排列整齐，一般是4—8个长方形或长条形箅孔等距离分布于窑箅周边，一圆形孔居中。窑室、火膛、火门的壁面均被烧结成青灰色。

发现水井32眼。井口多为圆形或椭圆形，个别为圆角方形。井身分两种：一种以直壁向下挖约一两米后变为长方形，井较深；另一种开口较大，直壁向下，下

图 43.2 房址 F16

部外张。其中J12，井口为椭圆形，东西长径2.2米，南北短径1.83米。上部井壁斜直，向下深约0.8米处，井身收成近长方形，东西长2.05米，南北宽0.9—1米；由此向下井壁规整光滑，在井身南北两壁中部各有一排交错对称的脚窝，南壁5个，北壁6个。在距井口深的3.3米处，四周井壁呈弧形外张，至深为4.4米的井底，又变成椭圆形了，井内出土一批鬲、罐等陶片。

清理墓葬228座。均为小型长方形竖穴土坑墓，南北向者居多，东西向者较少。墓坑长1.5—2米，宽0.6—1米，保存深度0.5—3米。多数墓坑为直壁，平底。部分墓壁外张，有的设有二层台和腰坑。墓内填土大部分经过夯打，夯窝基本为圆形，圜底，直径0.08—0.15米，夯层一般厚0.1—0.2米。似用单根粗木棍圆柱状夯具所为。多为单人仰身直肢葬或单人俯身直肢葬，个别有单人侧身屈肢葬，偶见男女置于一穴的双人并葬墓。部分有单棺，其余无葬具。随葬品不多，腰坑内殉狗，个别二层台上置铜铃、铜镞，墓主人口内含贝或手中握贝，有的墓内随葬1件陶盆或陶豆。

祭祀坑发现17座。坑口多呈圆形或椭圆形，坑内一般有完整的或经过大块肢解的牛骨架，个别坑内有完整的猪骨架（图43.3），部分坑内还有人骨。发现窖穴和灰坑1470个。坑口的平面形状有圆形、椭圆形、长方形、不规则形多种，以圆形坑

图 43.3 祭祀坑 H906

为主。圆形坑结构也存在差别，可分为直壁、斜壁、袋状等三种类型，平底者居多，也有斜底和圜底者。部分坑壁向下挖到一定深度后留有半周二层台。不少坑底部套挖有小圆形坑，形成子母坑。部分坑内挖有小壁龛，个别在坑下部向外挖出较大的壁龛，应为储物所用的窖穴。袋状坑一般较规整，坑壁及底部多经过处理，也应属于窖穴。部分坑内留有可供上下使用的台阶。部分坑壁经过火烤，形成较厚的红色烧结面，有的坑壁还较好地保存有条形铲状工具的加工痕迹。

关帝庙遗址出土晚商遗物也很丰富。出土陶器有鬲、簋、罐、盆、甑、豆、钵、甗、勺、拍、球、网坠、纺轮等；石器有镰、铲、斧、锛、刀、砺石等；另有铲、匕、锥、笄、镞等骨器；还有蚌镰、蚌铲、角锥、铜刀、铜镞、卜骨、卜甲等遗物。

荥阳关帝庙遗址是在黄河南岸地区完整揭露的一处商代晚期聚落址。其中聚落的界沟、居住址、墓葬区、手工作坊区、祭祀区等布局清晰，表明聚落内部区域之间不同的功能，展示了聚落修建前曾有的一些规划。这是商代考古中除都邑与城址发现之外，所发掘的一个难得的、完整的、重要的遗址范例。对聚落考古、古代环境复原、商业经济和人类行为等综合研究，具有重大学术价值。

荥阳关帝庙遗址2007年入选全国十大考古新发现；2021年入选河南考古百年百大考古发现。

济源柴庄商代遗址

柴庄遗址位于济源市天坛街道办事处柴庄村，地处蟒河与济水西源相邻地带的高台地上。2018年配合延庆外国语学校建设发现该遗址，经勘探遗址范围近30万平方米。2019年3—7月，对遗址内学校工地进行考古发掘，揭露面积3600平方米；同年8—11月，又对遗址内另一项商住楼工地进行考古发掘，揭露面积2400平方米（图44.1）。

图 44.1 柴庄遗址全貌

图 44.2 H406 人祭坑

考古发现表明，这里是一处以商代晚期为主的方国族邑聚落遗存，发现有遗址的西环壕和北环壕，壕宽7米，深3—4米，填土较为纯净，已探明长度300米，从商代晚期一直沿用到西周早期。又发现5处小型夯土基址，建筑在经过夯打处理的坑塘类遗迹之上。其中夯1平面呈“凹”字形，长约12.2米，宽4.2米，厚1.3米；夯3残存为不规则形，长4米，宽2.4—3.2米；夯4平面为长方形，长7.1米，宽3.1米；夯1、3、4呈“品”字形分布。发掘祭祀坑4处。一处为人祭坑，圆形，直壁，平底，内置跪坐姿人骨1具（图44.2），一处牛祭坑，一处猪祭坑，还有一处燎祭遗存。还发掘出数量较多存深1.4米左右的半地穴式普通房址，一般平面呈圆角方形，为面积较小的家庭居址，门道朝北，门道外有踩踏面；有些房址附近还有墓葬。发现大量灰坑和很少的水井，井上部有夯土井台，井台平面形状呈圆角长方形，长4.1米，宽2.8米，厚1.7米。夯打致密。井台中部为长方形井口，1.7米以下为生土井壁，壁斜直内收，深9.7米。也可能有冷藏的功能。

清理墓葬13座，均南北向，填土经夯打，有二层台和殉狗的腰坑。墓葬分南北两区，两区相距30米。北区4座，分为两排，时代为殷墟一、二期；南区9座，可分三排，时代为殷墟三、四期。其中最大的一座墓葬M50，位于南区二排，平面呈“甲”字形，有一条斜坡状墓道，长5.7米，宽1.6米。墓室口长4米，宽3米，深5.2米。二层台上有殉人1具。这些墓葬均遭严重盗扰，青铜礼器已无存，剩余随葬品仅有陶器、少量玉器和铜铃等（图44.3）。

柴庄遗址所见晚商遗物多为陶器，包括鬲、簋、罐、盆等；另有印纹硬陶和原始瓷片，以及小件青铜器、玉器、石器、骨器、蚌器等。

此外，在遗址还发掘出西周早期的文化遗存。清理出大量房址、灰坑，以及道路、墓葬等。出土西周早期遗物有各类陶器，镰、刀、凿、斧、铲等石器，锥、簪等骨器。

图 44.3 M50 墓葬

济源柴庄遗址是殷墟之外距离较远、集环壕聚落、夯土基址、祭祀坑、“甲”字形贵族大墓等于一体的大型遗址。对于研究商代晚期的祭祀、埋葬和礼仪制度，研究当时家庭生活、社会组织结构，研究商代方国和族属文化等，均有重要的学术价值。柴庄遗址扼守太行八陉之一的轵关陉东端，北部为太行山，南隔黄河与洛阳相望，西为轵关陉通道，处在商王朝经略晋南的军事要地，守卫殷墟王都的西大门。也是其后周代商的必经之路，地理位置极为重要。

济源柴庄遗址，2019年入选河南五大考古新发现；2021年入选河南考古百年百大考古发现。

两周文化

公元前1046年武王伐纣，开启了中国历史上的两周时代。西周时期，周公在河南营建洛邑成周，并有管、虢、宋、蔡、陈、应、申、杞、卫等诸多封国。公元前770年周平王东迁雒邑，居东周王城。春秋时期，河南主要由郑、宋、卫三大诸侯国控制。战国时期则演变成韩、魏、赵、宋、楚群雄并立。遍及华夏的同姓或异姓诸侯国，矛盾尖锐，战争迭起，兄弟阋墙，同室操戈，在中原地区尤为惨烈。商丘宋国故城，三门峡虢都上阳，新郑郑韩故城，高墙深池，突出防御色彩；鹿邑长子口墓、平顶山应国墓地，三门峡虢国墓地，淅川楚墓，新郑韩国王陵，伊川徐阳戎人墓地，葬俗繁缛，礼制森严；再加上温县盟书和新郑郑国青铜器窖藏，充分印证了“国之大事，在祀与戎”的可信性，留下了丰富的遗迹遗物，诉说着这长达八百年历史的演变、动荡与繁荣。有18项两周时期考古发掘入选河南考古百年百大考古发现。

商丘周代宋国故城

宋国故城位于商丘市睢阳区古宋乡一带，是武王伐纣又镇压武庚叛乱之后封微子于宋国的都城遗址。1994年及其以后，以哈佛大学人类学系主任张光直教授为代表的美方领队，以中国社会科学院考古研究所副所长张长寿研究员为代表的中方领队，组成了中美联合考古队，在河南商丘地区调查先商文化和早商遗址，寻找商代最早的王都“大邑商”。通过调查勘探，发现并确定了宋国故城的方位、大小和城墙基本结构（图45.1）。

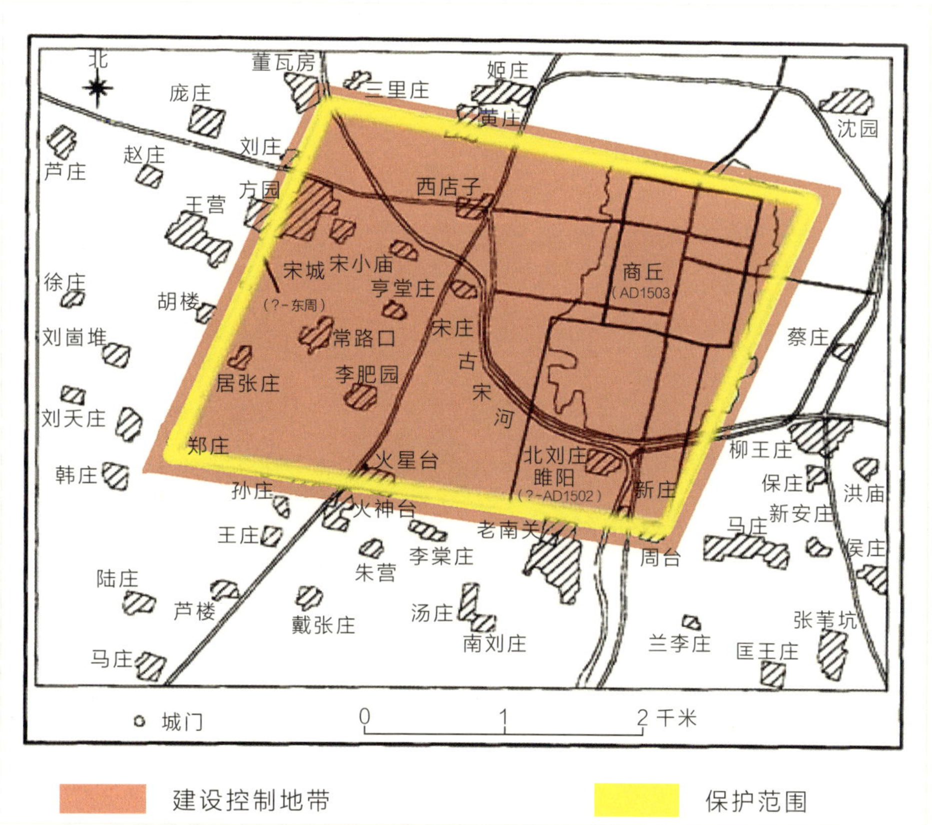

图 45.1 宋国故城范围示意图

宋国故城平面略呈长方形，西城墙大部、南城墙和北城墙西段保存较好，城墙均在今地面之下，顶部距地表浅处有的不到1米。而东城墙由于明代的归德府城修建于此而遭受破坏，保存很差。东城墙长2900米，西城墙长3283米，南城墙长3550米，北城墙长3252米，面积约10.2平方千米。城墙由五花土夯筑而成，上窄下宽，横断面呈梯形，顶部宽12—15米，底部宽25米左右。现存最高约10米，最低不足1米。在西、南、北三面城墙共发现5处缺口，根据其形状及地层堆积特征，这些缺口应当是城门。城墙外侧有城壕遗存。城墙最下部夯土内包含的陶片多为绳纹，器形有鬲、小口罐、矮直领罐、盆等，其年代下限不晚于春秋，上限可推至商末周初；城墙中部夯层内的陶片为春秋战国时期；城墙上部夯层内出有五铢钱、板瓦和筒瓦等，应为汉代遗物。由此可知，宋国故城始建于商末周初，春秋战国直至汉代一直沿用并进行了修补，至唐宋时为睢阳古城（图45.2、45.3）。

宋国故城内西南隅，紧靠南城墙西段北侧有阏伯台，又名火星台、火神台，为史前时期观星台遗址。史书记载帝喾高辛氏之子阏伯被帝尧任命为火正，居商丘（即阏伯台）观察、祭祀火星，以授农时。阏伯的后裔发展为商氏族，故阏伯所居之处古人又称之为“商丘”。文物勘探表明，在黄河淤积以前，阏伯台是一处高出周围地面的土丘，后来人们又在其上加筑了夯土，使其始终耸立周围地面，保持“商丘”的原貌，以为纪念。现存的阏伯台高11.5米，周长约300米。台上建有一组古建筑称为阏伯庙，由大殿、拜厅、东西配房和钟鼓楼组成。大殿面阔三间，五

图 45.2 战国时期南城墙外侧修补情况

图 45.3 唐宋睢阳古城墙

脊六兽硬山式绿琉璃瓦顶，飞檐走兽，雕梁画栋，古朴典雅，生动逼真。绕建筑周围有一周女儿墙，出拜厅向南走出平台是42级斜坡台阶。有学者认为阏伯台是中国时代最早的天文台遗址。阏伯台与阏伯庙建筑，集天文、建筑和宗教为一体，历史悠久，内涵丰富，具有重要的学术研究价值。

宋国故城东北部有三陵台，因疑为宋国三座国君墓而得名。三陵台占地近3万平方米，东西长270米，南北宽110米。三座高大的土冢由五花土夯筑而成，东西一线排列，底部相连，每座陵周长约80米，突出地面约6米。陵墓周围遍植高大古柏400余株，最粗者树干直径2.5米。三陵台曾为西汉梁孝王的梁园胜景之一。

2006年商丘宋国故城（含三陵台、阏伯台）被国务院公布为全国重点文物保护单位；2021年入选河南考古百年百大考古发现。

荥阳官庄周代城址

官庄遗址位于荥阳市高村乡官庄村西部。遗址平面呈长方形，东西长约1300米，南北宽为1000米，总面积约130万平方米。1981年进行文物普查时发现该遗址；2004年对遗址进行调查并试掘；2009年配合荥阳电厂基建工程，又进行小规模发掘；2010年4月至2011年1月，配合南水北调中线干渠工程，继续进行钻探和大规模考古发掘，揭露面积6100平方米；2011年6月至2013年5月，2015—2018年，多次对该遗址进行勘探和发掘（图46.1）。

长年的考古工作，多有重要考古发现，可谓收获满满。官庄遗址发现有范围很大的横长方形环壕，环壕内有大城及小城，其年代均为西周晚期。还发掘出西周晚期至春秋中期的灰坑、陶窑、墓葬等。其中遗址环壕仅存南环壕、东环壕和北环壕

图 46.1 官庄遗址发掘现场

东段。南环壕长约1300米，东环壕长约900米，北环壕东段长约540米。环壕宽2—6.5米，深2.7—4.2米。

官庄遗址环壕内的城址呈“凸”字形，由北面方形小城和南面横长方形的大城组成。大城位于遗址环壕内中部，东西长750米，南北宽约420米，面积为31万平方米。除南城墙东段和东城墙南段为官庄村所占压之外，其余宽约9米的城墙夯土基槽保存尚好。大城城墙外侧有与之相平行的护城壕。在大城内发掘出一处手工业作坊区，出土了大量铸铜、制陶的遗存。其中出土的铸造空首布币的芯范，经碳14测年可知，铸币活动发生在公元前640年至前550年。这使官庄遗址成为最古老的铸币作坊之一（图46.2）。

小城位于遗址环壕内的北侧中部，紧靠大城之北，每边长约190米，面积为3.6万平方米，由城墙和城墙外侧的内、外两重护城壕组成。城墙仅存宽8—10米的夯土基槽。小城南城墙外的内、外护城壕与大城的北护城壕东、西两段相通。在小城南城墙中部发现一处进出口遗迹，这是小城的南城门。南北长约17.5米，东西宽约9米。城门北部有中间通道的房址F1，城门南部为城壕及柱洞，可能修建有吊桥。

出土遗物主要是陶器，多为泥质灰陶和夹砂灰陶，也有少量的红陶和褐陶。纹饰以绳纹居多，也有少量的弦纹、刻划纹、篮纹、方格纹和一些素面。器类主要为炊器和盛储器，器形有鬲、盆、罐、小罐、豆、盂、器盖等。官庄遗址遗存较丰富，根据地层叠压打破关系和出土的遗物特征，整个城址的文化遗存可分为五

图 46.2 铸铜簋范

期，依次为西周晚期、春秋早期、春秋中期、春秋晚期及战国中期。亦即官庄城址的小城始建于西周晚期早段，西周晚期晚段进入鼎盛时期并开始修筑大城，最终形成小城和大城相连的“凸”字形城址。春秋晚期城址废弃，官庄遗址成为普通的聚落，此后壕沟逐渐淤积，并于战国时期填平。从城址的规模范围，所处地理的方位，以及存在的时间段，结合历史文献记载，这里很可能是东虢的所在地。最后为东迁的郑国所灭。官庄城址的兴废，也反映了两周之际诸侯国政治更替的历史事实。

官庄遗址曾于2010、2012、2018年三度入选河南省年度五大考古新发现；并两次入围全国十大考古新发现终评范围；2019年被国务院公布为全国重点文物保护单位；2021年入选河南考古百年百大考古发现。

荥阳娘娘寨周代城址

娘娘寨遗址位于荥阳市广武镇的索河南岸。2005—2008年，为配合南水北调中线干渠工程建设，进行了大规模的勘探与发掘。揭露面积1.5万平方米。清理各类遗迹包括内城、外城、夯土基址、房址、灶面、灰坑、灰沟、水井、陶窑、道路、排水设施、墓葬等（图47.1）。其中内城为方形，高于周围地面约4米，面积为14万平方米。内城东、西城墙因取土破坏严重，南、北城墙保存稍好。部分城墙夯层明显，有些仅存墙基。城墙上层为春秋时期，下层为西周晚期（图47.2）。内城四面城墙中部均有缺口，经解剖证实为城门所在。南城门宽4.5米，周围分布有城门奠基石，南城门与城内南北向道路11相通，城门内侧发现一组陶水管道。西城门宽约4米，城门下层东西向路土13为西周晚期。内城城墙外侧发现有一周宽48米、深12米的护城河，从底部淤土包含陶片看，护城河在两周时期均有使用。内城发现8处夯土基址，6处在中部组成一组庞大的建筑群；一处在内城东南部；还有一处在西城门内侧北部。部分建筑还有柱洞残迹，夯土基址多分上下两层，下层

图 47.1 娘娘寨遗址发掘现场

图 47.2 内城北墙剖面

图 47.3 大型夯土基址

为西周晚期，上层为东周时期（图47.3）。发现灰坑多达1705个，时代以东周时期为主，西周时期较少。灰坑形状不一，有圆形坑、椭圆形坑、方形坑、不规则形坑等，其用途有生活垃圾坑、窖藏坑、祭祀坑等（图47.4）。发现水井较多，一般为圆口井、方形口井和个别长方形口井，井深一般达10米左右。井壁上有对称的脚窝。清理西周时期长方竖穴土坑墓19座。墓口长1.9—2.6米，宽0.9—1.3米，墓深1.5—3.5米。墓内多设有二层台，填土经过夯打，多为仰身直肢葬，有少量侧身葬，均残留有单棺痕迹。随葬有陶器、玉器等。其中M13发现16件（组）玉器，包括璜、玦、玉冲牙、玉饰、玛瑙串珠等。另见有西周和战国时期陶窑等。

娘娘寨发现的大城，始建于春秋时期，到战国时期又对城墙加宽。而小城则位于大城内的西北部。大城呈横长方形，东西长1200米，城墙宽2—8米，城墙下有宽5米梯形基槽；南北宽800米，城墙宽7—9米；大城城墙外侧有宽20米、深6米的护城河。

娘娘寨内外城址出土遗物丰富。大量是陶器，包括鬲、豆、罐、盂、碗、甑、簋等；另有铲、刀等石器；也有针、簪、凿、镞等骨器和卜骨、鹿角锤等；又有刀、镰、锯等蚌器，以及刀、镞等小件青铜器和一些玉器。娘娘寨城址位于历史上虢、郐之间的边缘地区，始建于西周晚期，这很可能与西周末年郑桓公东迁的历史事实有关。西周城址在全国范围内发现较少，娘娘寨西周城址的发掘，为研究西周时期城址的筑城理念、筑城方法、城墙结构、设防措施，功能布局及宫殿基址等提供了新的重要资料。

荥阳娘娘寨周代城址，2008年入选年度全国十大考古新发现；2021年入选河南考古百年百大考古发现。

图 47.4 东周祭祀坑

鹿邑长子口西周大墓

长子口墓位于鹿邑县太清宫镇的隐山遗址上。为寻找老子生活时代的有关遗迹，1997—1998年，进行了考古发掘。墓葬平面为“中”字形，南北长逾49.5米，最宽处7米，由南墓道、北墓道和墓室三部分组成（图48.1）。南墓道填土中有马骨架5具；墓道南端被春秋时期1座祭祀马坑打破，葬马4匹；南墓道近底处的夯土中，有腰斩男性人牲1具；南墓道北端近墓室处还埋有车器。墓室为长方形，填土正中上部有一直径约6米的夯土圆台，可能是墓上建筑的一部分。墓室东、西、北三面均有生土二层台，经夯打和抹平，东、西二层台上涂抹朱砂，并各有殉人1具。墓室南部殉人8具，身上盖有朱砂，底部也铺有朱砂。主墓室南北长4.9米，东西宽3.7米。葬具为一椁重棺，内棺墓主人为60岁左右的老年男性，骨架上下有很厚的朱砂。椁下正中有长方形腰坑，殉葬1人1狗。

图 48.1 长子口墓发掘现场

长子口墓不仅形制大，结构复杂，随葬品也非常丰富。共出土青铜器、陶器、原始瓷器、玉器、骨器、蚌器等606件，加上较多的骨镞、贝币、蚌泡等小件器物，总数近2000件。随葬器物多放置在椁室，且有一定的规律。北椁室放置器物最多，有160余件，两层叠压，上层为陶器，下层为青铜器，青铜器间隙放置原始瓷器；西椁室随葬品80余件，上层也是陶器，下层为青铜器，间有少量玉器和骨制乐器；南椁室主要放置铜饰件、铜车马饰、铜工具、铜兵器和一些陶器等，共计50余件；东椁室主要放置青铜乐器和青铜兵器；棺内出土器物主要是玉器和蚌器。

长子口墓出土青铜礼乐器85件，包括有鼎、簋、鬲、甗、觚、爵、角、斝、尊、卣、觥、觯、壶、罍、斗、盘、盉和编铙18种器类，另有大刀、戈、钺、剑、镞等青铜兵器，斧、锛、凿、刀、铲、抄等青铜工具和各种车马器等；墓中出土的青铜礼器中，有9件方鼎和其他多件方觚、方爵、方斝、方尊等。方形青铜器，特别是方鼎，是晚商统治阶级权力和地位的象征（图48.2）。青铜器中有数十件铸有“长子口”铭文（图48.3），由此将墓主人定为“长子口”。长子口墓出土陶器197件，器形有罐、尊、簋、瓮、盆、大口尊、罍、豆、壶、爵、觚、器盖等12种，另有原始瓷器豆、尊、瓮等12件（图48.4）。随葬大量玉器也是商周贵族葬制习俗之一，长子口墓出土玉器104件。包括有琮、圭、璋、璧、环、璜、玦、簋等，其中玉簋是目前商周考古发掘中继殷墟妇好墓出土的两件玉簋之后的第三件（图48.5）。还有戈、铲、镞、抄、刻刀、柄形器、鸟形佩、牛形佩、鹿形佩及其他各种饰件。还出有玉虎头踞坐人，造型独特，其正面为虎头人身，踞坐；背面为

图 48.2 长子口墓出土方形铜礼器

图 48.3 青铜器“长子口”铭文

图 48.4 原始瓷尊

图 48.5 玉簋

一立鸮，人背身作为鸮身，人足作为鸮足。将人、虎、鸮完美地结合在一件圆雕玉器上，成为罕见的艺术精品。长子口墓出土的骨器也很精美，其中有5组骨排箫、镶嵌绿松石的骨匕及串饰等。

从“中”字形大墓形制和出土大量青铜器、玉器和陶瓷器等随葬品来看，既有商代晚期诸多的文化因素，又有西周初年明显的艺术风格，表明墓主人长子口可能跨越商、周两个王朝。在商时为高级贵族，入周后又是西周初长氏方国的国君。这是目前中原地区发现唯一保存完好的西周早期最高规格的贵族墓葬。这为研究西周葬制的形成，商、周关系和墓葬的比较等，提供了宝贵的资料。这里地处淮河中游，又是苏、鲁、豫、皖多个文化圈的交汇处，长子口墓的发掘也为中原商、周王朝与东夷、淮夷的关系提供全新的信息。

2021年鹿邑长子口大墓入选河南考古百年百大考古发现。

洛阳北窑周代遗址

洛阳北窑遗址位于洛阳东北郊北窑村西南。东临瀍河，北倚邙山，为西周大型铸铜遗址。1973年调查发现，遗址东西长约700米，南北宽300米，面积近20万平方米。1975—1979年、1988—1989年、1990年进行过三次考古发掘，揭露面积近4000平方米（图49.1）。

发现有建筑基址、房址、灰坑、窖穴、烧灶、烘范窑、路面及车辙、地下水管道等遗迹。在建筑基址中发现三排柱基坑25个，柱基坑长0.2—0.8米，宽0.25—0.5米，深0.3米。底部经夯打并放置鹅卵石。在一处建筑基址F2的下面，有12个奠基坑，大致排成环形，每个坑内或埋1人，或埋1马，或埋1狗，共清理出人牲7、马3、狗2。这些奠基坑可能是置柱、安门时的祭祀。在一些较大的窖穴内发现不少掷埋在灰土内的人骨架，有的被捆绑，有的四肢凌乱、身首异处；还有些圆形坑内置

图 49.1 北窑遗址外貌

有牛骨、羊骨。灰坑多为袋状坑，一般口径2米，底径3米，深2米左右。灰坑壁和坑底经过修整，平坦光滑。坑内灰土包含大量熔铜炉残壁、陶范、陶片等。烧灶分瓢形灶与“中”字形灶两种，一般在原地面挖坑为灶，坑壁烧结为红烧土，坑内多遗留有大量灰烬，为生活用灶。烧窑的窑门朝南，窑膛近方形，长1.6米，宽1.3米，高0.9米。窑壁平整垂直，内壁烧结成流状，窑顶为平顶，在窑顶中心偏北置一圆筒形烟道。还发现有一大批窑工的小型墓葬，为窄小的长方形竖穴土坑墓，无棺，一般没有随葬品，个别有一两件陶器或少量贝及石饰品。有些墓有腰坑，腰坑内有马、羊、狗的遗骨，当属殷遗民的墓葬。

北窑遗址出土遗物很丰富，除许多陶器、石器、骨器、蚌器和一些小件铜器之外，另有大量的陶范块，熔铜炉残块，少量的制范工具等，均与铸铜生产有关。陶范多为外范，而内范和母范较少。外范以礼器范最多，包括鼎、甗、簋、盉、尊、觚、爵、罍、卣、觯、钟等；鼎范又分圆鼎外范和方鼎外范，爵外范包括柱帽、上腹、流、尾、鋬、腹底、足等，簋外范包括簋口、颈、上腹部、圈足、耳珥等，卣外范包括卣口、腹及圈足等，尊外范为方尊口部、口沿外卷、两侧分型面上有扉棱等；车马器范有车軎、车辖、銮铃、铜泡、节约等；兵器范很少，有戈、镞等；此外，还有属于生产工具的斧范，以及铸造大件容器的兽头母范，如牛头范、羊头范、象头范等；陶范的纹饰有各种各样的饕餮纹、兽面纹、夔龙纹、夔凤纹、凤鸟纹、蝉纹、四叶纹、云雷纹、竖条纹、涡纹、联珠纹等（图49.2）。

出土熔铜炉壁残块，数以千计，属于铸铜炉体的残存。可分为三类：第一类是用大口尊、罐或圜底瓮等大型陶器，先将口沿部分敲去，然后在内外壁均敷草拌泥；第二类是小型竖炉，用草拌泥做成锅形炉底和炉圈，垒成筒形炉身，内壁以细泥为炉衬；第三类是大型熔炉，用泥条盘筑法按事先设计好的炉型制作，泥条为黏土、砂加草拌和而成，并有若干个鼓风眼，内壁以细泥为炉衬，外壁亦敷草拌泥。炉壁的成分经岩相鉴定与制作陶范的材料成分完全一致，都是由石英砂加黏土组成，颗粒细小均匀，说明制作过程中已有原料的粉碎、筛析、混料、成形等工序。熔铜炉径大小不一，最小的0.3米，最大的1.8米，一般在0.9—1.1米左右。这些熔炉外壁为砖红色，内壁均为“烧流”，最厚可达1.5厘米，还沾有铜渣、木炭而呈青灰色，有的烧流面金光闪闪，十分耀目；炉底烧成蜂窝状，熔炉内温度可高达1200℃以上，反映了西周青铜铸造工艺有了新的发展。

北窑铸铜遗址内还出土较多的骨质工具，形式多样，可分为锥形、凿形、扁平刮削器等几类。锥形器呈圆形或扁圆形，一端为尖锥，另一端大多为装饰性雕刻，制作十分精细；凿形器呈圆形或扁形；扁平刮削器形制较大、斜刃、刃面锋利。青铜质工具数量不多，一般都作三角锥形，尖部十分锋利。这些骨质、铜质工具当是制范时的辅助工具，如雕刻纹饰、书写铭文等。另外还出土数十片卜甲和卜骨。卜

图 49.2 铸铜外范

甲为龟的腹甲制作，边缘经过修整，两端尾角各有一个小圆孔，凿和钻均为方形痕，排列整齐；卜骨多为牛肩胛骨制作，边缘亦经过修整，一块骨板上一般有两排或三排圆形钻痕。这说明在浇筑前可能先要进行占卜，那些较大的窖穴内非正常死亡的人骨和圆形坑内的兽骨等，又暗示着有可能存在人祭和牲祭。

在洛阳北窑村西一带还有一处大型西周贵族墓地。1954年砖瓦窑场动土中发现；1963—1966年进行考古发掘；其后1967、1972、1973年，又进行过少量发掘。前后发掘西周墓葬348座和7座西周马坑。其中M446、M451为各有南北斜坡墓道的“中”字形大墓。其余都是长方形竖穴土坑墓或少量方形竖穴土坑墓，可分大、中、小三型。有些有二层台，个别发现有壁龛，极少有腰坑。大中型墓有棺有椁，小型墓有棺无椁。棺用木板筑成，下面多铺有朱砂。椁用圆木垒砌。由于墓葬盗扰极为严重，棺椁以下遭洗劫一空。棺椁以上的填土未经盗扰的随葬品则保持原葬面貌。填土内的随葬品有青铜礼器、兵器、车马器和陶器、瓷器、玉贝蚌器等。青铜礼器包括鼎、尊、爵、觶、觚、簋、壶、罍、盉等（图49.3）。一些器物上铸有“太保”“召公宗”“蔡叔”“康伯”“毛伯”“方伯”“丰伯”等铭文。表明这些是西周前期的王室贵族和重臣。另出土有多件珍贵的原始瓷器（图49.4）。

洛阳北窑遗址及墓地的考古发掘，具有重大历史、科学和艺术价值。其一是为寻找西周洛邑成周城提供重要线索，最大的可能是在洛水以北的瀍河两岸；其二是对研究西周青铜铸造工艺的发展提供了新资料；其三是对研究西周的丧葬制度和礼仪制度提供了新的信息；其四是反映了商周政权交替和商周文化的密切关系，融合、传承、统一，最后由新的周文化因素所代替。

2021年洛阳北窑遗址入选河南考古百年百大考古发现。

图 49.3 方座铜簋

图 49.4 原始瓷罍

平顶山应国两周墓地

应国墓地位于平顶山市新城区滍阳镇北滍村西南的滍阳岭上。滍阳岭一带为一南北长约2400米，东西宽约100米的土岭。墓地附近有应国故城，20世纪60年代修建白龟山水库时，城址没入水中。应国是商周时期一个古老的封国，依据殷墟甲骨文的记载，在殷商时期应国地近殷都，位于黄河以北。周初应国还是故地重封；周昭王时期应国南迁到平顶山一带，开启了“前应国时期”。春秋楚文王十年（公元前680年）应国被楚兼并。直到150余年后的楚平王元年（公元前528年），楚国又恢复应国建制，作为楚之附庸国的“后应国时期”，又延续到战国中晚期。当时韩、魏、秦等国与楚国屡有战事发生，应国故地几度易手，到公元前300年前后，应国最终为秦所灭，后来成为秦相范雎的领地，范雎依旧称为应侯。

1979年这里取土烧砖，出土过带铭青铜器，经专家考证并结合文献认定这一带是西周应国贵族墓地。1986年开始在这里进行考古钻探与发掘，直到2007年，断续20年的考古发掘结束，有许多重要的考古发现（图50.1）。

应国墓地在滍阳岭上依时代西周、春秋、战国，从南到北分布，依次排列，井然有序，极少有相互打破关系；墓葬的入葬年代随着位置的北移，相应地从早到晚逐渐递进地变化；所有的应国国君级大墓，即应侯及其夫人墓，都无一例外地东西并列于滍阳岭的中脊部，除西周早期墓之外，一般都是应侯墓居西，夫人墓居东；其他中小型贵族墓大多分布于大墓的东部。这种情况不仅显示《周礼》所记载的“族坟墓”特征，而且表明应国墓地的使用首先是从滍阳岭南端开始的，其后按照顺序依次向北埋葬，同时也揭示出应国墓葬区是《周礼·春官》记载的由冢人进行统一规划和统一管理的公墓区。

清理西周早期墓6座。其中M232位于墓地的最南端，是墓地中时代最早的西周早期大墓，斜坡墓道朝南，平面呈“甲”字形。墓道长34.5米，南端宽3.75米，北端宽4米。墓室位于墓道北端，口部为长方形，长7米，宽4.4米。四壁基本平直，墓底距地表深11.9米。是墓地内唯一一座大型积石墓，墓室内自上而下平铺12层积石，与成层的填土上下相间叠压分布。每隔0.8—1米厚的填土，平铺一层大小不等

图 50.1 应国墓地 M3 发掘现场

的红色石块，最大块长2米，宽约1米，一般长宽在1米左右，小的长宽为0.5—0.7米，厚达0.1—0.2米，估计积石块总重量80—100吨，全墓居然有7个盗洞，5个直达墓室底部，随葬品被盗一空。残存的仅有青铜器残片、铜兵器残块、小件铜工具、车马器，另有小件玉器、玛瑙饰，还有少量陶器和较多的青釉原始瓷器，以及金箔、角器、牙器、蚌器、海贝等。从墓葬的形制和规模及残存的随葬品看，M232墓主人非应国前期国君莫属。另有与之并列的M231，应为并穴而葬的夫妻墓。M231为一座长方竖穴土坑墓，南北长3.04—3.18米，东西宽1.9—1.98米，有熟土二层台。墓内虽未出土青铜器，但各种玉器、玉饰、项饰、玉佩、玛瑙器、绿松石珠等，总计2257件（颗、片），有许多相当精美的上品。由此可见应国国君夫人生活之奢华。

又清理M242，其西侧紧邻大型积石墓M232的墓道。为长方形竖穴带二层台的土坑墓，墓底长3米，宽2米。葬具为内外双棺，已朽，棺内均铺朱砂，单人仰身直肢葬。随葬品109件，放置在二层台上、内外棺之间和内棺之内。可分为铜、玉、石、陶、角、蚌、海贝和丝织品。包括青铜器43件，其中1件“无鼎”内有铭5列24字，记述墓主人名“无”，其父应公（M232墓主人）刚死不久，“无”尽全力处理丧事，受到其兄长（新国君继承者）的赏赐等。这篇铭文记述了我国古代丧葬

图 50.2 柞伯簋

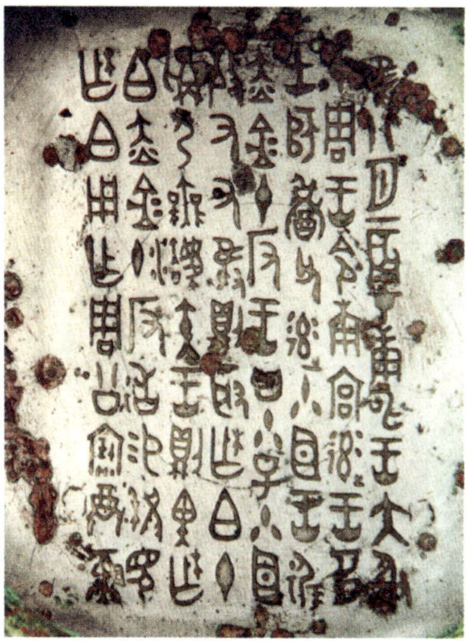

图 50.3 柞伯簋铭文

礼仪中的丧服礼，揭示了在其父死后兄弟俩协商办理这场丧葬礼仪的情况，为周代礼仪制度的研究提供了极其珍贵的文献资料。另有1件“柞伯簋”，纹饰繁缛，造型优美，制作精良（图50.2）。簋内底部有竖款铭文8列74字。铭文大意是说，在某年八月庚申日的早晨，周王在宗周举行大射礼。参加射礼者被分为两个组。周王命令南宫率领王多士这一组，命令师酉父率领小臣这一组。王拿出十块黄铜作为奖品，王说：“小子、小臣！如果谁射中靶的最多，就拿走这十块黄铜。”柞伯射十支箭，都射中了靶的，周王就赐给他黄铜十块，并且又顺便赐给他两件其他乐器。柞伯用这些铜材制作了这件用来祭祀祖先周公的宝簋（图50.3）。作为胙国的铜器柞伯簋随葬于应国墓地M242中，绝不会是战利品。应国是武王之子的封国，胙国（在今河南延津一带）是周公之子的封国，在西周早期关系密切。据文献记载我国古代存在着生者为死者送葬的赗赙制度，柞伯簋很可能是后来继任胙国国君的柞伯在其朋友应国贵族死后用以赠送而助葬的礼品。铭文记述了西周早期一次大射礼的活动，并提一些人名、官名等，有重要史料价值。柞伯簋在应国墓地出现也反映了西周早期封国之间的友好往来。

还清理西周中期墓12座。其中M50为一座带二层台的长方竖穴土坑墓，形制不大，墓口南北长3.12米，东西宽1.52米。出土各类随葬品56件，其中1件青铜盉最为精美。器身整体仿自鸿雁形，上有子口盖，盖边有环形纽，与站立在鸿雁尾部的一圆雕铜人俑相连接。圆形器口位于鸿雁的背部，鸿雁颈屈而上扬，扁圆形嘴微张，为盉流之口。鸿雁尾部有一个卷曲的龙形鋬手，扁腹下有四柱足。盖上握手的顶部饰以盘旋状鸟纹。盖缘与领部外侧各饰两组以云雷纹衬地的长尾凤鸟纹。器身光洁明亮。盖内有竖款铭文5行44字，字体美观大方，笔画粗细匀称，是西周中期流行的"玉箸体"。铭文大意是在某年四月戊申这一天，应国使者爯到了氏地，青（邢）公让司使将一件鹿皮制成的衣服、两件蔽膝和三十斤黄铜赠给爯。爯感谢青公的赏赐，称颂青公的美意，并用这些铜作了这件铜盉，以期永远使用下去。整篇铭文记述了应国使者到邢国例行下聘礼的情况，对研究应、邢两国间关系和西周外交礼仪等有重要史料价值。

M95为西周晚期带墓道的竖穴土坑墓。墓道长10米，宽3.2—3.6米。墓室为长方形，南北长5.2米，东西宽3.9米，墓深5.1米。葬具为一棺一椁，椁用圆木和方木构筑，棺置在椁室中部略偏东，棺底铺朱砂、人骨已朽。随葬器物400多件，质地分铜、玉、陶、蚌、木等。多放置在椁室西部，其中椁盖上有陶豆、铜軏首等；青铜礼器置于椁室西南角：棺内仅见残玉片和玉珠。青铜礼器有5鼎、6簋、2盨、4鬲、2方壶、2盘、2匜、1甗、1尊等，另见有青铜甬钟7件，青铜编铃9件及大量的车马器；还出有石磬4件和鬲、罐、豆陶器组合。青铜礼器上有"应伯作旅盨""应伯作尊壶"及其他铭文。这是应伯自作器，墓主人应是应伯，当为应国国君一级的高级贵族。

M1为应国墓地1986年最早发掘的第一座墓葬，位于滍阳岭中段东侧，属春秋早期的一座应国国君墓。M1为长方竖穴土坑墓，南北长4.65米，东西宽3.1米，残深3.1米，下部四壁有熟土二层台。一棺一椁，椁用圆木和方木构筑。棺内为一中年男性，仰身直肢葬，棺底铺一层朱砂。随葬器物分布有一定规律。椁顶板上层放置车軏、车軎、铜环、铜兽面、铜铃等车马器。车马器下铺有一层席子，席子上还有细沙。席子下有铜鱼、石贝、蚌贝、玉圭、石圭、骨钉、铜翣等。其中鱼、贝分散置于椁顶板周围。这些东西应该是墙柳、荒帷组成的棺罩上的饰品。椁室内东部和南部主要放置青铜礼器，西南角和西北角也放置铜车马器。棺内主要放置玉饰品和动物形佩饰等。M1出土器物总计1052件（套）。其中青铜礼器17件，包括列鼎5件、列簋6件、方壶、盘、盉、方甗、方彝，以及一批车马器、铜戈等；还出有璧、璜、圭、琮、玦等礼玉和玉项链、玉鹰、人形玉等佩饰。其中一件玉鹰极为精美，被定为平顶山市的市徽，从此平顶山又称作"鹰城"。除上述墓葬举例之外，多年来在应国墓地还发掘了大量西周早期至春秋早中期的前应国时期和春秋中晚期到战国中晚期的后应国时期的贵族墓葬，出土大量青铜礼器和玉器。一些青铜器铭文上有"应公""应伯""应侯""应史""应姚""应姜"等字样，可以明确墓

图 50.4 M7 玉器出土情况

主人为应国国君、国君夫人和其他高级贵族，展现了非常丰富的古文化面貌。其中M7为春秋时期应国国君夫人墓，所出大量玉器，令人关注（图50.4）。

平顶山应国墓地的考古发现，对研究我国西周时期的封国史，研究两周时期诸侯国的礼仪制度、丧葬制度，研究诸侯国之间的往来关系，以及楚国北渐的历史进程等，均有重大学术价值。

平顶山应国墓地1996年入选全国十大考古新发现；2000年入选20世纪河南十项重要考古发现；2006年被国务院公布为全国重点文物保护单位；2021年入选河南考古百年百大考古发现。

三门峡周代虢都上阳城与虢国墓地

虢是西周初期始封的姬姓国，根据文献记载，西周春秋时期就有东虢（今河南荥阳一带）、西虢（今陕西宝鸡一带）、北虢（今河南三门峡与隔黄河相望的山西平陆一带）三虢并存。其中北虢于公元前655年灭于晋。著名的“假虞灭虢”的历史故事就发生在这里，并给后人留下了“辅车相依，唇亡齿寒”的千古遗训。

北虢之都上阳城，位于三门峡市区东南崖底乡李家窑村西南一带。1957—1958年，黄河水库考古队在此调查和试掘，遗址面积约52万平方米，文化层厚约3米。发现灰坑、排葬坑，出土陶水管道及鬲、罐、盆、豆等周代陶器。考虑到当时在三门峡市区东北部上村岭一带发现虢国墓地，结合文献记载，李家窑一带或可与虢都上阳城联系起来。但当时并未发现城墙等遗迹。20世纪90年代到2000年，在李家窑遗址进行多次考古发掘，实证确认发现了虢都上阳城。城址平面大致呈东西长方形，东西长1000—1050米，南北残宽560—600米，南城墙已被青龙涧河冲毁。城垣墙基宽4.5—6米，残高0.5—1.8米。以版筑法分层夯筑。城外环绕两道城壕，内城壕宽13—17.5米，深6.4—10米；外城壕宽15—22米，深4.3—6米。

宫城位于城内西南部，平面近长方形，东西长310—405米，南北宽315米。宫城墙基外侧有宽7—11米，深4.5—5.7米的壕沟环护。宫城中部有一条东西长达160多米的陶水管道，用子母口圆形陶管依次套接，当为宫城内供水设施（图51.1）。北部密集分布有多处大面积的夯土建筑基址。完整揭露了一座大型夯土建筑基址，坐北朝南，东西长24.6米，南北宽21米，面积478平方米。建筑基址南面的东、中、西部各辟出三级踏步，当为文献中所记的“阼阶”“中阶”“宾阶”。基址上面共发现45个柱础，直径0.65—1米，柱础坑底部经夯打砸实，有的铺垫料礓石，大多置有整块自然砾石，有的础石坑内还遗留有灰白色的木柱痕或黑色炭块。根据础石排列，该夯土基址可复原为面阔五间、进深三间、四周带回廊的大型宫殿建筑。基址下面还有奠基人牲的遗存。横贯夯土基址中部略偏北处，发现一条规整的既窄且浅的沟槽，槽内堆满纯净的淤沙，底部有清晰的水浸痕，推测应是《考工记》中“匠人建国，水地以县（悬）”的具有“水准仪”性质的遗迹。

在宫城外西北侧，分布有粮窖区，由多座排列有序的圆形窖穴组成，窖穴壁、底均经过加工处理；在宫城外东北侧，分布有制骨作坊，出土数以千计的骨器成品、半成品、骨料及铜锯、砺石等制骨工具；在上阳城内东北隅，分布有铸铜作坊，发现大量铜渣、鼓风管残块和一些残陶范；制陶作坊则位于上阳城外西南隅，发现一批分布集中的陶窑，出土有陶器成品、半成品及废品。所有这些，都反映了虢都上阳城双城壕与城墙防御设施，以西南部宫城为中心的布局形式，以及当时各类手工业分工的基本面貌。

在西周考古史上，目前所发现的列国都城遗址很少，可确定的只有北京琉璃河的燕国故城和山东曲阜的鲁国故城。而三门峡虢都上阳城则为第三座西周列国都城，应是西周考古的又一次突破。

图 51.1 上阳宫城内陶水管道

虢国墓地位于三门峡市区东北部上村岭一带。整个墓地南北长590米，东西宽550米，占地32.45万平方米。20世纪50年代，黄河水库考古队调查发现该墓地；1955—1957年，进行第一次考古发掘。清理234座墓葬，3座车马坑和1座马坑，发现了虢国太子墓（M1052）和一批带有“虢”字铭文的青铜器，从而确定了墓地的性质。

1990—1999年，对虢国墓地进行第二次抢救性考古发掘，清理墓葬18座，车马坑4座，马坑2座。发现有国君墓、国君夫人墓、太子墓和其他贵族墓等。国君墓有两座，一座是M2001，为大型长方竖穴土坑墓。墓口南北长5.3米，东西宽3.55米，墓深11.1米。墓东南有方形和圆形两处盗洞，触及椁室，盗掘未遂。葬具为单椁重棺，均由底板、壁板、挡板、盖板四部分组成。符合《周礼》所谓诸侯单椁重棺的记载。木椁长约4.72米，宽3.06米，高1.8米。底部支垫有东西向放置的两根枕木。椁内的外棺上方，有东西横置的六根圆木与南北顺置的两根圆木以榫卯方式套接的木质棺罩。据《礼记·丧大记》和《仪礼·既夕礼》等文献记载，整个棺罩称为“墙柳”，表面髹有朱漆，上面及周围可能还有布帛等织物。蒙在棺罩上的布帛称为“荒”，围于棺罩四周的布帛称为“帷”。棺罩上面及其周围还见有长方形铜片的铜翣及小铜铃、小铜鱼、玉贝、石贝、陶珠等缀在“荒”“帷”上的装饰品。外棺南北长2.7米，东西宽1.36米，残高0.5—0.7米。外表髹有朱漆和黑漆。外棺周围等距离分布12个铜环，东西两侧各4个，南北两端各2个，当是悬于外棺四周的棺环。内棺结构同于外棺。

M2001随葬器物5293件（颗），按质地可分为铜、金、铁、玉、石、玛瑙、料器、陶、骨、角、牙、皮革、蚌、木、竹、苇、草、麻、丝帛19大类。其中以铜器、玉器为大宗，占总数90%以上。大量的青铜礼乐器、兵器、工具和车马器放置于棺椁之间。其中有列鼎一组7件，均铸有铭文“虢季作宝鼎，季氏其万年，子子孙孙永宝用享”。铜簋一组6件，皆有铭文“虢季”字样，使用七鼎六簋，显示墓主人虢季的诸侯地位。墓中还出土玉柄铁剑和铜柄铁援戈，这就把中原地区人工冶铁的历史提早到了西周晚期，对研究中国冶金史具有重大科学价值（图51.2）。墓中外棺盖上放置一些玉器和石器；内棺盖上放置大量的玉器、石器和一批动物形、几何形玉佩；内棺有三层随葬器物，包括上层的织物，中层墓主周身和下层墓主身下铺垫的大量玉器及少量的金腰带饰。玉器中包括戚、琮、璧、璜、戈、圭等礼器，另有龙、虎、鹿、鸟、鸽、鳖、鱼、牛首、马首等动物形佩饰，以及梯形、三角形等几何形佩饰。其中最著名的玉器是缀玉幎目和七璜联珠组玉佩。缀玉幎目又称之为玉覆面或者缀玉面罩，是放在墓主面部的一组模仿人体面部器官的玉片，一般被连缀在某种纺织物上覆盖在墓主人面部。七璜联珠组玉佩是挂在墓主的颈部，自胸前垂于腰际。这两组玉器是西周高级贵族才有的随葬品，是墓主生前权势和身份的象征（图51.3）。其中覆盖面部的玉幎目，可以说是后世汉代金缕玉衣的萌

图 51.2 玉柄铁剑

图 51.3 M2001 棺内玉器

芽。M2001东侧6米还发掘有一座祔葬车马坑，编号CHMK1。南北长47.6米，东西宽4.16—3.7米，深1.1—1.4米，填土稍经夯打。清理13辆车，64匹马，6条狗。均为木车，表面髹黑漆，都由一辀、一衡、一轴、一舆和双轮组成。还有一些车马器。这是该墓地最大的车马坑。

虢国墓地另一座国君墓是M2009，为虢仲墓。也是一座长方形竖穴土坑墓，南北长5.6米，东西宽4.4米，墓口距今地表2.7米，墓口至墓底深16.6米。葬具亦为重棺单椁，重棺外尚有一长方形棺罩。棺罩上及其周围散落有铜铃、铜鱼、石贝、陶珠等，其上均有穿孔，还有丝织物与麻布痕迹，这应是蒙在棺罩上的荒与帷。在椁室置有一辆髹漆木车。墓内棺椁之间有大量青铜礼乐器、兵器、工具、车马器等，礼器包括鼎、簋、鬲、盨、簠、方壶、圆壶、甗、方彝、尊、觚、觯等，其中不可思议的是铜鼎30件，铜簋27件。一些青铜器上铸有“虢仲”字样铭文。另有特大数量玉器，分别放置在内外棺盖上、内棺内及墓主尸骨身上下。其中有璧、戚、戈、

图 51.4 玉象

璜等礼器；象、龙、虎、凤、鸟、猪、羊、鹿、猴、龟、鱼、蛇、蜘蛛等动物形玉雕，形象逼真，栩栩如生（图51.4）；人身上有墓主生前所佩戴的一组六璜联珠玉佩，极为富贵华美。墓中出土的玉质遣策上有墨书“南仲”字样，南仲是周宣王时的重臣，他参加虢仲的葬礼，明示了虢仲墓的入葬年代应在周宣王时期，稍早于M2001虢季墓。此外，墓中还出土一件保存基本完好的麻布短裤及上衣，这是我国目前考古发现最早的纺织品成衣。从大量出土物分析，M2009是一座仅次于周天子级的诸侯国国君墓。

墓地的虢国太子墓确认有两座。即20世纪50年代发掘的M1052和90年代发掘的M2011。其中M1052位于墓地西北部，为长方形竖穴土坑墓，口大底小，墓口长5.8米，宽4.25米；墓底长4.9米，宽3.2米，墓现深13.3米。为单棺重椁。出土随葬器物970件。外椁盖上置石戈；内外椁之间，东北角放铜礼器和编钟，西北角放车马器，东西两侧放兵器；棺内有玉玦、玛瑙项链、石璧等。铜器包括列鼎一组7件，铜簋6件，用鼎制度属于“七鼎六簋”，与诸侯国君相同。另有2件铜戈，铸有铭文“虢大子元徒戈”，这为判断死者身份和确认墓地性质提供了最直接证据。该墓西侧10米处祔葬有编号为M1051的大型车马坑，出有10辆车，20匹马。

另一座太子墓M2011，长方形竖穴土坑墓，长5.74米，宽4.42米，墓深11.3米。墓壁近直，修整并涂抹成淡绿色，有熟土二层台。单椁重棺，椁底有枕木支垫，棺外有棺罩一重。棺椁结构及大小与国君墓相同。出土铜、玉、玛瑙、石、蚌、骨、贝等各类遗物3095件。椁盖板上置铜翣6件；棺罩上下散落一些铜饰件；外棺盖上置1件大玉戈和87件石戈、石圭；椁棺之间有大量的青铜礼器、乐器、兵器、工具和车马器；棺内置较多的玉器。其中有列鼎一组7件，簋8件，还有1件铜斧铸有“大子车斧”4字铭文，表明墓主人的太子身份和地位。

还清理国君虢季M2001东北相距9米的国君夫人梁姬墓（编号M2012），二者是夫妻并穴合葬墓。M2012为长方竖穴土坑墓，南北长5.3米，东西宽3.92米。墓壁平整，表面涂成淡绿色。葬具为单椁重棺，周围有熟土二层台。棺椁结构与国君和太子墓相同。随葬品共计1506件（颗），质地有铜、玉、石、陶、骨、蚌六大类，以铜器、玉器最多。其所放位置基本同于国君和太子墓，这应该是当时的丧葬定制。青铜礼器主要集中在椁与外棺之间的北端和东、西两侧；外棺盖上放有铜銮铃、铜兽形带扣和玉戈；内棺盖上放有玉璧、玉戈、柄形器和一件方形铜首饰盒，盒内装有用绿松石、料珠、煤精等串成的一组串饰；内外棺之间放有两件小铜罐，其中一件罐盖内铸有反书铭文“梁姬”字样。结合墓内没有青铜兵器看，可以认定墓主为女性即梁姬。墓内青铜礼器有垂鳞纹列鼎一组5件，窃曲纹列簋一组4件，用鼎制度为“五鼎四簋”，等级低于国君和太子墓。玉器有各种礼器、佩饰、殓玉和其他饰件。其中包括五璜组玉佩，这与墓主使用五鼎制是相合的。梁姬墓西北9.6米处，有一座祔葬的车马坑，编号为M2012CHMK2。南北长10米，东西宽5.02—5.36米。有车19辆，马38匹。

在虢国墓地除了国君、国君夫人和太子等高级贵族墓葬之外，还发掘多座出有三鼎和其他青铜器的贵族墓，或只出有一两件青铜器的低级贵族墓，以及仅随葬有几件陶器的平民墓，甚至没有随葬品的无棺墓等。三门峡虢国墓地的发掘，弄清了墓地的范围，找到了国君兆区域的所在。可以看出国君、贵族与一般平民同处一个墓地，表现出古代族葬的遗风。但与平民墓又隔以界沟，以示尊贵、卑贱之别。虢国墓地排列有序，少有相互打破现象。这正与《周礼·春官·冢人》“掌公墓之地，辨其兆域而为之图”的记载相吻合。也就是说，这里的国君、国君夫人、太子、大夫、士及平民，以金字塔式排列的墓地，构成了一处西周晚期至春秋早期完整的诸侯国公墓。这时期西周礼制已经成熟，列鼎制度也已形成。虢国墓地的发掘和虢都上阳城的发现，成为西周至春秋诸侯国都城考古资料最完整的样板，具有重大历史、科学和艺术价值。

1990年三门峡虢季墓入选全国十大考古新发现；1991年三门峡虢仲墓入选全国十大考古新发现；1996年三门峡虢国墓地被国务院公布为全国重点文物保护单位；2000年三门峡虢国墓地入选20世纪河南十项重大考古发现；2001年三门峡虢都上阳城与虢国墓地入选中国20世纪100项考古大发现；2009年三门峡虢国墓地与上阳城入选全国最具中华文明意义的百项考古大发现；2021年入选全国百年百大考古发现；2021年入选河南考古百年百大考古发现。

洛阳东周王城遗址

周平王元年（公元前770年）东迁洛阳，定都于王城，史称东周。到周赧王五十九年（公元前256年）为秦所灭，周以王城为都约500余年。东周王城遗址位于今洛阳市涧河两岸，四周夯筑城墙，平面呈不规则的长方形，现存北城墙自纱厂西路向东至801仓库西围墙，全长2890米，墙宽5米，残高0.9—1.59米；东城墙从洛阳801仓库东端向南到九都路，仅存北段残长1800余米，墙宽15米，残高0.8—1.65米，复原长度3650米左右；西城墙呈迂回曲折形，自东干沟村北涧河东岸的北城墙西端，向南至王城公园又向西再向南，进入七里河村，又西折再向南，直到洛阳工业高专南院折向东止。全线曲折多变，呈阶梯状，总长约4000米，墙宽4.1—4.3米，残高0.05—1.9米。1988年发现一处西城墙宽约8米的缺口，中间有战国路土通过，参照文献，这应是东周王城西城墙的梁门旧址；南城墙东西呈直线，西端起自兴隆寨村北的洛阳工业高专南院西城墙的南端，向东穿过涧河，过瞿家屯村，向东至洛河岸边被洛河冲毁止，残长800余米。复原全长约3000米，地面已平毁无存，地下墙宽约5.2米（图52.1）。

宫室建筑分布在王城中西部和西南部。1959—1960年，在小屯村东、南和瞿家屯以北，发现南北两组大型夯土建筑基址。其中北组建筑四面有一周夯土围墙，平面是长方形，东西长344米，南北宽182米，墙基宽4米，残高1.5—2米。围墙北面、西面有河道围绕，其正门可能在南面；南组建筑紧靠北组建筑，整体也呈长方形。在夯土建筑的东部，有一条宽20米、长900余米的南北大道。在这两组建筑遗址范围内，出土大量板瓦、筒瓦和饕餮纹瓦当、卷云纹瓦当。1999年又在东周王城西南部发现一处战国时期大型建筑基址。基址平面为长方形，东西长55米，南北宽30米。在基址北面有一道与基址平行，宽3.5米，长达数百米的墙垣，墙外有深达7米的壕沟。基址北部有一条东周时期的排水管道。这些可能与宫殿区及东部战国粮仓区的管理和防御有关。2004—2005年，在瞿家屯东南，东周王城南城墙外西南部的洛河北岸与涧河交汇处，发掘一处东周时期大型建筑遗址。从其整体布局看，夯土基址从南向北由两道东西向夯土墙分割为三个相对独立的院落。南面第一个庭院南北长100米，在其北端发现了具有中轴性质的池苑遗存。池苑西侧发现与其同

图 52.1 东周王城城墙

时期的四合院夯土宫殿基址，其东有与池苑东西平行的散水，基址中部有一天井，内有卵石铺就的封闭型近方形散水。在此宫殿基址南侧发现一条暗渠，应与池苑有关，向西穿过院落西墙北行。池苑向北的第二个庭院，南北长约50米，庭院西部为一大型厢房建筑，南北长约50米，宽5米。在厢房建筑的东面发现同样具有中轴性质四阿重屋的主体殿堂。主体殿堂向北为第三庭院，南北残长约50米。东周王城宫殿区中轴对称的布局特征具有承前启后的意义（图52.2）。

在宫殿区的东侧发掘出东周时期大型仓窖遗址。在东西长约300米，南北长约400米的范围内，勘探出排列密集而有序的地下粮仓70余座。仓窖为口大底小的圆形，仓口直径一般在10米左右，深约10米。在仓口有斜坡作为进出口通道，仓壁经过修整较为光滑。仓底由下而上涂敷有青膏泥等物质的防水层，其上再铺压两层木板，并铺撒谷糠和铺垫苇席竹片。以62号窖为例，窖底结构自下而上可分四层，第一层在窖底生土上涂抹一薄层铁锈色物质即隔水层；第二层在隔水层上敷青膏泥，一般厚3—5厘米；第三层在青膏泥上铺两层木板，上下叠压，周围还有环壁木板相贴。在窖底四周有固定底板的木橛孔14个；第四层在木板上撒铺谷糠，厚达40厘米，谷糠上置竹箔和苇席，用来隔离窖内的粮食。仓内出土大量砖瓦和圆木，以修砌木构圆锥形敷瓦的窖顶。这对研究东周时期储粮管理制度和农业经济发展具有重要价值。

图 52.2 宫殿遗址

手工作坊区分布在王城的西北部。在小屯村北和东干沟村东北，先后发掘出33座陶窑及窑工的居址。出土一批制陶和烧陶工具：陶拍、陶垫、陶印模、陶支垫等；出土大量的陶罐、盆、瓮、壶、豆等生活用品，另有不少陶器废品；还出土板瓦、筒瓦、瓦当、瓦钉等建筑材料。在窑场的东面，有骨器加工场，发现很多经过锉磨的骨料。东南面发现一处制造玉石器的作坊，出土很多尚未制作完成的石环、石片及石料等；在窑场的西南面发现了铸造铜器的陶范；1992年在东周王城内中心偏西处的中州路北侧，清理出一座烧造冶炼工具的古窑址Y1，出土坩埚27件，石器1件，炉壁和鼓风口26件；其旁灰坑H2出土坩埚等遗物20件。多为直筒形圜底或平底坩埚，有的外壁还附有铁渣，表明这一带应有冶铁作坊遗址。

东周王城的王陵区一般认为有三处。第一处是周山王陵区。位于洛阳市区西南约1000米，为一道西南、东北向的黄土丘陵，相传山上埋葬有东周王陵，故名周山。山顶有4座东西一排的高大封土，东部三座相连，呈“山”字形，俗称“三王陵”。中间一座封土较大，东西长82米，南北宽70米，高约14米。两侧的较小，高约12米。另外西部一座形制最大，边长105—110米，高约20米。大冢前立有清乾隆年间洛阳知县龚松林书丹墓碑“周灵王陵”。经勘探“三王陵”南北方各有一条墓道，残长15—40米。“周灵王陵”只有南侧发现墓道。曹魏时期编撰的《皇览》记载：“周灵王葬于河南城西南周山上，盖以王生而神，故谥曰灵，其冢人祀不绝。”北魏郦道元《水经注》：“（洛水）枝渎又东，迳周山，上有周王冢。”可知，早在曹魏时期已有“周山”之名。

第二处是金村王陵区。位于孟津县平乐乡金村。1928年被盗掘8座南墓道“甲”字形大墓，出土文物数千件，绝大多数被盗运国外。以5号墓为例，为积石积炭木椁墓，墓口边长12.2米，墓底边长10.7米，深14米余。墓道长76.25米，宽3.05米。墓道南端两侧有车马坑。墓底铺石板，内壁髹漆深棕色，壁上部绘有宽带饰。椁室由大木构成，内置重棺。出土大量青铜器，其中一件铜鼎口径0.915米，盖上有三兽钮，鼎内有牛骨、马骨等。

第三处是王城王陵区。亦即东周王城遗址内东部的墓葬区。在洛阳市区发掘的7000多座东周时期墓葬中，约有6000座出自东周王城遗址区域内，而已发掘的10多处东周时期的马坑、车坑、车马坑及器物陪葬坑等也大多位于此区域。2002年在洛阳二十七中即东周王城内东南角，发掘一座四条斜坡墓道的“亚”字形春秋初期大墓，编号C1M10122。其中北墓道长18米，宽5米；南墓道长20米，宽5米；东墓道长11.4米，宽4.5米；西墓道长12米，宽5米。墓室呈长方形，南北长8米，东西宽7米。有7个盗洞，盗扰严重。出土青铜礼器鼎、鬲、爵及兵器、铜兽面饰，另有玉器、骨器、石贝等。其中鼎、鬲上有“王作鼎彝”铭文。在大墓西侧20米处，发现并排两座南北墓道的“中”字形大墓，其中只发掘了最靠西的C1M10123。墓室长7.6米，宽5.2米，深11.4米，有熟土二层台。出土铜器、玉器、石器、骨器、蚌器170余件。器物陪葬坑和车马陪葬坑作为王陵或贵族大墓的重要组成部分，是研究东周时期礼制和葬制不可或缺的。

2002—2003年，配合洛阳市中心东周王城广场建设工程，进行考古勘探与发掘。发掘东周墓葬194座，清理车马坑7座，马坑9座。其中5号大型车马坑最为重要，平面呈南北向长方形，长42.6米，宽7.4米，坑深2.2—2.7米。有马车26辆，陪葬马70匹。26辆车分东、西两排，车头向南，由北向南依次排列放置。东列12辆，西列14辆。其规模之大，陪葬车马数量之多，均属罕见。更为珍贵的是，西列2号车为一车六马驾驭，印证了古代文献如《王度记》中“天子驾六，诸侯与卿同驾四，大夫驾三，士驾二，庶人驾一”的记载，确认为天子之乘，目前已建成全国唯一的天子驾六博物馆（图52.3）。2006年8月，天子驾六遗迹再现洛阳，在洛阳唐宫西路的考古发掘中又一次发现了这一珍贵的历史遗存。

东周是三代以来一次大变革时期，战乱频仍，社会开放，经济发展，文化活跃，春秋五霸对峙，战国七雄争锋，周王室式微，在夹缝中居然延绵5个世纪，最终为强秦所灭，周王城成了汉代河南县城。三代礼乐文明却一直传承下来。东周王城出土许多珍贵的文物，展示了古代极高的工艺水平（图52.4、52.5）。

2021年洛阳东周王城入选河南考古百年百大考古发现。

图 52.3 天子驾六车马坑

图 52.4 带盖铜鼎

图 52.5 错金银带流铜鼎

辉县琉璃阁东周墓地

辉县琉璃阁东周墓地原称琉璃阁遗址，位于辉县市区东南不远处，因遗址之上有一座明代建筑文昌阁（当地俗称“琉璃阁”），故遗址被称为“琉璃阁遗址”。遗址面积约12万平方米，是一处商周至汉代时期的文化遗存，其重要内涵为东周时期墓葬（图53.1）。1935年琉璃阁东南150米处有古物出土，闻报后当年12月，中央研究院派出郭宝钧、李景聃、赵青芳、周光普、孟长禄等前往发掘。清理了1座积石积炭墓M1，以及汉墓8座，因天寒冰冻而暂停。1937年再次进行发掘，清理殷商墓葬3座，战国大墓5座，中小型墓23座，另有汉墓25座。在此中间的1936年，河南省博物馆许敬参、郭豫才等在琉璃阁遗址东北隅，发掘甲乙两座大墓，收获甚丰（图53.2）。1950—1952年，中国科学院考古研究所夏鼐、郭宝钧带队在辉县琉璃阁、固围村等处又进行考古发掘。发现商代灰坑和墓葬，发掘一批战国大墓和车马坑，第一次找到了早于安阳殷墟的商代遗存。

图 53.1 20 世纪 30 年代琉璃阁遗址

图 53.2 甲乙墓发掘现场

在辉县琉璃阁遗址发掘的大量战国墓葬中，以1936年发掘的甲乙墓形制最大。甲墓为近方形的竖穴土坑墓，墓口东西长11米，南北宽10.3米，深11米余。墓底无棺痕，以柏木构筑椁室，椁底柏木横铺，四壁叠垒，椁顶柏木纵列，随葬器物皆在椁室内。计有青铜礼器鼎13及大量碎片、鬲2及大量碎片、鬲5、甗1、簠4、簋14、豆8、罍2、方壶及圆壶6、扁壶1、尊1、鉴3、盘1、匜1、舟1，以及铲1、疏匕1、燎炉1等60多件（图53.3、53.4）；青铜乐器有蟠螭纹编镈4、蟠虺纹镈钟9、甬钟8、蟠螭纹钮钟9及石编磬11；青铜兵器有戈8、矛9、斧4、剑2、镞417枚；青铜车马器183件，包括軎、辖、衔、环、銮铃等品类；另有包金铜贝1548枚、骨贝210枚、海贝数千枚及一些金饰；还有大量玉器，包括玉佩2组、觿、韘、环、玦、瑗、珩、璜，以及燕、狻、虎、螭等动物造型；又出有一些陶器。

同年发掘的乙墓，为一座长方竖穴土坑墓，东西长9.1米，南北宽约7.6米，墓深11米余。木椁亦用柏木叠筑，未见棺痕。椁室内满布随葬器物，其数量少于甲墓。青铜礼器有鼎5、鬲5、鬲5、甗1、簠4、簋4、豆1、方壶2、鉴2、盘1、匜1、舟2；玉器中有圭、璋、环、玦等，但不见有玉佩饰，殊耐寻味；另出有一些陶器。

甲墓和乙墓相邻，二者不足4米，均坐东朝西，墓口整齐排列，墓葬结构相类，大小相近，随葬品相似，时代也一致。甲墓在右，随葬青铜礼器最多，又有大

图 53.3 甲乙墓铜鼎

图 53.4 甲乙墓铜方壶

量兵器和乐器，墓主为男性；乙墓在右，墓主为女性，两墓关系密切。当为一对夫妇异穴并葬墓。甲乙墓附近，还有与之相配的大型车马坑，显示墓主的身份和地位。

多年来，对甲乙墓的时代和墓主身份，学术界颇有一些不同看法：其一是甲乙墓的发掘者许敬参、郭豫才认为辉县甲乙墓属“周墓二处”“以器物推测，时期不下战国”；其二是郭宝钧认为甲乙墓为该墓地战国墓葬中之最早者，应是魏国贵公子的墓地；其三是俞伟超、高明先生认为甲墓为春秋中晚期之际，墓主人为晋卿之一的范子，墓内出土青铜鼎数甚多，表明范子僭用了天子之礼；其四是李学勤认为甲乙墓为春秋中期，辉县为卫国所有，甲墓当属卫君，乙墓可能是其夫人；其五是朱凤瀚认为甲乙墓属春秋晚期后段，墓主属卫国贵族；其六是陶正刚认为甲乙墓青铜礼器有一些列为春秋晚期，也有些列为春秋战国之交，又有些为战国早期风格，墓葬可定为战国早期，属魏国贵族墓。还有不少专家学者，从甲乙墓出土的青铜器形制特征和青铜器组合等各方面考究，琉璃阁甲乙墓应属战国早期，为魏国高等级贵族的墓葬。其中甲乙墓“题凑之制”木构椁室的发现，应是我国古代“黄肠题凑”墓葬形制的雏形，为研究我国早期题凑椁室的结构、用材情况、形式演变以及丧葬制度等，提供了非常重要的考古实物资料。

在琉璃阁遗址还发掘出了一座大型车马坑，编号M131。其对应主墓1938年间被盗掘，据调查仅编钟一类墓中出土即达24件之多。车马坑为长方形，东西长21米，南北宽7.8米。坑中间近底处有一道南北向的生土隔梁，将坑分隔成东西两部分，西面为车场，东面为马圈，隔梁中段留一缺口以沟通东西。车场东西长17.6米，南北宽7.8米，面积约137平方米。葬车19辆，车分南北两列，南列8辆，北列11辆，北列东端1号车是全坑中唯一有铜饰的车子，当为文献中记载中送葬之“鸾车”。其他车辆依其规格可分为大、中、小三种型号。车辆种类多样，保存基本完整，发掘者将这19辆车全部成功剔剥而出，这在世界上尚属首次，被英国著名考古学家柴尔德称为“世界田野考古上的新的杰作”。使之“轮辐衡轭，舆箱篷栏，清晰可度”。这对研究战国时期的木车结构和车制，具有重要学术价值。

新中国成立前发掘辉县琉璃阁遗址甲乙墓等出土的文物，由于人为的原因，分藏在大陆和台湾，主要集中在河南博物院与台北历史博物馆。2003年12月，海峡两岸学者联合编著《辉县琉璃阁甲乙墓》一书，分别在郑州和台北出版。这是继2001年海峡两岸学者整理出版《新郑郑公大墓青铜器》一书之后，又一重要学术成果。《辉县琉璃阁甲乙墓》一书，内容包括海峡两岸学者撰写的多篇研究论文和当年发掘现场出土的青铜器、玉器的图版，很有学术价值。

2013年辉县琉璃阁遗址被国务院公布为全国重点文物保护单位；2021年辉县琉璃阁遗址入选河南考古百年百大考古发现。

鹤壁辛村周代遗址与墓地

鹤壁辛村遗址位于鹤壁市淇滨区大赉店镇淇河北岸的辛村一带（原归属于浚县）。1932—1933年，郭宝钧等在这里进行4次考古发掘。在东西长500米，南北宽300米，面积约15万平方米的范围内，清理西周时期各类墓葬68座，还发掘马坑12座，车马坑2座（图54.1）。2016—2021年，为配合高速公路拓宽工程建设，河南省文物考古研究院、鹤壁市文物工作队等单位又在辛村遗址及淇水南岸杨晋庄一带进行四次考古发掘，揭露面积约2万平方米，发现有一批西周时期墓葬，制骨遗址和铸铜遗存，扩大了辛村遗址的范围，深化辛村遗址的内涵（图54.2）。

图 54.1 辛村 1933 年 M60 出土铜器

20世纪30年代发掘的大型墓8座，均为带南北墓道的“中”字形大墓，南墓道是斜坡式，墓道较长，应为主墓道；北墓道为台阶式，墓道较短。墓室为长方竖穴土坑，长6.3—10.6米，宽5—9米，深6.6—11.8米。一般为口大底小的正斗形，墓室底部筑二层台，中间用圆木构筑椁室，有的墓壁涂抹草拌泥。棺椁多朽，从其痕迹可见棺底铺朱砂。其中M17和M5东西两两并列，其规模和形制相同，M17墓主为男性，出土青铜戈、镞等兵器及殉人、殉狗；M5出土较多精美的各类饰品，墓主确认为女性。M17与M5可能是夫妻异穴并葬墓。8座大墓墓主不乏卫国国君和夫人等高级贵族。盗扰严重，残存随葬品仅有些许车马杂器、兵器和骨器、蚌器、牙器的装饰品等。发掘中型墓6座，均为长方竖穴土坑墓，墓室长2.85—3.9米，宽1.6—3.2米，深5.1—10米。葬具有棺有椁，有的仅见棺痕。其中M60为一座形制较小的长方形竖穴土坑墓，墓室南北长2.85米，东西宽1.6米，深5.1米。葬具有棺无椁，墓室四周二层台北侧置青铜礼器6件，依次是甗、鼎、尊、爵、卣、簋，东侧北端置铜斧、戈各一件，西北隅偏南处有铜戈8件，其他另见铜軎、铜泡及骨贝、蚌饰等，棺顶板上出土当卢、铜泡。所出青铜尊上有铭记述：墓主人名陆，曾随卫公到过宗周就职，从而标明了墓主的身份及时代。

图 54.2 辛村发掘现场

清理小型墓葬54座，墓室多长2米，宽1米余，深3—9米不等。多有棺，经后世盗扰，遗物不多，一般只出陶器，个别也见有铜鼎、簋等及车马杂器。其中M68残存的铜泡背面铸有“卫自易”字样，标明墓主卫国人的身份。

发掘的多座车马坑中以M3形制最大，东西长10米，南北宽9.1米，深3米。坑内葬车12辆，葬马72匹，另有狗骨8具。M3与大墓M17、M5很近，应是大墓的陪葬车马坑。上述墓葬出土文物，均被运往台湾。

2021年又发掘出一组两座卫侯夫妻并葬墓。墓主为西周晚期至春秋时期某一代卫侯及其夫人，两墓东西并列，间距4—5米，均有南北墓道的“中”字形大墓，深达9.5米。墓葬东侧有车马坑，东西长约8米，南北长5.6米，深度3.56米。为典型的拆车葬，将整车按照车舆、车轮拆开排在马骨之上，清理出9辆车，约有30—40匹马。辛村遗址早年出土著名的康侯簋，1931年流失海外，收藏于大英博物馆。铸铭文24字，记载武王伐纣及卫国建立的史迹。2017年3月，康侯簋入选大英博物馆“100件文物中的世界史”，作为9件中国文物中唯一一件青铜器在世界巡展。卫国是西周王朝的重要封国之一，按《左传·定公四年》的记载，卫国就分封到这一带。其都邑为朝歌故城。辛村遗址南距卫都不过20千米，属近畿之地。结合《史记·卫世家》所记，可以确定这里是一处卫国贵族大型墓地。

2016—2021年，在淇河北岸的遗址东部，北距福兴寺约120米处，发掘铸铜作坊遗址，清理圆形烘范坑多处，内有小火膛；圆形淘泥坑1座；发掘10座与铸铜行为相关的祭祀坑，包括马坑、牛坑、羊坑等；半地穴式带有壁龛的工棚1座；窖藏坑多座，其中一座出土12件陶豆（图54.3）；还有一批小型两周匠人墓葬，有“居葬合一”晚商遗民的遗风。遗址内出土大量鼓风嘴、铜渣、坩埚残块及铸鼎、觚、车马器等陶范片（图54.4）。还有一些制陶的遗存。在辛村西北、村东、村西南发现3处制骨作坊。清理出西周时期骨料坑10座；地面上房址5座；祭祀坑2座，包括1座牛坑，内有2头牛，1座马坑，内有1匹马（图54.5）。骨料坑出土大量废骨料、骨器半成品、成品。生产各类骨、角、蚌器，包括骨簪、锥、镞、骨环饰品、卜骨等。

在淇河南岸的杨晋庄西，东西190米，南北150米的范围内，清理西周早期至西周中期中小型墓224座，均为长方竖穴土坑墓，墓口一般长2米，宽1米。多为一棺或无棺，个别为一棺一椁。随葬少量陶鬲、罐，近四分之一的墓葬出土有戈、矛等铜兵器，这些当为卫国的军士墓。此外，2021年在遗址东北部，发现一座完整的西周早期殷遗民墓葬M3。面积为12平方米，墓内有二层台，墓下有腰坑。清理出包括鼎、簋、鬲、爵在内的11件青铜礼器，另有戈、矛等兵器，以及铜削、玉器等。墓葬填土及腰坑内各殉1狗，二层台上分别采用三种动物祭祀，包括牛头及牛左前肢、幼猪、羊头，这属于《周礼》记载的“太牢”祭品。二层台北端有两个殉人，

图 54.3 辛村窖藏坑

图 54.4 辛村陶范

图 54.5 辛村祭祀马坑

均为幼年个体。辛村遗址的墓地大、中、小型墓葬兼备，排列密集有序，鲜有打破关系，系一处有专人管理的族坟葬地，很可能是卫国的公墓。

辛村遗址是周灭商后，在晚商核心统治区新出现的一处区域性中心聚落遗址。对研究商周王朝更迭和周初封国治理体系，研究卫国的铸铜、烧陶、制骨等手工业的发展，研究西周葬制和礼制等诸多方面提供了重要资料。

2019年鹤壁辛村遗址被国务院公布为全国重点文物保护单位；2021年鹤壁辛村遗址入选河南考古百年百大考古发现。

信阳城阳城战国楚墓

城阳城位于信阳长台关镇苏楼村，据文献记载，春秋初年楚武王破申时所筑。公元前278年，秦将白起攻破郢都，楚顷襄王逃至城阳避难，并以此为临时的国都，后迁至陈地（淮阳），故又称楚王城。城阳城址分内外二城，内城分南北两次建成。南城为老城，北城为新城。南城东城墙长500米，西城墙长325米，南城墙长524米，北城墙长530米，周长1879米，面积约20万平方米。城内西南部为明显的高台建筑基址宫殿区。南城墙外有壕沟痕迹。北城是南城建成后扩建而成的。北城东城墙长640米，西城墙在南城西墙基础上向北延长422米，南城墙在南城北墙的基础上向东延伸406米，北城墙长约1270米，周长3593米，面积48万平方米。南城北城合在一起称内城，总面积约68万平方米。城墙夯土残高5米，外侧有城壕。外城又称防御城，东临淮河，西面和北面是宽谷深豁的十字港河流，借助自然地势进行防御，南面仅以内城的南城南墙向东延伸1000米为外城南城墙，残高0.3—0.5米。面积约182万平方米。城阳城出土有战国盘、匜、镞、剑等青铜器，筒瓦、板瓦、卷云纹瓦当及鼎、豆等陶器，另有楚蚁鼻钱、“郢”爰金币等，据此可以推断，城阳城始建于春秋，继扩建于战国，后代仍有沿用。亦即汉代的城阳县，六朝时期的城阳郡等。

城阳城战国楚墓位于城阳城西南城外，即今长台关镇小刘庄后面的土岗上。原称长台关楚墓，后因靠近城阳城而改名。1956年春，当地农民打井时发现了一号楚墓M1，随即进行勘探，墓地范围约5万平方米，有楚国墓葬100多座；1957年对M1进行了考古发掘；1958年春，在M1以东9.4米处发现了二号墓M2并进行了考古发掘；2002年10月，又在墓地对七号墓M7进行抢救性发掘；2015年在M7南部20米处，又发掘了八号墓M8。这四座墓葬规模大小和形制结构都很相似，平面呈“甲”字形，均由斜坡墓道和长方形墓室构成的木椁墓。

M1东边有一条长14米、宽4—5.2米的斜坡墓道，墓室长14.5米，宽12.5米，深10.35米。墓圹收缩4层台阶至椁室。椁室有主室、前室、左侧室、右侧室、中后室、左后室和右后室七个单元，全用方木砌成。主室为三层椁重棺，其余各室均为单层椁，方木加工精良，两端均有榫和槽，各室四隅榫卯扣合非常牢固。顶部用木板和方木平铺，顶板之上又铺一层苇席。墓内随葬品903件，其中青铜礼器有鼎、壶、盘、匜、敦等；青铜乐器编钟一套13枚，附有木质钟锤与钟架。经中央音乐学院测音，音律至今准确悠扬，并演奏出《东方红》乐曲在中央人民广播电台播放；另有青铜用具和工具炉、箕、夿、镜、勺、刀、削、锯、锥等；竹简两组，一组置于左后室，有28条约千余字的“遣策”，记录随葬品种类、名称和数量；另一组放在前室，只有80多块残简断片500余字，推测为记录死者生平的竹书。墓内还见有书写竹简的毛笔。出土大量木漆器，包括彩绘镇墓兽、漆案、棺板、床以及木俎、方盒、耳杯、木豆、漆几等，制作精美。还有1件漆绘锦瑟、彩绘大鼓和小鼓、连尾伏虎鼓座，也属上品。出土玉器均在主室内，有璧、璜、佩、管、带钩等，另有错金银丝、嵌金质龙形浮雕、3块碧玉的铁带钩、彩绘陶壶和丝织品等。

M2墓圹为长方形，东西长14.5米，南北宽12.1米。墓圹收缩7层台阶至椁室。东侧斜坡墓道长14.65米，宽4.5米。椁室也由方木筑成，四周填以白膏泥，分为前室、左侧室、主室、右侧室、后室、左后室、右后室7个墓室，主室内置三层椁木和重棺。由于两次盗扰严重，残存随葬品多为木器、漆器之类。其中木质乐器有编钟一套13枚及钟架、钟槌，编磬及磬架，木瑟、木鼓及鼓座等；木质生活用具有俎、杯、杯豆、圆盘豆、方壶、方框、彩绘兽、彩绘兽头、几、案、长方木板、勺、盒、盒盖、正方座、长方座、圆形器座、彩绘器座、圆形架、木床、枕、篦、梳、圆形环等；陶器有鼎、鼎钩、敦、鬲、方壶、盆、瓮、尊、盉、三足盘、空柱盘、匜、箕、鉴、器座、陶刀、俎、钩、匕、叉、锥等；另有铜镜、铜带钩、铁带钩、铜削、铜器盖、铜环、铜铺首、铜车饰等；还有彩绘木俑、镇墓兽、双鹿角器及一些杂器等。

M7亦为带斜坡单墓道的“甲”字形大墓。墓圹长13.5米，宽12.35米，深10余米。圹壁内缩有3个台阶。木椁室结构与M1、M2相同，也是用方木榫卯扣合的7个墓室（图55.1），顶部用木板和方木平铺，其上又铺一层竹席和苇草。主室内重椁重棺，内棺的两侧板有彩绘图案，底板为透雕纹饰。主室有两个盗洞，其中一个直达内棺，棺室被盗一空，仅残留几件玉器。墓内出土随葬品700余件，前室所置过半数之多，有铜鼎、仿铜陶礼器、漆案、漆豆、木长矛、木盾牌等；南侧室未经盗扰，出土有完好的木榻、木瑟、玉饰、铜酒器、铜镜等。其中木榻形制较大，雕刻细密精美。铜酒器分两组，一组放在有错银图案的一件从腹部开合的扁壶内，共有平口盘、折沿盘、圆盒28件（套），盘与盒大小套合，摆放规整，多未生锈，一片金光灿灿。另一组是在一件构造特殊的铜盒内盛放铜盘、铜匜和耳杯，大小相错叠置，数量达30多件，保存完好。南侧室北壁上有大面积彩绘图案，描绘出两个门的形象，也很罕见。北侧室出土大量木质乐器，包括漆木鼓和虎凤底座、木瑟、木编钟和木编磬及底座与木架等，另出土一些作为“遣策”的竹简；中后室被严重盗扰，仅见少量木漆器；左后室出土一辆结构复杂的木车和大型彩绘木质镇墓兽；右后室出土大型漆木方壶、彩绘陶方壶、彩绘漆木勺、漆卮杯、仿铜陶礼器

图 55.1 城阳城 M7 墓室

等（图55.2）；此外，墓室内还出土一大批木雕彩绘俑，有的俑还有保存较好的头发和丝织衣物。M1、M2、M7均为战国中期楚国卿大夫或封君一级的高级贵族墓葬，且位于楚国临时王都城阳城旁边。这些楚墓的发掘，当为东周考古的一大收获。竹简的出土是研究我国古代史和古文字的重要资料；编钟、大鼓、小鼓、锦瑟等成套乐器的出土，为我国古代音乐史提供了实物例证；木椁室结构是我国古代木构建筑不可多得的样板；各种木雕彩绘漆木器，色彩鲜艳，图案想象力丰富，彰显了具有独特风格楚文化的高度艺术水平。

M8平面呈“甲”字形，坐西向东，由墓道、墓室两部分组成。墓道长6—6.4米，宽3.2米。墓圹长10.1—10.9米，宽9—9.4米。自上至下呈阶梯形逐层内收。墓室填土中，上部1.2—1.5米为结构致密的黄灰色土，其下即为青膏泥。从地表至椁板顶4.5—5.1米。椁室平面呈长方形，由主室、前室、南侧室、北侧室及北后室、中后室、南后室组成，总长6.2—6.3米，宽4.8—4.9米。前室中部有过梁，使得南北两部分相通。前室和南、北侧室被盗严重，主室与后室保存较好。前室出土鼎、方座簋等陶器，另有一些案、耳杯、豆、盒等漆木器（图55.3）；南侧室发现有床榻、竹席、木桶、木几、投壶箭及铜镜、铜剑等，其中竹席髹红、黑几何纹，篾宽0.25厘米，长2米左右；北侧室发现有木质车舆、弓、箭、箭囊、瑟，以及铜矛、铜戈、铜车軎、铜车辖等，矛为彩色髹漆长木柄，伞盖破坏严重，散落在椁室中；南后室发现有陶方壶、圆壶、鉴等仿铜陶礼器，表面多施彩绘；中后室发现40余个荷叶包裹，以及雕刻木案、陶鬲、陶罐等。初步观察荷叶包裹内有水稻、小米等粮食；主室双棺双椁，其中外棺盖板为弧形，内侧髹红漆，内棺盖板为平板，表面有红色彩绘，内侧髹红漆。墓主人头向东，头部及全身被织物敷裹，织物纹样依然可辨。目前主棺暂未清理。从出土陶器可确定M8为战国中期楚墓，与M7年代相当。其他诸如彩色髹漆竹席、长柄矛、耳杯、案、几等漆木器相当精美。特别是墓主人全身敷裹的织物，是豫南地区战国时期楚墓的首次发现，在国内其他楚墓中这样完整的织物也十分少见。

信阳城阳城址与楚国墓地2001年被国务院公布为全国重点文物保护单位；信阳城阳城战国楚墓2021年入选河南考古百年百大考古发现。

图 55.2 M7 右后室出土器物

图 55.3 M8 前室出土器物

上蔡郭庄楚墓

上蔡郭庄楚墓，位于上蔡县大路李乡郭庄村东侧南北向的岗地上。为两座南北并列，斜坡墓道东向，带封土的“中”字形竖穴土坑墓。编号为M1和M2，墓室相距23米，封土相连。西部原有大型车马坑已被村砖瓦场起土挖掉无存。2005年5月—2006年7月，在这里进行抢救性考古发掘（图56.1）。

图 56.1 郭庄楚墓发掘现场

图 56.2 M1 棺室出土器物

M1斜坡墓道为西窄东宽的喇叭形，长30余米，宽8—10米，填夯土。墓室东西长29米，南北宽17米左右，深近18米。墓壁近直，在四角各有1条阶梯状的上下通道。墓室防盗设施独特，上层填夯土，下部积沙积石。积沙厚达11米，沙中巧置2个类似假棺的箱室和千余块大小不一的石块，最大的石块重175千克。木椁室藏在假棺箱室下的积沙中，已朽成灰痕并塌陷。石块位于椁室周围上下，自上而下分为乱石层、蒙顶石层、贴顶石层、拦腰石层、卧底石层。木椁两重呈“工”字形，外椁长12米，宽7.4米，高3.2米。内椁壁上有漆绘的云雷纹壁画，贴有大量包金铜兽面构件和海贝、石贝组成的主花纹。椁室分前后两部分，前室为器物室，后室为棺室。两重“工”字形墓主木棺，漆朱红色，置于后室中央，内棺仅残存1男性头骨下部。陪葬人棺13具，分列在主棺的左右和后部，陪葬人为仰身直肢，经鉴定均为女性，年龄不一。由于防盗设施严密，M1虽经历代和现代18次盗掘，仍在棺椁内发现了千余件的随葬品。外棺内仅见一些车马器，主棺内发现40多件琮、璜、佩、环、觿、玦、韘等多种玉器，另有玉柄铜剑2件，金龙玉环铜削2件等（图56.2）。个别陪葬棺下部或旁置青铜鼎、盘、匜等礼器，陪葬人骨架上发现有玉环、玉佩、裸女玉耳勺、水晶珠、玛瑙环等饰品，表明其身份的差别。前室中残存的各种青铜礼乐器形制硕大，纹饰精美，排列有序。包括大圆盖鼎2件，升鼎5件，小圆鼎4件，小口鼎1件，四龙耳鉴2件，方壶2件，圆链壶1件，簠4件，圆形盖豆6件，方豆1件，浅盘豆1件，方座簋4件，敦4件，鬲5件，浴缶1件，盉1件，甬钟3件，铃6件，柱头饰10余件；还有汉白玉编磬一组13件。而大量形态多样的戈、矛、戟、镞等青铜兵器，车軎、马衔、节约等青铜车马杂器，多放置在近椁壁的四周。一些青铜器上还铸有铭文。在M1的北侧墓圹夯土基础下有多座祭祀坑，坑内各发现有兽骨。其中肢解的猪坑4个，牛坑2个，整猪坑1个，狗坑1个。肢解的祭祀坑相连在一起，放置有头、四肢、部分躯干骨，摆放成圆形，象征摆放1头整牲。

另一座大墓M2，东向斜坡墓道也大致呈东宽西窄喇叭形，长约25米，宽4.5—6米，填夯土。墓室形状奇特，为长方形土坑墓，墓壁偏上部有一周环状生土二层台，二层台上墓壁东北角有1条4级生土梯道。西壁下部有1段生土三层台。墓室口长16米，宽10米，深11.3米；二层台宽0.7米左右，距墓口深4米；三层台宽1米左右，距墓底深1.7米。M2有长方形单木椁，东西长8米，南北宽6米，高2.2米。棺已不存。墓内随葬品几乎被盗一空，椁室内只有1件鹿角、1件铜鼎足和少量陶器碎片。战国盗洞内残存石编磬、青铜缶片、铜鼎足、嵌绿松石铜带钩、铜马衔、铜节约、铜串饰、骨马镳、鹿角、陶鼎等50余件和许多金箔残片。

关于墓主的身份，在M1方壶、甬钟、鼎、簋、簠、浴缶、圆链壶、戈、矛、戟等40余件青铜器上发现有“楚王孙”“景孙”“曾侯”“陈公”“许公”“吴土”等人物和地名的铭文，表明墓主人为楚平王之孙，拥有陈、楚、吴、曾、许等国助丧或战利品的青铜器，可能是镇守蔡地的一位楚国封君，其时代为春秋末年或春秋战国之际。而M2中残留1个年轻女性的头骨和1个老年女性的下颚骨，没有随葬青铜兵器，当为M1墓主的夫人，二者为夫妇异穴并葬墓。

上蔡郭庄楚墓补充了楚国高级贵族大墓的新资料；其墓葬的形制，反映了楚国贵族墓葬由春秋中期长方竖穴土坑墓向战国中期带墓道和多层环状台阶墓圹的演变；祭祀坑和众多陪葬人棺的发现，为研究楚国葬制提供了新视角；M1防盗设施之精妙和实际效果，十分少见；出土的口径80厘米大圆鼎和口径67厘米的四龙耳鉴，堪称楚之重器；汉白玉大石磬质地精良，玉耳勺、玉环铜削、玉柄铜剑均是难得的精品；青铜器铭文有鸟书、虫书、错金、大篆等，字体优美，具有很高的艺术价值。

2006年上蔡郭庄楚墓与蔡国故城合并被国务院公布为全国重点文物保护单位；2021年上蔡郭庄楚墓入选河南考古百年百大考古发现。

淅川下寺与和尚岭、徐家岭楚墓

淅川下寺与和尚岭、徐家岭楚墓。这三地相距很近，均在淅川县丹江库区西岸，属于水库淹没区。下寺位于仓房镇东沟村南，和尚岭位于仓房镇东沟村东，徐家岭位于仓房镇沿江村东沟一带。淅川历史悠久，文化灿烂，是楚文化的发祥地和楚始都丹阳所在地，大量楚文化遗址和墓地，遍布丹江两岸。多年来，由于配合南水北调丹江库区工程建设，进行了大量文物勘探和田野发掘。下寺与和尚岭、徐家岭楚墓是其重要的考古发现之一。1977年秋，因水库水位下降发现了下寺楚墓群，1978—1979年进行考古发掘；1990—1992年，在淅川和尚岭和徐家岭墓地进行了考古发掘；2006年配合南水北调丹江库区工程，又在徐家岭进行考古发掘，收获颇丰。

下寺楚墓群共清理大中型贵族墓9座，小型墓15座，车马坑5座。按照其分布与时间先后，自南向北可分为甲、乙、丙三组。甲组墓靠南部，包括大中型墓3座（M7、M8、M36）和车马坑2座（M8CH、M36CH）。时代最早，均为春秋中期后段。其中M8墓口东西长7.25米，南北宽5.68米，墓深4.3米。单椁双棺，椁室四周有二层台，椁室两棺南北并列，北棺盗扰十分严重，葬式和死者性别不明；南棺为仰身直肢，死者为一位50岁左右的男性。随葬的青铜礼器置于椁室东部，兵器多在南棺与南椁壁之间，也有些戈、矛放在椁室西北角，车马器置于椁室西端，玉器多放在棺内。另外发现随葬的盔甲、漆木箭箙、漆几、漆案等物皆朽。出土青铜礼器鼎、簠、浴缶盖握手、匜、盉等8件，戟、戈、矛、镞等兵器58件，车马器47件，铜工具4件、杂器6件。一些青铜器上有铭文，如鼎铭“唯正月初吉，丁亥，楚叔之孙以邓，择其吉金，铸其繁鼎，永宝用之”；匜铭“唯正月初吉，丁亥，楚叔之孙以邓，择其吉金，铸其会匜。子子孙孙永宝用之”；戟铭“以邓之用戟”。由此可知M8墓主人为“以邓”，并自称楚叔之孙，表明以邓属楚王族。

M7南距M8约6米，墓口东西长7米，南北宽5米，深5.8米。单棺单椁，椁室可分头箱、边箱及棺室三部分，棺底铺朱砂，其内尸骨全无。随葬品多置于头箱，计有铜鼎2件，附勺1件，盘、匜各1件，簠、缶各2件，铜盏1件。青铜簠上有铭“中妃卫旅簠”；匜上有铭“宣王之孙、雍王之子东姬令匜”。棺内主要放置玉器，包括玦、琮、牌、环、片、弧形器及玛瑙珠、料珠等。另有北边箱发现狗骨数块。随葬品中无兵器、车马器，或可说明墓主人为女性。根据青铜簠铭文墓主人可能为“中妃卫”。M7中妃卫墓与M8以邓墓南北并列，相距很近，形制相仿，可以认定是夫妇异穴并葬墓。

乙组墓靠中部，是下寺楚墓群中等级最高、最为重要的一组，包括大型墓2座（M1、M2），中型墓2座（M3、M4），小型墓15座，另有M2的陪葬车马坑1座（M2CH）。时代为春秋晚期前段。

M2墓口长9.1米，宽6.47米，深3.88米。墓底四周有熟土二层台，葬具为一椁两棺，两棺均髹漆，南北并列于椁室西部。人骨架已不存，葬式不明。M2最早在汉代虽曾被盗，但出土随葬品仍非常丰富，包括各类青铜器551件，较多的玉器及少量石器、骨器、料器和大批海贝等（图57.1）。青铜礼器中有鼎19件，包括显示身份的7件形制相同、大小相次的升鼎组成的列鼎。升鼎器形高大，环钮平盖，立耳外撇，侈口方唇，束腰，短腹，平底，粗矮兽面蹄足；纹饰繁缛，腰部有圆形凸带一周，耳部、口沿和凸带均饰以半浮雕的花瓣纹，器身周围攀附六个浮雕夔龙装饰，腹部饰兽形扉棱。鼎高61.3—68厘米，口径58—66厘米。鼎内尚存有许多猪、牛残骨，升鼎的颈部、腹部、内壁、盖内皆铸有鸟书铭文，腹铭多达86字，内容为王子午（楚庄王之子，即令尹子庚）为祭祀祖先楚文王而铸鼎，祈福祈寿守护楚国（图57.2）。其他青铜礼器鬲、簋、浴缶、鉴、盘等亦均有铸铭。墓中出土一件铜禁，器身长方形，长1.07米，宽0.47米，高0.28米。周围系以数层粗细不同的铜梗

图 57.1 下寺 M2 出土器物

图 57.2 M2 出土王子午鼎

图 57.3 下寺 M1 龙耳方壶

组成的云纹，禁身四周攀附12个带角怪兽，禁底部四周卧有12个虎形足，整个器形富贵华美，庄重瑰丽。禁身用失蜡法铸成，工艺复杂，给人以镂空透雕的视觉感，是一件极为罕见的青铜艺术珍品。墓内出土青铜乐器及其附属构件103件。其中有甬钟一套26枚，另有挂钟插销、钟杖帽及铅质钟系等。其中甬钟形制相同，甬为圆柱形，满饰半浮雕云纹，钟的下口微向内收，隧部饰半浮雕窃曲纹，篆带和舞部饰细云纹，篆枚呈乳头状。26枚甬钟大小依次递减。最大的1件通高1.22米，重160.5公斤；最小的1件通高0.24米，重3.21公斤。每枚钟的钲部及左右鼓上均铸有铭文。大型钟仅在正面铸铭；中型钟则正背两面铸铭；小型钟更分别由两枚、三枚或四枚共铸一铭。每篇铭文均籀文计113字。铭文内容为王孙诰铸钟缘起、用途及歌功颂德文字。墓内还出有车軎、辖、马衔、镳、环、泡饰、节约、合页等车马器334件；戟、戈、矛、镞等兵器47件。在2件戟上有错金鸟书铭文“王孙诰之行戟”；另2件戟则为籀文字铭“王子午之行戟”；在1件戈的胡部及内部有铭24字，戈主为“倗”。联系墓内其他一些铜器亦有“楚叔之孙倗”；“倗之簠”等铭文，发掘者考证M2墓主为王子午，与倗为同一人，即楚之令尹子庚。《左传·襄公二十一年》记载，楚令尹子庚卒于楚康王八年（公元前552年）。这也当为M2的年代。

M1位于乙组最南边。墓口长9.9米，宽7.1米，重椁单椁。出土青铜礼器鼎、鬲、簠、缶、盘、匜、壶、簋、盏、盉等36件。其中龙耳、虎足方壶十分精美（图57.3）。簠、鼎、鬲、浴缶等铜器上有铭文，浴缶铭“唯正月初吉，丁亥，孟媵姬择其吉金，自作浴缶，永宝用之”。青铜乐器有甬钟一套9枚，上面有籀书铭文，但人名被锉磨去掉，甬钟显系经过易主。墓中出土玉、石、玛瑙、料器计253件。包括璧、玦、瑗、璜、虎牌、笄、环、珠、柄形器等玉器和翡翠珠、玛瑙珠等；还出有石排箫、石编磬等乐器。墓内不见兵器、车马器。墓主人应是浴缶铭的孟縢姬。

M3位于M2之北18米处，墓口长5.48米，宽4.1米。葬具亦为重棺单椁，两具人骨架已朽，皆为仰身直肢葬。随葬青铜器放在椁内东侧和南侧。北侧人骨架头部放一件鹿角，胸腹部放置玉器，棺的南侧有一方形红色漆奁盒，内置铜削、铜镜和玉饰等。出土青铜礼器有鼎、簠、浴缶、尊缶、盘、匜、盉、壶、盏、鉴、盒、量、斗、勺等25件。其中有铭铜器12件，包括倗器6件，薳中姬丹器2件，另4件作器者名字已被刮掉，应为易主铜器。M3中未见兵器、车马器和乐器随葬，从2件薳中姬丹盘、匜的铭文内容看，是蔡侯为其女薳中姬丹所作的媵器。因此，推测薳中姬丹为M3墓主，其地位比M1墓主孟媵姬要低一些。

M4位于M3西北6.5米处，墓口长4.7米，宽4米。随葬品有5件青铜礼器和1件铜削，铜器上均无铭文。墓主身份显然要低得多。乙组墓地的M2、M1、M3为一男两女，应为一夫多妻的三人异穴并葬墓。墓地另有15座小型墓，单棺随葬碎片饰件，当是M2的殉人墓。

丙组墓葬位于墓地最北部，南距M3百余米。包括2座中型墓（M10、M11）和西侧的2座车马坑（M10CH、M11CH）。其中M10墓口东西长5.86米，南北宽3.93米。葬具为一椁双棺，北棺髹黑漆，间饰红色线条彩绘，底铺朱砂。南棺不明。出土青铜礼器鼎、簠、浴缶、尊缶、盘、匜、敦、斗、勺等16件；青铜乐器编镈一套8件，编钟一套9件，乐器上铸有铭文；另有青铜兵器10件，车马器35件及石磬一套13件和其他杂器。M11南距M10约60米，墓口长5.4米，宽3.9—4.02米。葬具也是一椁双棺。随葬青铜礼器有鼎、簠、浴缶、尊缶、盘、匜、敦、斗、铲、勺等14件，放在墓室东部。南棺与南椁壁之间置一长方形漆木案，案上陈放兵器、车马器；棺内有玉器和铜剑等。墓内还见骨器、金箔等。M10、M11的时代，相当于春秋晚期后段。

和尚岭楚墓西距下寺楚墓仅400米。清理2座大墓（HXHM1、HXHM2）均位于和尚岭上部，两座相距9米，M1在南，M2居北。M1平面近方形，墓口东西长6.8米，南北宽6.44米。葬具有棺有椁，墓室底部有熟土二层台，盗扰严重。残存青铜礼器多置于椁室北部，有鼎6件和盨、壶残片；另有青铜兵器戈、矛、殳等；车马器放在椁室南部；石编磬在椁室中部；玉器放在棺内；还有石器、贝器等。在2件升鼎上有铭“克黄之鼎”。据文献记载克黄为楚庄王时之箴尹，令尹子文之孙。楚庄王九年（公元前605年），克黄出使齐国，返楚途中，正值楚国内乱，克黄之家族若敖氏被诛灭，克黄不避斧钺，毅然回国复命，得楚王赦免。M1墓主即为楚之箴尹克黄。

M2墓口东西长7.48米，南北宽7.36米。墓室下部有熟土二层台，葬具为一椁双棺，葬式为仰身直肢，尸骨经鉴定是一位20多岁的女性。另有两具人骨架分置于棺的西部与南部，或为殉葬者。出土青铜礼器有鼎7件，簠、壶各2件，敦。缶、匜、盘、勺、斗及镇墓兽座各1件；青铜乐器有编钟一套9件，编镈一套8件；其他还有车马器、铅质器件及玉器、石器等（图57.4）。其中编钟、编镈、铜敦、镇墓兽座上皆有铭文。作器者为远嫁楚国的曾国女性“蓮子受”，当为墓主克黄夫人。M1、M2为克黄夫妇异穴并葬墓。

淅川徐家岭墓地南距和尚岭墓地约2千米。在这里先后发掘大中型楚墓13座，车马坑1座。其中以M9、M10、M11形制最大，且位于墓地的最高处。M9墓口东西长13.6米，南北宽12米，深12米。葬具有棺有椁，虽经盗扰，仍然出土一批青铜礼器，包括鼎、簠、鬲、圆鉴。缶、盘、匜等；另有兵器和车马器等。一件鼎的口沿内有阳文铭文“蓮子受”字样，与和尚岭M2编钟的作器者同属一人。出土的一对青铜怪兽鼓架，器高0.48米，头部六龙探首，分指不同方向，颈、身、尾则为虎的造型，其下龟足。怪兽身脊背正中铸一方座，座上又有一怪兽作直身欲搏状。其口内又衔一龙，造型与兽首六盘龙略同。怪兽身上镶嵌孔雀石，组成飞龙、凤鸟、

图 57.4 和尚岭 M2 出土器物

图 57.5 徐家岭 M9 出土铜怪兽

涡纹等图案，实为精妙无双的艺术珍品（图57.5）。

M11为一座带墓道的“甲”字形大墓，墓口东西长11.5米，南北宽10米。墓口至墓底有内缩三级生土台阶。墓底东西长6.25米，南北宽6米，墓室深10.5米。葬具为单椁重棺，墓主人头东足西，仰身直肢，双手交叉于腹部。棺内置葬玉和佩玉。棺下有一长方形腰坑，内有腐朽的兽骨架痕迹。出土青铜礼器有列鼎5件，另有小口鼎、簠、敦、尊缶、浴缶、壶、甗、鬲、盘、匜等多件；青铜乐器编钟一套10件；戈、矛等兵器及一批车马器；还有石磬一套13件及璧、环、珩、牌等玉器；又有陶器、骨器、角器等。从小口鼎铭文看，墓主为薳君夫人，与M9墓主应为一对夫妻。时代为春秋晚期后段，属大夫级的贵族。

淅川丹江库区相近的下寺、和尚岭、徐家岭楚国贵族墓地的发掘，对研究我国古代冶金史、音乐史、文字史提供了丰富的实证新资料；也对研究春秋时期楚国的埋葬习俗，并进而全面揭示楚国的政治、经济、军事、文化的发展历程，更具有无可替代的重要学术价值。这些落叶归根的楚国贵族墓葬，在葬制规模和随葬礼器等方面基本上还是遵照周代礼制，如使用七鼎等；但在埋葬规格上却又远远超过了墓葬主人自身的等级。如下寺楚墓乙组的M2，用了多个妻妾陪葬，用十多个侍婢奴隶殉葬，另外还有大型陪葬车马坑等，这些都与当时的诸侯国君死后的埋葬规格相同，这是一种僭越礼制的现象。要比中原的东周王室贵族和其他诸侯国贵族走得更远，这与当时楚国的社会发展和变化较快有很大关系。

淅川下寺与和尚岭、徐家岭春秋楚墓，2021年入选河南考古百年百大考古发现。

温县东周盟书遗址

温县盟书遗址，位于温县武德镇西张计村。1979年3月，西张计村农民挖坑植树，发现一树坑中有墨书文字的圭形石片，经由文物部门调查确认，这是一处东周时期的盟书遗址。这里地处春秋晋国州城遗址外东北隅，与州城仅一护城河之隔。州城春秋初本周邑，周襄王十八年（公元前634年），王赐州地予晋。州城城址因沁河泛滥，仅东城墙和东南城角有小段夯土残留于地面之上。经勘探得知，城址平面近方形，南北长1720—1780米，东西宽1471—1680米。城墙夯土内包含有东周陶片。

盟书遗址原为高约2米的一大土台，现已夷为平地。台基南北长135米，东部被破坏，东西残长50米。这处台基应即文献记载中古代多设于城外的盟誓之坛。1980—1982年，在这一带进行考古发掘，揭露面积594平方米。清理长方形或椭圆形土坑（文献中把坑称之为“坎”）124个，其中16个坑内出土书写盟辞的石片1万多片。包括8个坑单出石圭片，5个坑单出石简片，另外3个坑内石圭片堆在石简片之上。个别坑仅见玉璧、玉兽等玉器。还有35个坑出土羊骨架，当为祭祀的“坎牲”。其中经整理发表考古发掘简报的仅是最先发掘的一号坑资料。

一号坑的坑口和中部填土已被挖掉，清理坑底部分长2.04—2.08米，宽0.96—0.98米，深1.26—1.3米。坑内出土盟书4588片，完整的约为1382片（图58.1）。除很少量石简片、石璋片外，绝大部分为石圭片。这些石圭片在坑内放置很有规律，若以圭尖方向一致，彼此靠近的石圭为一组，计有13组，第14组包括石简片和石璋片。盟书文字系用毛笔墨书，由于出自多人手笔，字体风格迥异。盟辞的行文方式一般是自上而下、由右及左，仅个别的由左及右；凡在石圭片、石简片正面未写完的，则续写在背面。石圭片、石简片厚约1—2毫米，最厚的可达4毫米。质地为浅变质岩中的千枚岩（属结晶质粘板岩），因所含成分不同而颜色各异。完整的石圭片近于等腰三角形。因埋藏日久许多字迹已模糊不清甚或脱落。

盟书是天子与诸侯、诸侯与诸侯、诸侯与大夫、诸侯与国人之间的约束文书，温县盟书大体属于后二者。温县盟书中有一些是诸侯盟大夫，大部分是诸侯盟国人。盟国人的盟辞内容大体一致，即国人宣誓竭诚效忠其主，不得与乱臣贼子为

图 58.1 温县盟书一号坑

图 58.2 温县盟书石圭片

徒，若有二心，则晋国先公在天之灵明察，将灭亡你的氏族，断子绝孙云云。盟书所见国人多达数千人，而且国人姓名俱在，这是研究一城一地难得的实物例证（图58.2）。

关于温县盟书的年代，从发掘的124个坑有互相打破现象可知，这批盟书不是同一时间一次埋入的。但盟书形制和盟辞用语大体相似，故其年代相距不会太远。就盟书内容和体例上看，它与山西侯马晋国盟书有诸多相似之处，二者年代亦应当相近，同属春秋晚期。这次所出的盟书中许多盟辞首句有“十五年十二月乙未朔，辛酉”的纪年。有的盟辞首句仅记“辛酉”二字，当是前述纪年的省略。乙未朔是说十二月初一这一天为乙未日。“辛酉”据干支推算是指二十七日。这一纪年表明，在晋国某一位国君十五年十二月二十七日这一天举行了这次盟誓仪式。自晋文公二年（公元前635年）州城纳入晋国版图之后，共有十七位晋国国君传承。其中在位超过十五年的有景公、悼公、平公、定公、出公、哀公、幽公、烈公和孝公九君。据朔闰干支推算，盟辞中“十五年十二月乙未朔，辛酉”可能是晋定公十五年十二月二十七日（公元前497年1月16日）。这次盟誓举行之时，州城归晋国六卿中的韩氏管辖，因此，温县盟书的主盟者应为当时的韩氏宗主韩简子（名不信）。

盟书又称载书。《左传·哀公二十六年》：“（宋）大尹谋曰：我不在盟，无乃逐我，复盟之乎？使祝为载书。六子在唐盂，将盟之，祝襄以载书告皇非我。”《周礼·诅祝》“作盟诅之载辞”注云：“载辞，为辞而载于策，坎用牲，加书于其上也。”《周礼·司盟》“掌盟我之法”注云：“载，盟辞也，盟者书其辞于策，杀牲取血，坎其牲，加书于上面而埋之，谓之载书。”从上述记载又可以看出盟书的礼仪及其程序。先写好盟书，凿地为“坎”，也就是挖坑，再用牲歃血为盟，宣读盟书，用牲埋书，古代盟誓多在坛上举行。《礼记·杂记》云：“孔子过故杏坛曰：兹臧文仲盟誓之坛也。”盟誓的坛，往往设在城门之外。《韩非子·内储说下》载：“为官爵之名而书之，因设坛郭门之外而埋之，衅以鸡猳，若盟状。”《左传·昭公二十八年》载：“盟于稷门之外。”《左传·成公十二年》载：“盟于宋西门之外曰：凡晋、楚无相加戎，好恶同之……有渝自此盟，明神殛之，俾队其师，无克胙国。”温县盟书遗址既是一大土坛，又在州城东北城垣之外，可与上述文献相互印证。

1965年在山西侯马发现晋国盟书，而河南温县盟书则是第二次发现，两地相距不远又同属晋国，温县有一些盟书与侯马盟书很相似，它们之间可能有着较为密切的关系。温县盟书数量超过侯马盟书，一号坑发现带纪年的石圭片、石简片，为温县盟书的断代提供了重要的依据。先秦时期古文字资料，过去考古发现所见，有殷商时期大量的甲骨文，西周也有一些甲骨文和不少青铜器较长的铭文，东周战国简帛文字也较多，但东周春秋时期古文字资料较为缺乏。而侯马朱书盟辞和温县墨书盟辞正好填补了这段空白。温县盟书是河南晋文化的重要考古发现，为研究东周盟誓制度，古文字和书法艺术，以及晋国的历史提供了不可多得的实物资料。

温县盟书的发现，还解读了考古学史上“沁阳载书”之谜。温县西张计一带与沁阳相距不远，早年或曾归沁阳县管辖。据调查，1930年、1935年和1942年，这一带曾数次发现写有盟辞的圭形石片，被称为“沁阳载书”，但多已流散丢失。现存中国社会科学院考古研究所尚有当年所出的“沁阳载书”11片，这次找到了具体的出土地点。

1986年温县盟书遗址与州城遗址一并被河南省人民政府公布为省级文物保护单位；2021年温县盟书遗址入选河南考古百年百大考古发现。

新郑东周郑韩故城
（含新郑胡庄韩国王陵）

新郑郑韩故城位于新郑市城关附近的双洎河（古洧水）与黄水河（古溱水）交汇处。公元前769年，郑武公举国东迁和建都于新郑；公元前375年，韩哀侯灭郑，国都由阳翟（今禹州）迁到新郑；公元前230年，韩亡于秦。新郑先后作为郑国和韩国的都城，历时539年之久。

城址平面呈不规则形，民间素有“四十五里牛角城”之称。周长约20千米，城内面积约16平方千米。东、西、南城墙有河水环绕，北城墙外有护城河。城内中部有一道南北向的隔城墙，把城址分为东城和西城。西城较小为主城即内城；东城较大为外城即郭城。城墙为黄土分层夯筑，基宽40—60米，现存高度10—18米。通过对城墙解剖发现，墙体下部为春秋时期夯层，圆形圜底夯窝；其上为战国夯层，圆形平底夯印。结合出土物推断，城墙始建于春秋时期，战国时期继续沿用和修补。据《左传》《史记》等文献记载，春秋郑国城门有14座之多，分别是皇门、纯门、时门、师之梁门、渠门、东门、仓门、闺门、桔柣之门等，韩国又多沿用。郑韩故城城墙有20处缺口，其中一些缺口有古代道路通过，可能是城门的位置（图59.1）。近年发掘出东城的北门，有两侧城墙、马面、环壕。通过对城门遗址城墙缺口剖面的清理，再次发现城墙主体建于春秋时期，战国时期进行大面积修补。在城墙缺口外侧约50米处，发现了一道东南—西北走向的夯土墙基，并与城墙缺口两侧向外凸出的墙体一起构成了完整的瓮城体系，有积极的防御意义。在城墙以北、壕沟以南清理一条战国时期的环城路，宽4.5—5.25米，有明显的车辙印痕。同时在清理另一条春秋晚期道路时，发现一道深约4米、宽达14米的壕沟，与道路并行进入了城内，这可能与当时的排水系统有关。表明东城北门由下穿的门洞及水门两部分组成。发掘者称其为著名的“渠门”。

古籍记载郑国宫殿有大宫、北宫、西宫等。大宫即太庙，位于东城中部偏北处，东西长约200米，南北宽80余米。发现了大型夯土基址，马骨、猪骨祭祀坑群和道路、车辙等遗迹。北宫为郑伯居住的宫殿区，位于太庙之南并与之相接，在今新郑市政府后院一带。整个区域东西长约600米，南北宽约300米。分布多座长宽数十米的夯土建筑基址，并有多处磉墩等附属建筑。郑国西宫位于西城北中部偏北阁

图 59.1 郑韩故城北城墙缺口

老坟、梳妆台一带，在东西长约500米、南北宽为320米的范围内，发现大量的夯土台基。其中的梳妆台是郑韩故城内仅有的一处高台建筑，台基作长方形，南北长135米，东西宽80米，通高8米。台上发现有陶井圈构筑的水井和埋入地下的陶排水管道，是一处始筑于春秋时期的建筑。

韩国的宫殿区也在西城中北部的阁老坟村一带，四周均有墙基宽2.5米的围墙，构成一座近正方形的宫城。宫城南北长650米，东西宽630米。东西两侧宫墙外发现有宽15米、深5—8米的壕沟。宫城中部偏南发现一条战国时期宽5米的东西大道，路穿宫墙缺口处当为宫城门。宫城内分布大小夯土建筑基址50余处及窖穴、灰坑、水井等遗存，夯土基址面积大小不等，大的上万平方米，小的数百平方米。在宫城东北部发掘出韩国地下冷藏肉类食物的“凌阴”遗址，这是一处长方竖井形坑半地下建筑，长8.9米，宽2.9米。其上部原有木构瓦顶类建筑物已无存，四壁用土夯筑而成，南有13级台阶直通坑底。坑底南北排列5眼陶圈井，井深1.7—2.5米。5眼井内出土大量猪、羊、牛、鹿、鸡等骨骼及一些陶器、板瓦、筒瓦等，部分陶器上刻有“余”“吏”“私官”“左厨”“啬夫”等字样。在西城中南部发现一处长方形城址，东西长500米，南北宽320米，四周有夯土围墙，墙基宽10—13米，墙四角还有角楼建筑。在北墙和西墙中部各有一个宽3米的缺口，缺口中间有古道路通过，这应是城门的所在。城址中部发现一处长方形战国大型夯土建筑基址，南北长114米，东西宽97米。在夯基上发现多处柱础石、磉墩、米格纹凹槽砖和大量的筒瓦、板瓦等建筑遗存。其西北部还见有一段长20米的砖砌排水道。在夯基的中心部位，亦即城的正中心，发掘出一座长方形巨型石碑（圭），质地灰色砂岩，尖首，直身，上部左右两侧有凸出的不等长的半圆形翼，下部有一穿孔，正反两面上部磨光。高3.25米，宽0.45米，厚0.25米。这一重要遗物的发现及其旁青铜圆壶祭品的出土，结合《礼记》《仪礼》有关太庙大碑的记载，确定此地为韩国的宗庙建筑。

郑韩故城又一重大考古发现为春秋时期郑国的祭祀遗址。1993年6月，在东城中部偏南的金城路一带，发掘3座青铜礼乐器坑，出土青铜礼器61件，青铜乐器24件，另有相邻的3座殉马坑；1994年10月—1995年3月，在东城中南部新郑市信用社工地一带，清理6座青铜礼乐器坑，出土青铜礼器33件，青铜乐器24件，另有马坑55座；1996年9月—1998年10月，在东城西南部中国银行新郑市支行工地一带，清理18座青铜礼乐器坑，出土青铜礼器142件，青铜乐器206件，另有马坑45座。总计发掘青铜礼乐器坑27座，出土青铜礼器236件，青铜乐器254件。其中一部分青铜礼器坑被盗扰。在完整的礼器坑中青铜礼器一般配置为9鼎、8簋、9鬲、2方壶、1圆壶、1鉴、1豆，共31件；乐器坑为编镈一套4件，编钟两套各10件，总计24件。乐器坑内另有悬挂编钟的木架，演奏时使用的木槌和吹奏乐器陶埙等。殉马坑103座，其中小坑殉马2匹，大坑殉马4—6匹。这对研究春秋时期的祭祀礼仪制度提供了全新的资料（图59.2、59.3）。

郑韩故城另一重大考古发现是，1971年11月，在外城东南部白庙范村发掘的韩国青铜兵器窖藏坑。在距地表0.4米深处，发现一个口径约0.6米，深约0.36米的不规则形土坑，坑内堆积大量带有铭文的铜戈、铜矛和铜剑等兵器180余件。从地层关系和出土陶片来看属于战国晚期。铜戈的铭文多在内部上，多为一面有铭文，少数两面有铭文。戈的胡部有铭文者较少，个别援部有铭文；铜矛的铭文一般在矛的骹部，少量在矛身中部；铜剑出土2件，仅1件剑身有铭文。铭文中不少记有地名，多数为“郑”，还有“阳人”“梁”“阳城”“雍氏”“平陶”“安成”“格氏”“东周”“长子”等20余处；铭文中还有“郑令”“司寇”“工师”“冶尹”等官名，均为青铜兵器铸造的督造者、监管者、监工者、掌管者，掌握合金比例和铸造技术，组织匠人进行生产。在一些铭文中还有“王二年”“王三年”“三十四年”等纪年，加上铭文中相同的郑令、司寇、工师和冶尹的名字，可以推测兵器的铸造时间当在韩襄王三年之后，直到韩王安八年亡于秦为止，即公元前310年—前231年。这批带铭铜兵器的出土，对研究战国时期韩国的地理、文字、冶铸官职、兵器的形制和铸造工艺等，都提供了不可多得的实物资料。

郑韩故城东城分布有大量春秋时期郑国和战国时期韩国的各类手工作坊遗址。其中铸铜遗址位于东城东部大吴楼村一带，面积约10万平方米，文化层厚1—4米，从春秋时期一直延续到战国。曾出土熔铜炉、鼓风管、耐火砖、耐火炉衬、铜炼渣、木炭屑和大量铸造镢、铲、镰、锛、凿等生产工具的陶范，还有一些半球状范芯。其中熔铜炉底呈圆形圜底状，炉圈壁外多敷有一层厚1.5—2.5厘米的草拌泥。鼓风管前端较细，后端较粗，直径3—5厘米，外敷一层草拌泥。到了战国时期这

图 59.2 青铜礼器坑

图 59.3 青铜乐器坑

里还铸造各种青铜布币，出有带“公”“涅金”“藺”“离石”等铭文的圆足布或尖足布陶范。在东城中国银行新郑市支行一带郑国祭祀遗址的东南部，发现另一处春秋时期的铸铜遗址。出土大量铸造青铜礼器的陶范有鼎、壶、簋、簠等；乐器范有编钟、铜铃等；杂器范有带钩、环、器具饰件等；生产工具范有镬、锛等；钱范有大量空首布芯范；还有少量兵器范等。也出土一些与铸铜有关的其他遗物。这里既铸造青铜礼乐器，又铸造生产工具、农具、兵器和钱币等，与郑国祭祀遗址近在咫尺，时代相同，可能祭祀用的部分礼乐器是在此处就近铸造的。

制骨作坊位于东城中部偏北，在今张龙庄之南侧。遗址东西长160米，南北宽130米，面积约2万平方米。1965年和1989年，进行过两次考古发掘。出土大量骨器成品，包括锥、匕、抿、簪、镞、珠、环、管、针、帽、饼、骨贝等，还见有1件骨雕动物造型的艺术品；另有很多骨器半成品及牛、羊、猪、鹿等骨料；也有细砂砺石、残铜刀等制骨工具。制作骨器的工艺流程也十分明显，从选料开始，经过锯、磨、钻、雕等一系列工序，直至生产出各种骨器制品。从地层叠压关系和出土陶器看，其时代从春秋中期至战国晚期，贯穿郑国和韩国的历史岁月。

郑韩故城东城发现制陶遗址3处。一处是东城东南部新郑热电厂西北一带，发现有夯土基址的作坊，清理陶窑20座。一般为不规则的长方形或近似鞋底形，由窑道、火门、火膛和烟道组成，从火膛到窑底部呈斜坡状，窑顶多被破坏。有升焰窑和半倒焰窑。从西周晚期至战国晚期，这是迄今在郑韩故城内外发现的烧制时间最长的窑址，展示了东周时期陶窑形制演变及技术改进的过程。另一处是梨河镇冯庄制陶遗址。位于东城南城墙外，面积约25万平方米。揭露面积近万平方米，清理陶窑27座，组成5处作坊。还发掘出与制陶有关的灰坑、窖穴、水井、道路等遗迹。在较大的瓮形窖穴中，堆积着长期烧造所出的大量次品。还发现有的窑中烧制好的整窑陶器并未取出。窑址的产品是日常生活用具，有豆、钵、碗、鬲、盂、盆、罐等。还出土大量三角形支烧、垫饼、垫圈等窑具以及其他制陶工具。一些陶支具上刻有姓氏，陶豆柄上刻有“沱成”或“沱”字，有的陶器上刻有“彭”字，有的陶器上有“华”字印章。表明这里是一处至少有三个家族参与的民营制陶烧陶作坊。属于春秋中期到战国晚期，即从郑国延续到韩国。再一处是东城东北角能人大道制陶遗址，东西长250米，南北宽200余米，面积5万平方米。发现6处作坊遗址，中间有东西大道相隔，其中路南两排4处，路北一排2处。作坊遗址由夯土墙基、活动面、石柱础、花纹铺砖地面、灶、淘洗池、捶泥池、囤泥池、工作坑、排水管道、下部埋于地下的大型储水陶器等多个部分组成。清理陶窑5座，其中2座为半倒焰窑，北向并排，相距1米，由工作坑、火膛、窑床、单烟道及单烟囱组成。制陶作坊出土大量战国时期的板瓦、筒瓦和不少厚大楔形砖、陶水管道等建筑材料（包括不少烧变形的板瓦、筒瓦），还有少量大型陶容器。在这些筒瓦、板瓦上发现许多印章痕迹，为陶工的姓氏，如“言”“有”“郑”“同”等。在3件罐肩上发现5个字的印记“郑城右司工”，表明这里是韩国司工衙门管辖的以生产建筑材料为主的官营制陶作坊。

仓城冶铁遗址位于东城西南部仓城村南。早在1958年就在这里试掘中发现大量战国陶范和铁器，其后又陆续进行一些勘探和发掘。遗址面积约4万平方米。清理出7座熔铁炉和2座烘范窑。熔铁炉已残，周壁和炉底长期火烧呈红色或红黄色，极坚硬。烘范窑均残，窑底平面略呈东西向长方形，分窑门、火膛、窑室和烟道四部分。在烘范窑与熔炉之间及窑门前面，均以小砖铺地，说明两者之间的关系密切。遗址出土陶范有钁、锄、镰、铲、锛、凿、削、刀、镞、锥等十余种，以钁范、锄范、镰范数量最多。另有极少量的石范。其中一些生产工具的铸造，采用了卧式叠铸的先进生产技术，以增加了产量。经过对铁器的金相分析，发现了我国最早的球墨可锻铸铁，说明当时已经掌握了退火脱碳处理技术，反映了我国战国时期的冶铁工艺已达到很高的发展水平。遗址共出土铁农具200余件，占出土铁器的63.5%，标志着锄、钁、镰等农具为主产品，表明战国时期铁农具已经普遍应用，反映当时的生产力有了显著的提高和发展。

春秋郑公大墓和车马坑，韩国王陵及贵族墓葬，其他大量家族墓地和平民墓，均是郑韩故城不可或缺的组成部分。春秋时期郑国大型墓葬位于城内，中小型墓葬在城内外均有分布。1923年在西城东南部的李家楼菜地挖出郑公大墓大量的春秋时期青铜器，成为后来河南博物馆成立时的镇馆之宝。2001年9月，在东城西南部后端湾一带发现大型郑国贵族墓地。其中M12为南北斜坡墓道的“中”字形大墓，南北总长45米，南墓道长21米，南端宽6.6米，北端宽7.2米，深3.5米；北墓道长10米，南端宽5.6米，北端宽4.7米，深2.6米。墓室南北长13.9米，东西宽10.95米，深7.5米。墓葬规模在国内发掘的春秋诸侯墓中位居前列。葬具为三椁重棺，均已朽成灰痕。墓葬盗扰严重，墓室上明显盗洞就有26个之多。随葬品所剩无几，尚存鼎、簋、鬲、方壶等青铜礼器残片及一些玉器、蚌器、骨器等。唯一突出的是在墓道拆葬木车45辆，南墓道置车40辆，北墓道置车5辆，大、中、小型车齐备，多有軎、辖、輨、钏等青铜饰件。车轮上髹红漆，车舆上见有彩绘鹿角，车辕上的踵部有大型象牙雕龙饰件，十分少见。墓内的三椁重棺与《庄子·天下》及《荀子·礼论》所记的“天子棺椁七重，诸侯五重，大夫三重，士两重”相符合，应为一座郑国国君大墓。多座国君大墓附近还有大型陪葬车马坑。2017年又发掘了M12的3号车马坑，葬有124匹以上的马和4辆车，规模可谓空前（图59.4）。

战国时期韩国的王陵大墓和高级贵族墓地则分布在城外西郊和南郊。调查发现许岗、王行庄、苗庄、冢岗、暴庄、胡庄、宋庄、冯庄、柳庄、官刘庄、七里井等地共有11处韩国王陵区。除冢岗陵区外，每个陵区都发现2座或2座以上的大墓，可

图 59.4 3号车马坑

能为韩王和王后异穴并葬墓，墓周围多有陪葬坑和陪葬墓。目前已发现的27座大墓皆为南北向，盗扰破坏十分严重。从残存迹象判断，墓上原有高大且经夯打的封土。墓葬平面可分为带南北墓道的舟形大墓（墓道与墓室分界不明显）13座；带南北墓道的“中”字形大墓6座；仅有南向单墓道的“甲”字形大墓4座；形制不明的大墓4座。

2006—2009年，为配合南水北调中线干渠工程建设，在郑韩故城西侧今城关镇胡庄村西北高岗一带进行考古发掘，揭露面积超过1.2万平方米。胡庄墓地是一处以战国时期韩王陵为核心的东周大型墓地，分为春秋时期中小贵族家族墓地，战国时期平民墓地，战国晚期的韩王陵三部分。共清理春秋郑国中小型墓葬35座，战国韩国中小型墓葬276座，战国晚期韩国王陵1处2座。

胡庄韩国王陵有2座大墓，M1在东，为王后陵，M2在西，为韩王陵。均为南北向“中”字形竖穴土坑积石积炭墓。M1包括两条墓道南北总长75米，封土残高7米，墓室平面为不规则长方形，南北长18.45—26米，东西宽18.4—21.3米，深约8米。M2南北总长78米，封土残高约10米，墓室南北长26米，东西宽约36.5米，深11.5米左右（图59.5）。在M2的封土距地面约3米高的半腰上，发现了“中”字形冢上建筑，由

图 59.5 韩王陵冢

保存较好的散水、壁洞、柱石和部分屋顶瓦砾层等组成。从残存部分木柱灰上的红漆痕分析，木柱上髹有红漆。散水内侧封土表面局部发现有涂白涂朱现象，白涂层在下，朱色层在上。在筒瓦和板瓦上，发现有与郑韩故城能人大道官营制陶作坊同类产品相同的姓氏刻字和印记，表明了是后者烧制的产品。在王陵M2旁边，还有一处曲尺形的建筑，只剩下基础部分，向东打破了M2南墓道的填土，南北长33米，东西宽约5米，深1—2.5米。约为王陵的附属建筑。M1和M2均发现由整层草泥、椽木、檩木、棚木和夯土构造的屋顶形椁顶结构，证实了《左传·成公二年》“椁有四阿”是僭越的记载。由卵石和木炭搅在一起构成的石炭椁，不同于常见的积石积炭分内外两层结构，是韩国积石墓的一个考古新发现。

M1被盗一空。M2盗扰严重，仍出土鼎、豆、编钟、戈、镞、车马器、构件、铜珠等青铜器；条、箍、扣、节约等40多件银器；大圭、璧、璜等玉器；另有玛瑙杯、陶器、骨器、石磬等各种质地文物500余件，这是韩国文物的一次重要考古发现。其中式样繁多的构件不仅体现了韩国高水平的青铜铸造技术和机械设计的工艺，也揭示了王陵外棺上盖有大帐的设施。在100多件青铜器上发现刻铭，内容多为方向和序号，在铜鼎、戈、樽和银箍扣上发现多组“王后”“王后官”“太后”的刻铭，以及“少府”“左库”等韩国官署名称。其中铜戈上的“卅年左库蔡”纪年刻铭提供了韩王的在

图 59.6 1923 年郑公大墓发掘现场

位年，可以确定墓主人是唯一在位超过二十九年的韩桓惠王。

王陵大墓周围发现3条近长方形围沟形成的三重环壕，间距在20米左右。内壕为长条形，中壕的东南和西南角各向南凸出半圆形，外壕近长椭圆形环状。外环壕口宽4米左右，深5米左右，南北长约237米，东西宽约175米，壕内面积达4万平方米左右。2座“中”字形大墓，“中”字形封土，“中”字形冢上建筑，1座曲尺形墓旁建筑，3条环壕组成了完整的陵园。但未见其他韩王陵北部常见的车马陪葬坑。

远在1923年8月，以莲鹤方壶等一大批“新郑彝器”出土而闻名天下，直到今天的郑韩故城考古发掘，成就了一座东周历史古都的前世今生（图59.6、59.7）。

1961年郑韩故城被国务院公布为第一批全国重点文物保护单位；1994年郑韩故城被国务院公布为第二批全国历史文化名城；2000年郑韩故城入选20世纪河南十项重大考古发现；2001年郑韩故城入选中国20世纪100项考古大发现；2006年新郑韩王陵归并郑韩故城，列入全国重点文物保护单位；2008年新郑胡庄韩国王陵入选全国十大考古新发现；2009年郑韩故城入选全国最具中华文明意义的百项考古大发现；2017年郑韩故城的东城北门入选全国十大考古新发现；2021年新郑郑韩故城和新郑胡庄韩王陵分别入选河南考古百年百大考古发现。

图 59.7 莲鹤方壶

伊川徐阳东周墓地

伊川徐阳墓地位于伊川县鸣皋镇徐阳村一带。伊河支流顺阳河自西向东穿过墓地，其西部、北部分别为陆西山、鹿蹄山，东部和南部为伊河西岸开阔谷地。2013年因这里发生盗墓活动而进行勘探与发掘；2015—2020年，又陆续在徐阳墓地进行考古发掘。徐阳墓地面积约20万平方米，除发现很少量西周墓葬、房址及一些汉唐遗存之外，主要是东周时期的大量墓葬。共清理东周墓葬132座，车马坑4座，祭祀遗存7处。墓葬均为长方形竖穴土坑墓。南北向的101座，包括墓坑20—35平方米的大墓5座；10—20平方米的中型墓12座；10平方米以下的小型墓84座；南北向的31座，均为小型墓。大型墓葬具为一棺一椁，仰身直肢葬，墓的东西均有与之对应的陪葬车马坑或马牛羊头蹄祭祀坑。

大型墓主要随葬铜鼎、豆、壶、罍、簋、盘、匜、舟等礼器，编镈、编钟、石磬等乐器，軎、辖等车马器，另有陶器、玉器、玛瑙饰、金饰、漆器、骨贝等。5座大型墓中有2座被发掘者称之为“王级大墓”。其中6号墓（15A区M6），墓口东西长5.4米，南北宽3.62—3.95米；墓底长5.44—5.58米，宽4.1米，深5.6米。葬具为一棺一椁，棺内置人骨1具，头东足西，仰身直肢。人骨头部两侧有金丝状金耳环，颌下放有鎏金动物形牌饰，玉覆面，胸腹部有玉器、料珠、玛瑙环、水晶环等组成的串饰，腿部有玉圭等。随葬青铜器放在南侧棺椁之间，有鼎、簋、壶、鬲、豆、盘、舟、匜及戈、軎、辖等。在西端棺椁之间发现一些漆木器，木胎已朽，漆皮上的蟠螭纹、方格纹、菱形纹饰炫眼夺目，漆箱内置大量的骨贝币（图60.1）。在墓葬西北侧有陪葬车马坑。另一座15号大墓（17A区M15），亦为长方竖穴土坑墓，是整个墓地形制最大的一座东周墓葬。东西向，墓坑长7.85米，宽5.5米，深6.8米。墓底长6.87米，宽5.18米。葬具为一棺一椁，棺木上髹红漆。墓内发现6具人骨，其中5人应为殉葬者。人骨周围放置有大量贝币，墓室东侧出土铜编钟一组9件。墓内还出土石编磬、玉器和玉饰、铜车马器、铜镞、铜合页、铜饰件等。墓葬周围有陪葬车马坑、马坑，另有用于祭祀的猪坑、狗坑、羊坑及马牛羊头蹄坑等。

徐阳墓地的12座中型墓葬大部分被盗扰。葬具均为一棺一椁，单人仰身直肢葬。出土遗物以青铜器居多，包括鼎、簋、盘、豆、舟和鍑、斧、戈、矛、剑、车

图 60.1 M6 出土器物现场

马器等；另有陶器、玉器等。西北部亦有对应车马坑或马牛羊头蹄坑。

徐阳墓地发掘的115座小型墓葬均为单棺仰身直肢葬，随葬遗物或置于壁龛，或放入棺内。主要是陶器，包括单耳罐、绳纹罐、圆腹罐、鬲、盆、鼎、壶、豆、杯、碗、盘、舟、匜等，其组合为单耳罐、圆腹罐、盆组，或鬲、罐、盆组，或鼎、豆、壶组；单耳罐内装有羊骨，鬲内装有猪骨；有的墓内还伴出有戈、矛、镞、锛、铲、勺、带钩、环等青铜兵器、工具及一些车马器。个别墓中发现有用狗、马、牛、羊头蹄殉牲现象。小型墓19A区M13，为长方竖穴土坑墓，墓坑长2.25米，宽0.86米，深2.2米。北壁下部有一壁龛，宽0.5米，高0.35米，进深0.25米，壁龛东侧延伸至墓葬东壁内。葬具单棺，单人仰身直肢葬，墓主为一年龄约45—50岁的女性。随葬遗物有陶罐、盆、单耳罐和铜镞等。

清理大中型墓的陪葬车马坑4座，均为东西向长方形土坑。葬车1—7辆，马2—28匹，坑内还有大量马牛羊头蹄。其中一座车马坑15C区MK1，位于大墓15C区M1西侧约20米处。车马坑内放置车7辆，葬马18匹。包括四马驾车2辆，三马驾车2辆，两马驾车2辆，另有一辆车前无马。车马坑北部自东向西整齐摆放有马头蹄12组，牛头蹄19组（因部分被盗扰，实际数量应该更多），羊头蹄37组。在车马坑西北角还散乱放置一些牛头、羊头（图60.2）。此外，还清理马坑、狗坑、猪坑、羊坑和马牛羊头蹄坑7处。其中狗坑19AH22，略呈长方形，长约1.7米，宽约0.32—0.4米，深0.08—0.14米。颈部两侧有铜环20个，应为项圈。马牛羊头蹄坑19A区K1，平面呈不规则的马拉车形，前部近圆形，直径约0.8米，深0.4米，有马头蹄2组；连接部位为长条形，长1.82米，宽0.4—0.5米，深0.38米；尾部呈长方形，长1.82米，宽0.72米，深0.54米，发现羊头蹄6组。

图 60.2 MK1 车马坑及牛、羊、马头蹄

通过考古发掘可以确认，徐阳墓地的主体遗存为东周时期的墓葬及陪葬车马坑等；出土的青铜礼器组合、形制及纹饰特征与中原地区洛阳、南阳春秋中晚期同类器物基本相同，年代相近；但在随葬陶器的特征与组合方面，尤其是在车马坑或墓内放置马牛羊头蹄的殉牲习俗，与春秋时期中国西北地区戎人的文化面貌、埋葬习俗相同，与周边洛阳一带乃至中原地区的文化内涵差别较大。这实证了“春秋时期秦、晋迁陆浑之戎于伊川”的历史事件，徐阳墓地应是陆浑戎的遗存。据文献记载伊洛河流域很早以前就有戎人部族活动。据考证陆浑戎分布的大致范围在今伊阙、鹿蹄山以南，伏牛山以北，熊耳山以东区域内，顺阳河（古涓水）流域为其中心地带，与徐阳墓地地理位置相一致。陆浑戎自秦穆公二十二年即晋惠公十三年（公元前638年）迁入晋国“南鄙”之地的伊川建国，陆浑称为“子”国，身份虽不太高，但也是一个小诸侯国，具有一定的经济实力。至晋顷公元年（公元前525年）陆浑国为晋所灭，立国伊川凡114年。其后，两汉时期的陆浑县城，就建在墓地西约1千米处；而今天相邻的嵩县陆浑水库和陆浑灌渠，也位于徐阳墓地的西南侧，近在咫尺。这些“陆浑”之名，当为历史的传承。徐阳墓地的考古发掘，还原了一段古代历史，为研究东周时期民族迁徙与文化交流提供了全新的资料。这种文化融合与嬗变是中原华夏文明的先进与包容性的重要体现，是中华文化五千年有容乃大、兼收并蓄、民族融合的实证。

2015年伊川徐阳东周墓地入选河南五大考古新发现；2019年伊川徐阳东周墓地被国务院公布为全国重点文物保护单位；2020年伊川徐阳东周墓地入选全国十大考古新发现；2021年伊川徐阳东周墓地入选河南考古百年百大考古发现。

河南楚长城遗址

为配合国家文物局长城资源调查项目，河南省文物考古研究院2008年开始进行楚长城遗址调查，2011年通过检查验收。楚长城位于河南西南部即南阳盆地西部、北部、东部边缘地带及信阳地区，主要是南阳盆地外围淮河流域和盆地之内汉水流域的分界线上。楚长城北起自伏牛山主峰尧山，循伏牛山支脉向东，大体沿今天鲁山县与南召县交界处，叶县和方城县交界处，经叶县夏李乡椅子圈村高楼山，保安镇五里坡、花山头、茅茅山等，再向东过甘江河，经叶县辛店乡七棵树村土龙岗、龙头山、鹞山，延伸至叶县辛店乡小梁沟一带，穿方城县杨楼乡而过，至摞摞石山、关坡一带，进入舞钢市平岭村、垭口，再向东经东火山、西火山、苏山至石漫滩水库东端，转折向南，然后沿泌阳县东部的五峰山、塔山、白云山、铜山一线前行，向南直达桐柏山主峰太白顶。这仅是文献记载中楚长城的一段，长380余千米。楚长城调查队徒步行走854千米，调查残存长城墙体30.51千米，勘探被历代破坏而消失或掩埋于地下的墙体约25.37千米，山险200多千米，关堡6处，寨堡105个，烽燧37座，古代道路8条，长城沿线及附近的冶铁遗址7处，长城两侧附近的城址18座（图61.1）。

图 61.1 调查方城独树镇山寨

由此获知，楚长城是由人工墙体、关堡、城址、烽燧、古道及自然山险、河流等构成。局部长城墙体附近发现兵营遗址；局部长城墙体外侧还有疑似敌台的附属建筑。在不同地段，楚长城的防御形式不同。整体地势海拔多在330米以下的区域，加强了人工设施的砌筑，修建了绵延几十千米的人工墙体；整体地势海拔330—400米的区域，则是山险和人工墙体相结合，仅在遇到山间垭口、古道、要冲处，沿两侧山势而下，修筑一段人工墙体扼守；整体地势海拔多在400米以上的区域，以山险为主，以关堡、城址扼守古道、要冲。

调查中发掘了泌阳县象河乡象河关遗址，又发掘了方城县独树镇大关口遗址。其中象河关遗址北有界牌河，南有濉水河，东有五峰山，西有关山。由关墙和壕沟组成的防御设施略呈向北敞口的弧形，东西横亘于关山和五峰山之间，省道S234从中部南北穿越，并在此间与一条古道重合。S234以东有长达1.1千米人工所筑的关墙，关墙底基宽约32.5米，残高约2米。关墙分内、外护坡和主墙体三部分（图61.2）。主墙体为夯筑。内护坡即南护坡下部为夯筑，上部为堆筑。外侧护坡即北护坡均为堆筑。紧贴关墙北侧有宽23米的壕沟。S234以西仅有宽15—20米的壕沟，未发现关墙痕迹。象河关关墙和壕沟北侧有两个烽燧对称分布于西端的山脚下；象河关南侧的濉水河北岸发现有大型东周遗址。象河关应是一处集关墙、壕沟、相关联的东周遗址、烽燧、古道及山险和自然河流等防御屏障于一体系统完备的楚长城防御体系上的重要关隘。很可能是1957年安徽寿县南邱家花园出土著名青铜错金“鄂君启节”中提到的“象禾”一地。

图 61.2 泌阳象河关关墙护坡

调查中还发掘了舞钢市平岭楚长城西段的人工墙体。这里位于平岭西山的东坡上。在发掘区西部和东部，将自然山体稍加修整后，在其南、北两侧各修建一条东西向平行分布的石砌墙体。北侧石墙宽2.25—2.35米，残高1.15米；南侧石墙宽1.85米，残高0.74米。两道石墙之间相距4.9米。两石墙之间底部堆积有粗细不同的炭化木棍层，厚约0.1米。也有炭化木棍层中掺杂较多的石块。其上叠压红色土层，红色土层之上堆黄色土块层，构成楚长城的主墙体。两道石墙外侧筑护坡。在发掘区中部土质较软处，则是挖建很宽的生土或活土基槽，在基槽内紧贴南、北两壁修建两道石砌墙体，然后再砌筑主体墙及护坡。平岭楚长城人工墙体以堆筑为主，局部也有夯筑。底部大量炭化木棍层的设置，犹如古代积石积炭墓葬，能起到防潮除湿的保护作用。

在调查中发现了一批楚长城的烽火台，并对个别烽火台进行考古发掘。楚长城烽火台在当地多叫望火楼，后因语音变化或称之望花楼、万花楼、看花楼、看河楼、玩火炉、王和楼等，亦有叫烽火台、狼烟洞的。楚长城沿线及楚长城之内和之外皆有烽火台分布。这些烽火台大多仅残留有土台一座，土台外表近似圆形覆锅状，少数则呈上小底大的覆斗形。多数土台中间堆积大量红烧土，红烧土里还见有木炭。从断面看，部分为堆筑，部分为夯筑。个别土台地表还有许多筒瓦和板瓦。汉代河西地区的烽火台是一座方锥体的墩台，台上有小屋称为望楼，墩台旁边有坞院等建筑。以此上溯，楚长城烽火台中的土台附近也残留有坞院痕迹，坞院院墙与土台相连，土台顶部挖建有半地穴式房子。在对方城县四里店乡米家河村南望火楼烽火台发掘中，可知该望火楼烽火台为一方形夯筑土台，土台顶部挖建一座圆角方形半地穴式房子。东西长4.1米，南北宽3.85米，深0.57—1.1米。门道位于东南角凸出在房子之外。地穴壁上涂抹一层草拌泥，并经过烘烤，房子东壁中部有三个南北并列的灶。房子周围有柱洞20个，柱洞直径0.1—0.4米。房内填土中出土鬲、高领罐、盆、甑等陶器，另有筒瓦、板瓦和铁铤铜镞等，不晚于战国中期，与楚长城年代一致。这里应是有专门士兵戍守，起警戒、瞭望作用，捕捉相邻烽火台传递的军事信息，以起到重要的防卫作用。结合调查情况看，烽火台往往分布在关隘的左右两侧，遥相呼应。烽火台之间的距离不等，在关隘、城址附近，间距为2—2.5千米。山险高地较远之处，间距可长达4千米。

河南境内的楚长城是我国最早最古老的长城建筑。从春秋晚期到战国中期，可以看出楚长城从萌芽到集中大规模修筑，再到不断完善的历史过程。对研究中国古代军事史，政治变迁史和古代建筑史有着重大的学术价值。

楚长城遗址2013年被河南省人民政府公布为省级文物保护单位；2021年入选河南考古百年百大考古发现。

秦汉魏晋南北朝文化

在长达数百年春秋战国的征战、开放、融合和发展进程中，最终催生了中国历史上第一个统一的中央集权封建制国家——大秦帝国，这对中国历史的发展产生了巨大而深远的影响。三门峡秦人墓地，记录了秦王朝短暂的岁月。汉代在周秦的基础上继续大发展，创造了博大精深的秦汉帝国文明。其中最重要的是冶铁技术的提高和广泛应用，极大地促进了物质生活和文化的繁荣，加快了封建制的巩固与发展，对我国古代社会农业、手工业、水利、交通、建筑、军事、文化和日常生活都有巨大的作用。巩义铁生沟、鲁山望城岗、郑州古荥冶铁遗址的规模宏大；汉魏洛阳城、新安函谷关和三门峡漕运栈道遗址内涵丰富；永城芒砀山汉代梁国王陵、洛阳东汉帝陵和烧沟汉墓、安阳曹操高陵、洛阳北魏景陵和安阳固岸北朝墓地，凝聚着古代中华民族大发展、大融合的过程。秦汉魏晋南北朝考古中有17项考古成果入选河南考古百年百大考古发现。

陕县秦人墓地

陕县秦人墓地。位于陕县（今三门峡市陕州区）大营镇黄村和南曲村之间。1992年在这一带配合三门峡市火电厂一期工程建设，发掘秦人墓葬50余座；2004年配合二期工程建设，继续发掘一大批秦人墓葬；2014年配合三门峡市火电厂三期工程建设，又发掘秦人墓葬751座（图62.1）。

三门峡是河南西部以陕县为基础发展起来的一座新兴的工业城市，因修建黄河三门峡水库而闻名于世。位于秦晋豫三省交界处。“据关河之肘腋，轭四方之襟要”，控豫西通往关中平原之咽喉，故历史上以“陕”为名，陕者，隘也，道路险峻难以通行之谓也。传夏禹在此凭鬼斧神工，劈开拦阻洪水的三道河门，使得黄河至此分为三派流出其间，三门峡因此得名。据《史记·秦本纪》记载：“秦孝公元年（公元前361年）……于是乃出兵东围陕城。”“秦惠文君十三年（公元前325年）四月戊午，魏君为王，韩亦为王。使张仪伐取陕，出其人与魏。”“秦庄襄王元年（公元前249年）……使蒙骜伐韩，韩献成皋、巩。秦界至大梁，初置三川郡。”由上述可以看出，秦在公元前361年即出兵围陕；公元前325年秦伐取陕，陕

图 62.1 三门峡火电厂秦人墓地

已纳入秦的势力范围；公元前249年秦置三川郡，这里已成为秦的腹地；公元前207年秦亡。至此，秦统治陕的时间已逾百年。即使在秦灭亡之后，其丧葬制度、生活习俗和文化影响，仍会延长一段时间。

在三门峡市火电厂发掘的秦人墓葬，其时代当为战国晚期至西汉初期。墓地被一条东西向宽7米左右的空档区分为南北两部分。墓地偏北部分是战国晚期小型秦人墓。排列十分密集，可分为三种形制。一是大多数为竖井墓道的侧向洞室墓，其洞室开在墓道一侧长边的下部，形制较小，长不超过墓道，多为拱形顶，少数为平顶。如M98，墓道长3.42米，宽1.7米，深3.2米。侧向洞室长2.4米，宽0.9米，高1.7米。二是竖井墓道顺向洞室墓，其洞室开在墓道一侧短边的底部，墓室也较小，上为拱顶或平顶。这两种洞室墓的墓道填土个别经过夯打，较深的墓道一角开挖有可供上下较大的脚窝。多数有板灰，少数没有葬具，人骨下铺有较厚的草木灰。葬式均为程度不同的屈下肢葬。墓主以男性居多，有的人骨上还嵌有铜镞，有的人骨有骨折愈合痕，疑为战国晚期秦军士墓。少量墓在洞室一侧挖有拱形小壁龛，还有的在棺下挖有小腰坑。随葬品很少，个别人骨上发现铜带钩、铜镜、铜殳、铁带钩，少量缶、盆、甑等陶器放置在壁龛和腰坑中。许多洞室墓口发现有封门的木板痕。三是长方形竖穴土坑墓，多为南北向小型墓。墓坑内有生土二层台结构，葬具为单棺，少数无葬具，多为仰身直肢葬，少量为屈下肢葬，随葬品也很少（图62.2、62.3）。

墓地偏南部分是秦代和西汉初的秦人墓。大多数为竖井墓道顺向洞室墓，个别为长方形竖穴土坑墓，排列整齐，间隔较大，越向南分布越稀疏，时代也越晚。这一带既有较大单棺单椁的洞室墓和大中型形制特殊的积石墓，也有无葬具的小长方形竖穴土坑墓，以及大瓮葬具周围随葬多件陶器的瓮棺葬。其中最重要的考古发现是秦人围沟墓。这是在一座或两座并列的竖井墓道洞室墓的周围或无墓道的长方竖穴土坑墓周围，开挖一正方形或长方形的墓沟，构成一处特殊的墓葬单元。大致可以分为四种类型。

第一类如CM08137和CM08139，为一组两座南北并列长方竖穴土坑墓，埋在同一长方形围墓沟内。沟口宽0.7—1.4米，底宽0.62—1米，深0.9—1.3米；东围沟长14.3米，沟北端填土中上部发现有人头骨，底部发现有石头；南围沟长11米；西围沟长14.3米，沟北端填土下部发现有人肢骨、盆骨及碎陶片，南端填土中下部发现有人头骨和肢骨；北围沟长10.9米。围沟内北侧的CM08137与南侧CM08139之间有一条长8.6米的沟将两墓隔开，沟口宽1.08米，底宽0.83米，沟深1米，该沟与东、西围沟相通。北侧的CM08137，墓口东西长4.5米，南北宽3.4米，深5.8米。墓坑近西南角的西、南两壁上，自上而下各筑有6个脚窝，脚窝上留有脚踏的硬土面。墓内下部有二层台。单棺单椁，棺板厚4厘米。棺内有人骨架一具，仰身屈

图 62.2 M115 屈肢葬

图 62.3 M542 出土器物

肢葬，头向西，墓主为一青年女性。椁室底部铺一层卵石。随葬品多置于椁室西端，计有盆、甑、坛、罐等陶器，鼎、壶、铃、镜等铜器，另有铁釜、铜钱。南侧的CM08139，墓口东西长6.4米，南北宽4.12米，深5.8米。墓坑近东南角的东、南两壁上，自上而下各筑6个脚窝，脚窝上亦留有脚踏的硬土面。墓内下部也有二层台。葬具为二椁一棺，人骨架头向西，仰身屈肢。由于腐朽较严重，无法鉴定年龄、性别。随葬品多放在内椁西端，有铜蒜头壶、铜壶、鼎、铁釜、陶甑、坛，棺内北端随葬有铜镜、铃、带钩、环、铜衣架、铁刀等。从所出带钩、铁刀及随葬品数量最多等推测，墓主当为男性。CM08137与CM08139有可能是异穴夫妇并葬墓。

第二类如CM09102，为单座长方竖穴土坑墓，四周有长方形围墓沟。东围沟长11米，南围沟长12.9米，西围沟长11.2米，北围沟长12.6米。沟口宽1.5—1.6米，沟底宽0.81米，沟深1.3米。在围沟东北角深1.2米处，发现有零乱人骨；在北围沟0.7米处，发现13枚五铢钱。围墓沟正中的CM09102，墓东西长6.16米，南北宽4米，深9.3米。近西北角的西、北两壁上各筑有8个脚窝，脚窝上还留有脚踏的痕迹。墓下部四周有较宽的二层台。在北二层台的西部和西二层台上，散置3个马头、2只羊头、2条马腿骨、11条牛腿骨和3条羊腿骨。葬具为一棺一椁，皆已朽。棺板厚5厘米。单人仰身直肢葬，棺内铺有7厘米厚的草木灰。随葬品多置于椁室西部，计有鼎、勺、蒜头壶、甗、盆及附件等铜器，罐、缶、盆、甑等陶器，另有铁釜、铜镜、铜带钩等置于棺内。

第三类如AM0204，为一座周围有围墓沟的竖井墓道洞室墓，围墓沟平面呈长方形，东围沟以及南、北围沟东部被破坏。南围沟残长11.6米，口宽0.7—0.9米，底宽0.6—0.8米，沟东部有1具散乱人骨架及1件铜镞；北围沟残长12.5米，口宽0.9米，底宽0.8米，沟内有4具散乱人骨架和1具完整的马骨架；西围沟长9.4米，口宽0.9米，底宽0.55米；推测东围沟应长9.6米左右。围墓沟中间的AM02047，由竖井墓道和洞室组成。墓道长4.1米，宽3.3米，深6.7米。洞室宽1.76—1.94米，进深3.4米，高1.75米。拱形顶，内置一椁双棺，为同穴夫妇合葬墓。随葬品多置于洞室近墓门处，计有铜鼎、铜釜、铜壶、陶盆、陶缶，另有铜带钩、铜钱、铁刀置于男性人骨架处。

第四类是围墓沟内有两座并列的竖井墓道土洞墓。此类围墓沟内墓在三门峡火电厂并未发现，但与其相距不很远的三门峡西北部大岭粮库一带，就有此类秦人围墓沟墓。如M197和M198为东西并列的竖井墓道洞室墓，四周有近似正方形的围墓沟。其中北围沟东西长12.1米，沟口宽0.77—0.9米，底宽0.43—0.48米，深2米；南围沟东西长12.02米，沟口宽0.9—1.12米，底宽0.5—0.69米，深1.5米；东围沟南北长10.22米，沟口宽0.88—1.02米，底宽0.45—0.46米，深1.5—2.1米；西围沟南北长10.56米，沟口宽1.1米，底宽0.55米，深1.5—2.1米。围沟中西侧为M197，东侧为M198，两墓相距1.42米。M197墓道长2.66米，宽2.32米，深6.16米。墓道近东南角的东、南两壁上，各筑有脚窝8个，脚窝上还留有脚踏的硬面。墓室位于墓道北端，平面呈长方形，南北长3.9米，东西宽1.72—1.82米，洞室高1.5—1.78米。有封堵墓门的木板遗存。墓主为单棺仰身直肢葬，墓底东侧放置有陶缶4件和陶罐1件，另有铁釜2件及猪骨等。M198墓道长2.44米，宽2—2.16米，深4.7米。墓道近西南角的西、南两壁上，各筑有脚窝6个，脚窝上亦有脚踏的痕迹。墓室位于墓道北端，平面呈长方形，南北长2.82米，东西宽1.26米，洞室高1.5—1.66米。墓室口处有木板封门遗存。墓主为一女性，单棺仰身直肢葬。墓内出土陶缶3件，陶罐1件，陶盆1件，陶甑1件；另有铜鍪1件，铜镜2件，铁釜1件和马骨、猪骨等。M197、M198应为夫妇异穴并葬墓。

上述四类围墓沟墓是秦人墓中特有的形制。围墓沟在墓的四周与墓地有一定的距离，沟本身较窄较浅，其作用可能是为了加高墓冢便于起土而挖的；也可能是为了表明该墓的范围，以此显示墓主人的身份；还可能与防水有关，对墓葬有一定的保护作用。

三门峡秦人墓地范围较广，从三门峡市区西部、西北部到陕州区一带，再向西到灵宝市东西一线，均有大量分布。自20世纪60年代以来，配合三门峡诸多工厂和其他建设项目，迭有秦人墓的重要考古发现。无论是竖井大墓道和小洞墓室等的建筑形制，还是流行头向西屈下肢葬的埋葬形式，出土青铜蒜头壶、铜带钩和陶茧形壶、陶壶、釜等组合，还有铁釜和半两钱等，都彰显浓浓的秦代遗风。秦人墓一些陶器上有“陕市”“市亭”的印文戳记，这种戳记是制成陶坯后烧造前打印上去的，当为某地之“亭”、某地之“市”制品的标记。市亭设有令署，“以察看商贾货财买卖贸易之事”。市亭制度也是官府对社会手工业生产和商品经营管理的一种制度。“亭”“市”署名的印记只见于战国和西汉。“亭”字戳记出现较早，“市”字戳记出现稍晚，到秦代时，“亭”“市”两种戳记开始并用，西汉后慢慢变为主要用“市”字，东汉以后已经绝迹。

秦人围墓沟的形制对周边国家也产生过较大影响。日本古代进入古坟时代后，建立起国家政权，其显著标志就是规模很大的周边绕方形水沟的古坟。多年来日本考古学界一直在寻找探索古坟的渊源，但始终线索不明。俞伟超先生根据日本弥生时代初期在北九州突然出现的方形周沟墓与秦人围沟墓惊人相似这一点，精辟地推断这是秦始皇时期东渡日本的秦人移民将这种葬俗带过去的，这是日本古坟的唯一源头，这一结论得到日本考古学界和历史学界的公认。

陕县秦人墓地2021年入选河南考古百年百大考古发现。

永城芒砀山汉梁王陵和寝园遗址

河南永城芒砀山周边约20平方千米，是豫东平原唯一的一处山陵地带。西汉梁国王陵就分布在除主峰芒砀山及其北面的磨山之外的各个山头，共有8处14座。大致可分为保安山陵区、僖山陵区和夫子山陵区等。陵墓形制为大型双墓道多室崖洞墓、大型单墓道多室崖洞墓或大型单墓道竖穴石室墓。墓顶均有高大的封土，墓室结构复杂，气势恢宏。1978年以来，河南省和商丘地区文物部门多次进行文物调查。由于这里炸山采石危及陵墓安全，经国家文物局批准，河南省文物研究所和商丘地区文管会一道进行考古发掘。清理了保安山1号墓与2号墓、柿园墓、僖山1号墓和2号墓等王陵和王陵寝园遗址。

保安山1号墓即著名的梁孝王刘武的陵墓，位于保安山南峰顶，其上有高约10米经过夯打且质地纯净的封土，封土周围有汉代的板瓦、筒瓦及唐宋时期的柱石、砖瓦之类。《水经注·获水》记载："山上建有梁孝王祠。"唐代改为寺院建筑，当地群众习称"梁孝王庙"，其后多有重修，又称之为泰山庙，近现代已被拆毁无存。梁孝王墓"斩山作廓，穿石为藏"，全挖在石头山体之中。由墓道、耳室、车马室、甬道、主室、回廊、水井室、角室、排水设施等组成，规模宏大，结构复杂。梁孝王墓东西全长（从墓道口至西回廊西壁）96.45米，南北最宽处（从东回廊北角室北壁至东回廊南角室南壁）32.4米，墓内最高处（主室）4米，面积达612平方米，容积约1367立方米。梁孝王墓道内当有数千块巨大塞石封堵。早年被曹操动用军队盗掘一空，但其建筑结构保存完整，成为西汉早期一个难得的实例。它以主室为中心，沿墓道、甬道为中轴线，按照南北对应的特点把我国传统的地上建筑布局用于地下建筑。这表明当时已经熟练地掌控了多种先进的工程技术：一是积累了丰富的开山采石经验，梁孝王墓甬道向下倾斜，主室的高度及各个侧室的形制比例适中，墓室顶正处在岩石的断层；二是排水设施非常合理，通过排水道将各个室的水汇总至水井室内，利用山体的自然岩缝排出山外，说明当时对山体的走向和山水的流向有了足够的认识；三是墓室南北对称，每个室四壁垂直、室角直角等，说明在山体内作业有较先进的测绘技术和测量工具。

图 63.1 梁王陵 M2 前庭

在梁孝王墓北200余米处的保安山北峰顶，发掘保安山2号墓。从出土的“梁后园”铜印等文物推断，墓主人就是梁孝王的配偶李后。这也是一座开凿在山岩之中的大型崖洞墓。由东西2条墓道、3个甬道、前庭、前室、后室、34个侧室及回廊、隧道、排水设施和灯龛等组成。东西全长（从东墓道入口到西墓道入口处）210.5米，南北最宽处（北回廊北壁至隧道南端）72.6米，墓室最高处4.4米，墓内最大落差（东墓门口至隧道南端）约17米，总面积1600多平方米，容积达6500余立方米。这是我国迄今所见西汉诸侯国中规模最大、结构最复杂的陵墓（图63.1）。其规模均超过梁孝王墓和河北满城的中山王墓、山东曲阜的鲁王墓、江苏徐州的楚王墓。其墓道、甬道、前庭及各侧室门道均用巨型塞石封堵，每块塞石重1吨左右，已清理出近3000块，若按未盗掘前计算约有6000块，仅此一项就十分惊人。

保安山2号墓墓顶有清代庙址，当地群众称之为“后庙”，庙址尚有石基、柱础、残碑等遗存。保安山2号墓早年被盗掘严重，只在墓顶南侧和西墓道口西侧的两座陪葬坑内，出土大量鎏金铜车马饰，以及弩机、铜镞、铁剑等兵器，带钩、璧、玦、佩、玉衣片、饰件等玉器，锤、斧、錾、锄等铁器，瓮、壶等釉陶器，灯、杵、残磬等石器，33枚半两钱，另有表明墓主人身份的1枚方形“梁后园”铜印。

在保安山2号墓即李后墓的塞石上，发现多达1万多个刻字，加上其他陵墓内发现的刻字，不可胜数。其中有塞石的序号刻字，如“第八五十八”表明为自下而上第八层，自西而东第五十八号。有塞石尺度刻字，表示长度的有“长、广、厚”；表示面积的有“方”；表示尺度单位的有“尺、寸”。有干支记时刻字，如“甲辰、癸卯、丙寅、戊子”等记日文字；有“四月丙辰、十二月丙寅”等干支记月和记日文字。有崖工名字刻字，如“佐崖工禄、佐崖工偃、何徒王”等。有宫室方位刻字，如“东宫东南旁第三一”“西宫西北旁第三五”“西宫西南旁第一二”等。墓内一些地方还有朱书文字，有干支记时，有墓葬部分尺度，还有一些写在塞石上的序号等。上述塞石的刻字，有的端正大方，有的厚重质朴，有的字大盈尺，显得粗犷豪放。而朱书文字由于是书写的，要比塞石刻字更加流畅。这些石刻文字或朱书文字，大都属于篆书体，也有的文字亦篆亦隶。汉代文字流传至今的有汉简等书写文字，有汉碑、汉石经等石刻文字，还有汉代刑徒墓砖上的刻铭等。而芒砀山西汉梁国王陵的塞石刻文和墓内的朱书文字，均是出自普通工匠之手，数量很多，也是西汉文字的重要组成部分。这些对建筑考古学和历法、尺度的研究，对古代书法艺术及文字学的研究，都是不可多得的珍贵实物资料。

在保安山陵区发现有陵园遗址。平面呈不很规则的近长方形，南北长900米，东西宽750米，四面夯土墙把保安山包围起来。南、北、东三面夯土墙还有残迹，东墙连带护坡宽12.75米，最高处达2.5米。而西墙则被芒山镇水泥厂、石灰厂等破坏殆尽。陵园内有梁孝王墓、李后墓和一些陪葬墓。在梁孝王墓东侧发现有寝园遗址，这是属于陵墓的主要礼制建筑（图63.2）。整个遗址平面呈长方形，南北110米，东西60米，面积6600平方米。寝园内主要建筑的四面有园墙，园墙亦呈长方形，南北89米，东西44米，面积3916平方米。东园墙为夯土墙，外侧1.7米处还有一道石墙保护其基础；南园墙亦为夯土墙；西园墙上部为夯土，下部为石块垒砌；北园墙为石基础，已倒塌。园墙内可分前（南）后（北）两部分，二者既可以相通，又有不同的布局，相对独立。此次发掘共发现各类遗迹40处，包括院落6处，房址9座，殿、堂遗迹2处，窖穴3个，排水明沟、暗沟7道，灶及火塘7个，回廊1处，石台阶5座。寝园前部分是以寝殿为核心的建筑群，指寝园南墙以南，北到回廊北墙为界，以大殿为主体，四周回廊环绕，把1、2、3号院包含在内。其

图 63.2 梁王陵寝园

中寝殿是整座寝园的主体建筑，平面近长方形，东西长22.2米，南北宽16.4米，面积364.08平方米。现存夯土台基、四周柱础和石台阶等。台基外侧有檐廊，应该是用斗拱支撑。寝殿的东、北、西、南都有石台阶，其位置均在檐廊之内与寝殿相连。寝殿四周都有院落，其作用是为了排水与采光。《说文·段注》："汉时殿屋四向流水。"可知殿的屋顶应有四面，正如《考工记》所说的"四阿重屋"。在寝园东北部出土一陶楼模型，两层四面坡，可能是寝殿建筑的模型。这种建筑形体在整个封建时代被奉为至尊式样，此后的两千年中一直作为主体殿堂的定制。

在寝园后部分是以堂和排房为主体，辅以其他房屋、庖厨、院落等建筑。出入寝园后部有两处门道相通。堂为寝园后部的殿堂，面阔六间，长26米，进深6.8米，面积150平方米。南部无墙，面对大的庭院北墙正中与北面的5间大室相连。总之寝园形成了前后南北两部分"前朝后寝"的格局，而后寝部分又是"前堂后室"的组合。

在芒山镇柿园村东侧，发掘一座梁国王陵墓，称柿园汉墓。这是开凿在山体内的单墓道多室崖洞墓，全墓由墓道、甬道（东门道、西门道、中间通道）、主室、便房、厕室、更衣室、8个侧室和下水道排水设施组成。全长（从墓道口至侧室7东壁）95.7米，最宽处（从侧室4南壁至侧室8北壁）13.5米，最高处（主室）3.1米，总面积383.55平方米，总容积1738立方米。规模虽小于保安山1号墓和2号墓，但仍然相当可观。墓葬多次被盗，在墓道和甬道残留的一些塞石中，有不少刻有文字，少者一两个字，多者20余字。内容有记录塞石先后顺序的，有记述塞石尺寸的，有记载刻石日期的，有记录刻工姓名的，还有刻管理工匠的官府名称的，以及刻工完工日期的，不一而足。墓道底部石坑内的东南角，发现一处钱窖。东西长2.2米，南北宽1.3米，高约0.78米，上面盖有石板。窖内放满铜钱，每一层为南北平放，另一层为东西平放的大串铜钱，每串960—1120枚，平均每串约1000枚，共计25层，总数约225万枚，重量达5.5吨。均为西汉半两钱，多已锈蚀成块粘结在一起。在墓道底部东西长17米、南北宽4米的范围内，置有24辆车及车马器，其中大多数为明器，体量相当于实用车的二分之一。但其制作非常精致，具有很高的研究价值。在墓顶和墓道两侧的封土内，在墓道底部和墓门前的塞石间有意留的空隙处，出土有一批形制、大小、造型和性质等都不相同的陶俑。包括守陵俑、守门俑、女俑、骑士俑等，通高48—55.5厘米。非常注重陶俑面部表情的刻划，陶俑还穿着彩衣。骑士俑腰腹部均有一件铜带钩，当属于汉代诸侯王宫廷中丧葬的仪卫骑士俑。

而柿园汉墓中最重要的考古发现当属墓内的大面积的彩色壁画。共有3幅，其中主室墓顶壁画南北长5.14米，东西宽3.27米，主要内容为青龙、白虎、朱雀、怪兽、灵芝及云气流纹图案，壁画四周还绘以两个半圆形穿璧，又以菱形穿带装饰，中间又有火苗云纹对接，这可能是早期的四神图案（图63.3）。第2幅是主室南壁及西壁门道口以南相接的壁画，绘有斑豹下山、朱雀展翅欲飞、灵芝草和仙山等画面，边框也有穿璧、绶带、火苗状云气纹等装饰图案。第3幅是主室西壁门道以北壁画，内容为穿璧、绶带、火焰纹等。上述壁画画幅巨大，线条流畅，色彩鲜艳，形象生动，当出自王室宫廷工匠之手，有很高的历史和艺术价值。这在我国目前已经发现的西汉壁画中也是很少见的。据发掘者考证，柿园汉墓稍晚于保安山1号墓和2号墓，很有可能是梁孝王长子梁共王刘买的陵墓。

僖山位于芒山镇东北约1千米僖山村的北面，由于采石破坏，僖山仅剩下东西长149米、南北宽约84米的山顶部分，四周已形成40多米高的悬崖峭壁。商丘地区和永城市文物部门发掘了僖山顶东侧的1号墓，后来又发掘僖山顶西侧的2号墓，均被严重盗扰。两座墓顶封土连成一片，同为依山而建的竖穴石室墓，由墓道和墓室组成。墓道内填满数排塞石。墓室是在凿制的竖穴岩坑内，用条石砌筑。以2号墓为例，墓室平面呈长方形，东西长7.05米，南北宽4.1米，高4.25米。修建墓室时，先开凿出一个长方形竖穴石坑，石坑底部凿成前后两部分，西部高于东部0.15米。然后沿石坑南北两壁用加工的青石条砌筑两道上下垂直的石墙，成为墓室的南北两壁。北墙用条石筑成7层，南墙用条石筑成8层，每层平筑7—10块条石，每块条石长0.4—1.9米，宽均为0.6米，厚0.3—0.54米不等。墓室东壁和西壁借助于凿制的石坑岩壁，表面凸凹不平，未经细致加工，西壁中间与墓道相通。墓室顶部呈平顶

图 63.3 梁王陵柿园墓壁画

“八”字形，用两端刻有燕尾槽的平顶条石和南北斜坡条石扣成平脊两面坡式，平顶条石和斜坡条石之间涂抹有白灰，用以粘合，斜坡条石的上端插入平顶条石的燕尾槽内，斜坡条石的下端也凿制成燕尾槽，分别榫扣在对应的南北两石墙上，构成墓室。在平顶条石之上又平盖一层压顶石板，南北斜条石之外又分别平放六层长方形青石板，其一端凿制成斜坡状与南北斜坡条石相挤压，增强了墓室的牢固性。墓室南北两壁和顶部斜条石上有53处刻石文字，内容分别为刻石工匠姓名、刻石日期、墓室部位尺度、刻划符号、刻划数字等。出土玉衣片、玉璧、玉璜、玉佩等，另有玛瑙串珠等装饰品，还出土一批罐、壶、盆、瓮等陶器组合和釉陶器。墓主人当为女性；僖山1号墓与此相仿，出土一大批玉璧、刀、剑、玉饰件、玉戈、玉钺，还有铁刀、铁剑、铁镞、铜弩机等兵器，另有金缕玉衣片千余枚，最后复原成一件金缕玉衣。墓主人当为男性。这是一处西汉晚期梁国某一位王和王后的同茔异穴合葬墓。

芒砀山主峰并没有梁王陵墓，但发现了汉代礼制建筑基址。基址以石木建筑结构为主，平面为近方形的石台基，面积1055平方米。台基四边用凿制规整的条石垒砌成石墙，中间为原始岩体，顶部为夯土。石墙四周有夯土地面，东面保留有三块方形柱础石，础石中间残留有圆形柱痕。四周有瓦片堆积，多为绳纹板瓦，其时代与梁孝王寝园基址一致，当为西汉早期。东面石墙内侧有用凿制规整的石板铺设而成的斜坡漫道，北墙有转角平台，这种墩台建筑形式，在战国、秦及西汉最为流行，但以往的汉代考古发掘中并不多见。礼制建筑基址位于芒砀山主峰之顶，诸多梁王陵墓环绕四周，或为文帝年间修建祭祀汉高祖刘邦的高祖庙，或为西汉早期梁国王陵中心祭祀场所，十分重要。芒砀山梁国陵墓区及梁孝王陵园、寝园是目前发现最为完整的汉代诸侯王墓地，石木结构的礼制建筑在我国较为少见，这一发现为研究西汉陵寝制度、祭祀制度及西汉早期建筑特点提供了重要资料。

梁国是西汉众多刘姓诸侯国中实力最强、疆域最大的者之一。梁孝王刘武是汉文帝和窦太后之子，汉景帝之弟。《史记·梁孝王世家》载："（梁）为大国，居天下膏腴地。地北界泰山，西至高阳，四十余城，皆为大县。""梁多作兵器弩弓数十万，而府库金钱且百巨万，珠玉宝器多于京师。"梁国在镇压吴楚七国之乱中起到了重要作用。"梁孝王城守睢阳，而使韩安国、张羽等为大将军，以距吴楚。吴楚以梁为限，不敢过而西，与太尉亚夫等相距三月，吴楚破，而梁所破杀虏略与汉中分。"从上述文献记载，再结合芒砀山的考古发现，包括巨大王陵的建造和丰富随葬品的出土，可以看出梁国冶铁技术先进，青铜器铸造精良，经济实力强大，军事力量强大，文化积淀深厚，展示了梁国是西汉时期最富庶、最繁荣的地区之一。梁国是汉文化向东、向东南传播的桥头堡，芒砀山梁国王陵代表了博大精深汉文化的高峰。

永城芒砀山汉梁王陵和寝园遗址1994年入选全国十大考古新发现；1996年被国务院公布为全国重点文物保护单位；2000年入选20世纪河南十项重要考古发现；2021年入选河南考古百年百大考古发现。

洛阳烧沟汉墓

1952—1953年，为配合洛阳市建校区工程，在市区西北约1500米的烧沟村西侧进行考古发掘。这里位于邙山南坡，共发掘汉墓225座。总体说来都是洞室墓，有墓道和墓室，建筑材料也不相同，有空心砖墓、小砖墓和土圹墓。依据墓葬的开凿建造的形式和主要特点，这批汉墓可分为五型十式（图64.1）。

在烧沟汉墓中随葬品十分丰富，尤以陶器为大宗，多放置在耳室内。陶器中绝大部分为泥质灰陶，还有一些泥质红陶，泥质红胎釉陶，以及少量的夹砂红陶和夹砂红胎硬陶。陶器制法以轮制为主，也有少量的模制（单模或合模）和手制。陶器的器类有36种，总计4713件。包括壶1183件、仓983件、罐598件、小壶369件、瓮

图 64.1 M102 墓室及顶部结构

337件、奁161件、灶155件、鼎113件、耳杯111件、敦103件、井97件、技俑71件、盘52件、方盒51件、鸡47件、案46件、碗29件、洗27件、狗26件、猪圈26件、筒杯24件、盆23件、勺17件、炉14件、釜10件、斗10件、俑头9件、甑7件、灯3件、博山炉3件、鸟头2件、纺轮2件、小瓶1件、三角器1件、磨1件、扑满1件。陶器中以彩绘陶壶最为精美。上述各种陶器依其口部、腹部和底部的变化，又可分为多种型和式，呈现出时代的特点，可以作为考古分期的重要载体（图64.2）。

烧沟汉墓中随葬不少青铜器，以铜镜居多，绝大部分放置在棺内人骨架头部左、右上方或左、右两侧，少量的放在胸前或肩上及足旁，个别放在棺外的漆奁内。镜外有包绢的痕迹。在少数几面镜的钮穿中，发现有纤维的痕迹，可知当时还穿上一根带状的“系组”（或称组）。出土铜镜按其形制和镜背面所铸的纹饰，可分为多种型和式，呈现出不同时代的特点，也可作为考古分期的依据。铜镜大致可分为十四型。

烧沟汉墓出土其他青铜器有洗、带钩、车马饰器、顶针、刀、矛、弩机、镞、印章、铃、勺形器、杯、板形器、环、筒形器、铺首、圆片形器、桃形器、管状器、长方形器等；出土铁器有犁、锄、镢头、铲、锛、镰、锤、剪、斧、剑、刀、矛、炉、釜、镫、带钩、镊子、钉状器、环、扣形器、冒钉、镜等；出土铅器有车马饰器、人骑羊、人骑马、扁圆环形器等；出土金饰、银环等金银器；出土奁、盒、罐、盘、耳杯、案等漆器；出土有石磨、石臼、长方形石板、方形石器、石兽、石猪、石琀、三角棒形石器、小石卵、玉板、玉饰、玉人、水晶珠、玛瑙珠、云母片等玉石器；出有琉璃瑱、琉璃琀、棒形琉璃器、方形琉璃器、虎形琉璃器、琉璃球、椭圆形琉璃饰、椭圆形琥珀饰等琉璃、琥珀器；出土有骨瑱、刻花骨管、刻虎骨簪、刀形骨器、弧形骨器、扁圆形骨器、舌形骨器、蚌壳等骨、蚌器。

烧沟汉墓出土随葬品中还有不少的钱币。在发掘

图 64.2 M125 彩绘陶壶

的225座汉墓中，出钱币的墓有162座。墓的形制越大，出土钱币就越多。如金谷园1号墓出钱1914枚，1035号墓出钱1137枚（破碎的钱币未计在内）。有一些墓出土数百枚，最常见的是在10—50枚之间，总计出铜钱11265枚、铁钱1枚、铅钱1枚。钱币在墓内置放的部位较为固定，大都放在人身旁，如胸前、两胁、双手之上。出土钱较多的墓也有用绳穿起来的，绳已朽尽，但穿过的痕迹尚可看出。从铜钱的形制看有半两钱、五铢钱、新莽钱三大类。其中半两钱依据大小、重量可分为三型。

五铢钱。汉代从汉武帝元狩五年（公元前118年）起，开始铸造五铢钱，从此之后，一直到东汉王朝结束，五铢钱是全国主要的流通货币。烧沟汉墓出土的货币中，也以五铢钱为最多。从这些钱的大小、形制、书体进行分析和比较，很明显看出五铢钱也在不断变化。大致可以分成五型。

新莽钱。汉书王莽传及食货志记载王莽始建国二年（公元10年），行宝货五品二十八种，在此五品之外还有其他四种，总计是三十二种。货币名目、种类繁多，这次烧沟汉墓出土的新莽货币仅七种共1183枚。其一是大泉五十，周边有郭，正方形穿，穿的两面皆有周郭，穿之上下有篆文“大泉”二字，左右有“五十”二字。其二是栔刀。边缘有周郭，正方形穿，穿之左右有篆文“栔刀”二字。其三是小泉直一。正方形穿，穿之上下有篆文“小泉”二字，左右有篆文“直一”二字。其四是大布黄千。钱的正面有篆文“大布黄千”四字。其五是货布。钱的穿及四周都有郭。钱的正面有篆文“货布”二字。其六是货泉。穿之左右有篆文“货泉”二字。其七是布泉。正方形穿长宽各1厘米，穿之上两角有决文一道，穿之左右有篆文“布泉”二字，钱文很细，十分清晰。王莽钱中大泉五十、栔刀据文献载铸于王莽摄政时期；小泉直一、大布黄千铸于王莽始建国时期；货泉、货币铸于地皇元年；布泉也当在王莽时期。

通过对洛阳烧沟225座汉墓的墓型、陶器、铜镜、钱币、器铭等先后变化的对比排列，是划分这批汉墓时间的主要依据。其中要特别提出的是，1037号墓出土东汉灵帝建宁三年（公元170年）朱书陶罐，147号墓出土东汉献帝初平元年（公元190年）朱书陶罐；另有114号墓出土的一方小铜印“郭躬印信”。《后汉书·郭躬传》（卷七十六）：“郭躬字仲孙，颍川阳翟人也，家世衣冠……元和三年拜廷尉，永元六年卒官……”据此记载，郭躬是河南阳翟（今禹州）人，世代在洛阳做官，他是东汉永元六年（公元94年）死的。古往今来同姓名的很多，但这里它与墓葬本身所反映的历史年代和地理方位比较符合，可以作为可信的资料。这样洛阳烧沟汉墓可分为六期（七个阶段）：第一期和第二期为西汉中期及其稍后；第三期（前期）为西汉晚期；第三期（后期）为新莽及其稍后；第四期为东汉早期；第五期为东汉中期；第六期为东汉晚期。

洛阳烧沟225座汉墓中，除东汉晚期有几座较大的墓型或属于这一时期的豪门贵族者外，其余的葬制规模都大致略同，应属于汉代的一般官吏及其眷属的墓葬。其中114号墓主人如果是《后汉书》卷七十六的廷尉郭躬，他的身份可以作为这一阶层的代表。从墓葬形制的变化，可以看出中原一带的洞室墓葬到了汉代得到很大的发展，墓葬的平均长度由一型的2.79米增加到五型的5.22米；墓顶的高度也从一型的1.18米提高到五型的2.9米。墓内的随葬从战国至汉初的罐、鼎、敦、壶到西汉中期以后增加了仓、灶、炉、井等日常生活所需；到王莽及其后在墓中又增加了杯、案、盘、勺致祭的陈设。随葬数量也大大增多，显示出汉代厚葬的风气。这不但是对生死领域认知的变化，也反映了汉代社会经济的大发展。洛阳烧沟汉墓的分期研究，是中国考古类型学的一个典范。为中原地区和其他地方汉墓的研究，树立了一个里程碑式的标尺。

洛阳烧沟汉墓2001年入选中国20世纪100项考古大发现；2021年入选河南考古百年百大考古发现。

汉魏洛阳城遗址

汉魏洛阳城是中国古代重要的都城遗址之一，地处今洛阳市区东约15千米的伊洛河盆地中部，洛阳市下辖的洛龙区、偃师市和孟津县交汇的区域。该城址可上溯到西周，一直沿用到唐初，而且先后作为东汉、曹魏、西晋和北魏等朝代的都城，城址的最大面积近100平方千米。早在1954年，北京大学阎文儒先生就对汉魏洛阳城进行过初步的踏查，取得第一手的资料。1962年夏，中国科学院考古研究所对汉魏洛阳城开始进行正式的考古调查和勘探工作，了解了城址的范围和布局。1964年在今偃师西大郊村发掘了522座刑徒墓，这些刑徒与修建汉魏洛阳城有关。1965年发掘了北魏宫城西北部的高台建筑陵云台。20世纪70年代到80年代初，发掘了汉魏洛阳城南郊的灵台、辟雍、明堂和太学等礼制建筑。80年代至90年代初，对北魏洛阳城的内城墙垣、外郭城墙垣等遗址进行勘探发掘。90年代陆续对永宁寺、金墉城、北魏宫城等进行勘探发掘。进入21世纪之后，为配合大遗址保护及申报联合国世界文化遗产名录工作，又先后发掘了宫城阊阖门遗址和太极殿遗址。

多年的考古调查与发掘工作表明，汉魏洛阳城平面为纵长方形，整个城圈周长接近14千米，大致合汉晋时期的30里。文献中有涉及汉晋洛阳城南北九里、东西六里的记载，即俗称的“九六城”，可见文献中的记载与考古发现的实际情况基本吻合。东汉洛阳城设12座城门，东、西墙各3座，南墙4座，北墙2座。东汉洛阳城内主要建有南、北两座宫城，城内有24条街道，东北部还有太仓、武库，西侧有金市，城外东郊有马市，南郊有南市。在南郊还建有规模宏大的太学、明堂、辟雍和灵台等礼制建筑。城西则有佛教沿丝绸之路东传中国后建立的第一座寺院白马寺。曹魏和西晋继续沿用东汉城池，城门位置和数量没有变化，但名称多有更改。曹魏时期新修的宫城洛阳宫，是在汉代北宫基础上营造的，宫城前出现了作为都城轴线大街的铜驼街，宫城正门改称阊阖门，正殿改称太极殿。另在都城西北角新建金墉城。宫城在都城居北居中和宫城轴线大街这种格局的出现，改变了以往“前朝后市”的都城形制，在中国古代都城发展史上具有重要意义。铜驼及铜驼街的出现，显然是丝绸之路东西方文化与商贸交流的重要象征，显示了商贸经济在当时社会生活中的重要作用与影响。

北魏洛阳城在魏晋洛阳城的基础上进行修复和扩建。西城墙上的雍门向北移约500米改称西阳门，以与东城墙东阳门的东西向大道成一直线。西城墙北段近金墉城处又新辟一座承明门。城内沿用魏晋以来宫城布局和制度，部分街道有变更。全城主要依城门相对构成四纵四横大道交叉路网。北魏宣武帝景明二年（公元501年）增修外郭城，置320多个里坊及大市、小市、四通市等商业区，使北魏洛阳城规模空前，号称“东西二十里，南北十五里”。由此，东汉和魏晋以来的洛阳城，完成了真正意义上的宫城、内城和外郭城三重城垣，加之城内里坊制度的开启，使之成为中国古代都城布局的首创。

经过勘探和发掘，先后确定了北魏外郭城北、西、东三面城墙。北郭墙位于内城北墙以北850米的邙山南坡，东西残长1300米，墙基皆在今地表之下，宽约6米，厚0.5—0.8米。西郭墙在内城西墙以西3500—4250米处，夯土南北残长4400米，宽7—12米，厚0.2—0.3米，均湮没在今地表之下。东郭墙位于内城东墙东3500米处，北端在石桥村东北的中州大渠南侧，南端在洛河北岸的后郭村中断，南北残长约1800米，宽8—13米，厚0.1—0.4米，亦皆在今地表之下。在西郭墙找到两座城门遗址，南端一门，位于今洛河北岸的分金沟村西南，内城西墙西明门外大道穿行此缺口。缺口宽约30米，两边有长方形夯土，类似“门阙”的建筑遗迹。西郭墙北段一门，位于尤村南、齐村北，内城西墙阊阖门大道穿行此缺口。缺口宽约40米，两侧亦有长方形夯土建筑。在东郭墙找到一处城门缺口，位于后张村东、白村北，内城东墙东阳门外大道穿行此缺口。路土在靠近城墙处宽18米，但在缺口处仅存8米。在对应内城西墙的西阳门外大道应有一座西郭墙城门，在内城东墙北段建春门外大道和南段青阳门外大道相对应的也当各有一座东郭墙城门，但均破坏无存。在东、西郭城区内还发现了一些人工渠道的遗迹。据记载，围绕在汉魏洛阳城周围和贯入城内的主要水源称为“阳渠”，该渠起着城市生活用水、漕运和护城河等综合作用，其水源主要引自西面的谷水，为了补充城东的漕运水量也在古洛水上堰洛引水。

北魏洛阳城内城东墙、西墙、北墙，均为版筑夯土，保留在地面之上的高度一般为1—2米。其中北墙东段至东墙北段还高达5—7米（图65.1）。即使地面上城墙不存的地方，其埋入地下的墙基仍在1米以上。据实测结果，东墙残长3895米，宽约14米；西墙残长4290米，宽约20米；北墙全长3700米，宽25.3米；南墙因洛水北移被冲毁，暂按东西墙之间距计算则为2400米。东墙有三门，自北向南依次为：建春门（东汉上东门）、东阳门（东汉中东门）、青阳门（东汉望京门又称旄门）；南墙有四门，自东向西依次为：开阳门（东汉开阳门）、平昌门（东汉平城门又称平门）、宣阳门（东汉小苑门又称苑门）、津阳门（东汉津门）；西墙有四门，自南向北依次为：西明门（东汉广阳门）、西阳门（东汉雍门封闭，向北移500米所辟的一道门与东墙东阳门平齐）、阊阖门（东汉上西

图 65.1 汉魏洛阳城 20 世纪 50 年代北城墙

门）、承明门（东汉无此门，北魏新辟此门）；北墙有二门，自西向东依次为：大夏门（东汉夏门）、广莫门（东汉谷门）。上述诸多城门中，1985年发掘了北魏洛阳城内城东墙最北面的建春门，揭露面积800平方米。城门基址整体略呈长方形，南北长30米，东西宽12.5米。门之南北两侧，横截城墙夯土以为壁，构成一门三洞的形制。门道方向与城墙垂直。南北两门道各宽约6米，尚残存有排叉柱础石和础坑、门槛石及沟槽、道路路土和车辙等遗迹。正中的车道宽约4米，路土厚0.2—0.3米，车辙间距1.25—1.4米，两辙之间路面铺碎砖石，路土下为高质量夯土，厚度超过1米。中间门道保存很差，残宽约8米。三个门道之间隔墙宽度为4—5米。在北门道北魏时期的路土下面还发现砖砌的汉代排水沟槽遗迹；城门两侧的城墙最早曾包砌青砖，既有汉代的所谓“城砖”，也有魏晋时期的长方砖。发掘者初步判断北魏洛阳城建春门是靠夯土墙和大排叉柱支撑的大过梁式建筑，同时也印证了文献中东汉、曹魏、西晋和北魏四个朝代一直沿用此门的记载。在北魏洛阳城内城北墙东段和西墙北段，共发现7座马面遗址，这是与城墙、护城河同样重要的军事防御设施。其中北墙东段3座，西墙北段4座。马面间隔110—120米。1984年发掘了北墙东段的一号马面遗址。该马面遗址位于广莫门西侧170米处，依城墙夯土的外侧修建，平面为方形，现存顶面东西长12.9米，南北宽11.7米，残高2.1米，地下基础厚2.3米。夯土建造的马面分为早晚两期，早期马面始建于魏晋时期，呈倒“凸”字形，东西长9米，南北宽8.5米。南凸部分伸入北墙并与城墙内的同时期夯土相接；晚期马面建造于北魏时期，是在早期马面夯土的外围修削后重新筑造的。

北魏宫城所在区域为一自然高地，宫墙多是在高地周边铲出边壁或挖槽夯筑基础，现存南墙基址宽4—5.8米，西墙基址宽5.8—6米，厚3—4米。西墙外侧有北魏时期南北向道路，残宽11—15米，局部铺垫河卵石和瓦片。宫城西墙内侧还发现魏晋时期的宫城西墙，夯土墙基宽约8米，厚3.6米，墙外有包砖，包砖外侧发现有

图 65.2 阊阖门与二号门址

汉晋时期宽约20米的河渠遗迹。这一发现印证了北魏宫城是在曹魏洛阳宫基础上修建沿用的。这对研究中国古代都城宫城形制的演进有重要意义。北魏宫城南面正门为阊阖门，北面隔二号和三号宫门正对正殿太极殿，南面直对铜驼街和内城南墙的宣阳门。城门楼台基东西长44.5米，南北宽24.4米，前后各有3个漫道。台基上残存40个柱础或础坑组成的殿堂式建筑柱网，还有3个门道，两侧2个墩台和中间两个隔间墙等遗迹。门前左右双阙对称分布，间隔41.5米，形成阙间广场。阊阖门正北95米处有第二道宫门，再向北80米处为第三道宫门（图65.2）。这两道宫门均为三门道殿堂式建筑。门址台基两侧分别连接有廊房基址。在第三道宫门正北300米处，为宫城中心正殿即太极殿遗址。太极殿南距阊阖门520米，是帝王举行大型朝会和处理重大事件的场所。太极殿所在的宫院规模宏大，南北长约430米，东西宽为330米。中心殿基位于宫院北部正中，地上夯土台基东西长约100米，南北宽为60米，残高约2米，地基夯土厚度约6米。通过发掘可知，在太极殿台基前、后各有登升殿台的漫道和踏道遗迹，殿台北壁还砌有砖壁和涂抹白灰的墙面，砖壁外侧铺设砖砌散水。残存的石板表明，台基和踏道上原应铺砌有石板（图65.3）。最新的考古发现是在宫城的东南角东墙内侧发现北魏时期大型半地穴式粮食仓窖240座，每座仓窖直径约11米，深7米。其范围南北长约600米，东西宽150米，外侧以夯土墙合围，这表明在宫城内仓窖区的存在，有重要的历史与科学价值。

宫城阊阖门向南为铜驼街。铜驼街两侧设置有官署区，街东侧自北向南有左卫府、司徒府、国子学、宗正寺、太庙、护军府等；街西侧有右卫府、太尉府、将作曹、九级府、太社、司州等。铜驼街南北残长1650米，宽40—42米。在北端发掘出一段高规格的铺地石板路面，铺石均为红色砂岩石板，石板表面平整，有些石板可见碾压较深的南北向车辙印痕，车辙间距约1.5米。

永宁寺是北魏洛阳城内最大的一座佛教寺院，始建于北魏熙平元年（公元516年）。1979年以来进行了多次考古发掘。寺院为纵长方形，南北长301米，东西宽212米。四周夯土院墙宽1.2米。四面院墙各开一门，南门为寺院山门，规模最大。残存夯土台基为横长方形，东西长45.5米，南北宽19.1米，高约1.2米。台基四周有碎瓦片砌筑的散水，宽约1.3米。夯土台基上有24个柱础沙坑，可确认为面阔七间，进深两间的殿堂式门址。如文献所记的："南门楼三重，通三道，去地二十丈，形制似今端门。"寺院正中建有九层木塔，"去京师百里，已遥见之"。木塔基座修筑在100米见方的地基夯土之上，基座高2.2米，四壁包砌青石，每边各设漫道一条。基座上有五圈124个柱础，其中第四圈柱础内为土坯和木柱混砌的方形塔心实体，边长19.8米，东、南、西三面各有5个弧形内凹的壁龛，以供奉泥塑佛像。北面未见壁龛，当为架设登塔木梯之所在。第四、五圈柱础之间为环绕塔心实体的木塔初层殿堂，每面各有九间，之间不设隔墙，以方便绕塔礼佛。木塔基址北部中间有永宁寺佛殿遗址。其台基东西长约54米，南北宽为25米。据史料记载，该佛殿形如太极，殿中供奉丈八金像一躯，中长金像十身躯等。永宁寺木塔北魏永熙三年（公元534年）被大火焚毁。在对塔基的发掘中，出土了大量与佛教艺术有关的泥塑像，其次有一些石雕、筒瓦、板瓦、瓦当等建筑构件，另有少量珍珠、玛瑙、水晶、象牙制品及铜钱等。其中泥塑像包括菩萨、比丘和供养人中的文吏、武将、男仆、侍女等十多种，造型精致，形态俊秀，比同时期的石窟造像更精美、更

图 65.3 太极殿北侧廊房与宫门

图 65.4 永宁寺塔基

细腻、更生动、更逼真，实为我国古代雕塑艺术的珍品（图65.4）。

汉魏洛阳城南郊有灵台、明堂、辟雍、太学诸多礼制建筑。其中灵台遗址位于今偃师佃庄镇岗上村与大郊寨之间，始建于东汉建武中元元年（公元56年），约废于西晋永兴三年（公元306年），前后使用达250年之久。灵台是用来观天象、占星云、卜凶吉、定历法的重要建筑。灵台遗址南北残长220米，东西宽232米。东、南、西三面均发现有夯筑墙基，北墙已被破坏。中心建筑为一座方形夯土高台建筑，其下面所压的地基夯土长宽各约50米，厚约2米；地面上现存南北残长41米，东西残宽31米，残高8米。高台四面残存有上下两层建筑平台，高差1.86米。上层平台为围绕在中心方形高台四面的殿堂建筑，据残迹复原每面各有七间，殿堂之间不设隔墙。在西面殿堂内侧夯土台内，加辟有两间内室建筑，与外侧殿堂之间有夯土窄墙相隔。下层平台上是围绕在上层殿堂四面的廊房建筑，北侧保存较好。每面廊房的中部设有踏道或漫道，可通至上层殿堂内。高台顶部已被破坏，据文献记载灵台顶部“上平无屋，望气显著”。可能就是一处无屋建筑的平台，便于架设仪器观望云气星象。灵台是太史令管理下的机构，设灵台丞一人负责，其下“十四人候星，二人候日，三人候风，十二人候气，三人候晷景，七人候钟律”，还有一个舍人。分工明确，规模较大，反映了当时天文学的发展。东汉著名科学家张衡，从元初二年（公元115年）到阳嘉二年（公元133年），先后两次共12年担任太史令，直接领导灵台的天文工作，并亲自设计和制造了浑天仪和候风地动仪，写出了《浑天仪》《灵宪》等天文著作，为我国古代天文学作出了不朽的贡献。灵台是我国目前发现的一座最早的天文观测台遗址，在古代天文学发展史上占有十分重要的地位。

明堂遗址系中国古代都城中特有的重要礼制建筑“三雍”之一，是当时帝王告朔行令祭天享祖的场所。主要意义在于借神权以布政，一般都建于城南，即所谓“布政之宫，在国之阳”。明堂位于北魏内城南门外，即今偃师佃庄镇朱圪垱岗上村北部。其西面与灵台遗址相望，东面则与辟雍建筑相对。明堂遗址始建于东汉，曹魏、西晋修缮后继续使用，北魏进行了重建。经勘探发现遗址近方形，四周有围墙环绕，构成一组布局较为完整的大型建筑院落基址。南北长400米，东西宽415米。东、西、南三面残存有夯土墙基，北墙遭破坏。院落中心为一座大型夯土建筑台基，平面为圆形，直径约62米，地基夯土厚约2.5米。根据考古发掘台基夯土表面残存的各种遗迹，并结合文献记载，可以确定这是一座由圆形重廊环绕着中间方形殿堂的多层台阁式建筑。其圆形台基的外围有两圈围廊；重廊内侧较高的方形殿台外围，还设有12间殿堂，每面3间，即分别为文献中所说的“青阳、明堂、总章、玄堂”太庙及左、右阁；方形殿台中部有5间或9间宫室，即所谓的“五室”或“九室”，其中间的宫室称为“太室”，又称“通天屋”，其下部方形，顶部是圆盖，即所谓的“圆盖方载”“上圆下方”。其总体建筑形制，显然是按照西汉长安城明堂的基本尺度和形式来设计建造，大致遵循了“室以祭天，堂以布政”的明堂制度。

辟雍遗址位于北魏洛阳城内城南门外，即今偃师佃庄镇朱圪垱岗上村东。这里是天子“行礼乐，宣德化”的场所，即所谓“天子之学”。始建于东汉，曹魏、西晋在旧址上重修，北魏并未沿用。遗址平面呈方形，长宽各170米，基址全部残存在地面之下。中心是一座大型长方形殿基，东西长46米，南北宽约33米，为辟雍的主体建筑。在其东、西、南、北四面门址各有一对门阙和一道长方形夯筑土壁的门屏，它们与中心殿基一起构成一组完整的建筑群。遗址外围东、北、西三面均发现有环流的水渠遗迹。1931年在遗址南部出土一通“辟雍碑”，1974年发现碑座，合二而一。碑高3.22米，宽1.1米，厚0.3米，正面篆书题额“大晋龙兴皇帝三临辟雍皇太子又再莅之盛德龙熙之颂”23字。由碑文可知，晋武帝司马炎曾遣其大臣侯延光（相国长史）、刘毅（主簿）去太学聘博士，并亲至辟雍行“乡射礼”“乡饮酒礼”，视察太学生们的“德仁”及通艺等，其太子司马衷（后来的晋惠帝）也曾先后两次到辟雍。碑阴刻有学官（如太常散骑）、教职员（如博士、助教、主事、司成）以及学生（分礼生、弟子、门人、散生、寄生）400多人的名字。碑文隶书，是晋隶中的佳品。碑座上刻有孔子及其弟子等8人像。该碑是我国文化教育史、书法艺术史上难得的资料。

太学，是中国古代都城中的皇家学府，也是当时重要礼制建筑的一部分。太学遗址位于今偃师佃庄镇太学村西北。范围较大，经勘探和发掘得知，北魏时期的太学遗址是在东汉和魏晋时期太学旧址上修建的。遗址院落整体为纵长方形，南北长约220米，东西宽为156米。四周墙垣断续残存，在西、北、东三面墙垣的中段，均发现有院门遗存，南墙破坏较甚，门址无存。院落内外还发现一些东西向和南北向的主干道路，院内发现排列密集的太学校舍排房夯土基址。在太学院落下面和太学西侧则有更早的东汉及魏晋太学的遗迹。早年汉魏太学遗址出土有著名的东汉《熹平石经》和曹魏《正始石经》。20世纪80年代，又发掘出土了大量的石经残块，这也是很重要的考古发现。

在北魏洛阳城内城西北角，即今孟津县平乐镇翟泉村东北一带，有南北相连的甲、乙、丙三座小城组成的金墉城遗址，平面均呈南北纵长方形，合在一起呈“目”字形，南北长约1048米，东西宽为255米，总面积约26万平方米。最北部为甲城，依靠邙山，四面夯筑城墙仍在地面之上，宽12—13米，残高6米。乙城在中部，只立东、西墙，连接甲、丙城，墙基多埋入地下，宽约12米。丙城在南，位于内城西北隅。三座小城外侧皆见有隆凸的“马面”建筑，大部分已遭破坏，现存十一座，甲城东西墙各三座，乙城东墙四座，丙城西墙一座。以长方形为多，面积约120平方米。“马面”间距60—70米，复原起来甲城东西墙各应有五座，北墙四座；乙城东西墙各应有四座；丙城西墙应有三座。军事防御性质明显。甲城西墙、南墙各有门阙两座，乙城西墙有门阙四座，丙城四面墙垣各有门阙两座。均系一个门道，门宽5—6米。甲城南门和丙城北门将这三座小城结为一体。金墉城内发现20多处大型夯土台基，当为宫殿建筑。通过考古发掘可知，丙城时代最早，系魏明帝所创建曹魏时期的早期金墉城；而甲、乙两城则是隋代李密所建的晚期金墉城，一直使用至唐初。

汉魏洛阳城在我国城市发展史上，表现了都城设计规划从先秦城市向隋唐城市的转变，先秦都城的宫城与民居均依地势高低而非对称形式不规则分布，直到西汉长安城还是这种形式的总括性表现。东汉洛阳城对南宫、北宫这种主要宫殿的安排，则已露出了设计中轴线的苗头。到北魏洛阳城时，中轴线格局已完全形成。这表明了都城规划的重大改变，并影响后世达千年之久。北魏洛阳城宫城正门即阊阖门遗址前的左右双阙，为考古发现时代最早的宫城门阙，建筑规模宏大，与文献记载的阊阖门外侧夹建双阙相符合。也为东魏、北齐邺南城正门朱明门前双阙和隋唐洛阳城正门应天门前双阙找到了直接的源头。

汉魏洛阳城遗址1961年被国务院公布为全国重点文物保护单位；2000年入选20世纪河南十项重要考古发现；2001年入选中国20世纪100项考古大发现；2009年入选最具中华文明意义的百项考古大发现；2015年汉魏洛阳城太极殿遗址入选全国十大考古新发现和河南年度五大考古新发现；2021年汉魏洛阳城遗址入选全国百年百大考古发现和河南考古百年百大考古发现。

洛阳东汉帝陵

洛阳东汉帝陵，据《后汉书》记载，东汉有11位皇帝葬于洛阳。分为北陵区和南陵区两大区域。北陵区地处洛阳城之北的邙山，即孟津县境内，核心区域位于孟津县送庄镇三十里铺村及其附近地域。葬有5帝，分别是光武帝原陵、安帝恭陵、顺帝宪陵、冲帝怀陵、灵帝文陵。南陵区地处洛阳城之南的万安山北麓，即偃师市境内，核心区域位于庞村镇、高龙镇、寇店镇一带。葬有6帝，分别是明帝显节陵、章帝敬陵、和帝慎陵、殇帝康陵、质帝静陵、桓帝宣陵。2002年国家级项目“邙山陵墓群考古调查与勘探”立项；2003年正式启动，展开大规模的勘探调查和考古发掘。多年来已经对多座东汉帝陵的陵园遗址进行勘探262万平方米，发掘1.4万平方米，取得了重要收获。

除了北陵区光武帝原陵原本较为意见统一现又产生争论之外，对于其他东汉帝陵与现存封土大冢的陵主相对应意见更不一致。东汉北陵区现存6座独立大冢，有4座保存比较完整，有2座封土破坏严重。其中4座大致排列南北一线，分别为大汉冢、二汉冢、三汉冢、刘家井大冢，4冢的东侧还有2座，即朱仓村大冢（M722）和朱仓村升子大冢（M707）。与文献对照，有些学者认为大汉冢为恭陵，二汉冢为宪陵，三汉冢为怀陵，刘家井大冢为文陵。勘探与发掘者认为，这6座独立大冢的封土平面为圆形，低矮山丘状。各冢的原始封土直径分别为：大汉冢156米，二汉冢150米，三汉冢84米，刘家井大冢130米，朱仓村大冢136米，朱仓升子大冢86米。经调查勘探，大汉冢、二汉冢、刘家井大冢、朱仓大冢、朱仓升子冢均为长斜坡墓道明券砖室“甲”字形回廊墓；三汉冢为长斜坡墓道明券砖室双横室墓。在大汉冢、二汉冢、刘家井大冢墓室的周围分布有防潮的积炭层；朱仓大冢、朱仓升子大冢墓室的周围分布有防潮的红烧土层；而三汉冢墓室周围没有发现防潮的积炭层或红烧土层。目前初步确认大汉冢、二汉冢、刘家井大冢、朱仓大冢（M722）、朱仓升子大冢（M707）为帝陵级别，主要依据有四个。一是均位于邙山中段制高点，位置显著，封土规模大，陵区内其他墓冢不能与之相比，符合或基本符合文献中有关东汉帝陵的记载。二是墓葬形制为明券砖室“甲”字形回廊墓，为东汉最高级别的墓葬，符合东汉帝陵陵制。三是与周围陵冢存在着合理的配置和联系。四是独立大冢周边存有大型建筑遗址群落。而三汉冢墓葬形制略低，封土规模稍小，因位于北陵区集中范围内，可视为减制帝陵（图66.1）。

东汉南陵区，南依万安山，北临伊河。核心区域内已调查勘探5座大冢，即李家村东南大冢（M1048），郭家岭西南大冢（M1054），郭家岭西北大冢（M1052），军屯村南大冢（M1038），以及白草坡村夷平大冢（M1030）。它们现存或存有封土直径均在100米以上，而且M1054、M1052、M1038、M1030自南向北呈一线排列，基本上确定这5座大冢为东汉帝陵级别。此外在核心区域及陪葬墓区还有多座封土直径50—60米的大冢。

勘探发掘了北陵区朱仓大冢M722东汉陵园遗址，平面略呈方形，每边长420米，四周有夯土基槽环绕。陵冢位于陵园的中西部，原始封土呈圆形，直径约136米。墓葬平面呈“甲”字形，墓道长50米，宽8.8—10.4米，墓室东西长28.8米，南北宽25米。陵园建筑主要分布于封土东、南部。分为内、外两重陵园。内陵园包括帝陵封土、封土东侧的1号台基建筑单元与封土南侧的建筑单元。外陵园位于内陵园东侧偏北，主要包括2、3号台基，1、2号院落建筑单元。内陵园东侧有一处门址，宽约24.2米。1号台基建筑单元整体布局略呈方形，南部为夯土台基，台基北侧外围一周为廊道，中间区域为天井。建筑单元东、西隔墙间距60.9米，北隔墙至台基南缘散水约59.9米。夯土台基为长方形，东西长48米，南北宽31.7米。台基南缘东、西对称分布有两处通道，西缘偏南有一阶道，台基北侧、东侧廊道外沿有排水设施。2号台基建筑单元整体布局为长方形，中心为夯土台基，外围一周为廊道，中间区域为天井。建筑单元东、西隔墙间距65.2米，南、北隔墙约57.6米。夯土台基平面呈长方形，东西长41米，南北宽23.4米。台基中心东北角残留有3个大型柱础坑。台基东、西两侧正中为主门道，台基北缘偏东设漫道。台基南

图66.1 东汉帝陵大汉冢

缘有对称两处通道。外围设廊道，外沿设卵石散水。西侧南部廊道有门址与1号台基建筑群相通，东侧北部廊道有门址与1号院落相通。台基北侧、西侧廊道外沿有排水设施。3号台基建筑单元整体布局呈长方形，北侧为夯土台基，南侧为天井，环以廊道。东、西隔墙距56米，南、北隔墙间距约48米。台基东西长56米，南北宽11.4米，东、西、北三面有夯土隔墙。台基南侧外沿有廊道。台基及廊道外沿有排水设施。1号院落平面为南北长方形，南北长逾32米，东西宽21.1米。东西两排房对称分布，中间为天井。南部有东西向门道与2号台基建筑群西侧廊道相通。一些房址地砖下埋设1—3个陶瓮。2号院落位于3号台基北侧，紧邻1号院落东侧。平面呈“回”字形，一周为廊房，中间为天井。东西长约35米，南北宽为16米。院落西侧有南北向门址，向南与3号台基北侧外沿的廊道相通。天井内有砖筑方形渗坑1处，向南有陶质五边形管道与3号台基北侧排水沟相通（图66.2）。

陵园出土遗物主要有绳纹筒瓦、板瓦，卷云纹瓦当，空心砖、方砖、条形砖等建筑材料，其中筒瓦、板瓦上有戳印“南甄官瓦”；日用陶器有盆、罐、碗等，以及各种铁质兵器如戟、蒺藜、镞等。

又勘探发掘了朱仓M663，俗称“李密冢”的东汉陵区陪葬墓陵园。发现有墓冢东侧的大型夯土台基、院落、道路、排水渠等。墓主人身份当为东汉早期诸侯王级别（图66.3）。

还勘探发掘了南陵区的庞村镇白草坡村夷平大冢的陵园。勘探面积19万平方米，发掘面积5100平方米。陵园由内、外陵园组成，探出墓冢原始封土直径约125米，墓道宽10米。在封土东侧和北侧发现有环绕内陵园的道路。在封土东侧见近方形的大型夯土台基，每边长约80米。在封土东北侧发现两组建筑基址群，周围有夯土垣墙环绕，垣墙内侧有排水渠道。在封土北侧发现排列规律的灶坑50多个，这与建造

图 66.2 朱仓 M722 东组西侧院落

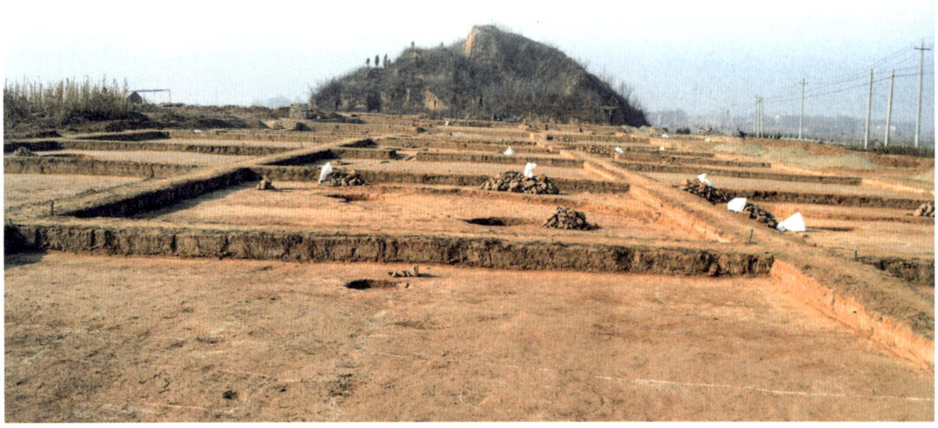

图 66.3 朱仓 M722“李密”冢陵园

陵园工匠人员有关。内陵园北侧道路宽约7.4米，在道路南侧，封土正北方向发现一组东西对称的夯土台基，东西长8米，南北宽4.5米。两座夯土台基之间的间距为20米，有可能是陵园的阙台遗迹。

通过多年的考古工作对洛阳东汉帝陵有了新的认知。一是确认了东汉时期帝陵陵园的总体布局。东汉陵园采用内、外陵园制度。内陵园是以帝后合葬墓为中心，周边有垣墙或道路环绕。外陵园以大面积夯土建筑基址为主，集中分布在内陵园的东北侧。二是明确了东汉帝陵墓冢的基本特征。帝陵封土平面为圆形，直径多在130米以上。墓葬为长斜坡墓道“甲”字形砖室明券墓，墓道为南向，长50米，宽9米以上，且内收多级台阶，墓室为方形回廊墓。三是文献中记载的东汉帝陵陵园诸要素初步确认。帝陵封土东侧有整体夯筑的台基，形制为内、外陵园中最大，应为文献中记载的“石殿”。封土南侧建筑单元则由大面积排列有序的近方形夯土墩和夯土墙组成。有可能是文献中记载的“钟虡”。外陵园位于内陵园东部或东北部，一般由三组建筑单元组成。东部紧邻“石殿”分布的大型夯土台基应为“寝殿”；“寝殿”东部或北部的院落建筑则为“园省”；在“寝殿”与“园省”的北部院落遗址，可能为“园寺吏舍”。内外陵园的建筑遗址，除主体建筑外，还附属大量的廊房、天井、给水排水设施等遗迹。各建筑遗址之间相对独立，但又有通道相连接。

洛阳东汉帝陵的勘探与发掘，为研究东汉陵寝制度的内涵与演变，以及进一步探讨各陵陵主归属等问题，提供了重要科学参考资料。

2001年洛阳及孟津邙山陵墓群被国务院公布为全国重点文物保护单位；2007年洛阳偃师东汉帝陵与洛阳邙山陵墓群入选全国十大考古新发现；2013年偃师洛南东汉帝陵被国务院公布为全国重点文物保护单位；2021年洛阳东汉帝陵入选河南考古百年百大考古发现。

新密打虎亭汉墓

1959—1961年，河南省文物工作队在密县城西约6千米处的打虎亭村西发掘了两座大型砖石混筑汉墓，墓葬为东西并列且又相连的两个夯筑土冢，西冢为1号墓，冢高15米，底部周长220米；东冢为2号墓，冢高7.5米，周长113米。在1号墓冢南面的底部，还残存有大青石块错缝筑成的护墓石墙。这两座汉墓相距为30米，墓门朝南。两墓的形制和结构基本相同，是仿照当时地上大宅院模式建造的。均由长而宽的斜坡墓道、墓门、甬道、前室（相当于庭）、中室（相当于堂）、后室（即主室，相当于寝）、南耳室（相当于房）、东耳室（相当于厨）和北耳室（相当于厩）组成。1号墓略大于2号墓。1号墓内南北通长25.16米，东西最宽处17.78米，中室最高处为4.84米；2号墓内南北通长19.14米，东西最宽处16.56米，中室最高处5.86米。两座墓室的墙壁和券顶全是用石材和大砖混合砌筑成的（图67.1）。

图 67.1 打虎亭汉墓封土冢

打虎亭1号墓和2号墓早年被盗一空，但1号墓内有大量的画像石雕刻，2号墓内也有一些画像石雕刻和大量的彩色壁画。内容极其丰富，有着重大的历史、科学和艺术价值。

1号墓各室石门石刻画像很相似，门额、门楣和两扇石门正面和背面的装饰画像中，集中反映了东汉谶纬迷信向往上天的思想意识。如前室室内各壁石门楣雕刻云纹间一只大鹿和九只小鹿，形态生动，象征吉祥；两扇石门正面和背面刻有凸起的铺首衔环，四周上刻朱雀，下刻玄武，左刻青龙，右刻白虎；还有各种瑞禽神兽、神龟大螺、方相氏、共命鸟、力士斗牛、仙童乘獐、仙人骑鹿、老人骑驼，以及各种云朵花卉图案，繁缛细腻，亦真亦幻；各室甬道两侧，墓室各壁的石刻画像则是反映墓主人在人世间的世俗生活。前室甬道两侧各有三人交谈的画面；室内东西两壁各有两幅石刻画像，内容为在庭内洒扫和迎接宾客的场面。中室甬道两侧壁为多名侍女向室内端送食物的画面。

南耳室甬道东壁一车一马，前后多人在恭候主人乘车出行；甬道西壁刻五人三马，等待主人乘马出行；南耳室西壁刻有七车，包括轺车、轿车和辎车。另有五马正在马槽前进食，还有一人在铡草。又刻有一只大山羊和几只小鸟，这是一幅充满生活气息的马厩图；南耳室南壁有一幅地主收租图。南耳室东壁左上角刻一轺车和三辆牛车，停于马厩前准备套牲口，或正卸下牲口在喂饮。南耳室北壁刻有马鞍和车马用具挂在墙上，应为一处车马用具储藏室。

东耳室石门和甬道均刻有画像（图67.2）。东耳室甬道南壁雕刻八个大人和两个儿童。表明男女侍人向室内运送食物的画面；东耳室甬道北壁雕刻着一幅似为折叠屏风的主题画像，各种餐饮用具齐全，由屏风内向外运送食物；东耳室内西壁刻有长形几，几上放置有碗、盘、杯、尊、盆等各种餐饮器皿；东耳室内南壁有东西并列两幅石刻画像。其中南壁东幅石刻画像，最上刻一根长横杆，杆上挂有十二个肉钩，上面挂有鸡、鸭、牛、鱼等各种肉类。木杆下设一长几，跽坐四人进行肉类剔剥加工。再下面有八人将生肉类加工成熟食，有釜中煮的，有炉上烤的。而南壁西幅石刻画像分为上中下三个层面，上层为一长案，案上放置六个小口圆酒坛，坛口有密封的盖。中层雕四人和许多器皿，端碗向壶内灌酒。下层七人将酒过滤倒入缸中。整体画面与酿酒有关；东耳室东壁石刻画像左上角为两个肉架挂满了牛肉。上部正中一个颈部铸有铺首衔环、马蹄形足的大铁鼎，熊熊烈火正在煮肉。右上有一个长方形灶，灶上置釜，灶膛内火焰喷出灶口。画面正中用砖作支架，上置大铁釜，也在煮肉。右下角刻一水井，井上有井栏与井架，井架上安有滑轮，旁边一人正在提水。整个画面显示庖厨内紧张忙碌；东耳室北壁也有东西两幅画面。北壁东幅石刻画像几个人正在宰杀鸡鸭，剖鱼刮鳞。有大型的长形连灶，有四个灶口和四个火门，每个灶口上都置有釜、甑等，还有好几层蒸笼进行蒸煮食物；北壁西幅石

图 67.2 M1 东耳室石门和甬道

刻画像也是多人进行食物加工，排列各种器皿，并将烹饪好的各种食物盛于各类器皿中，端往宴席上，形象甚为生动。

北耳室是象征主人的房，所以在四壁的中部分别各雕刻了一幅或两幅以房内用品和宴饮为主题的画像。每单幅画像周围或两幅画像之间，又分别雕刻出由云纹、几何图案和部分珍禽异兽组成的宽窄不同的边框与界框。就四壁中部六幅主题画像的前后布局与内容看，先后排列顺序是由南壁起，经东壁、北壁至西壁止。其中南壁一幅和东壁南幅与北幅的内容应是众多女侍人把由东耳室（庖厨室）内做成的各种食品或房内用品向北耳室转运的场面；北壁一幅的内容，应是把运出来的各种房内用品和食品进行保管和分装的场面；西壁北幅和南幅的内容应是表现主人宴请宾客的场面，其间还有许多女侍人在进行侍奉，以及宴请后侍人把宴请餐具等向外运送的场面。

打虎亭2号墓内有一些画像石刻，但更多的是大量的壁画，因此被习称为“壁画墓”。2号墓的石刻画像，主要雕刻在各室石门构件中的石门楣、石门额、石门框柱和两扇石门的正反两面。各石门上的石刻画像雕刻方法及画像内容与1号墓各室石门基本相同。除石门扇中部的铺首衔环为凸起石面较高的浮雕外，其余都是减地浮雕。刻有青龙、白虎、朱雀、玄武的四神形象，另有神人、奇禽怪兽、云朵花卉和几何图形，彰显了墓主人升天成仙的幻想。

2号墓各部位壁画的内容大致可分为三部分。一是属于反映墓主人生前的生活情况，多绘有各种人物、车马出行、厨事烹饪、宴饮、舞乐百戏和迎宾等内容。多绘在各室周壁和甬道两侧的中间突出部位。二是属于反映墓主人死后渴望升天的壁画，多绘在券顶部分和甬道与各室内的两端墙壁顶部。其内容为各种异禽怪兽与活动于天上云气间的各种神仙和人物。三是属于壁画的边框和界框。包括云纹、日字纹、十字纹、菱形纹、莲花纹、花草纹、规矩纹、方格纹、垂幔纹、火焰纹等。

在2号墓壁画中的中室南壁大幅迎宾图引人关注。画面东西长7.42米，高0.64米。画面的内容与布局可分为东部（前部）中部和西部（后部）三部分。迎宾图东部（前部）壁画为众多男女侍人端捧盛有各种礼品的红盘及食品袋向内行进的场面；中部画面为主人乘轺车与从骑在途中迎候络绎不绝的宾客场面。画面中部的上排由左向右依次绘轺车二乘，其后绘一人牵鞍马，另一人尾随马后，再后有从骑二人。中排由左向右依次为八人，似为主人与儿童和从骑者正在迎接宾客。包括向主人交代宾客所带礼品的情况。中部下排主要表现宾客送来的各种礼品，还有陶壶和两只白羊；迎宾图的西部（后部）壁画为宾客乘车和从骑前来的场面。绘有轺车二乘，前面轺车由青马驾辕，车上有华盖，乘坐二人。后车黄马所驾，乘坐二人。车后从骑五人，其一居中，四角分列四骑。整个迎客画面也反映了声势烜赫的车马出行场面。

2号墓中室北壁有一幅可与南壁迎宾图相媲美的宴饮图。画面东西长7.34米，高0.7米，在刷有白粉的墓壁上，绘出约5.2平方米的大幅彩画，显示十分壮观的宴饮、舞乐与杂技场面（图67.3）。在画面上部绘出一长排垂幔，内外两层，颜色不同，间隔撩起，呈圆弧形下垂，内层带黑边的帐幔垂的是两条黑色绶带，外层红色帐幔垂的是两条红色绶带。在垂幔下面为主宾宴饮与舞乐场面。壁画的西半部自西端起至宾客席为止，中间绘有一个面朝东的长方形幄帐，主人坐在幄帐中主持宴席。在幄帐前面有一黑色长方形几，几上置有二排共三十余个外黑内红的漆耳杯与漆盘。围绕帷幕和主人周围，有十多个男女侍人为宴饮前后忙碌；壁画东半部从客席起至最东端为止，主要表现上下两排宾客，身穿各种不同彩色的袍服，跽坐于席上，席前摆有盘、杯、碗、箸之属，一边宴饮，一边观看舞乐百戏。包括魔术表演、踏鼓舞及其他舞蹈、顶棍和掷丸等杂技、各种器乐伴奏，表演惟妙惟肖。整幅宴饮百戏图，画面宽阔，构图严谨，线条刚劲有力，并熟练地

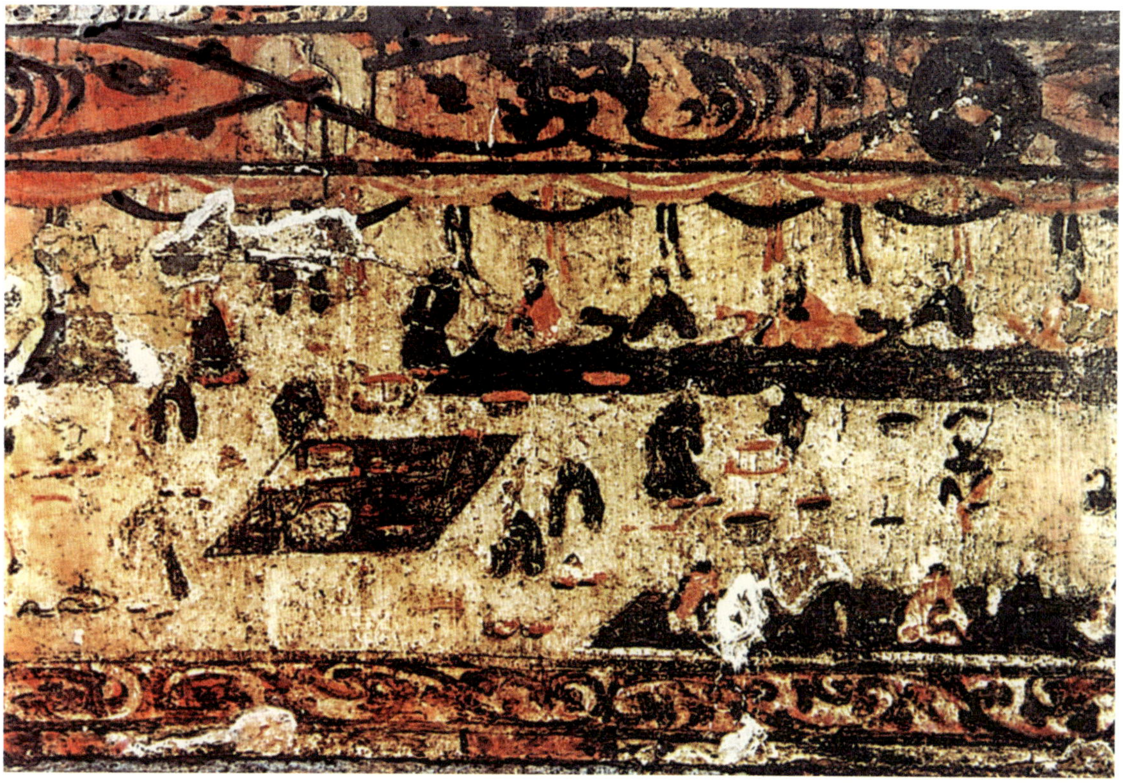

图 67.3 M2 中室北壁宴乐图

运用平涂着色的技法。画面色彩绚丽，人物众多，画内能看清楚的人物就有78个之多。这不但是一幅罕见的巨幅壁画，也是汉代的艺术工匠们留给后人一件珍贵的杂技艺术史料。

汉代是我国历史上经济文化辉煌的时代，它继承了商周以来的传统，又在春秋战国的基础上大发展。在当时世界上最先进冶铁技术的支撑下，作为墓葬内建筑构件的画像石刻，从一个侧面展现出"深沉宏大"的艺术成就。据不完全统计，在河南南阳、唐河、邓州、襄县、禹州、密县、永城、夏邑、浚县等46个县、市均有汉代画像石出土。其中以南阳为代表的豫南地区，以密县为代表的豫中地区，以永城为代表的豫东地区，以浚县为代表的豫北地区，展现了四种相近但又不相同的地域类型。而密县打虎亭1号墓和2号墓的画像石刻，少量用高浮雕和浅浮雕技法，更多是采用减地阴线刻，线条纤细，组成大幅画面，别具一格，成为河南汉代画像石一个艺术风格突出的流派。

新密打虎亭汉墓1988年被国务院公布为全国重点文物保护单位；2021年入选河南考古百年百大考古发现。

新安汉函谷关遗址

汉函谷关遗址位于新安县城关镇东关村，北距黄河近30千米，西面紧邻新安县城。北依凤凰山，南侧为青龙山，南北两山对峙，皂涧河从关南绕过关前，与涧河交汇东流，形成一个天然峡谷。函谷关为西汉元鼎元年（公元前116年）楼船将军杨仆修建。是我国历史上建置较早的具有重要军事意义的相关要塞之一，又是东西两京交通要道上的关隘，也是古丝绸之路东端第一关（图68.1）。为配合函谷关遗址保护规划的制定和丝绸之路捆绑项目申报世界文化遗产名录工作的开展，2012—2013年，对该遗址进行考古勘探和发掘。勘探总面积13.9万平方米，发掘面积为3325平方米。

可以确认函谷关遗址是一处由关墙、关楼等主体建筑和关城、垣塞、道路、烽燧等附属设施组成的复杂的汉代关防系统。其核心区由南、北关墙和关楼及鸡

图 68.1 新安汉函谷关远眺

图 68.2 关城东墙夯土

鸣、望气二夯土台组成了平面呈H形的布局，东侧还有一道东关墙向青龙山和凤凰山延伸，一条古道穿过关楼成为唯一的进出关道路。南关墙南侧、皂涧河以北区域为生活区，有成片的建筑基址、活动面、排水渠和十字交叉的路土。发掘出关城东墙，北部与望气台连接用夯土修建；南端与关城南墙相交，因靠近皂涧河用石头砌筑，还见有马道等遗迹（图68.2）。关城南墙依皂涧河修筑，东端垂直连接关城东墙。发现两条建关前后的古道路。建关前的古道路L2，位于遗址南侧，长360米，宽10—15.7米，厚约0.4米。路面上有车辙痕迹，车辙间距约1.1米。时代为东周到西汉初，建关后，L2被关城东墙阻断而废弃。建关后的古道路L1，位于遗址中部，长370米，宽约15米，厚约2.3米。东西向通过关楼贯穿遗址，从西汉一直沿用到了现代，历经两千多年。在关城东南侧，紧邻关城的地方，还发现一处长方形夯土台基的烽燧遗址。

函谷关遗址出土很多遗物，以陶制建筑材料居多，包括瓦当、筒瓦、板瓦、空心砖、方砖、条砖及其他一些建筑构件。瓦当中有带铭的“关”字瓦当，“安世”瓦当与“安世万岁”瓦当及各种纹饰瓦当；铭文砖有“永兴发汉□”及“年”字、“关”字三种；还有陶器、铜器、瓷器，另有一些汉代及晚期钱币等；又有汉代铁戟、铁矛、铁刀等兵器，当与戍关有关。现存晚期砖石混筑两层关楼，上层建筑多毁，下层为东西向的拱洞通道，并有康有为题“汉函谷关”门额（图68.3）。

图 68.3 “关”字瓦当

据文献记载，新安汉函谷关由中线关塞、北线关塞、南线关塞三大部分组成，其一就是上面介绍的新安汉函谷关关城，这是最重要的中部关塞；其二是黄河岸边新安县仓头乡盐东村的北线关塞，那是为控制黄河漕运而设置的大型仓储遗址，有重要的考古发现；其三是南端关塞的散关城，约位于宜阳县寻村镇一带，是为控制洛河河谷而设置。经多年调查和勘探，一直未找到散关城遗址。

新安黄河漕运仓储遗址，位于新安县仓头乡盐东村，地处黄河南岸，这是新安汉函谷关的北线关塞。1998—1999年，为配合黄河小浪底水利枢纽工程建设，调查发现并发掘了这处大型汉代仓储遗址，揭露面积1.7万平方米。其地理位置与文献记载的汉函谷关防线的北端节点基本相符，且遗址的主体建筑具有浓厚的军事防御色彩，同时在出土遗物中又发现多件带“关”字的瓦当，因此遗址应为汉函谷关的北线关塞。遗址内以大型仓储主体建筑为中心，并包括居住区、墓葬区、烧窑区和其他附属建筑等组成。主体建筑规模宏大，结构复杂，平面呈长方形，南北长179米，东西宽35米。由墙垣、通道、柱础石、东墙外凸出部分、路面等遗迹组成。遗址四面均有夯筑墙垣，南北墙之间还有两道隔墙，将建筑等分为三个单元。墙宽5.6—6.3米，残高0—2.5米。墙体下有基槽。通道为连接墙垣内外和单元之间的缺口，东与西、南与北两两相对称。现存通道25条，其中东墙10条，西墙11条，南墙和南隔墙各2条。通道宽0.8—1米，通道上部发现有路土。墙垣内及东墙外部分均有排列整齐有序的柱础石，柱础石有近似圆形、长方形和不规则形，大都经过修凿（图68.4）。

墓葬区分布在主体建筑西南800米的坡地上，发现10座汉代小型土洞墓，随葬

图 68.4 函谷关北线盐东仓储建筑遗迹

有壶、奁、罐、仓、猪圈等陶器。

烧窑区位于主体建筑东北300米处，5座陶窑呈环状分布。皆由操作间、挡火台、火门、火道、火膛、窑床、窑室、烟道等组成，烟道均朝向窑区中心。窑区内出土有“关”字瓦当和印有“永始二年（公元前15年）造”字样的空心砖及板瓦，筒瓦等遗物。

附属建筑基址，位于主体建筑东北部靠近黄河的一处高台上，在长15米，宽11.5米的范围内发现夯土台基。其他附属设施有分布在主体建筑西北、北部和东北三面环绕的9眼水井，水井为直径1.2米的圆筒状，井壁有两排脚窝，井深19米以上。

该遗址位于黄河岸边，中心建筑与汉长安城内的武库和渭河南岸同时期的大型粮仓京师仓有相似之处，属于黄河漕运和函谷关防御体系的一部分，是具有仓储转运和军事守备的重要遗址。根据出土文物其修建年代为西汉武帝元鼎三年至成帝永始二年之间，为我国古代建筑、黄河漕运、军事守备等诸多方面的研究提供了宝贵资料。

新安盐东汉代漕运建筑基址1998年入选全国十大考古新发现；新安汉函谷关遗址2000年被河南省人民政府公布为省级文物保护单位；2013年被国务院公布为全国重点文物保护单位；2014年作为丝绸之路捆绑项目入选世界文化遗产名录；2021年入选河南考古百年百大考古发现。

新安、三门峡古黄河漕运栈道遗迹

为配合黄河小浪底水利枢纽工程建设，1996—1997年，对新安县黄河两岸栈道遗迹进行考古踏查。而山西省文物考古部门，1997年也对三门峡以东的平陆、夏县、垣曲三县沿黄河北岸的古代栈道遗迹进行考古勘查（图69.1）。栈道依山傍河，时断时续，气势宏伟。其中河南段的黄河八里胡同峡由新安县紫荆山脉和济源市王屋山余脉对峙形成，峰峦高耸，黄河从峡谷中穿过，远望宛如胡同。八里胡同峡南岸东端在新安县西沃乡荒坡村大禹滩，西端在西沃乡莲花寨；北岸东端在济源市下冶乡牛湾村，西端在东沟村。全长约4千米，由于栈道久被废弃，或因自然力破坏，山体崩塌而不复存在，仅断续发现四个地段栈道遗迹：北岸栈道八里胡同峡东口为钓鱼台东段；中部为钓鱼台西段；西口为东沟清河段；南岸栈道为北凹段。总长超过2千米。

钓鱼台东段栈道高出现水面12米，据残留在石壁上纤绳勒痕基本是水平线分析，当时水面远比现在高。栈道是在陡立的石壁上凿出一条狭窄的走道，现存全长约455米。发现方形壁孔133个，各孔间距一般约为2米，而栈道狭窄和弯曲处距离变短，有的间距仅1.5米。底孔发现23个，为方形或长方形小孔，大都对应一个方形壁孔。发现牛鼻形孔41个，一般集中在路间狭窄的危险地段，高出底面0.55—1.4米。路面宽的孔距远，路面窄的孔距近，最小的孔距仅1米。

北岸东沟清河段栈道，残存800余米。是八里胡同峡内最长的一段，由于破坏严重，断续分为7段，高出水面在13米左右。栈道宽处为0—2.6米，最窄处当铺有木板。在栈道转弯处及水流湍急处，栈道外侧石壁上均发现有十几道纤绳磨拉痕迹。在该段发现方形壁孔179个，孔高10—25厘米，宽15—26厘米，深3—23厘米，间距一般在2米左右，最窄的在1米左右。发现牛鼻形孔52个，间距不等。发现底孔58个，一般均与壁孔相对应（图69.2）。

南岸北凹段栈道总长约650米，栈道高出水面10米以上。宽0—1.7米，一般在1米左右。发现扣手（手窝）15个，高出底面0.75—1.3米。扣手立面呈长方形，横断面近似三角形，外宽内窄，且东壁直，西壁斜，便于纤夫挽船。发现方形壁孔42个，间距1—3米。发现底孔12个。未见牛鼻形孔，由此可见这段栈道不及其他栈道

图 69.1 新安黄河槽运栈道调查

图 69.2 新安黄河槽运栈道题记和牛鼻形孔

图 69.3 新安黄河槽运栈道“正始九年”题记拓片

危险。所有栈道壁上所插的木梁，木梁上所铺的木板已荡然无存。

在北岸栈道侧壁上，发现有历代题记18处。其中有三国曹魏时期正始九年（公元248年）题记1则，题记高0.36米，宽0.23米。题记正书，6行23字“正始贺晃领帅五千人修治此道天大雨正始九年（公元248年）正月造”。这则题记字虽不多，却提供了修筑栈道的早期纪年，以及动用大量人力与工程的艰难。正月大雨，殊为少见，雨淋之苦可以想知，大概正因如此，才留下了这则珍贵的题记（图69.3）。文献记载曹魏景初二年（公元238年）就大规模修治黄河栈道，直到晋世，黄河漕运道路的修护一直维持众多人力。这对进一步认识黄河漕运道路在魏晋历史中的作用提供了新的视角。而在山西平陆、夏县、垣曲黄河北岸栈道遗迹中，发现有东汉建武年间的题记，或可说明河南新安的黄河栈道始建之时也可上溯到东汉时期。在黄河八里胡同峡古栈道上，还见有“上元三年（公元676年）”4字题记。另有“磨直得十年殓五日过到赵家携见大中十三年（公元859年）二月十容户石近朱难王屋县长泉村”5行34字题记。又有北宋时期私家捐资修栈道、刻佛像的记录。在黄河北岸崖壁上，发现一处线刻观世音菩萨像及题记，壁面的中上部刻一高0.36米的观世音菩萨像，坐在须弥座上。其左侧刻有“救苦救难观世音”。像座下部题有七言诗一首：“自备钱修不是痴，经营数载谢神祇，喜舍资财修险路，愿天爱察此言题。”另在右边还刻有“施主段恭丙辰三十岁”“石匠秦琨丙午四十岁”“石匠马有学□□二十二岁”等内容。观世音菩萨像西侧0.8米处还有一首题诗“长年三十早觉悟，发心便修前逞路，劝君险路好修持，天佛必定暗互助”。在清河口段栈道也发现有宋代观世音菩萨及供养人线刻画像，在供养人像后侧上方榜题“修道人段恭”；观世音菩萨像右侧有“崇宁五年（公元1106年）十一月二十一日丙戌修”纪年题刻。这是由私家捐资修建漕运栈道的石刻题记，史籍罕见，为我们认识北宋漕运面貌及维修方式提供了珍贵的资料。联系到山西平陆、夏县、垣曲黄河北岸栈道遗迹中，还有贞观、总章、太和、绍圣、元熙、崇祯、道光、宣统等年号的题记和石刻画，可见证历代都很重视黄河交通和栈道。黄河古栈道的用途不是为车马通行，提高陆运效益，而是为便于纤夫挽船，提高黄河漕运效率，它是黄河漕运不可分割的组成部分。黄河栈道的发现，为我国古代建筑、黄河漕运、军事守备等多方面研究提供了重要科学资料。

新安古黄河漕运栈道遗迹与新安盐东汉代仓储漕运遗址合并，1998年被评为年度全国十大考古新发现，2021年又列入河南考古百年百大考古发现名录。

豫西三门峡一带黄河在山谷中折而向南，唐以前河心有两座岛，西为鬼门岛，东为神门岛，把河水分为三道，称为“三门”。东边河道叫人门，中间河道称神门，西边河道为鬼门。三门之中鬼门水势最险，神门旋涡最多，只有人门虽然也是浊浪滚滚，危机四伏，但勉强可以行船。汉唐以来，三门峡一带就是通往关中地区的漕运要道，以维持封建王朝的生存。但这里航行十分危险，包括人门在内也时常航船碰壁，触礁覆舟，行船视为畏途。为了漕运粮食，在人门东岸开凿栈道，用拉纤的办法帮助船只通过。直到唐代开元二十一年（公元733年），在三门北岸凿山开道18里，在其东端置集津仓，西端置盐仓，从陆路转运漕粮，避开三门天险。开元二十九年（公元741年）又在人门岛上东部的岩石中，用人工开凿一条渠道（开元新河），全长280余米，宽6—8米，深5—10米，可以安全行船。1955—1957年，配合黄河三门峡水库建设工程，调查发现了三门峡黄河漕运栈道遗址。在栈道和开元新河的两壁上，还保留了许多摩崖题记，也发现了唐代的陆道、集津仓、盐仓的遗迹，以及唐宋时期禹庙、开化寺等遗址（图69.4）。

古栈道南端起自梳妆台附近，向北经人门全岛，全长625米左右。栈道开凿在贴近水面的断崖上。先在陡立的石壁上凿出一条狭窄的走道，一般宽1.2米左右，高2.5米左右，底部凿得较平，顶部为弧形，侧壁表面也修平。有些地段由于河岸呈坡形，所以只有底和壁而没有悬顶。栈道侧壁上方有牛鼻形壁孔，从正面看是一个椭圆形孔穴在中间被一根竖梁隔成两半，实际上两孔在内部穿通，好似可以穿环的牛鼻。各孔的间距为3—11米，这种牛鼻孔用于绑绳。当时可能是在各孔间横系绳索，悬于侧壁上，以备纤夫们挽船行进时把持用力。栈道侧壁最下部凿有方形壁孔，各孔间距一般在2米左右。栈道既窄又滑，必须加设木孔，才能减小掉在河里面的危险。这种方形壁孔，可能是安放一种横置的木梁。在栈道底部还有向下开凿的底孔，这些底孔都与壁孔对成一直线。这些底孔当是横置木梁上的小木桩所插的榫眼，这样就能使那些横置木梁牢牢固定在方形壁孔和底孔上。

图 69.4 三门峡黄河漕运栈道遗迹

图 69.5 三门峡黄河漕运栈道“甘露五年”题记

在这些栈道的侧壁上还保存有40处摩崖题记，它们都是在栈道凿成后刻上去的，记述了有关栈道开凿和航行的情况。其中包括东汉、三国、西晋、北魏和唐代等各个时期。最早是东汉的“和平元年（公元150年）六月十四日平阴李儿□□造”。其次有三国曹魏时期的“石师正始元年（公元240年）作”；“甘露五年（公元260年）二月十六日，治河都匠左贡”。西晋时期的“泰始四年（公元268年）”和“太康二年（公元281年），木匠□伦、石工孙同造”。北魏时“景明四年（公元503年）三月十六日”。唐代“大唐贞观十六年（公元642年）四月三日，岐州郡县令侯懿、河北县尉古城师、前三门折冲侯宗等奉敕造船两艘，各六百石，试上三门识之耳”；“总章三年（公元670年）正月廿一日，儒林郎守司马表当开三门河道”；“大唐垂拱四年（公元688年）正月十六日，上柱国马大谅当开三门河道。造字人蔡揔。正月十八日”；“开元廿二年（公元734年）□供主”。由上述题记可以看出，人门栈道至迟在东汉桓帝时期已经开凿，魏晋时期题记数量最多，分布最广，说明这一时期全面施工，栈道大约已被基本凿成。一直到唐代还陆续有修造（图69.5）。

在唐代开凿的开元新河两岸，发现51处摩崖题记，除1处“寓。唐天宝二年（公元743年）三月十日记”之外，其余均为宋、金、明等朝代所题，有记航运的，有记谒禹庙的。考古调查中还发现人门岛上的唐宋时期开化寺和禹庙遗址；也发现了唐代在三门北岸凿山从陆地运送漕粮的旧道；并在三门峡附近龙岩村发现唐代集津仓旧址，在下仓村找到了唐代盐仓旧址。上述栈道和题记及其他遗迹，是研究我国古代漕运史的宝贵资料，再现了古代劳动人民为征服三门峡天险，而开凿栈道、道路、运渠和建造仓廪的历史画卷，有着重大的历史和科学价值。

巩义铁生沟汉代冶铁遗址

汉代考古中冶铁遗址的发现是很有分量的内容。汉代是我国古代冶铁业发展的一个重要时期，目前所知道的我国古代主要的钢铁冶炼技术，绝大部分在汉代已经达到相当的水平。其中包括高炉炉型和熔炼技术的改进，铁范、叠铸、韧性铸铁的推广使用，尤其是生铁炒炼成钢这一高效率先进技术的出现，改变了整个冶铁生产的面貌，极大地促进了生产力的提高，加快了封建制的巩固与发展，对我国古代社会的农业、手工业、水利、交通建筑、军事、文化和日常生活都有重大作用，在世界冶金史上也占有举足轻重的地位。新中国成立之后，在河南鹤壁鹿楼、温县西招贤、林州正阳集、新安孤灯村、郑州古荥、巩义铁生沟、鲁山望城岗和煤渣岗及西马楼、汝州夏店、西平酒店和冶炉城、确山打铁冢、方城赵河、南阳瓦房庄、桐柏张畈等许多地方，均发现汉代冶铁遗址。

巩义铁生沟冶铁遗址，位于巩义市夹津口镇铁生沟村。1958年调查发现。遗址东西长约180米，南北宽为120米。在周围的断崖上露出不少炼渣、矿石小碎块、烧土和黑灰。附近又多有煤铁矿藏，对冶铁十分有利。1958年12月—1959年9月，两次在铁生沟遗址进行考古发掘。在遗址附近南北两边山上发现有汉代采矿场的遗存，其中有当时采矿现场的矿井。一种是圆形竖井，井口直径1.03米，矿井内壁有开凿时的镢痕。另一种是方形竖井，井口长1米，宽0.9米，深10米左右，其下为和矿床平行的采掘巷道，可以掘进至矿床的中央和旁侧。还发现一种斜井式的巷道，用来开采缓倾斜矿床，可依山势向内凿井采掘。当时采矿用的工具有铁镢、铁锲、铁锤等，开采出来的矿石有赤铁矿和褐铁矿，然后用石砧或铁锤砸成碎块，过筛后留下粒度大小在3厘米左右，再装炉冶炼。发掘出炼炉18座、熔炉1座、锻炉1座、藏铁坑7个、矿石坑1个、配料池1个，另有房基4座和生产场地1处，还有铁器166件、陶器233件以及耐火材料、建筑材料、铸范等共1000多件。

炼炉分布在遗址的中部和西部，按炉型的不同可以分为六种。一是海绵铁炉，共发现3座。由于温度不很高，铁矿石只能还原成海绵状的“海绵铁”。因此在冶炼过程中，这种炼炉起着第一道冶炼工序备料的作用。二是长方形炼

图 70.1 铁生沟炼炉遗迹

炉，共发现2座。其炉壁是用耐火砖建造的，修建在高出地面0.5米的夯土台基上。三是圆形炼炉，共发现6座。用红色耐火砖砌造，炉高远超过1米，直径1.6米。炉型巨大，有鼓风设备，用料广泛，出铁快，产量高，有的还可炼出熟铁。四是排炉，共有5座炼炉，南北并列连成一排。建造快，效率高，添料方便，各炉的烟囱互相贯通，抽气力更大，因之炉内火力旺盛，温度很高。五是低温炒钢炉，仅发现1座。待生铁熔化后，以铁棍用力搅拌，使铁变成豆腐渣状，铁中的渣滓就分解成液体流出。然后把炉内的铁团结成块，最后用铁钳取出，放在铁砧上锤打，锤打到渣子挤出，就成为结实的熟铁（低碳钢）。六是反射炉，只发现1座。炉身用耐火砖砌成，其结构可分熔池、炉膛、炉门和烟囱四部分。燃料放在炉膛内，将要炼的生铁同海绵铁放在熔池内，然后在炉门处点火鼓风，使炉膛内产生大量热能反射到熔池内，炉内热力旺盛，温度持久不变。由于燃料和冶炼材料不在一起，可直接减去碳素，并且运用煤气的反射作用，从而可以炼出较高质量的熟铁。在各个炼炉附近都发现有煤块和煤饼，在个别炉内和旁边还见有煤渣，这表明我国在两千多年前的西汉时期，就已经用煤冶铁了（图70.1）。

在铁生沟遗址还发现藏铁坑、海绵铁堆、铁板和大铁块。藏铁坑一般为长方形，内藏大小不同的铁块，据5个坑的估计，藏铁总量在15吨左右；海绵铁堆中最

图 70.2 汉代铁铲

大的一堆约重7.5吨；大铁板3块，其中一块长0.98米，宽0.72米，厚0.05米，重250千克。质地柔韧，用锤敲击，卷而不折；大铁块有2块，分别重10吨和40吨，数量惊人。

在遗址中出土166件铁器，包括各类生产工具、生活用具和剑、镞等兵器（图70.2）；另有233件西汉中、晚期陶器；还有西汉五铢和新莽时期大泉五十铜钱。表明这是一处西汉中期至新莽时期的冶铁遗址。在一件铁铲上铸有“河三”铭文，表明应是当时河南郡铁官所辖第三冶铸作坊。上述考古发现，代表了中国古代在世界冶铁领域的高度发展水平。对研究西汉时期冶铁铸造工艺和社会经济发展有很重要的历史、科学和学术价值。

巩义铁生沟冶铁遗址2013年被国务院公布为全国重点文物保护单位；2021年入选河南考古百年百大考古发现。

鲁山望城岗汉代冶铁遗址

鲁山望城岗冶铁遗址位于鲁山县城关镇南偏西的望城岗村后土岗上，亦与毛家村、贺楼村、严家岗村相近。远在1952年，赵全嘏先生就调查发现了鲁山县望城岗汉代冶铁遗址，并撰写《河南鲁山汉代冶铁厂调查》一文刊于《新史学通讯》1952年第7期；20世纪60年代初期，河南省文化局文物工作队又曾对望城岗遗址再次进行考古调查，遗址东西长约1200米，南北宽约400米，面积约48万平方米，文化层厚3米左右，有些地方厚达6米。1963年鲁山望城岗冶铁遗址被河南省人民政府公布为省级文物保护单位；2000—2001年，为配合鲁山县城南环路建设工程，在道路要通过的望城岗冶铁遗址北半部进行抢救性考古发掘，揭露面积2000平方米；2018年为做好该遗址文物保护和课题性研究工作，再次进行考古发掘工作，揭露面积1500平方米（图71.1）。

图 71.1 望城岗汉代冶铁遗址发掘现场

遗址东半部有三个炉渣岗，西部有一个炉渣丘，当地俗称“炉渣岗”，站在岗上可北望县城，故又名“望城岗”。在遗址发掘出汉代房址、灰坑、陶窑、水井、贮水池、水渠、泥模范残块堆积坑、大面积的炉渣堆积坑、多座冶铁窑炉、一座特大型椭圆高炉炉基及其系统遗迹。出土铁矿石、大积铁块、木炭块、铁渣、红烧土、炉壁、冶铁鼓风嘴、炉塞、残铁农具，另有铸造农具的铁范、陶范、泥范，还出有豆、盆、釜、罐等陶器和板瓦、筒瓦等遗物。整个遗址冶铁年限从西汉中期到东汉晚期前后200多年间从未中断过。其中两个泥模范残块堆积坑位于毛家村南，出土了大批使用过的用于铸造的泥模范残块，在一些残块上带有字铭，可辨识的有“阳一”“河□”“六年”等多种。这些模范残缺，主要是铲、锄、镢、犁铧等各种农具，这是重要的考古发现。

遗址发掘最大的收获是在贺楼村南发现的一座特大型椭圆高炉炉基及其系统遗迹。特大型冶铁炉的炉缸内径东西长约4米，南北宽2.8米。有出铁、排渣系统，鼓风系统，填料系统，供水、冷却系统。配套设备齐全，可连续冶炼，同时出铁、排渣。该炉缸是我国迄今发现的形制最为独特、单体规模最大的窑炉（图71.2）。清理发现，在建高炉之前，先挖一个呈长方形的基础坑，该坑南北长17.6米，东西宽11.7米，深1.8米。然后用经过细加工的灰白色土分层夯筑填平，形成坚实的夯土基础；在基础坑底部还经过防潮处理，最底部铺一层厚3—5厘米极为纯净的木炭颗粒，木炭层上又铺了一层厚2—5厘米的纯净石灰层，隔一层厚约10厘米的黄灰色夯土层，又加铺了一层厚度相同的石灰层，再往上即为灰白色夯土层。为建高炉炉

图 71.2 1号大型冶铁炉

缸，在夯土基础中部又挖一长方形基槽，该基槽开口东西长7米，南北宽5.1米，深1.8米；基槽南北两侧向下分层内收；基槽做好后，用耐火材料土分层夯填，形成炉缸耐火材料土基床；而耐火土系用红褐色黏土加石英或砂石颗粒和木炭颗粒混合而成，粒度非常均匀，耐火土羼合也很均匀；耐火夯土层一般厚5—10厘米。高炉炉缸建在耐火材料基床的中部，虽被后期遗存打破，从现存迹象仍可清楚地判断炉缸的内径。更加可贵的是炉缸的一次重大改建痕迹清晰可辨。在特大型高炉圆炉缸经过一段时间冶炼之后，最后一炉发生“冻结”。为尽量避免这种情况的发生，炉缸又改建成为一个内径东西长约2米、南北宽约1.1米较小的高炉，这样鼓风就变得相当容易，生产的成功率也得以提高。在炉缸基床的东侧，也就是炉后，存在一个系统设施的遗迹。在炉缸基床的右前侧有一条出渣沟，方向与炉基方向一致，两侧壁及底部均用与高炉相同的耐火材料夯衬，厚约5—10厘米。在炉基西侧有一较大的炉前坑，在坑的东北部，也就是紧靠炉缸基床的位置，东西顺放着一椭圆形特大积铁，重约30吨。该积铁底部朝上，似被翻进去的。紧靠大积铁的南侧，有一圆形坑遗迹，该坑显系经过高温火烧，南壁仍有大面积已经烧结成琉璃状的残余壁面，该坑下部亦有一与坑径相近的大圆形积铁。在炉前坑的西南方向，发现一座窑基和一座8间相连的东西向排房址。很显然，这是一处以该高炉为中心的冶炼区，属于整个鲁山汉代冶铁遗址的一个小的组成部分。该高炉炉基现存结构相当清晰，上料可能从南北两侧坡道进行，所以炉基夯土基础南北两侧较前后方向宽出许多；属首次发现的炉后系统可能用于鼓风，也就是为架鼓风设施（橐）而立柱，进风口仍然应位于炉缸的南北两侧；石柱础的使用，也有可能是用于承重，也就是存在用来上料的可能性。炉前出渣沟也是汉代冶铁高炉的首次明确发现，出铁口与出渣口分开，可以大大提高工作效率。利用水渠的水作动力向高炉内鼓风，可节省大量劳力。在望城岗遗址发现的填料工作台，既科学又合理，以前很少见到。犁铧范“阳一”字铭的发现，可以说明这里是南阳郡第一铁官作坊。

鲁山望城岗汉代冶铁遗址的考古发现，再联系同时期的郑州古荥冶铁遗址两座并列超大型炼铁炉的出土，彰显了汉代冶铁的规模和技术远远走在当时世界的前列，为大汉王朝的繁荣奠定了强大的物质基础。在中华古代文明起源与发展中，创造了秦汉帝国文明的灿烂辉煌。

鲁山望城岗汉代冶铁遗址2006年被国务院公布为全国重点文物保护单位；2021年入选河南考古百年百大考古发现。

郑州古荥汉代冶铁遗址

郑州古荥冶铁遗址，位于郑州市古荥镇亦即汉代荥阳城的西城墙外。1965年文物调查时发现；1975年进行第一次考古发掘；2015—2016年，为配合荥阳故城考古遗址公园建设，第二次对古荥冶铁遗址进行发掘。遗址南北长400米，东西宽300米，面积约为12万平方米。发现有炼铁炉两座，还发掘出长廊形房址两座，以及水井、水池、船形坑、四角柱坑、陶窑、道路等遗迹。出土大量的陶范、陶模、陶器、铁器、耐火砖、石器等遗物（图72.1）。

两座炼铁炉东西并列，间隔14.5米。炉基下部和炉前工作面连在一起。炉缸呈椭圆形，径长2.7—4米。炉缸基础下部是用红黏土掺矿石粉、炭末的黑褐色耐火土夯筑而成，夯层中部还掺有直径1—3厘米的小卵石。现存炉基夯土总厚近4米，其

图 72.1 炼铁炉遗迹

图 72.2 大积铁块

上有椭圆形炉缸，四周筑炉壁建成炉体。现存炉缸面积约8.84平方米，根据现场出土的大积铁块分析，炉身下部呈上大下小的喇叭形，与炉缸连接，上部为直筒形。炉子的有效高度可以复原到6米。炉体有效容积约50立方米。这是目前我国发现的容积最大的古代炼铁炉，日产量估计在1吨左右。在炼铁炉周围见有9块大积铁块，其中4块小的分别重2—8吨，5块大的分别重15—20吨（图72.2）。在遗址的南部和东北部有大面积的炼渣堆积层，厚达6米以上。炼渣中有很多呈玻璃质。经化验它们溶化温度低，流动性良好，是酸性渣，加有适量的石灰石作为溶剂。这说明当时已掌握一定的造渣工艺，在正常情况下能使渣铁畅流，生产出质量较好的生铁。在炼炉北面10多米处为贮料场地，至今仍残留有南北长6米，东西宽7米，高15米的大矿石堆，总重约有100多吨。矿石都被加工成粒度为2—5厘米的碎块，适于入炉冶炼。还发现有破碎加工矿石的铁锤、石砧、石夯等工具。矿石堆往北是一条宽阔的道路，可能是运送矿石的专线。在两炉中间北侧夯筑一3.5米见方的黄土台，台中有2米见方的浅坑，坑的四角各有一个深2.2米、直径0.45米的大柱洞。可立4根大柱子构成一个竖架，这个竖架立在两炉之间，偏贮料场一侧，可能是向炉顶提升原料的。这样从矿石运进、破碎加工、贮料、一直到炉顶装料，组成了一个完整的上料系统。两炉之东北有水池，两炉之南有水井，可以保证冶炼过程中各项用水的需要。

在遗址内发掘出13座陶窑，窑址前呈半圆形，后为方形。由窑门、火池、窑膛、烟囱等组成。这些陶窑分布在冶炼场地周围，除烧制砖、瓦和鼓风管外，还要烧制陶器、烘范及铁器热处理等，主要也是为冶炼服务的。在一座窑的火池内发现有一些模制的煤饼，直径18—19厘米，厚7—8厘米，有的上面凸鼓。这是继巩义铁生沟冶铁遗址之后，再次发现汉代用煤冶铁的实证。

遗址中出土了一大批铸造铁范用的陶模（母范）。陶模系用模制，均经烘烤。模子正面遗留有蓝灰色的浇筑痕迹，背面和周边留有夯窝、加固泥和捆绑痕迹。陶模有犁模、犁铧模、铲模、凹形锸模、“一”字形锸模、六角承模。各种模子都分为上内模、上外模、下内模、下外模、范芯上模、范芯下模等六种类型。一般在上内模上阴刻“河一”铭文。根据模面上的浇铸痕迹，可知铸出的铁范厚度为1厘米左右。同时出土的还有用于直接浇铸成器的陶范，有铺首范、鼎耳范、鼎足范等。冶铁遗址出土铁器318件，包括犁、犁铧、铲、锄、凹形锸、锸、镬、双齿镬等农具206件，其中10余件有“河一”铭文；另有锛、凿、锤等工具5件，六角轴承和齿轮9件，矛4件；此还有一些圆铁夯具、车軎、釜底、灯盘、削、钉、圈、钩等；又有一些梯形脱碳钢板。遗址也出土了380多件汉代陶器和12枚五铢钱。再结合铁农具上和上内模上的“河一”铭文，可以认定这里是西汉中、晚期至东汉时期河南郡铁官的第一冶铸作坊。这座作坊规模很大，除冶炼大量生铁之外，还用生铁铸造铲、锛、镬等农具和工具；也生产大量的铁范；又生产梯形钢板作为锻造器物的半成品。这表明远在两千多年前，我国生铁冶炼和加工工艺，已大致达到了西方17世纪的水平，在当时世界上居于遥遥领先的地位。

郑州古荥冶铁遗址，2001年被国务院公布为全国重点文物保护单位；2021年入选河南考古百年百大考古发现。

内黄三杨庄汉代聚落遗址

位于内黄县梁庄镇三杨庄村，地处黄河故道，东北距内黄县城约30千米，东距濮阳市区约20千米，西南距大伾山约20千米。遗址西部有颛顼、帝喾陵园。2003年因当地实施硝河疏浚引水工程，在三杨庄北开挖河道时发现了3处汉代瓦顶建筑等遗存，距地表深5米左右。当年7月对其中两处遗存进行部分抢救性考古发掘，初步认定这些为汉代庭院遗存，因黄河的一次大泛滥被整体淹没。2005年在原河道南50米处开挖新河道，又发现了2处汉代庭院遗存。同年3月至12月，再次进行考古发掘。揭露面积总计9000平方米。2006年以来，持续对三杨庄汉代聚落遗址进行大规模的考古勘探。在100余万平方米的范围内，又发现了10余处汉代庭院及道路、陶窑、湖塘等遗迹，其中的一条东西向主干道路宽约20米（图73.1）。

图 73.1 汉代田陇发掘现场

第一处庭院遗存位于三杨庄村北约500米。清理出已经坍塌的庭院夯土围墙、主房倒塌的瓦顶与墙体、建筑废弃物堆积，以及拌泥池、灶、灰坑等遗迹。还清理出一些叠摞整齐的板瓦和筒瓦、陶轮盘、陶盆、陶瓮等遗物。这是整座庭院第二进院的一部分。再结合西南侧的拌泥池及主房东北侧的建筑废弃物堆，推测是正在维修主房过程中洪水突然来临，洪水过后这里成黄河河道一部分，维修主房的原状得以保存下来（图73.2）。

第二处庭院遗存位于三杨庄村西北，东距第一处庭院遗存约500米。庭院的平面布局从南向北依次为第一进院南墙及南大门、西门房、东厢房、第二进院南墙、南门、西厢房、主房等。南大门外偏东南约5米处有1眼砖砌水井，水井周围有较多的水槽、盆、瓮等陶器；石磨等石器；南大门东侧还有一条用碎瓦铺设通往水井的便道；水井西侧约5米处有四角为三块砖摞成的四个分布呈长方形的砖垛，砖垛内堆积有较多的长10厘米、宽5厘米的砖块，砖块中部刻有可以缠线或细绳的凹槽，这是一处编制竹席或草席类的场所。庭院西北角建有厕所。在庭院西侧还清理出一座圆形水池。庭院内和南大门外清理5个大石臼、2个小石臼、石磨、石磙等石器；水槽、碗、甑、盆、罐、豆、瓮、轮盘等陶器；犁、犁铧、釜、刀等铁器；主房瓦顶东侧还有“益寿万岁”字样的瓦当和筒瓦；二进院西部地面还有3枚“货泉”铜钱。庭院东、北、西外侧有垄作农田遗迹。庭院西北侧有成排的小树遗存。庭院南侧有较大的空场地，与一条宽约8米的道路相连（图73.3）。

第三处庭院遗存位于三杨庄村北，东北距第一处庭院近100米。平面呈方形，长宽各为30米。庭院布局从南向北依次为第一进院南墙及南大门、南厢房，第二进

图 73.2 汉代倒塌屋顶

图 73.3 汉代石磨

院墙、主房等，庭院四周有院墙。东、西墙外各有一条水沟。南门外西侧有砖砌水井1眼。庭院后西侧有厕所。主房后有两排桑树和榆树。庭院南侧有空场地，西南侧有一条宽约3米的南北向的与遗址内主干道路相接的小路。庭院内外地面上散落有石碓、小石臼、陶瓮、陶盆及半枚货泉铜钱等遗物。庭院外东、西两侧有大面积的垄作农田，在南门外空场地南侧也有农田。

第四处庭院遗存位于第三处庭院遗址以东偏南，平面布局与第三处庭院遗址相同。西侧未有边沟，代之是一行南北的树木。院后西侧也建有厕所。第三处庭院与第四处庭院之间被垄作农田相隔，田地内发现有车辙及牛蹄痕迹。

此外，在三杨庄遗址内还发掘了两处深达约12米的地层剖面。剖面表明，遗址所处的区域自全新世早期以来，黄河泥沙淤积层与各时期文化层间隔叠压，直观地展示了该区域水文、地理环境的变迁过程与先民们在这里生产、生活的历史。

内黄三杨庄遗址是迄今为止我国考古发现唯一一处保存完整，性质明确的西汉晚期至东汉初期大规模的农耕聚落遗址。遗址呈现的是田宅相接、宅建田中、宅与宅隔田相望的空间布局景象。庭院（宅院）的布局并不整齐划一，甚至有些散乱，但作为一个农耕聚落整体，庭院的分布仍可说是具有一定的集中度。庭院都是坐北朝南，院墙封闭，树木环绕，占地面积大小相近，约为900平方米。三杨庄考古发掘，为全面认识该区域汉代普通农民生活居住形态、农业生产水平、基层农业社会组织形式等提供了罕见而丰富的全新资料。具有重大历史和科学价值。

内黄三场庄汉代聚落遗址2005年入选全国十大考古新发现；2006年被国务院公布为全国重点文物保护单位；2021年入选河南考古百年百大考古发现。

安阳曹操高陵

2005年底，安阳县安丰乡西高穴村一座大墓被盗掘，其后该墓又接连多次被盗。经报请国家文物局批准，2008年12月至2009年底，进行抢救性发掘，证实这里二号大墓（M2）就是曹操的陵墓。其旁20米处的一号墓（M1）是其子曹昂的墓。在发掘的过程中发现多处盗洞，最早的一处应是西晋晚期盗墓的遗存，还有一处盗洞是20世纪70年代“文化大革命”晚期所为。曹操高陵地处河南省最北端的漳河南岸，南距安阳约15千米，东距西门豹祠7.5千米，北距故邺城遗址约15千米。

曹操墓地面之上未见有封土痕迹。依据曹操“因高为基，不封不树”的遗言，曹操墓的地面之上可能就没有铺设夯筑封土。墓葬坐西向东，整个墓圹平面呈“甲”字形，内部结构复杂，为多墓室的砖室墓。由墓道、砖砌护墙、墓门、封门墙、前甬道、前主室和与甬道相通的南北二侧室、后甬道、后主室和与甬道相通的南北二侧室等部分组成。墓道为长方形斜坡状，墓道南北两壁分别有7个台阶逐级内收（图74.1）。接近墓门前的墓道底部，已变成平底，墓门前有大青石铺地。在墓道下部与墓门交接处的南北两壁，各有一道墓门为砖砌双券子母拱形门。墓内各个甬道、侧室、前主室、后主室均为砖砌墓壁，大青石铺地。每个甬道和侧室皆为砖砌券形顶，前主室和后主室则是四角攒尖顶（图74.2）。

曹操墓虽经多次盗掘，许多文物丢失、损毁，但出土文物仍然种类繁多，相当丰富。大部分发生了位移，分散在各室的扰土、淤土之中。其中合葬3人，1号葬具位于后主室偏西部，石棺床已被盗走，木棺遭到破坏，发现大、中、小三种铁棺钉，最长者27.5厘米，表明棺板很厚。还有铁质帐架构件，推测木棺外应该罩有幔帐。2号葬具仅有棺未见棺床，位于后主室北侧室中偏东处，破坏严重，也见有铁质帐架结构。3号葬具位于后主室南侧室中部偏东处，可见棺木遗存，南窄北宽，头朝向后主室。棺底铺有灰层和朱砂，棺木外也见有铁质帐架构件，棺木外应罩有幔帐。后主室下部及侧室扰土中，有大量遗骨残块。其中1号遗骨残块，包括头骨及肋骨、盆骨、股骨等，为一年龄60岁左右的男性，身高在1.56米左右，应是曹操的遗骨；2号遗骨残块，包括头骨、下颌骨、股骨、盆骨、肋骨等，经两位专家鉴定为一女性，年龄在20—25岁之间。3号遗骨包括颅骨、下颌骨、股骨、盆骨、趾

图 74.1 曹操高陵墓道及护坡

图 74.2 曹操高陵前室

骨等残块，为一年龄在50岁左右的女性，当为曹操的卞夫人的遗骨。

曹操墓出土有白瓷罐、青瓷罐、酱釉瓷罐等瓷器；出土有专门为随葬而烧制的各类陶器；另出土一批铁器，包括铠甲、胄、镞、刀、剑、蒺藜、匕首等兵器和错金铁镜；还出土有珠、饼、璧、觿、水晶珠等玉石器；也有一些骨、角、牙器和残漆木器等。

曹操墓出土随葬品中很重要的一项是石牌、石圭、石璧、镶角饰件、无字石板和画像石残块等石器。包括石牌66件，一类为圭形石牌10件，另一类为六边形石牌55件，还有1件形状不明的残石牌。圭形石牌大小和形状相同，通长10.95厘米，两侧长边8.9厘米，上斜短边长2.55厘米，底宽3.15厘米，厚0.8厘米。石牌上汉隶刻铭，记录的内容为"魏武王常所用"之物。如"魏武王常所用长犀盾""魏武王常所用挌虎大戟""魏武王常所用挌虎短矛"等（图74.3）。这些石牌所列的兵器，可能就是曹操生前出行时仪仗所用之组合，亦即是在六边形石牌中所记之"卤簿"。出土的六边形石牌。下部为长方形，上部两边各抹去一角，形成两短斜边，整体为六边形。其中，两长边长7.2厘米，两短斜边长1.8厘米，下部宽4.8厘米，上部横短边长2.3厘米，通高8.4厘米，厚0.8厘米。该类石牌刻铭，又分为单列铭文、双列铭文两种。单列竖刻铭文绝大多数为汉隶，内容有"刀尺一具""漆唾壶一""漆浆台一""书案一""璧四""珪一""竹翣一""木绳叉一""竹簪五千枚""胡粉二斤""渠枕一""镜台一""墨画衣架一""沐具一具""木墨行清一""香囊卅双""墨研一""墨廉薑函一""玄三早绯""白练单帬一""冒一""绒手巾一""紫臂褠一具""丹绡襜襦一""绛疏披一""�二绛绯""黄绫袍锦领袖一""白练单衫二""白练袜一量""绛文复袴一"等30余种；双列竖刻铭文汉隶有"鞴车上广四尺长一丈三尺五寸漆升帐钩一具""绛枉文绮四幅被一""一尺五寸两叶绛缘鐊

图 74.3 魏武王铭石牌

图 74.4 “镜台一”石牌

屏风一”“三尺五寸两叶画屏风一”“文藻豆囊一具”“黄绮披丹绮缘一”“长命绮复衫、丹文裄一”“丹文直领一，白绮帬自副”“墨表东里书水碗一”等多种；另有楷书“墨画零状荐苹蒻簟一具”“白缣画卤簿、游观、食厨各一具”“黄蜜金廿饼、白蜜银廿饼、亿巳钱五万”“黄豆二升”“木墨敛二合、八寸机一”“广四尺长五天绛绢升帐一具、构自副”等多种（图74.4）。

上述墓中出土的石牌是俗称，其学名应为“楬”。《广韵》曰：“楬櫫，有所表识也。”类似战国墓内的竹简遣策之类，为随葬品的记录。但其间还有一些差异，石碣的内容更加丰富。曹操墓内出土的66件石碣，提供了更多的历史、文字、文化、艺术和社会信息，有重要的学术价值。

西高穴村一号墓位于曹操墓北侧20米处。2009—2011年，陆续进行考古发掘。共发现6个盗洞，最早为明清时期，多为现代盗洞。墓葬坐西向东，平面呈刀把形，由墓道和前堂、后室组成。墓内出土铁刀1、铁棒1、陶盆1和大型板瓦残片1。依据文献记载和一号墓与曹操墓近在咫尺的方位，发掘者认定这是曹操最近的陪葬墓，墓主人是曹操长子曹昂。此外，在一号墓北侧还找到曹操墓寝园的遗存。

通过考古发掘，结合文献记载，表明安阳西高穴二号墓应是东汉末期政权的实际控制者，汉丞相、魏武王，后被其子魏文帝曹丕追尊为太祖魏武帝曹操的高陵。

理由如下。

一是墓葬的位置符合文献中有关高陵的记载。曹操于建安二十五年（公元220年）正月病逝于洛阳。二月，他的灵柩被运回邺城，葬在他选中的位于西门豹祠西原上的墓地（又称之为西陵）。对此《三国志·魏书》《元和郡县图志》等文献多有记载。1998年在曹操墓附近出土后赵建武十一年（公元345年）大仆卿驸马都尉鲁潜墓志，其上记有："墓在高决桥陌西行一千四百廿步，南下去陌一百七十步，故魏武帝陵西北角西行四十三步，北回至墓名堂二百五十步。"鲁潜墓距曹操去世仅125年，这是以曹操高陵位置作为鲁潜墓位置的具体坐标，记录了二者之间的位置关系，成为曹操高陵位于西高穴村时之有力佐证。

二是西高穴村二号墓叠压在魏晋南北朝地层之下，开口于汉代文化层之上，从考古地层学的角度，确定了墓葬为东汉晚期。墓葬的形制为墓道、甬道、前室、后室和4个侧室的多室墓，以及四角攒尖式的墓顶，均为东汉末年至曹魏时期的高等级贵族的大型墓葬，与全国其他地方一些东汉时期诸侯王墓相似或更高。出土文物有12个陶鼎和大型圭、璧的组合，出土较多龙的形象，直径21厘米的大型错金铁镜，以及卤簿、輴车、竹翣等名目，这些都符合曹操超越王侯的礼仪和身份。

三是墓葬不设封土的形制，符合曹操"不封不树"的遗令。曹操生前："常以送终之制，袭称之数，繁而无益，俗又过之，故预自制终亡衣服，四箧而已。"曹植在《武帝诔》中说他父亲安葬时"既即梓宫，躬绑缀衣"，曹操穿着带补丁的旧衣入葬。符合"殓以时服"的薄葬要求。

四是出土文物表明了墓主人身份。前述二号墓内出土10件圭形石牌，还从盗墓者手中追回1件，虽然残破，但多数可以复原辨识牌上的刻铭"魏武王常所用挌虎大戟""魏武王常所用挌虎大刀""魏武王常所用挌虎短矛""魏武王常所用挌虎犀盾"等，追回的1件石枕，其上刻铭为"魏武王常所用慰项石"。其中"魏"是曹操的封国号，"王"是曹操生前的爵位，"武"是他死后的谥号。这是已故王侯惯用的称谓。这些石牌、石枕的出土，直接点明了墓主人非魏武王曹操莫属。墓中出土了大量铁兵器，表明墓主人一生征战，是一位杰出的军事家；还出土了书案、墨、陶砚等，表明墓主人又是一位伟大的文学家、诗人、书法家。文武兼备符合曹操生前的双重身份。

五是据史料记载，曹操的夫人卞太后去世于曹操死后的第十年，亦即魏明帝太和四年（公元230年）五月。当年七月，卞太后合葬于高陵。高陵有明显的二次打开的痕迹。前述墓内3具遗骨：1具60岁左右的男性，当为曹操本人；1具50岁左右的女性，当为卞太后；而第3位为20多岁的女性，很可能是曹昂的生母刘氏。

曹操高陵入选2009年度全国十大考古新发现；2013年被国务院公布为全国重点文物保护单位；2021年入选河南考古百年百大考古发现。

洛阳西朱村曹魏墓

位于洛阳偃师寇店镇西朱村南650米万安山北麓的缓坡上，2015年当地农民迁坟过程中发现一座大墓（西朱村M1），当即进行考古勘探与发掘，直至2016年结束。

西朱村M1为长斜坡墓道明券墓，平面呈“甲”字形，由墓道、甬道、前室、后室组成。土圹东西全长52.1米，墓道上口东西长33.9米，宽9—9.4米，墓室土圹近“凸”字形，东西长约18.2米，南北最宽处15米，墓室深10.8米。墓圹留有内缩七级生土台阶。前室内壁南北宽4.8米，东西长4.4米，拱券形顶。砖壁上见有残存壁画，仅留数处人物、瑞兽、宴饮、祥云等图案。后室为方形，边长3.6米，亦为拱券形顶。在前后室之间过洞为楔形砖双层券顶，过洞中部有木门相隔。墓葬用砖共三种：第一种为条形砖，用来砌筑墓壁和铺地，长46.5厘米，宽23.5厘米，厚11.5厘米；第二种为扇形砖，用来券顶，长46.5厘米，宽29—34.5厘米，厚11.5厘米；第三种为楔形砖，用来券筑过洞的顶部，长48厘米，宽24厘米，厚9—11.5厘米。在墓砖上发现大量的篆文戳印，初步统计约有20种，内容为“澂泥”“沈泥”“澂泥二尺”等，在墓室砖壁和墓葬土圹之间，用大量白灰和土夯打填充，在墓室铺地砖下面也有约半米的白灰（图75.1）。

该墓盗扰严重，从宋代至明清时期被盗三次，但仍出土了较多的陶器、铁器、铜器、漆木器及少量玉石器、骨器等。陶器有人俑、鸡、狗、猪、灶、井、磨、房、四系罐、盘、勺、炉、灯等；墓葬内发现数件铁质帐钩和8件石质帐座，石璧4件，石圭1件；另有250余件刻铭石牌（楬），刻铭石牌为平首斜肩六边形，长约8.3厘米，宽4.6—4.9厘米，上部有一圆形穿孔，一面有隶书阴刻文字，文字内容为随葬品的清单，石牌的尺寸及书写内容、格式和安阳曹操高陵所出刻铭石牌相似。刻铭石牌所记述的内容非常丰富，包括衣衾、器用、文房用具、梳妆用具、戏具、乐器、食物、丧仪类等十几个门类，石牌所记内容和部分出土遗物可以对应。墓内石牌记有“袿袍”“蔽结”“叉”（钗）等，为女性服饰和饰品；石牌另记有“武冠”“平上黑帻”“黑介帻”“剑一”等，为男性服饰和兵器。墓后室有双棺痕

图 75.1 西朱村曹魏墓 M1 全景

图 75.2 刻铭石牌

迹，该墓当为男女合葬墓。西朱村M1规模宏大，墓室使用了七级内收生土台阶，出土石璧、石圭礼器组合，石牌刻铭还有“玄三纁二”。结合《后汉书·礼仪志》记载，显然和天子有密切关系。另有刻铭“云母犊车一乘，蓐坐牛人自副”。联系列《晋书·舆服志》，表明云母犊车为魏晋时期皇家专用乘具（图75.2）。

西朱村M1所在的区域为汉魏洛阳城南部万安山的北麓，古称大石山，是文献记载的曹魏帝陵所在区域，发掘者认为西朱村M1的墓主人当为曹魏时期的皇室成员，或是魏明帝曹叡高平陵的祔葬大墓。在其东侧约400米的一座小山丘顶部，勘探发现了一座帝陵级别的“甲”字形曹魏大墓（西朱村M2），其形制大于已发掘的西朱村M1，在陵区内地势最高，规模最大，又位于最东侧，当为陵区内最主要的墓葬，其选址也经过宏观规划和严密设计，结合文献记载，西朱村M2应为曹魏明帝的高平陵。

曹魏政权存在时间短，这一时期的墓葬在全国范围内发现较少，这次考古发现为曹魏时期墓葬的认定、墓葬的分期断代、墓葬形制和器物类型的演变，提供了重要资料；此次考古发现还为曹魏陵墓和都城之间的关系提供了新的认识视角；也丰富了对曹魏丧葬礼仪的认识，有着重要的学术价值。

洛阳西朱村曹魏墓2021年入选河南考古百年百大考古发现。

洛阳曹休墓

曹休墓位于洛阳孟津县送庄乡三十里铺村东南，大汉冢东汉帝陵遗址和朱仓东汉帝陵遗址之间。在配合连霍高速公路改建工程中发现（20091HZM44），2009—2010年发掘（图76.1）。

墓葬为长斜坡墓道砖券多室墓，墓道朝东，墓葬土圹平面呈“十”字形，内收七级生土台阶，东西全长50.6米，南北宽21.1米，深10.5米。墓葬由墓道、甬道、前室、后室、耳室、北侧室、南双侧室等部分组成。墓室平面呈长方形，全部采用砖券拱形顶。前室平面呈长方形，南北长4.25米，东西宽3.5米。前室与后室、侧室

图 76.1 曹休墓墓道

图 76.2 曹休墓墓室

及耳室之间有连通的过洞，顶部全部采用楔形砖双层纵列券。各个过洞侧壁的中部均有凹槽，在墓室底部生土上也有对应凹槽，槽内发现有板灰，说明各墓室之间均用木门隔开。南双侧室，东西侧壁用条形砖一顺一丁对缝叠砌。南双侧室均南北长3.6米，东西宽1.65米，高2.8米。东西墙厚0.48米，隔墙厚0.85米。北侧室平面是方形，边长3.6米，拱券顶。后室平面呈长方形，东西长3.55米，南北宽2米，高2.8米。根据墓室结构、出土遗物的位置和人骨的情况，前室为前堂，后室、北侧室、西南侧室分别安葬墓主人和合葬者，东南侧室和耳室为储存器物间（图76.2）。

曹休建墓用砖可分为三类。一是条形砖，长0.47米，宽0.23米，厚0.11—0.115米，主要用于垒砌墓室的四壁和铺地。二是扇形砖，长0.48米，宽0.28—0.355米，厚0.11米，用于前室、后室、南侧室、北侧室、耳室和甬道中部的券顶，个别残砖使用在前室的南、北、西三面上部壁砖及北侧室西壁和封门上。三是楔形砖，又分两种：一种长0.46米，宽0.28米，厚0.075—0.11米；另一种长0.4米，宽0.2米，厚0.07—0.1米。楔形砖均为条形砖砍砸而成，用于各个墓室之间的过洞和甬道两端顶部的发券。

曹休墓的墓顶正中心券砖无字，以中心券砖为界，分为左右，在239块扇形砖上发现有朱书文字，经释读是记录墓顶券砖位置的编号。纵排的编号以“第一”“第二”“第三”“第四”“第五”“第六”等文字为序号；横列编号以“急”“救”“奇”“觚”“与”等汉字为序号。汉字前面加“左”“右”以区别横列的左与右。经研究发现，横列序号汉字与汉代名著《急救篇》开篇第一句相吻

图 76.3 曹休印章

合。《急救篇》又称《急救章》，是西汉元帝时黄门令史游所著，是当时儿童识字课本兼常识课本，类似后世的《三字经》。《急就篇》开篇为“急救奇觚与众异，罗列诸物名姓字，分别部居不杂厕，用日约少诚快意”。南双侧室、后室横列编号与《急救篇》开篇的文字顺序一一对应。墓室出土的散乱扇形砖上还发现了“众”“列”“诸”“物”“名”“姓”“分”“部”等字，涵盖了开篇两句的大部分文字。这表明曹休墓在修建之前经过严密的设计，这种复杂的、以数字加汉字墓砖编号的方式，在以往的考古发掘中是十分少见的。

曹休墓为一男（50岁左右）一女（40岁左右）的双人合葬墓，该墓被盗严重，出土器物数量不多，主要有陶器碗、盆、盘、耳杯、勺、四系罐、博山炉、灯、奁等；铜器有神人抱鱼铜带钩1件，制作精美，还有1件铜杈；铁器有削、镜等和一些金银饰件。其中最重要的是后室出土的一枚铜印，方形，桥形纽，篆书白文“曹休”二字（图76.3），边长2.4厘米，高1.8厘米。正是因为这枚印章的出土，结合墓葬的形制及其他出土遗物，最终确定墓主人为三国时期的曹魏名将曹休。根据文献记载，曹休，字文烈，沛国谯人，曹操的族子。《三国志》中有传，曹休因功累迁征东将军、征东大将军、大司马。魏文帝黄初七年（公元226年）曹丕驾崩，曹休与陈群、曹真、司马懿等四人受遗诏辅政。魏明帝曹叡即位后，进封常平侯。曹休生年不详，魏明帝太和二年（公元228年）病逝于洛阳，谥壮侯。墓葬出土遗物的考古学年代及墓葬的规格与曹休身份相符。曹休作为曹魏政权的核心人物之一，在三国历史上占有重要地位。曹休墓也是曹魏时期考古发掘中难得有实证名讳的大墓，具有重大历史和学术价值。

洛阳曹休墓2010年入选河南五大考古新发现；2021年入选河南考古百年百大考古发现。

洛阳曹魏正始八年墓

洛阳曹魏正始八年墓（M2035）位于洛阳涧西16工区。1956年为配合洛阳矿山机械厂建设，对该墓进行了考古发掘。

该墓为明券的砖室墓，距地表深10.3米，全墓由墓道、甬道、前室、南北耳室、过道、后室组成。斜坡式墓道位于墓葬东头，长23.5米，宽2.7—2.8米。墓圹南北西壁五级台阶内收，每级深0.9—1.5米，宽0.15—0.25米。青石墓门，门的上部和两侧门框亦用青石做成。墓室、甬道、耳室、过道全用砖砌筑。前室为近方形，大砖铺地，东西长3.38米，南北宽3.25米，顶部为四面结顶；后室为长方形，以小砖铺地，上为弧券顶。

该墓虽然被盗，仍残存遗物65件，以陶器为主，绝大部分出于南北耳室。还有铁器、铜器和玉器均出于前室。陶器有罐、奁、盆、盘、案、碗、耳杯、勺、灯、井、磨、灶、男仆俑、女婢俑、猪圈、狗、鸡等；另有铜鋗、铜博山炉、铜饰件、铁帷帐架、铁灯、玉杯等。其中白玉杯用金刚砂轮磨制，十分光滑，直筒、圜底，下附圈足。通高13厘米，口径5厘米，异常精美（图77.1）。铁帷帐架9件，十分少见，均由三根或四根短圆铁管的一端连接而成。三管的4件帐架，为一管直立，两管平伸，各管之间呈直角；一种四管的4件帐架，系在三管帐架的两个平伸管之间再加一管；还有另一种四管帐架1件，为四管向外伸出，下部正中镶一铁饼。以上每架铁管长短大小相同，长16厘米，直径为4厘米。4件三管帐架放置在帷帐的下部四角，另4件四管帐架放置在帷帐的上部四角，1件镶铁饼的四管帐架放置在帷帐正中的顶部，这样就可以用16根圆木将全部帐架连接起来，构成一个锥形顶或长方形顶的立体，如果四周再用布围之，恰好是一个完整的围帐（图77.2）。

非常重要的是在1件四管帐架上刻有“正始八年（公元247年）八月”的铭文。这是迄今为止我国发现的唯一一座带有纪年的曹魏墓葬。其墓葬形制和出土遗物均表现出由东汉墓葬向西晋墓葬发展的过渡形态，它既具有汉代墓葬的风格，又具有西晋墓葬的特征。这无疑为曹魏时期的墓葬断代、墓葬特点和其他一些考古学问题的研究，提供了极为重要的资料，具有重大历史、科学和学术价值（图77.3）。

洛阳曹魏正始八年墓虽然未入选河南考古百年百大考古发现，但其在中国考古学对曹魏时期研究的地位是无可替代的。

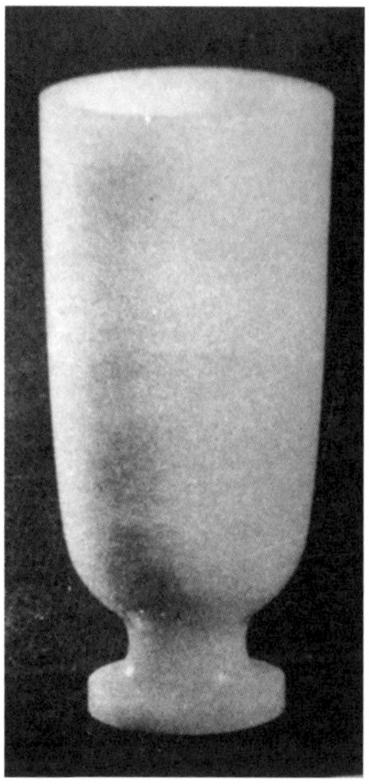

图 77.1 曹魏正始八年墓玉杯

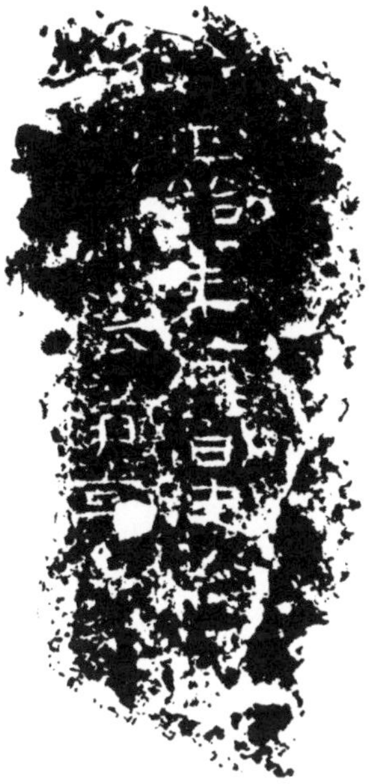

图 77.3 帐架“正始八年”铭文拓片

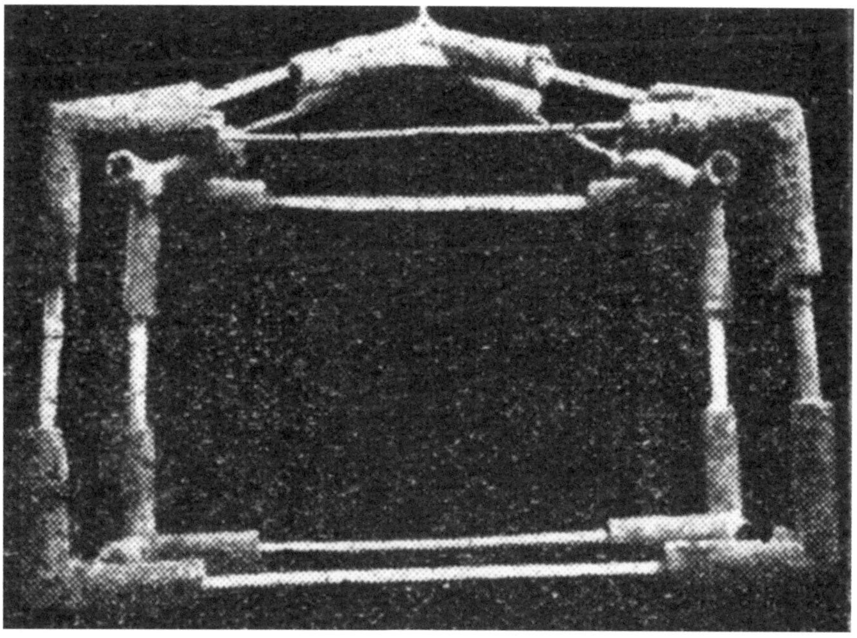

图 77.2 铁帷帐架（木柱为后加）

洛阳北魏宣武帝景陵

洛阳北魏宣武帝景陵，位于洛阳北郊邙山镇冢头村东，距孝文帝长陵约5千米。北魏宣武帝元恪，孝文帝第二子，公元499—515年在帝位。是北魏第八位皇帝，继承了其父一系列改革政策。公元515年病逝于洛阳，葬景陵。学术界对景陵的位置进行调查与考证，主要得益于冢头村周围地域以往所出记述与景陵有关的墓志。这类墓志共十四方，其中北魏墓志十二方，唐、宋墓志各一方。北魏墓志所记墓主死者，绝大部分为皇室成员，其入葬时间为正光二年（公元521年）至天平二年（公元535年），上距宣武帝入葬（公元515年）仅6—20年。十二方北魏墓志都明确记述了墓葬同景陵的相对位置，学术界根据这些证据并结合文献记载，最后认定冢头村东大冢即为宣武帝景陵。1991年对北魏宣武帝景陵进行抢救性考古勘探与发掘（图78.1）。

景陵陵园平面近方形，东西长440米，南北宽404米，四周有垣墙但无壕沟。垣墙破坏严重，没有发现门址，推测应和长陵一样，在陵园东、西、南三面设园门。陵园内有一处高大的封土冢，平面略呈圆形，平顶，现存高24米，直径105—110米。在北距墓冢约10米处的墓道延伸线的西侧，发现1件石翁仲，身穿广袖袍服，

图 78.1 北魏景陵大冢

图 78.2 墓道及封门墙

双手平举胸前拄剑，头部缺失，残高2.89米。景陵的地宫为青砖垒筑而成，坐北朝南，全长54.8米，由墓道、前甬道、后甬道、墓室四部分组成，平面略呈“甲”字形，墓室顶部为四角攒尖顶。墓道共分为两部分，前部为土壁墓道，长36.1米；后部为砖壁墓道，长4.5米，条砖铺地，砖壁厚达2米，券顶。墓道南高北低呈斜坡状，连接地面和地下的墓室。在墓道与前甬道接口处，设封门墙一道，宽2.8米，高近5米，厚2.44米，将地宫前甬道严密封堵（图78.2）。前甬道北端由第二道封门墙与后甬道分开。东西宽3.4米，南北长2.4米，拱券顶，顶高3.8米，地面用青石板平铺。后甬道南北长5米多，东西宽近2米，甬道壁和券顶都用青条石砌成。在后甬道与墓室交界处，设置一道石门，其门楣、门额、立颊、门下坎均镶嵌在墓室的南壁内。两扇石门板均高2.36米，宽1米，厚0.12—0.16米。墓室位于土冢中心部位的下部，整个地宫的最北端。平面呈四壁略向外凸的近方形，南北长约6.7米，东西宽近7米，总面积达46平方米。整个墓室由青条砖砌成，地面铺以经过磨平抛光的青石板，顶部为四角攒尖式，墓室高度为9.36米（图78.3）。灵柩放在墓室西半部的棺床上。棺床由15块方形素面石块拼砌而成，长3.86米，宽2.2米，高0.16米。棺床石面平整，四角各置一个有帐钩的石质插座。墓室东半部用以摆放各种随葬品。景陵的用砖为一种特制的长方形青砖，制作规整，坚实细密，内呈纯正鲜亮的青灰色。青砖分长38厘米、宽18厘米、厚6厘米和长37厘米、宽18厘米、厚6厘米两种。在所有墓壁、墓顶表层砖的外露面上，全部涂了一层均匀、黝黑、光亮的颜色，这在同时期被正式发掘的其他墓葬中是绝无仅有的。

图 78.3 墓室石板铺地

该墓被多次严重盗掘，连墓室内地面上的铺地石也被揭尽。残存能复原的器物尚有45件，包括青瓷器12件，陶器20件，釉陶器1件，石器2件，铁器10件。其中精美的瓷器有龙柄盘口青瓷壶、龙柄鸡首青瓷壶、四系盘口壶、钵、唾盂等，颇具南方青瓷的风格。这些瓷器用料纯净，质地坚硬，器表釉层较厚而又均匀，莹润而有光泽，多呈豆青色或青绿色，有较强的玻璃质感，又有细碎冰裂纹开片；陶器有罐、碗、钵、盆、盏托、小圆盒、大圆盒、方形四足砚、各种动物俑残块和釉陶碗1件；石器有石灯、帐钩插座。在盗洞中还残留有宋元时期、明清时期盗墓者留下的白瓷碗、盘、盏等遗物。

在宣武帝景陵区内还发现有一些祔葬墓，其中有宣武帝的妃嫔司马显姿墓、李氏墓，以及宗室元暐墓、元则墓等。

北魏宣武帝景陵是新中国成立以来经国家批准的继北京十三陵明神宗定陵之后科学发掘的第二座皇帝陵墓，已建为洛阳古墓博物馆的一部分，也是我国目前发掘开放时间最早的帝王陵。虽然墓内遭严重盗扰，但其墓葬建筑结构和残存文物仍具有重大历史、科学和艺术价值，为研究中国古代北魏王朝的帝陵埋葬和礼仪制度提供了一个难得的实例。北魏是北方少数民族鲜卑族南下中原建立的政权，积极推行汉化政策，展现了中华民族大融合的一个历史进程。墓内出土的南方青瓷器等，也反映了当时南北的经济往来和文化交流。

景陵作为洛阳及孟津邙山陵墓群的重要组成部分，2001年被国务院公布为全国重点文物保护单位；2021年入选河南考古百年百大考古发现。

安阳固岸北朝墓地

安阳固岸北朝墓地，位于安阳县安丰乡固岸村和施家河村东部，向南延伸到洪河屯乡，面积约10平方千米，古代这里叫卧龙岗。为配合南水北调干渠工程建设，2005—2008年，在这一带进行考古发掘。揭露面积2.5万平方米。共清理战国、秦汉、魏晋、十六国、东魏、北齐、北周、隋唐、宋明和清代等各个时期墓葬353座，其中最主要的还是北朝晚期墓葬。

固岸墓地的战国墓为竖穴土坑墓，随葬器物多为1件圜底陶罐。其中有3座战国墓出土3组骨牌，每组10—12支，每支上面分别写有天干地支和五行组合，如“丙寅火”“戊辰土”等。这些骨牌为首次发现，可能与思想观念和生活习俗有关。

西汉墓一般为竖穴砖椁墓，随葬罐、钵、壶等陶器，个别墓出土少量青铜器或漆器。东汉墓数量较多，均为多墓室砖室墓，其中M14结构较特殊，由墓道、甬道、前室、后室和侧室组成。其前室南向主墓道长近13米，在东侧室的南壁又辟有一条长约6米的短墓道。在前室靠近西壁有一棺床，其上葬1人。在后室发现棺木两个，东侧室内也葬1人。墓内随葬有托盘、耳杯、壶、豆、罐、碗、灶、井、狗等陶器，以及铜镜、铜饰品等。根据该墓有两条墓道的结构特点，以及在前室、后室和东侧室发现多具人骨架情况看，东侧室可能为二次葬，当属家族同穴合葬墓。在另一座东汉墓内发现有和墓地风水有关，具有道教咒符性质，用朱砂书写的“岁星”符石。

西晋墓为数不多，有带狭长斜坡墓道的洞穴砖室墓。随葬品主要是陶器，有多子盒、扁壶、罐、奁、盘、碗、勺、耳杯、圆盒、釜、牛车、俑、灶、井等。

东魏墓葬集中分布在墓区北部，数量最多，有90多座。其中有一些出土墓志砖的纪年墓，主要是东魏孝静帝武定五年（公元547年）、武定六年。其中M57为一座东魏武定六年（公元548年）带石墓门的大型砖室墓，人骨放置在罕见的围屏石榻上（图79.1）。

北齐墓集中分布在墓区南部，有70余座，均为竖穴土坑洞室墓。为斜坡式或竖井斜坡式墓道，墓室有铲形墓和刀形墓两种。在这两种墓葬中，铲形墓较大，规格也较高，随葬品较多。较大的铲形墓由墓道、前甬道、天井、后甬道、墓室等部分

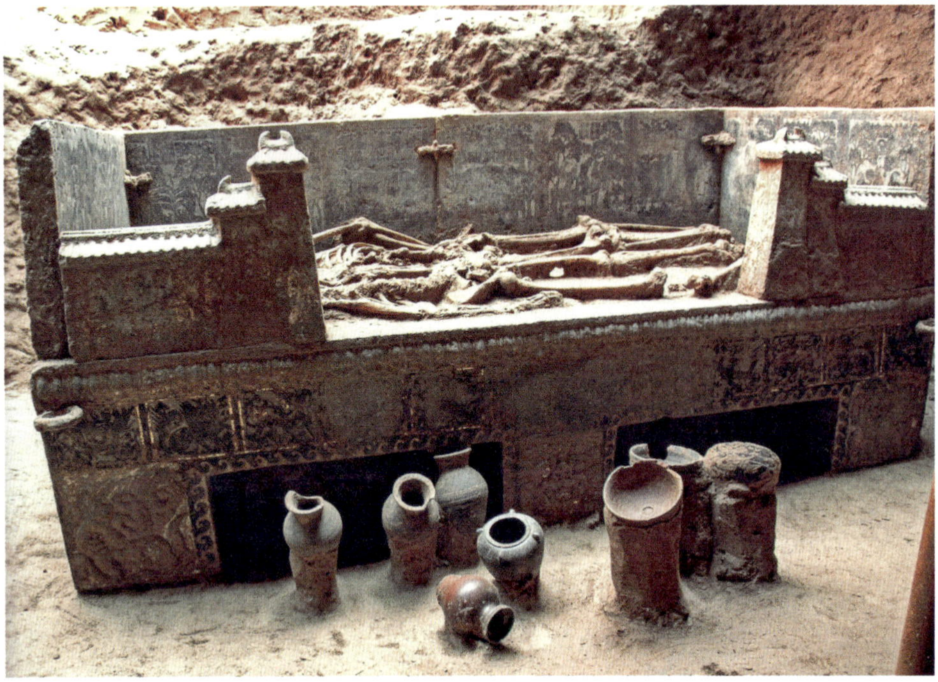

图 79.1 固岸东魏石榻墓

组成。而刀形墓葬则形制较小，档次较低，随葬品很少。墓地中的M2，深6.3米，竖穴土坑洞室墓，墓向南，为竖井斜坡式墓道，墓室顶部为斜坡状，平面呈铲形。随葬有瓷器13件，包括豆、罐、碗、盏等；陶俑27件，有武士俑、文吏俑、风帽俑、侍女俑等，其彩绘鲜艳精美；镇墓兽2件，一件为人面兽身，另一件为狮面兽身，显得威猛有气势；动物俑中有牛、羊、猪、狗等，其中羊、猪、狗三类都是雌雄各一，雌畜都带有数量不等的幼畜，这些小动物围绕在雌畜腹部吃奶，颇为生动可爱；另有灶、井、仓、舂、车、磨等陶器和常平五铢钱等。M46为一座带有长斜坡墓道的北齐砖室墓，坐北朝南，四壁微向外弧，穹窿顶（图79.2）。在墓室东壁有壁龛，墓室北壁有砖砌棺床。该墓虽被盗扰，但其结构保存基本完整，出土有墓志1合，纪年砖1块，还有青瓷碗、酱釉瓷小口罐、陶灯、陶转盘圆桌灯等。M72为一座带有斜长坡墓道的北齐铲形洞室墓，砖砌仿木结构墓门。墓室内随葬有大型青瓷高足盘、四系莲花瓷罐等完整的青瓷器。

通过考古发掘得知，安阳固岸墓地自战国至明清，跨度时间长，涉及朝代多，墓葬分布密集，排列整齐有序，出土文物种类繁多，具有重要历史、科学和艺术价值。墓地以北朝晚期的东魏和北齐墓居多。漳河北岸为东魏和北齐皇室贵族的埋葬之地，平民墓葬却很少发现。这次固岸墓地的发掘，填补了这个缺环，为全面了解故邺城的总体布局，提供了全新的视角。而较多的墓志砖出土，纪年明确，随葬器

图 79.2 北齐墓墓顶

物组合完整，家族墓地性质明显，这全面揭示了东魏、北齐中下层人民的丧葬制度和习俗，反映了当时的社会经济和生活面貌。而十六国墓葬和北周墓葬在这一区域为首次发现，使墓地有了更丰富的文化内涵。由于北朝各代具有中国北方少数民族的背景，墓葬内大量人骨架提取，为体质人类学研究也提供了重要的实物资料。

安阳固岸北朝墓地2007年入选全国十大考古新发现；2021年入选河南考古百年百大考古发现。

隋唐文化

隋唐时期是中国古代封建社会发展的巅峰时期，隋唐洛阳城成为这个时期最耀眼的明珠；洛阳回洛仓、浚县黎阳仓是隋唐大运河畔的丰碑；龙门石窟及周边古寺院遗址、登封法王寺唐塔地宫是佛教考古的新成果；洛阳又是古代丝绸之路东端的起点，洛阳唐安菩墓则是归附唐王朝的西域“昭武九姓”国安国（今中亚乌兹别克斯坦）大首领的墓，遂成为古丝绸之路的见证；巩义唐三彩窑和白河窑、鲁山段店窑，在中国陶瓷史上占有一定地位。隋唐考古中有9项入选河南考古百年百大考古发现。

洛阳龙门石窟及周边古寺院遗址

龙门石窟位于洛阳市区以南13千米伊河两岸的山崖上，为洛阳市龙门镇辖区之地。这里山高谷深，伊河西岸为龙门山，伊河东岸为香山。龙门石窟就分布在伊河两岸的峭壁上，南北长达约1千米。龙门石窟群开凿于北魏孝文帝迁都洛阳（公元493年）之际。当时魏孝文帝为了缓和阶级矛盾和民族矛盾，在大力推行汉化政策的同时，又以神学和宗教作为统治的精神支柱，让人们澄心静虑，礼佛修行，成就了北魏“昭提节比”“法教如林”的石窟造像。自北魏以降，历经东魏和西魏、北齐和北周、隋、唐、五代、北宋诸王朝，其中北魏和唐代大规模营建石窟达150多年之久。龙门石窟群现存窟龛2345个，造像10万余尊，碑刻题记2800多块，佛塔50多座。北魏石窟约占三分之一，唐代窟龛将近占三分之二。

北魏开凿的一大批洞窟，主要包括有高、宽、深近10米或在10米以上的特大洞窟古阳洞、宾阳中洞、宾阳南洞、宾阳北洞、莲花洞、火烧洞6座；进深5米左右的大型洞窟有魏字洞、皇甫公窟、药方洞、唐字洞、路洞5座；进深2.5米以上的中型洞窟有慈香窟、普泰洞、弥勒洞、赵客师洞、大统洞5座；进深2.5米以下的中小型洞窟有地花洞、六狮洞、弥勒北一洞、弥勒北二洞、来思九洞和汴州洞6座。这些洞窟中的北魏造像，大都有造像铭文题记，反映北魏时期皇室、贵族、各级官吏，以及其他形形色色人等，崇信佛教的各种心态，他们在龙门凿窟，祈福禳灾，发愿造像，不仅显示了当时高超的雕刻艺术水平，也反映了佛教艺术在传入中国后的转变和发展历程。

龙门石窟群最早的开窟造像是古阳洞，始建于北魏孝文帝太和十七年（公元493年）迁都洛阳之时。古阳洞平面呈长方形，椭圆形穹窿顶，洞窟高11.2米，宽6.9米，深13.7米。洞内各式造像龛多达1000多个，有造像题记800多品，堪称中国石窟之最。包括皇室成员、官吏和僧尼都留下了崇佛、祈福的遗存。古阳洞正面三尊造像，主尊释迦牟尼居中端坐，通高8.94米，头顶高肉髻，面相清隽秀美，眉目疏朗，尖颏薄唇，脖颈细长，两肩削窄，身披褒衣博带袈裟，双手叠压呈禅定印。两侧侍立二菩萨，均高3.9米，头戴宝冠，面容清秀，上身袒露，下着长裙，体态修长，表情庄重文静。壁面上浮雕的飞天，体态飘逸，长裙曳地。两壁刻有三列佛像，妙法庄严，气度恢弘。两壁大龛之间以及窟顶上，布满小龛和坐佛。洞内佛龛的龛楣，龛内佛像的背光和头光，雕刻精细繁缛，图案纹饰变化万千，完美地展现了当时的绘画和雕刻艺术的高超水平。在古阳洞里“褒衣博带”和“秀骨清像”的和谐统一，形成了学术界所称道的龙门北魏皇家石窟寺造像艺术的“中原风格”。

在古阳洞开凿之后，北魏皇室继续在龙门进行更大规模的营造活动，其中最著名的就是龙门石窟的宾阳三洞。北魏时期完成了宾阳中洞，而宾阳南洞和北洞造像中途停工，直到唐初方告完成。宾阳中洞是北魏皇室营造的石窟中最为重要的一座洞窟，平面呈马蹄形，穹窿顶，通高9.3米，宽11.4米，进深9.85米。正壁雕五尊造像，主尊释迦牟尼居中结跏趺坐，通高9.55米，内着僧祇支，外披双领下垂、褒衣博带袈裟，体态平稳，面容清秀，额广颐宽，温和可亲。两侧侍立迦叶、阿难二弟子和文殊、普贤两菩萨。洞内南、北壁，各雕一立佛和二胁侍菩萨。这三座造像表示的是过去、现在和未来的“三世佛”。宾阳中洞窟顶为莲花宝盖，上刻八个伎乐天人和两个供养天人。洞内前壁两侧各有一幅大型浮雕，北为“孝文帝礼佛图”，南为“文昭皇后礼佛图”。场面宏大，精美绝伦，具有极高的艺术和历史价值，图中人物所著服饰皆为汉服，这也是孝文帝汉化改革的一个生动实例。两幅礼佛图以上雕有维摩、文殊对坐和两幅佛本生故事画。宾阳中洞外门口两侧各刻一金刚力士，窟内甬道北侧刻有帝释天，南侧刻有大梵天。宾阳中洞的造像布局及装饰以突出宗教主题为前提，规模宏大，艺术精湛，是中国6世纪初叶佛教石窟殿堂窟样式的重要范例，也是龙门北魏皇家石窟寺造像艺术“中原风格”的又一经典之作。

隋唐东都洛阳城的创建和武则天改神都建立大周，奠定了洛阳政治、经济、宗教、文化中心的地位。从唐朝开国到鼎盛的一百年间，龙门石窟进入了开窟造像的第二次高峰。龙门成为皇帝、皇后、太子、诸王及朝臣显贵开窟造像的中心。唐太宗贞观年间有纪年题记的造像约38个；唐高宗时期有纪年造像龛约246个；武则天时期约122个；中宗改周为唐，政治中心西移长安，龙门有纪年造像龛22个；玄宗开元盛世，有纪年造像龛41个。8世纪中叶“安史之乱”，洛阳的繁华，大唐的盛世一去不复返，唐朝龙门的开窟造像活动，从此烟消云散。

唐代营造的主要石窟有潜溪寺洞、宾阳北洞、敬善寺洞、清明寺、双窑、万佛洞、惠简洞、大万伍佛洞、三佛洞、西山最南的极南洞、东山擂鼓台三洞、看经寺诸洞、高平郡王洞、摩崖三佛龛、卢征造观世音像龛等。其中最能展示龙门石窟造像艺术成就的当数唐高宗上元二年（公元675年）完工的奉先寺大卢舍那大像龛。位于龙门西山南部的山腰上，因地制宜露天雕造佛像。在一个南北宽近40米的范围内，坐西朝东雕有一佛、二弟子、二菩萨、二天王、二力士九尊大像。正中卢舍那大佛坐像通高17.14米，两旁弟子立像高10.65米，菩萨立像高13.3米，天王、力士立像均高10.3米。这是唐高宗亲自经营的皇家开龛造像工程，武则天也为之捐出

“脂粉钱二万贯”。卢舍那大佛头饰波状纹高肉髻，面容丰满，双目俯视，嘴巴含笑而又不露，形态庄重而又文雅，神情睿智而又明朗，犹如古人对其赞美曰：“相好希有，鸿颜无匹，大慈大悲，如月如日。”奉先寺以卢舍那大佛为中心，通过菩萨、弟子、天王、力士和其他雕像的衬托，结构严谨、主次分明，根据其内在的特征，采取不同的表现形式，既遵循古老传统的经典，又突破宗教仪轨的束缚，人神交融，美丑、善恶强烈对比，写实、夸张适度运用，亦真亦幻，具有极大的艺术感染力，是中国古代石窟造像艺术最完美的组合，树立了龙门唐代皇家石窟造像艺术“大唐风范”的不朽丰碑（图80.1）。

在龙门石窟除了皇室、贵族、官吏开凿的大型石窟造像之外，连当时的工商行业和其他人等也参与凿窟造像。在古阳洞与药方洞之间崖壁上，有佛龛刻有“北市香行社，社官安僧道，录事□□□、史立策、□□□、康惠澄……右件社人等一心供奉。永昌元年（公元689年）三月八日起手”的题记；在古阳洞上方有一处小石窟（王祥洞）的窟门上刻有唐天授二年（公元691年）“北市丝行琢龛”；西山南部一石窟前室后壁门上有唐延载元年（公元694年）“北市采帛行净土堂”八个大字。由此可以看出，当时的工商行业如采帛行、丝行、香行参与造窟。而北市香行的社官安僧道，录事史立策、康惠澄等人，可能来自西域“昭武九姓”国的安国、史国和康国。

图 80.1 奉先寺大卢舍那像龛

除了精美的石刻造像之外，龙门石窟大量的碑刻题记也是造像窟龛的重要组成部分，主要是开窟造像功德主的发愿文，记载了造像功德主的姓名、籍贯、职官、造像缘由、造像题材、造像目的、造像年月等重要的历史信息，也有部分是历代帝王、文人、士大夫等浏览龙门留下的铭刻，既是龙门石窟历史沿革的文字记录，也是书法艺术珍品。包括龙门四品、十品、二十品、三十品、五十品、百品、千五百品等，尤以北魏题记中的龙门二十品最受人青睐，被称为方笔书法的“极轨”，同时还体现着浓厚的佛教审美情趣。这些震撼人们的魏碑书法，并非完全出自书法名家，恰恰是因为融进了刻石工匠的刀笔匠心，才有此朴拙自由的书体。试想支持龙门石窟开凿的王公、贵族、官吏及其他人等与具体实施雕凿的工匠们，都是虔诚的佛教徒，蕴藏于他们内心世界的佛教信仰和深刻的宗教体悟，必然会流露在他们的笔尖下和刀锋下。换言之，他们完成的一件件精美的艺术品实在就是他们内在生命的外化。龙门石窟中魏碑题记，在中国古代书法艺术中占有举足轻重的地位。

在龙门除开窟造像之外，还在山畔中峰峦之间广筑寺院。据载，自北魏至唐宋时期，龙门一带就建有石窟寺、灵岩寺、乾元寺、广化寺、宝应寺、天竺寺、敬善寺、崇训寺、奉先寺、香山寺，被称为著名的龙门十寺，且以奉先寺、香山寺最为兴盛。此外，还有一些其他的寺院。如今这些寺院已经变成了遗址，有的甚至找不到踪迹。这样又把龙门石窟与考古调查及发掘联系起来。1976年8月，在龙门石窟奉先寺大卢舍那像龛顶部进行排水防渗工程施工时，发现奉先寺原始的“人”字形排水防护沟，长120米左右，这是原奉先寺同期工程的组成部分，亦即在初建奉先寺大像龛时，唐代的工匠们就考虑到了排水问题。1978年在龙门石窟拆除宾阳三洞晚期修建的砖券门时，发现了长期被掩盖的大型浮雕帝释天、大梵天二护法神王像，均系北魏皇室营造宾阳洞时所雕造；另外发现有唐永徽元年（公元650年）汝州刺史、驸马都尉刘玄意造的金刚力士像一具，以及许多造像题记，这应是龙门石窟考古的重要新发现。

1983年，在龙门西山洛阳市粮食局粮库院内一狭长、呈东西走向的三级台地上，粮库工人在平整场地时发现高僧神会的墓葬，其后进行了考古发掘。该墓为一近似于正方形的竖穴土坑墓，墓坑内置石椁，用13块青石板构筑而成。石椁长1.25米，宽1.13米，高1.2米。在石椁东壁上部第一块石板上刻有《塔铭》。石椁内出土的珍贵文物有鎏金铜塔式罐、铜净瓶、铜手炉、银盆、黑漆陶钵等。石椁上刻的《塔铭》全称《大唐东都荷泽寺殁故第七祖国师大德于龙门宝应寺龙腹建身塔铭并序》，由门人比丘慧空撰文，比丘法璘书丹，全文计350余字。《塔铭》首先肯定了禅宗由初祖达摩，直到六祖慧能传到神会的南宗传法谱系，次叙寂灭时的年岁、僧腊及时间、地点，再叙及迎葬龙门山的经过，最后记叙神会葬归龙门山宝应寺是生前的愿望及在龙门建身塔的时间等。这是一件非常重要的佛教文物。神会（公元684—758），俗姓高，湖北襄阳人，拜于禅宗南宗六祖慧能门下，成为其衣钵传人，后被尊为禅宗南宗七祖。唐乾元元年（公元758年）五月十三日坐化于荆州开元寺，享年七十五岁，僧腊五十四年，永泰元年（公元765年）十一月十五日立身塔于龙门宝应寺龙岗中。神会墓葬的考古发掘，不仅澄清了佛教史籍以往对神会寂灭的时间、地点及年岁等记载上的错误，同时还确定了唐代龙门十寺之一的宝应寺遗址的具体方位，破解了龙门古寺史迹研究中的一道难题，有重要的学术价值。

龙门奉先寺遗址位于龙门西山南麓的魏湾村北，龙门石窟大卢舍那像龛和古阳洞的西南方，东临伊河，洛阳至伊川的公路从遗址中间穿过。遗址面积约4万平方米。20世纪80年代，曾对该遗址进行考古调查；1997—2000年，依据协议由洛阳市文物工作队、洛阳市第二文物工作队、洛阳龙门石窟研究所与意大利那波利大学东方文化研究所组成联合考古队，对奉先寺遗址进行考古发掘，前后用时6个月，揭露面积1637平方米。发掘殿址1座，东西长25.77米，南北宽19.06米。发现有角柱石和殿内部分柱础石，殿内为砖铺地面，殿南正中有上殿台阶，殿址东西两侧均有僧房类的建筑。殿址北侧有一条东西向砖砌水道。遗址出土遗物有大量的建筑材料，包括砖、瓦、滴水、瓦当等；另有许多石刻佛像、菩萨像、弟子像和佛龛等（图80.2、80.3）；还有青釉瓷碗、白釉瓷碗和盘、黑釉瓷碗和粉盒等；又见有开元通宝、皇宋通宝、元丰通宝、正隆元宝等唐宋金铜钱。从出土的石刻造像和建筑遗迹

图 80.2 奉先寺遗址出土菩萨坐像

图 80.3 奉先寺遗址出土佛头像

可以推断该遗址是一处与佛教关系密切的建筑基址。据《河洛上都龙门山之阳大卢舍那像龛记》记载："调露元年己卯（公元679年）八月十五日，奉敕于大像龛南置大奉先寺。"遗址位置与这段记载所述的大奉先寺位置相合。因此可以推定，该遗址就是奉先寺遗址。奉先寺与大奉先寺同指一寺，只是随着寺院地位的改变，而名称略异。这次考古发掘确定了龙门十寺奉先寺的地理位置，也很有学术意义。

龙门石窟香山寺属于龙门十寺之一，位于龙门东山南端山麓多级台地上，坐北朝南，2016年龙门石窟研究院、北京大学考古文博学院、洛阳市文物考古研究院对香山寺遗址塔基区和遗址最下级台地建筑基址进行勘查和考古发掘。在塔基区清理僧人墓塔塔基、塔院围墙等。塔院平面呈方形，四周有围墙，边长约8米，围墙中心位置为僧人墓塔遗迹，仅存塔心地宫基础和周边少量铺地砖。地宫居塔院正中，推测此塔可能为中天竺三藏法师地婆诃罗墓塔。遗址最下级台地建筑基址为房屋条石基础，其上有烧土堆积和砖瓦堆积，被清代家族墓地破坏。

2017年继续对龙门香山寺遗址进行第二年度的考古发掘工作，主要发掘香山寺遗址第三台地堆积部分。包括地势最高的塔基二，为一处边长8.1米的正方形坑，坑深0.85米，坑内有大量的碎砖堆积，坑中部为塔基塔心或地宫，中间出土一个被扰动的石函。在方坑外东侧，发现两处由碎石块堆积的近圆形石磉墩；方坑西侧有多层铺砖面；方坑南面有三处建筑房址和道路。除石函之外，出土物还有大型刻划纹石条、石刻造像残片、经幢残块、陶器、瓷器、铁器、铜钱、瓦当及大量的砖块等。与此同时，还对2016年已开始的香山寺遗址北部万佛沟第1号窟（北崖壁上新发现的瘗窟）窟前遗迹的后续发掘工作。清理了从万佛沟底步行上洞窟的原始道路，发现了窟前建筑遗迹和塌毁后的建筑构件，以及生活用品等。该处洞窟与香山寺有一定关系或者为香山寺的一处别院。依据洞窟形制推测，西侧洞窟为禅窟，东侧洞窟为活动场所，窟主死后，门人弟子将其骨灰或遗体放入西侧洞窟内并将窟门封堵形成瘗窟。

洛阳龙门石窟1961年被国务院公布为第一批全国重点文物保护单位；2000年列入世界文化遗产名录；2001年入选中国20世纪100项考古大发现；2009年入选全国最具中华文明意义的百项考古大发现；2021年入选全国百年百大考古发现和河南考古百年百大考古发现。

隋唐洛阳城遗址

隋唐洛阳城位于今洛阳市区。北依邙山，南对龙门，东逾瀍水，西至涧河，洛水横贯其间。是我国封建时期著名的都城之一，始建于隋大业元年（公元605年）。1954年首次对隋唐洛阳城进行考古调查；1959—1980年，对隋唐洛阳城进行全面调查，重点勘探及少量考古发掘；1981—1999年，以配合基本建设的考古发掘为主，也有一些为考古科学研究进行的主动考古发掘；2000年至今，以主动考古发掘为主，也有一些配合基本建设进行的考古发掘。

隋唐洛阳城分为外郭城、宫城、皇城、曜仪城、圆壁城、东城和含嘉仓城。其中外郭城最大，其他诸城位于外郭城西北部。而外郭城东北部和南部则为居民里坊区。外郭城南宽北狭，平面略呈方形。经实地勘测，南墙长7290米，有城门3座，自西而东依次为厚载门（隋称白虎门）、定鼎门（隋称建国门）、长夏门；东墙长7312米，有城门3座，自南而北依次为永通门、建春门（隋称建阳门）、上东门（隋称上春门）；北墙长6138米，有城门2座，东为安喜门（隋称喜宁门）、西为徽安门；西墙长6776米，未设城门。

洛河将外郭城分为洛河以南和洛河以北两大区域。城内街道纵横交错，形成109个里坊和3个市。其中洛河以北有28个坊和1个市；洛河以南有81个坊和2个市。每个坊的平面为方形（或长方形），每边长450米，每个坊周围有墙，每面开一个门，坊内为“十”字形街，路面宽为14米。外郭城内通往城门的大街主干道，如对应宫城的定鼎门南北大街宽120米，连接其他城门的干道宽40—60米，里坊之间的街道宽30米以下。3个市中最大的是南市，位于洛河南岸，占地两个坊，内有112行，3000多个肆；北市在洛河北岸东北里坊区的中心部位；西市在城的西南角，占地都是一个坊。里坊中也有一些商店。洛河两岸坊内有商行，以北岸的承福、玉鸡、铜驼、上林诸坊商业最盛。武则天时（公元701年），在皇城东南角的立德坊以南辟了一个可停泊商船的大水潭（新潭），这与当时的漕运和商业贸易息息相关。北市的商业最繁盛，在龙门石窟内也有反映。题记中有“北市香行社”“北市采帛行”“北市丝行”等参与龙门石窟的修凿，而经营进口商业的北市香行社官安僧道、录事史立策和康惠澄三人可能来自中亚西域“昭武九姓”国的安国、史国和康国。为适应外来商人的宗教和习俗，在北市西南的立德坊建有“胡祆祠”，南市东南的会节坊建有“祆祠”，南市西南的修善坊建有“波斯胡寺”，南市西还有“胡祆神庙”等，这些反映了唐代内地和西方贸易的发展。

宫城位于外郭城西北隅，其南与皇城相连，东与东城、含嘉仓城相接，平面呈东西长方形。宫城南部以大内为中心，东西隔城、东西夹城依次分布；北部由南向北为附属的玄武城、曜仪城和圆璧城三重隔城。据文献记载宫城南面六门，中为应天门（隋称则天门），应天门以东为明德门（隋称兴教门），重兴门和泰和门，以西为长乐门和洛城南门；南墙北曲部分，东有宣政门（隋称永康门），西有崇庆门；宫城北面正门为玄武门，再北为圆璧南门，最北是龙光门。

皇城位于宫城之南，南临洛河，其东北侧、西北侧各向北延伸一段，拱卫宫城的东、西两面，总体平面呈“凹”字形。皇城南垣有3座门，正中为端门，其东为左掖门，其西为右掖门；东垣1座门，为宾耀门（隋称太阳门、唐初称东明门）；西垣有2座门，南为丽景门，北为宣辉门（隋称西太阳门、唐初称西明门）。皇城内有东西向四街，南北向隋为五街，唐为四街。

东城位于宫城东侧。西与东夹城相连，北与含嘉仓城相接，东隔泻城渠与洛河北部里坊区相望。平面呈南北长方形。东城有3座城门，南为承福门，东为宣仁门，北为含嘉门。

含嘉仓城为隋唐两代的大型国家粮仓，位于隋唐洛阳城的东城以北，曜仪城、圆璧城以东。含嘉仓城平面呈南北纵长方形。城墙夯筑，西墙长710米，宽15米，残高1—2.5米；北墙长610米，宽17米，残高1.5—3米；东墙和南墙则与西墙和北墙长度相等。总面积约43万平方米。四面城墙皆辟一门，依次为东门（仓东门）、南门（含嘉门）、西门（仓中门或圆璧门）、北门（德猷门）。其中德猷门地处邙山脚下，门址在北墙偏西处。城门为单门洞土木结构，建于夯土之上，宽4.9米，发现有门框、门墩等构件。两次修造痕迹印证文献所记隋炀帝时初建，后在唐武则天时又增筑。仓城东北部和南半部密集排列仓窖，已探明有287个，依其分布推测应为400个以上。仓窖排列有序，东西成排，南北成行，行距一般6—8米，排间距为3—5米。仓窖均为口大底小的圆缸形，口径多为10—16米，最大者达18米。深度多为7—9米，最深者达12米。在160号窖内保存有大半窖炭化谷子，推算满窖谷子应储25万千克左右。所发掘的16个仓窖建筑工艺和结构相同，即先挖成口大底小、周壁外鼓、口作圆形或椭圆形、四壁及底修整光洁的缸形深坑，其次作防潮处理，于底部垫土夯实，烧烤周壁下部及底部使之干燥隔潮，再涂上由烧土、炭渣、灰烬混合成的防潮层，再于其上分层铺木板、草、谷糠、席等防潮物品。窖壁上再砌木板，并在木板与谷物间置谷糠与席子，然后储粮。窖顶为圆锥形木架结构草屋顶，上涂很厚的草拌泥。窖底部出土了铭文砖，铭文记录粮食入窖时间为高宗调露和武则天天授、长寿、圣历年间及玄宗开元年间等；粮食的品种有南方的稻和北方的麦、黍、粟、小豆等；粮源来自苏州（江苏苏州）、楚州（江苏淮安）、滁州（安徽滁州）、徐州（江苏徐州）、随州（湖北随州）、润州（江苏镇江）、越州（浙江绍兴）、邢州（河北邢台）、冀州（河北衡水）、德州（山东德州）、魏州（河北邯郸大名）、濮州（山东菏泽）、沧州（河北沧州）等地，产地多在北方黄河流域、南方淮河流域和长江流域的大运河两侧，显系漕运入洛。砖铭还记有仓窖方位，以城门或城墙为坐标，写明其行数与窖数排号，说明当时有分区管理的举措。砖铭还记载了实施仓城管理者的官职有监察、判官、卿、监仓御史、押仓使15种，可分为中央官吏、本仓官吏、外地官吏和武职官吏，为研究唐代官制及仓廪管理制度提供了珍贵资料（图81.1）。仓窖中还出土了一些铁制生产工具、兵器和陶瓷生活用具。发掘成果表明，含嘉仓城从隋大业元年创建至唐“安史之乱”以前为发展和兴盛时期，此后伴随着东都洛阳地位的下降而衰落，但仍沿用至北宋，到北宋灭亡而废弃。含嘉仓城的考古发现不仅为隋唐时期经济、漕运、租税制度和国家仓库管理体制的研究提供了新资料，同时也为探讨当时的储粮技术，借鉴地窖储粮的传统方法提供了实物资料。

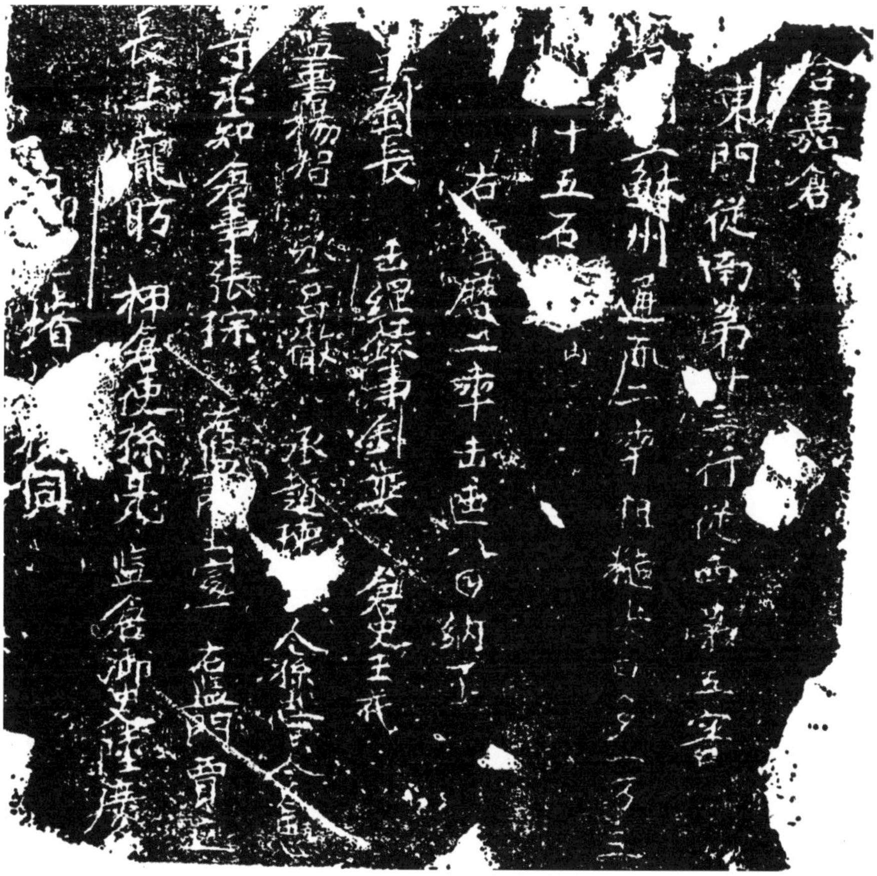

图 81.1 含嘉仓砖铭拓片

从隋唐洛阳城的布局看，外郭城的定鼎门大街为全城最重要的、最宽的南北向主干道，也是极为重要的轴线，轴线上的建筑是世界古代历史上最恢宏的建筑群。自外郭城南墙的定鼎门起，向北通过宫城正中直至最北圆璧城北墙正中的龙光门，南北全长约7千米。沿线相继建有15座规模宏大的建筑，自南向北依次为定鼎门、天津桥、天枢、端门、应天门、乾元门、乾元殿、明堂、天堂、贞观殿、徽猷殿、玄武门、曜仪门、圆璧门和龙光门，彰显了大唐盛世的宏伟气象。

多年来，勘查发掘了皇城的右掖门和宾耀门遗址；含嘉仓城及德猷门遗址；勘探发掘了宫城明堂遗址、应天门遗址、九洲池遗址、定鼎门遗址、永通门遗址、宣仁门遗址、厚载门遗址、玄武门遗址；还发掘了上阳宫遗址、履道坊白居易故居遗址、宁人坊遗址、明教坊遗址、修业坊遗址、思恭坊遗址、温柔坊遗址、崇仁坊遗址、正平坊遗址；又发掘了长夏门外大街遗址、长夏门东第三街和第四街遗址、外郭城南城墙和北城墙局部遗址等，有不少重要考古发现。

在中州路与定鼎路相交的东北角，发掘了武则天时期宫城的明堂遗址。遗址为红褐色夯土殿基，现揭露出来的殿基东西长约54.7米，南北宽约45.7米。结合钻探资料，推测整个殿基可能是八边形。在夯土殿基的中心位置，发现一个圆形大柱坑，坑口直径9.8米，向下深0.15—0.2米，口径缩小，出现一个三层台，台宽0.6米，自口至底逐渐内收，内径6.16米，距夯土面4.06米。坑底为四块大青石构成的巨型柱础，每块青石长2.4米，宽2.3米，厚1.5米。柱石外圈直径4.17米，内圈直径3.87米。在东、西、南、北四面刻有定方位的方向线。柱石中心有一方形柱槽，柱槽每边长0.78米，深0.4米。另外，在柱石西北、东南、西南三块石上分别凿一个圆形柱孔，直径均为0.3米，孔深0.16—0.25米。孔内填有0.03—0.1米厚的细砂。柱坑底部周围有砖砌短墙，呈八角形，为单砖错缝平铺，高0.35—0.8米，砌砖残留5—11层，在柱坑底部堆积有厚0.08—0.6米的木炭灰。武则天时期的明堂是在隋乾阳殿旧址上修建的，其地理方位、形制和建筑特点与有关文献记载的明堂相吻合。明堂遗址的发现为厘清宫城内宫殿的布局，为研究隋唐东都宫殿的形制、规模及建筑结构，都提供了可靠的资料（图81.2）。

勘查和发掘了宫城正南门应天门门址。在现今洛阳日报社与周公庙之间，应天门为一门三道，中门道压在洛阳通往龙门的大道之下。20世纪50年代，门址上还残存有门道基石三排，在门址的东西两侧连接宫墙有向南突出的两堵夯墙，高出地面4米左右，各宽17.5米，残长45米，二者相距83米。这两堵夯墙就是文献中所记载天门“左右连阙，阙高一百二十尺”的双阙遗迹。这是一座由门楼、垛楼、阙楼及其相互之间的廊庑连为一体的巨大建筑群。垛楼遗址保存较好，垛楼基部四周砌有青石包边（土衬石），其上砌城砖，土衬石外平铺散水石，垛楼夯土基址呈方形，每边宽约18米，残高8米左右，西面有廊庑与门址墩台相接，二者相距18.6米；东

图 81.2 明堂遗址

面与宫墙相连，紧贴城墙里侧有登楼的上下马道，宽约5米；南面有廊庑与阙楼相连。垛楼之南廊庑夯土基础长约38米，宽约11米，残高4米左右，两侧分布有整齐的柱槽，当为廊庑两侧之立柱。柱槽外侧砌有青石基础，相邻二石之间以铁细腰相连。阙楼基址东西残宽32.5米，南北仅存5米左右，虽遭严重破坏，仍然残留有部分基石和散水石。可判断出阙楼当为三出阙，其形制与西安懿德太子墓墓道两壁所绘出行图的门阙相类似（图81.3）。与应天门东阙相对应的西阙，也进行了局部发掘，其建筑结构与东阙相似。发掘出遗物有隋代的石构件，唐代的莲纹瓦当、筒瓦及专用砌城墙的斜面长砖，还有一件带“官”字铭文的长方形砖，以及一些瓷器残片，还出有宋代的建筑构件及较多的耀州窑、汝窑、钧窑及建窑的瓷器。发掘的应天门遗址应是唐高宗时重建的门址，一直沿用到唐末、五代到宋。作为宫城的正南门，应天门是东都的象征，这一雄伟的建筑格局，既表现出城门的雄伟壮观，又加强了防御能力。它对后代都城的建设也有着深远的影响，如北宋东京宫城的宣德楼、元大都的崇天门、明清北京故宫的午门等，也都是由这种形式演变而来的。

史载唐代著名诗人白居易晚年一直居住于洛阳履道坊西北隅，五代时白宅年久失修。后唐庄宗同光二年（公元924年）改履道宅为普明禅院。北宋时称大字寺园。白氏故居的地理位置、规模、布局及宅园内的构筑、景点设置等，在白居易著作中曾有记述。1992—1993年，在勘查的基础上，对隋唐洛阳城履道坊白居易故居

图 81.3 应天门东阙发掘现场

遗址进行考古发掘。其地点位于洛阳市南郊狮子桥村东北约150米处，揭露面积逾7000平方米。清理出唐代遗迹有较大灰坑8个，并行渠道2条（其中一条为五代至明清所修），道路1条，宅院遗迹1处，圆形砖砌遗迹（似酿酒作坊建筑遗迹）1处；另有宋代砖瓦砌筑遗迹1处。其中宅院遗迹位于发掘区北部，保存有墙基和散水，遗迹表明这是一处坐北面南前庭后院式的两进院落，以有门房的大门至上房中门间中线为轴线，进院为中厅，厅北两侧对称相连的依次为前东西回廊、东西厢房、后东西回廊和上房。唐代遗物多出自灰坑和渠道淤土中，以瓷器最多，包括壶、罐、盆、澄滤器、碗、盘、盂、杯、茶托、茶碾、盒等，可复原者有300件之多。瓷器晚唐风格明显，产地和窑口可分多处。另有瓷砚和石砚等文房用具。还出有21块石经幢，经幢残存下部作6面体，残高31厘米，底有圆榫，应有座相托，每面宽15.5—17厘米。各面皆楷书阴刻汉字，今存230余字的陀罗尼经文，其中有“开国男白居易造此佛顶尊胜大悲”等内容。另1残块有两面计26字，内有“唐大和九年（公元835年）……心陀罗尼”等内容。据史载白居易晚年笃信佛教，与佛僧过往甚密，曾长居龙门香山寺，自号“香山居士”。此经幢应为白氏出资建立于本宅，可能毁于五代或宋初。遗物中另有残石碑32块，出于遗址西南部宋代灰坑中，其中1块刻“景佑四年（公元1037年）”纪年文字；另1块刻有“在当时白”4字。勘探与发掘表明，履道坊两侧自南而北有唐代水渠，且在西北隅折向东流，与唐《两京城坊考》所述一致；残存宅院遗迹当为白氏故居，其南池沼遗迹为白氏南园旧址

图 81.4 白居易故居遗址

（图81.4）。这种布局佐证了白居易描述晚年生活的诗文；其故居大致风貌至元初犹存。所出瓷器多样，反映了当时陶瓷制作工艺的先进水平；多个窑口的产品汇集一处，显示了当时洛阳贸易的繁荣。白居易故居也印证了他勤于著述、嗜酒喜茗的生活习惯，以及晚年追随时尚尊崇佛教的思想。考古成果有重要的历史和科学价值。

隋唐洛阳城遗址1988年被国务院公布为全国重点文物保护单位；隋唐洛阳城应天门东阙遗址1990年入选全国十大考古新发现；2000年隋唐洛阳城遗址入选20世纪河南十项重要考古发现；2001年入选中国20世纪100项考古大发现；洛阳隋唐宫城遗址2010年入选河南年度五大考古新发现；2020年隋唐洛阳城玄武门遗址入选河南年度五大考古新发现；2021年隋唐洛阳城正平坊遗址入选河南年度五大考古新发现；2021年隋唐洛阳城遗址入选全国百年百大考古发现和河南考古百年百大考古发现。

洛阳隋代回洛仓遗址

洛阳隋代回洛仓遗址，位于隋唐洛阳城外东北部，南距隋唐洛阳城外郭城北城墙1200米，今洛阳市瀍河区瀍河乡小李村、马坡村西，邙山南麓的缓坡地带，310国道从中横穿而过。2004—2005年，为配合洛阳一拖东方红轮胎厂区建设工程，在这里进行勘探与考古发掘。根据地层堆积情况和出土遗物的年代，结合隋唐时期有关文献记载，确认该区域内的粮窖为隋代国家粮库回洛仓遗址；2007年回洛仓遗址被列为隋唐大运河（通济渠段）申报世界文化遗产名录的重要遗址点；2012—2017年，进行大规模的勘探与发掘，揭露面积4000平方米（图82.1）。

图 82.1 回洛仓发掘现场

隋代回洛仓城遗址平面呈东西横长方形，东西长1140米，南北宽355米，仓城墙宽3米。分为管理区、仓窖区、道路和漕渠几部分。目前已确定的仓窖数量达220座，根据对仓窖分布规律的推算，回洛仓城的仓窖数量当为700座左右。这些仓窖南北成行，排列有序。窖距为10—12米，粮窖口径一般为10—11米，最大口径为16米，底径7米，深为7—8米。隋唐时期仓窖的形制和结构基本类似。《王祯农书》记载："夫穴地为窖，小可数斛，大至数百斛，先令柴棘，烧投其土焦躁，然后周以糠，稳贮粟于内。"依据发掘的遗迹现象，回洛仓也是采用此种储藏的方法。仓窖建筑大致可分为五个步骤：第一步，先在地面上挖一个外直径不小于16米、内直径不小于10米、深1.3—1.7米、直壁的环形基槽，并对环形基槽进行夯打，以此作为防水、防塌坚实仓窖口，然后将环形基槽内的土挖出，形成口部直径10米、底部直径5—7米、深7—8米的口大底小圆缸形仓窖；第二步，对仓窖壁进行简单拍打，然后用火烧烤仓窖壁面，使之完全干燥；第三步，对整个仓窖壁加铺厚0.2米的青膏泥，用以防渗漏；第四步，在青膏泥防渗层上加铺一层木板，再在木板上铺一层竹子；第五步，存放粮食。以3号仓窖为例，窖口直径10米，底径7米，深7米，按圆台体积公式计算，该窖体积为401.135立方米。每座仓窖中贮粮高度约为6米，粮食的上、下底直径仍取10米和7米，那么每座仓窖中粮食的体积约为343.83立方米。按稻米和粟米的比重为每立方米800千克计算，当年每座仓窖储粮约27.5万千克。仓城有仓窖700座左右，总储粮约为1.925亿千克，数量可观。

在有些仓窖下部的周壁和窖底，还保留有火烧过的青膏泥防潮层、木板灰、仓窖顶塌落窖内的炭化草秆黑灰等遗迹。在个别仓窖还出土与回洛仓仓储有关较完整铭文砖1件，以及带铭文的残砖7件。砖铭记载了管理仓窖的机构为"太仓署"；该仓名为"新都仓"；其位置在"回洛城北竖街东第五行，从南向北第三窖"；以及粮食来源地点"管城县""汜水县""荥阳县""开封县""酸枣县""新郑县""陆浑县"均距洛阳不远；还有各县运粮的数量，如"荥阳县一千二百九十五石"；另有与回洛仓粮食有关的官员姓名，如"汜水县典刘信""开封县典郑通"等；最后是粮食入窖时间，为"大业四年（公元608年）十月二十日"。这些重要的文字记录，再次确定该仓城为隋代文献记载的回洛仓（图82.2）。在对仓窖发掘的同时，在仓城内区发现了两条道路，一条是东西向，宽约30米；另一条是南北向，宽约40米，并延伸到北墙外。从这两条路的规模看，它们应当是仓城内的主要道路，踩踏面明显，路面发现有车辙痕迹。在仓城南墙外60米处，发掘有漕运渠道，宽25米，深6.5米。洛阳隋代回洛仓作为大型的国家粮仓，与隋唐大运河通济渠漕运紧密相连，为研究隋代洛阳城的兴建，隋唐时期大型官仓的仓储制度及粮食储藏保管等提供了可贵的实物资料；也为隋唐大运河申报世界文化遗产名录提供了重要的实证和支撑。

洛阳隋代回洛仓遗址2014年入选河南年度五大考古新发现；2014年入选全国十大考古新发现；2014年与隋唐大运河遗址一起入选世界文化遗产名录；2021年入选河南考古百年百大考古发现。

图 82.2 回洛仓砖铭拓片

浚县隋代黎阳仓遗址

浚县隋代黎阳仓遗址，因地处隋黎阳故城西南郊而得名。位于浚县城东大伾山北麓东关村东南部一带。是隋代著名粮仓之一，它的设置和使用对隋王朝的国运影响很大。据《隋书·食货志》记载："开皇三年（公元583年）朝廷以京师仓廪尚虚，议为水旱之备，于是诏于蒲、陕、虢、熊、伊、洛、郑、怀、邵、卫、汴、许、汝等水次十三州，置募运米丁。又于卫州置黎阳仓，洛州置河阳仓，陕州置常平仓，华州置广通仓，转相灌注。漕关东及汾、晋之粟，以给京师。"这是黎阳仓建置之始。

2011年将黎阳仓遗址列入隋唐大运河（永济渠段）申报世界文化遗产名录项目之内，同时开展了田野调查与考古勘探，确定了黎阳仓遗址的位置；2011—2014年，进行了三次考古发掘，揭露面积2800平方米。发现城墙、护城壕、仓窖、漕运渠道、建筑基址、道路、灰坑、排水沟、墓葬等各类遗迹。黎阳仓城依山而建，平面呈南北长方形，南北残长300米，东西宽260米。夯筑北墙西段残宽6.2米，残高1.5米；东墙残宽5.5米，城外有护城壕。目前已探明储粮仓窖84个，皆为圆形，口大底小，口径8—14米，一般多在10米左右。窖底距今地面深为3.8—7米。仓窖总体排列整齐有序，南北向大致七排，每排10个左右，排与排间距10米，仓窖间距3.5—10米。其中第六排与第七排较为特殊，排间距8—23.5米。清理隋代仓窖3座，其中2座直径均约8米。C16窖口至窖底深约4米，在已解剖的东半部窖口半周均匀分布4个近圆形柱础，直径0.26—0.52米。C18窖口至窖底深约2米，在已解剖的南半部窖口半周发现有4个方形柱础，大的长0.6米，宽0.35米，小的长0.35米，宽0.3米，窖底中心有中心柱础遗存。另1座C6仓窖规模更大一些，在窖内发现颗粒状的炭化粮食作物，包括粟、黍子之类。仓窖内填土以自然淤积土为主，表明这些仓窖废弃后经历了一段自然的淤填过程。依据窖内出土遗物并结合叠压在仓窖之上的北宋时期地面建筑遗存分析，黎阳仓的废弃时间约在唐代中期之前（图83.1）。在黎阳仓城北中部发现一处漕运沟渠遗迹，南北向，口宽约8米，与仓窖的地层年代一致，渠的南端发现有砖砌残墙。在沟渠西北侧，勘探出一处东西长40米、南北宽25

图 83.1 黎阳仓 C6 发掘现场

米的夯土台基，这里应是黎阳仓城的粮仓漕运和管理机构之所在。

在遗址中部发现了叠压在废弃的隋唐时期仓窖之上的东西两处大面积夯土基址建筑。1号建筑基址位于仓城中部偏西，呈东北、西南向，南北长50米，东西宽约12米。清理出柱础38个，分为圆形和近圆形，直径约1.3米，深0.38—0.5米，柱础间距2.9—3.2米。2号建筑基址位于城址中部，亦是东北、西南向，南北长约28米，东西宽为25米。清理出柱础19个，柱洞10多个。柱础分为圆形、近圆形和长方形，圆形或近圆形柱础直径0.9—1.3米，长方形柱础大的长2.3米，宽2米，小的长1.6米，宽1米，深约0.38—0.49米不等。柱础形状的不同，与建筑结构需要有关，个别位置两种柱础交叉使用。柱础间距东西较宽，为3—5米，南北较窄约为3米。两处建筑基址内清理出大量的砖、瓦和吻兽等建筑材料，其中带“官”字印记的板瓦块达近百件，表明了建筑的官方性质。根据地层叠压关系和出土器物时代特征分析，这两处地面建筑的年代应为北宋时期（图83.2）。通过对现有考古资料的观察研究，可以看出浚县黎阳仓遗址应先后经历了两个发展阶段。第一阶段为地下储粮时期，仓城及仓窖建于隋初，废弃时间约为唐中期之前或早至唐初。第二阶段为地上仓储时期，其仓储粮库可能始建于北宋早中期，到北宋晚期时废弃。这两个阶段黎阳仓的建置和使用，与隋唐南北大运河永济渠（北宋时期又称为“御河”）有重要关联。

此外，又对与黎阳仓关系密切的隋代黎阳故城遗址进行考古调查与勘探。在距黎阳仓遗址东北约600米处，发现了颇具规模的黎阳故城，南北长2250米，东西宽800米。查明了城墙、护城河、夯土台基、排水设施和道路等。与文献记载中黎阳仓在黎阳故城西南的地望完全吻合。黎阳仓遗址的考古发现，为中国隋唐大运河申报世界文化遗产名录工作提供了隋唐大运河永济渠开凿和利用的珍贵资料，为北宋时期永济渠仍具有重要作用提供了考古实证，也为研究中国古代官仓建设和储粮技术发展增添了新资料，具有重要的历史和科学价值。

浚县黎阳仓遗址2014年与隋唐大运河遗址入选世界文化遗产名录；同年入选全国十大考古新发现和年度河南五大考古新发现；2019年与浚县黎阳故城共同被国务院公布为全国重点文物保护单位；2021年入选河南考古百年百大考古发现。

图 83.2 建筑基址

安阳隋张盛墓

1959年5月，在安阳豫北纱厂附近发掘了一座隋开皇十五年（公元595年）张盛墓。对国祚仅有40年的隋代来说，这应是一次重要的考古发现。该墓南侧有长6.42米较陡的斜坡墓道，墓道北有砖券甬道，甬道南端用砖封门，甬道两侧各有一个很小的耳室，甬道北面为近方形的墓室，四边呈弧线向外突出，长2.8米，宽2.9米，其上为方锥形墓顶，墓室靠北半部砌有棺床。

墓室内棺床的东南角出有墓志一方。盝顶盖上有两个铁环，篆刻“张君之铭”4字。盖与志每边长0.48米，志文有“隋故征虏将军中散大大张君之铭”。记有“君讳盛，字永兴，南阳白水人也”。“曾祖丰卫将军，本州大中正，青州刺史；祖原州主簿，加龙骧将军，特除谯梁二州太守；考齐郡中正，寻迁给事中，颍川郡太守。君……郡功曹，寻转左卫殿中将军，仍加龙骧将军。魏景明年，立勋回国，蒙授积射将军，秦州五零县令，仕至征虏将军，中散大夫……以隋开皇十四年正月十五日终于相州安阳县修仁乡之第，春秋九十有三”。“夫人王氏，南徐州人。右将军、散骑常侍、澄城公凝之女也。……开皇六年奄从运往亡于灵泉县西斗山之第，时年六十有七。今开皇十五年岁次乙卯十一月十八日，与先君同窆于相州安阳城北五里白素乡”。张盛正史无传，从志文可知，张氏为世家大族，数代为官。张盛早年即在其家乡擢为功曹，由于祖先荫庇，一路仕途坦荡，高寿93岁而殁。据推算其生年当为北魏宣武帝景明二年（公元501年）。隋开皇十五年（公元595年）与夫人王氏合葬于相州安阳城北五里白素乡，即今安阳市北面的豫北纱厂一带。在长达几近一个世纪的漫长岁月中，张盛经历了北魏王朝分裂成东魏和西魏，东魏、西魏又分别为北齐、北周所取代，最终隋文帝杨坚代北周自立并出兵南下灭陈，结束南北朝分裂而统一中国这样一个纷繁复杂的历史进程。因此，张盛的个人履历，实系百年动荡历史的缩影。由此折射出张盛墓发掘的历史和学术价值。

张盛墓的随葬品相当丰富，共有192件。除了一面铜镜之外，其余均为青、白瓷器和陶器。包括瓷俑6件。其中瓷侍吏俑2件，高约0.72米。分别放置在甬道两侧的耳室内。服饰相同，均梳发着冠，上穿裲裆，下着蓝衫，双手按刀，直立在莲花座上（图84.1）；瓷武士俑2件，分别高0.46米和0.73米，立于甬道两壁下。头戴

图 84.1 侍立瓷俑

盔，上身着红甲，腰束带，下着蓝色袴褶，足蹬靴。左手扶腰带，右手平握一武器（已佚），也立于覆莲座上；瓷镇墓兽2件，高约0.5米。人面的立于墓室口西侧，兽面的立于墓室口东侧，面部狰狞可怖，头上长角，身上涂红绿色彩。

出土各类陶俑89件。其中陶仪仗俑35件，均为模制。男俑25件，着幞头，身穿杏黄色长衣，圆领窄袖，腰束带，足蹬乌皮靴，左手扶带，右手平握，原执物已无存。女俑10件，头梳双髻，黑发红唇，上身穿绿色或红褐色襦，下着黄裙，双手拱于胸前；陶伎乐俑8件，头梳平髻，后脑插梳，长裙系于前胸，双带下垂，均是跽坐，长裙铺地。涂有各种色彩，有绿衣褐裙，有褐衣黄裙或绿裙，有褐衣或红衣红绿竖条裙。所奏乐器有觱篥、竖箜篌、排箫、钹、琵琶、篪、横笛等（图84.2）；陶舞俑5件。也是头梳平髻，后脑插梳，长裙拽地，胸系双带，有的还加一短衫，双臂甩袖，翩翩起舞；陶仆侍俑27件。大多数着绿衣红裙，也有穿褐衣或黄衣绿裙的。手中分别捧着瓶、盘、盆、碗、镜、洗、勺、果盒、巾等生活用具，有的则执箕扶铲，从事劳役；陶胡俑2件。深目高鼻，黄色的卷发，满脸络胡，穿翻领长袍，束腰带，下着袴褶，足蹬黄皮靴。左手下垂握带，右手平执胸前；陶僧俑2件。身披黄、绿、红、黑四色袈裟，足蹬靴。一僧左手下垂提瓶，右手平执香熏；另一僧仅右手执物。此外，还有一批陶家畜家禽俑，如牛、羊、狗、猪、鸡、鸭、鹅、鹤等。另有牛车，当与牛俑配套，车身已残，仅存双轮。

除俑类之外，还有较多的生活用具，以及日用器物的模型。生活用具有大量瓷器，包括壶、坛、罐、三足炉、三足带环盘、博山炉、灯、双耳盂、钵、独柱盆、碗、盒、奁、小缸、环足盘等；日用器物模型中有许多陶器和一些瓷器，包括井、灶、碓、磨、碾、屋、靴、履、座、马镫、珠、印等陶器；还有围棋盘、柜、凳、枕、兽座等瓷器。

上述出土随葬品中，确有一些引人关注。

其一是隋代的白瓷出土。中国是瓷器的祖国，自郑州商城发现距今3500年原始瓷器之后，历经漫长的发展过程，至唐代形成了南青北白的瓷业格局，即南方地区以越窑为代表的青瓷生产和北方地区以邢窑为代表的白瓷生产。隋代在白瓷的发展过程中起着重要的传承作用。安阳地区曾发掘过北齐武平六年（公元575年）范粹墓，出土了一批与青瓷釉色迥异但与唐代白瓷格调尚有差距的早期白瓷。而西安地区发掘隋大业四年（公元608年）李静训墓出土了多件相当成熟的白瓷器，已没有了青瓷的痕迹。而介于二者之间的张盛墓出土的白瓷中，有一部分是釉色中闪青或偏黄，既有北朝青瓷的清秀，又平添了几许白瓷的温润亮丽，明显地昭示出与青瓷的血脉姻亲及与早期白瓷的传承关系。而另一部分除去了偏青偏黄的青瓷色调，釉面已更加洁白细腻，显示出自北朝晚期白瓷产生以来到隋初的新成就。尤其是侍吏俑白釉下绘黑彩的运用，不仅准确恰当地适应了造型的需要，更突现了白瓷的洁白度，可谓点睛之笔。这种釉下彩绘的工艺，既是对汉代复色釉陶器装饰技法的承袭，更是开创了唐宋时期釉下彩瓷的先河。张盛墓大量早期白瓷的出土，无疑是研究中国古代白瓷的起源与发展不可或缺的实物资料。

图 84.2 坐部伎乐陶俑

图 84.3 白瓷围棋盘

其二是张盛墓内出土的白瓷围棋盘。围棋起源于中国，至少在春秋战国时期就已流行，并在唐代以前作为中日友好往来和文化交流的内容之一传到了日本，至今在日本被视为是一种国技。原来的围棋盘纵横各17道，如1952年河北望都汉墓内就出有一块石质17道围棋盘，这是现存最早的围棋盘。但至迟到了隋代，围棋盘改为纵横各19道，一直流传至今。《隋书·经籍志》录有《孙子算经》一书卷下第五算题："今有棋局十九道，问用棋几何？答：三百六十一。术曰：置十九道，自相乘之即得。"张盛墓出土的白瓷围棋盘为正方形，高4厘米，盘面每边长10.2厘米，盘上刻划许多小方格，纵横各19道，每个角的四、4位置和中央各有一小孔，这就是现在称之为"星"的位置。这是当今世界上现存最古老的19道围棋盘，也是世界围棋史上珍贵的实物资料（图84.3）。

其三是张盛墓还出土的一组彩绘舞乐俑。轻歌曼舞，丝竹萦回，再现了一千多年前奢华的一景：广袖轻舒，朱唇微启，让人感叹韶华之难在。其中舞俑5件，形态各异。她们或长袖抑扬，或莲步轻移，更有拂面而展歌喉者，展现了"抗修袖以翼面，展清声而长歌"的歌舞场景。此类形象应系东汉以来世家大族蓄养优伶俳倡之风的描摹，也是以其模型随葬而度来生的丧葬习俗之延续；出土8件乐俑中吹弹打击各种乐器，既有中原的传统乐器，也有一些自西域传来的乐器。有专家认为，这些应属于"堂上坐奏"的坐部伎，可从盛唐提早至隋代。又有学者认为，这些乐器的组合与史籍所见的隋代七部乐中之"安国伎"接近。这些都反映了通过古代丝绸之路，中原地区与西域的文化交流。

安阳隋张盛墓2021年入选河南考古百年百大考古发现。

洛阳唐安菩夫妇墓

1981年4月，在洛阳龙门东山北麓，西距伊水约1千米处，发掘了一座唐定远将军安菩与其妻何氏的合葬墓，出土了一批非常珍贵的文物。

该墓有斜坡墓道，长度不明。石构墓门，长方形门扉、门槛、门楣及两侧门框均为长条形青石，相互以榫卯相连接。门槛的两端分置于两块“凹”字形门墩内。两扇石门的轴枢各置于两门墩和门楣两端的臼窝中。甬道为一土洞，北接墓门，南连墓室。墓室亦为土洞，平面略呈横长方形，南北长2.95米，东西宽3.55米，高1.9米，弧形顶。墓室东西两边各有一个以石条包边的棺床。

墓中有一些石刻，花纹为线描阴刻和减地浮雕。如门扉上各刻一门吏，头戴冠帻，身穿广袖长衣，脚着大方头翘履，双手拱在胸前，左者按剑，右者持笏，两侧饰以花草纹；门额上刻卷草纹，中部刻对称的两只头似鸳鸯、大翼长尾的大鸟；门楣上刻卷草纹和对称的狮形兽；门框上刻卷草纹；门槛上刻三朵大牡丹，间以卷草纹；门墩上也刻卷草纹。棺床的石边刻十二生肖像，两边饰以莲花纹和卷草纹。

墓内出土墓志1合，盖为盝顶上刻楷书“大唐定远将军安君志”九字。志文行楷，22行，满行22字，总计458字。志文记有“唐故陆胡州大首领安君墓志。君讳菩字萨，其先安国大首领。破匈奴，衙帐百姓归中国。首领同京官五品，封定远将军，首领如故。曾祖讳钵过干，祖讳系利。 君时逢北狄南下，奉敕遄征，一以当千，独扫蜂飞之众，领衙帐部落，献馘西京。不谓石火电辉，风烛难住，粤以麟德元年（公元664年）十一月十日，卒于长安金城坊之私第春秋六十有四。以其年十二月十一日，旋窆于龙首原南平郊。夫人何氏，其先何大将军之长女，封金山郡太夫人。以长安四年（公元704年）正月廿日寝疾，卒于惠国坊之私第。春以八十有三。以其年二月一日殡于洛城南敬善寺东，去伊水二里山麓。孤子金藏，粤以景龙三年（公元709年）九月十四日，于长安龙首原南，启发先灵，以其年十月廿六日，于洛阳大葬”（图85.1）。从志文可知，墓主人安菩，其父为西域“昭武九姓”国之一的安国大首领，率衙帐百姓归中国，封定远将军。安菩随其父入唐，后袭其父职，亦为安国大首领，唐定远将军。贞观十五年（公元641年）北狄南下犯河套被唐军击败，此役安菩立有战功。据《隋书·西域传》：“安国，汉时安息国

图 85.1 安菩墓志拓片

（当时据有安息国之地域）也，王姓昭武氏，与康国同族。”又《新唐书·西域传》：“康者……君姓温，本月支人，始居祁连北昭武城，为突厥（当为匈奴）所破，稍南依葱岭，即有其地，枝庶分王，曰安、曰曹、曰石、曰米、曰何、曰火寻、曰戊地、曰史。世谓九姓，皆氏昭武。”“昭武九姓”是南北朝至隋唐时于今中亚阿母、锡尔两河流域九姓政权的总称。居民主要务农，兼营畜牧业。安国在今乌兹别克斯坦共和国之布哈拉。安菩史书无载，但墓志中提到的其子安金藏，新旧《唐书》均有传：叙其初为太常工人，景云中（公元710—711年）累迁右武中郎将，玄宗即位，擢右骁卫将军，爵代国公。景龙三年（公元709年）安金藏自长安启发其父安菩先灵，于洛州与其母何氏合葬，那已是安菩死后43年的事了。安菩夫妇墓的方位与志文记载相合。安菩墓志不但写明了墓葬的确切年代，而且还记述了安菩的国属、家世及其经历，虽然很简略，但也是一份重要的历史研究资料。

随葬器物相当丰富，分别置于甬道两侧和棺床上。其中出土50件三彩器和61件单釉器。包括文吏俑2件，上着赭黄色宽袖短衣，袖口镶绿边，下着白衣长裤，腰系带，冠上饰鸟，脚着尖头履，两手执白色笏板于胸前，直立于半圆形台座上，通高1.13米；天王俑2件，头戴鹖饰盔，身着绿袖甲，袖口及甲的周边饰赭黄釉，前胸左右有突起的兽头，左手叉腰，右臂高举握拳，足踏白色卧牛，牛下为长方形台座，通高1.13米；镇墓兽2件，其中1件为狮面，头顶饰火焰状大角，额上并列二弧形小角，大耳，牛蹄形足，通身间施黄、绿、白三色釉，蹲踞于须弥座式的台座上，通高1.04米。另1件为人面兽身，通高1.02米；马4件，形制基本相同，马头向左偏，蹄踏长方形底板，作静立状。其中1件面、鬃、背、尾为白色，间有酱黄色花斑，以下通饰黄釉，色黑而亮。黄绿花鞍上披绿毯，马首辔饰俱全，赭黄色革带上系13枚黄色或绿色变体宝相花垂饰，后附小翘的短尾，通高0.73米，长0.85米；骆驼2件，其中1件昂首张口，两峰左右对倾，四蹄前后分开，立于平行四边形底板上，作行走嘶鸣状。体施棕黄釉，头上、颈下、前肢和骆尾均为白色，背上垫黄、白、绿三色花毯，从毯的圆孔中露出双峰，峰间搭兽面驼囊，囊前后有绿色丝卷和绢卷，丝绢的两头分别系有小口瓶、鸡首壶、干粮袋和肉块，囊下垫夹板，后附曲卷尾，通高0.89米，长0.73米（图85.2）。另1件背上仅垫绿黄花毯；牵马、牵驼俑6件，均为双手握拳作牵缰绳状，身穿浅黄色大衣，绿色大翻领，腰系布带，足蹬黑色长筒尖头靴，立于前宽后窄的底板上，通高0.59—0.67米。其中2件为老年胡俑，络腮胡须，头戴黑色回族小布帽或尖顶毡帽（图85.3）。2件为青年胡俑，卷发外还系一圈红色布带。2件为中年汉人形象，八字胡，黑幞头；男骑马俑4件，高0.4—0.43米，长0.39米。其中2件为胡人，黑幞头，穿赭黄衣，骑白马，或穿绿衣骑赭黄马。另2件为汉人，白马黄鬃，骑者分别穿翻领窄袖绿衣或黄衣，头后梳圆盘双髻，马均静立于长方形底板上，骑者双手作击鼓状；女骑马俑4件，通高0.43米，长0.38米。其中2件马施赭黄釉，骑者头结半翻高髻，分别着黄衣绿裤或绿衣黄裤。另2件骑者，头戴风帽，身穿黄衣绿裤，分别骑黄马或白马；男立俑3件，高0.37—0.4米。头戴黑色高冠或黑幞头，身穿翻领大衣，衣施绿釉或黄釉，足蹬尖头履，左手下垂，右手握拳，小臂平举腰前，腰系带，上身稍向左倾斜，立于前宽后窄的底板上；女立俑1件，高0.39米，头结刀形单高髻，面部丰腴，肩披绿巾，身着黄色长裙，袒胸，双手持长巾于腹前，脚穿翘头履，直立于长方形底板上；男侍俑16件，为形制较小的单色釉。高0.25—0.29米。均为黑幞头，身着圆领窄袖长衣，腰系带，足着履，双手拱于胸前，立于长方形底板上，釉色有绿、白、浅黄及赭黄等；女侍俑25件，高0.24—0.34米。头结刀形双翻髻或半翻高髻，身着黄裙或赭黄裙，肩披绿巾；此外，还有小马、小骆驼、牛、猪、狗、鸡、鸭、鹅等，以及

图 85.2 三彩骆驼

图 85.3 三彩胡人牵驼俑

灶、栏井、米碓、磨、七星盘、小碗等三彩器或单釉器。

随葬品中还有陶碗、瓷唾盂、瓷瓶、瓷灯、瓷罐、玛瑙珠、开元通宝钱、铜镜和1枚金币。金币为圆形，直径2.2厘米，重4.3克，正面为一戴王冠留长须的半身男像，两侧有十字架，左边缘处有铭文“FOCAS”；背面是带翅膀的胜利女神像，右手持长柄钩状器，左手持上立十字架的球体，左边缘有铭文“VICTOPIA”。经夏鼐先生鉴定，这是1枚东罗马皇帝福克斯时期的金币，其铸造年代为公元602—610年。这也是洛阳出土的第一枚外国金币，它和1955年在洛阳北郊出土的波斯萨珊王朝银币一样，同为古代丝绸之路的遗物（图85.4）。结合墓内三彩器中各种胡人形象，以及身负囊橐、肉食、水壶和丝绸的骆驼俑，更可以进一步看出唐代东都洛阳与古丝绸之路的密切关系和在中西交通史上所占的地位。据考古学观察，安菩墓的葬制、葬俗以及出土文物中，包含着丰富的中原文化的元素，也有一些中亚地域的文化元素。洛阳当为古代丝绸之路东端的一个起点。

新中国成立之后，在洛阳地区发掘出相当数量唐代墓葬，其中也包括一些规模较大的唐墓，但很多都被盗扰过。像安菩夫妇这样出土大量文物的完整墓葬，还是十分难得的重要考古发现。墓中出土的三彩器数量很多，形制很大，造型精美，胎

图 85.4 东罗马金币

质坚硬，施釉匀润，色彩鲜艳，装饰繁缛，具有很高的艺术价值。以往洛阳出土的同类三彩器，多被认为是盛唐时期的遗物，安菩夫妇墓的发掘证明，早在初唐时期的中宗景龙年间，唐三彩的制作工艺就已经达到相当成熟的水平。这批三彩器的出土，为洛阳唐三彩的断代分期提供了可靠的依据。

还要一书的是，由洛阳博物馆与乌兹别克斯坦国家历史博物馆共同主办的“梦回布哈拉——唐定远将军安菩夫妇墓出土文物特展”，自2019年6月20日在乌兹别克斯坦首都塔什干开幕，展期3个月。该展览以安菩夫妇墓出土的墓志、东罗马金币、唐三彩、海马葡萄镜等75件（组）珍贵文物为载体，以“安菩是谁”“安菩的家族”“开放的唐东都”“多元的精神世界”四个单元，生动再现了粟特安国人安菩将军及其家族的传奇故事，印证了唐洛阳与乌兹别克斯坦布哈拉友好交往的历史，展现了唐代中国与中亚地区在政治、经济、文化的交流与互鉴。展览取得圆满成功，在塔什干的社会反响良好，为中乌两国共建“一带一路”增进认同，注入新的活力。

洛阳唐安菩夫妇墓2021年入选河南考古百年百大考古发现。

登封法王寺唐塔地宫与河南其他塔基地宫

佛教考古是考古学的一个特殊的分支，历史的长河留下了许多寺庙、古塔和石窟，其中一些塔基地宫的考古发现，为古代文明和佛学研究留下了珍贵的实物资料。

一、登封北魏嵩岳寺塔地宫

在登封市西北6千米的嵩山南麓，矗立着闻名中外的嵩岳寺塔。这是我国现存最早的密檐式砖塔，建于北魏正光年间（公元520—525年），距今已有1500年的历史。唐代李邕《嵩岳寺碑》曾记载："嵩岳寺者，后魏孝明帝之离宫也。正光年间榜闲居寺。……仁寿一载，改题嵩岳寺。……十五层塔者，后魏之所立也。……广大佛刹，殚极国材。济济僧徒，弥七百众，落落堂宇，逾一千间。"由此可知，这里原是北魏皇室的离宫。孝明帝正光元年（公元520年）改为闲居寺，砖塔也当为此时修建。到隋文帝仁寿元年（公元601年）改名为嵩岳寺。北魏时期这里已是僧众七百，殿宇千间，可见寺院规模之大。隋唐时期改称嵩岳寺后，又继续扩建。宋金以降，趋于衰落。明清之际，规模更小。现存仅是清代硬山式小型建筑，独有北魏嵩岳寺塔保留到今天。

1985年为维修嵩岳寺塔，开始进行详细勘探。1986年发现地宫。1988年对地宫进行清理发掘。地宫位于塔基内，由甬道、宫门、宫室3部分组成。宫室位于塔基中部稍偏西，边长2.04—2.08米，残高1.3—1.5米。四壁绘有上下两层壁画，上层为云纹，下层有仿木结构建筑的柱、枋、斗拱和人物。在人像侧面有隐约可见的墨书题记，似为人名。地宫中央清理出造像、建筑构件、生活用品、石刻、铜钱等70余件。其中以释迦像及其背光后面刻的发愿文中有"大魏正光四年岁……四日丁未，佛弟子向□□释迦像一躯愿名……养长生任官日□□……从心"最为重要。所记年款当为北魏孝明帝正光四年（公元523年），恰为嵩岳寺塔建造前后，是研究该塔创建年代最珍贵的实物例证。这是在地宫中发现的唯一有年号的佛像。地宫壁上有3处纪年题记，分别是唐开元二十一年（公元733年）、清雍正二年（公元1724年）

和乾隆八年（公元1743年）。这是后人进入地宫内留下的墨迹。

1989年在塔刹内发现了两座天宫。塔刹由基座、覆莲、须弥座、仰莲、相轮、宝珠组成。第一号天宫位于宝珠的中部。平面外部呈圆形，中间用扇形砖砌筑一周，形成平面为六角形的宫室。宫室高0.21米，径0.32米，宫室内放置瓷舍利罐1件，罐下垫1瓷盘，罐口又盖1瓷盘，罐内有银塔1件、瓷葫芦2件及舍利子等；第二号天宫位于相轮中部，高0.36米，径0.7米，底径0.48米，宫室下部偏南处砌筑一方形龛，龛内放置瓷舍利罐1件，银环1件，铁环1件，舍利罐内除舍利子之外，还有瓷瓶1件。通过维修和一号、二号天宫的发现，进一步证实嵩岳寺塔创建于北魏，后世曾经整修。两座天宫的建造年代应在唐末宋初之间。

登封嵩岳寺塔1961年被国务院公布为全国重点文物保护单位。

二、登封法王寺唐塔地宫

法王寺塔群位于登封市北7千米嵩山太室山南麓玉柱峰下法王寺后面，现存唐塔4座、元塔1座、清塔1座。由于地处偏僻，盗掘者在二号唐塔地宫留下数处盗洞，威胁塔身安全。2000年3—5月，对法王寺2号唐塔地宫进行抢救性发掘，获得重要考古发现。

二号唐塔为单层砖塔，方形基座，高15米，边长4.4米。塔内上端为四角攒尖顶。塔身叠涩出檐，南部开券门。塔刹用青石雕刻而成，上置砖砌覆钵，四周镶嵌8块雕花角石，覆钵上有仰莲和石刻圆盘、绶花，再上置相轮，最上为石雕宝珠。塔刹四周雕莲花、卷草、飞天等精美纹饰。

地宫位于塔基下的中心部位，方向正南，由宫道、宫门、甬道、宫室组成。宫道口距地表0.6—1米，平面呈长方形，长4.3米，宽1.4米，最深处达2.6米。有十级台阶由南向北逐级下降，宫道内填土经过夯打，填土内出有唐开元通宝钱。宫门、甬道和宫室系砖砌而成。宫门正面通高2.6米，宽2米，正中砖砌券门宽1.4米，高1.6米。甬道长2.3米，有三道封门封堵。宫室结构为方形直壁四角攒尖顶，边长2.5米，通高2.5米。砖砌地面北部有一坐坛，东西长2.5米，南北宽1.5米，高0.26米。坛上有一泥塑趺坐高僧真身像，身披彩绘袈裟，上身已残损严重，头颅倒落在胸前，腰部轮廓犹在。这是河南目前发现的唯一一处经过科学发掘的唐代高僧泥塑真身像实物，非常少见。

盗洞未伤及地宫，地宫内器物保存完好。出土有白釉瓷碗、白釉瓷盒、白釉细颈瓶、白釉带盖双系瓷罐、黑釉瓷壶、黑釉瓷钵、白釉瓷盏、白釉深腹盘、鎏金镂孔铜熏炉、铜净瓶、铜提梁小罐、铜箸、铜铲、陶砚、墨块、伽陵频迦舍利盒、玉戒指、念珠及开元通宝铜钱等（图86.1）。其中白釉细颈瓶、白釉带盖双系瓷罐、白釉瓷盒和黑釉瓷壶等瓷器，胎质细腻，釉色透明，造型美观，工艺精湛，具有

图 86.1 法王寺唐塔地宫出土文物

图 86.2 伽陵频迦舍利盒

很高的工艺水平和学术价值。鎏金镂孔铜熏炉，镂刻图案线条优美流畅，造型独特，实属不可多得的珍贵文物；伽陵频迦舍利盒为人首鸟身，宽额尖颌，头梳高髻，作吹箫状，雕刻精细，造型逼真，极富想象力（图86.2）。

根据出土器物特征和地宫的建筑形制，结合二号唐塔的结构和造型，可以推断这是晚唐时期所建。为唐代工艺、建筑、佛学研究提供了难得的实例。具有重大的历史、科学和艺术价值。

登封法王寺塔2001年被国务院公布为全国重点文物保护单位；2021年入选河南考古百年百大考古发现。

三、新密北宋法海寺塔基

1966年“文化大革命”中，密县老城西街路北法海寺石塔被拆毁。这是一座九级石塔，通高13.06米。石塔四壁自下而上镌刻着《妙法莲花经》一部，计七卷约6.7万字。此外，塔身各部分线雕龙王、四面观音、阿弥陀佛、舞乐图、摩顶图和说法图等画像。文物部门对距地表约5米深处的塔基进行考古发掘。塔基用长方形和方形石板、青砖和红黏土掺碎瓷片分层砌筑和铺垫夯实而成。发现上下重叠的两个各用6块石板合砌的石函，上下石函之间垫有厚1米左右的红黏土掺碎陶片的夯层。石函长65.5厘米，宽60厘米，高59厘米。内壁上线刻释迦牟尼、四十二臂观音、文殊和普贤菩萨等佛教人物画像。函盖上刻有“咸平二年岁次己亥八月癸酉朔二十日葬”的纪年铭文。上层石函内有一座三彩琉璃方塔，高98.5厘米，边长30.5厘米，共七层。分两节放置石函内，基座和一、二层塔身为下节，塔刹和上五层为上节。基座为仿砖石结构的叠涩须弥座式，饰方形角柱、间柱及宝塔、伏鹿、宝莲、仰莲等图案。第一层塔身较高，四壁开门，门内各有一坐佛，门额及两侧饰有麒麟、天王、力士、宝莲、云朵、连珠等图案。从第二层塔身起，逐层按比例减低和内收，均饰有坐佛、莲花和云朵等。各层塔身中部，分别间隔交错饰有假窗。翼角挑起，塔檐上均有筒瓦、板瓦。第二层塔身前壁塑有横长方形的匾牌，刻有“咸平二年四月二十日施主仇训”的题记。塔刹下部有覆钵，其上为七层相轮，再上为莲盖、仰莲和宝珠（图86.3）。下层石函内置有两座三彩琉璃方塔，形制基本相同，均为四层密檐方塔。其中一座通高51.5厘米，基座边长18.5米；另一座高43.5厘米，基座边长17.5厘米。均有莲花、佛像、天王等装饰；分别有“比丘僧□”和“咸平□年”题记。下层石函中还出有一件三彩琉璃舍利匣。造型如正方形四门塔，分基座、匣身、顶盖三部分。通高46.5厘米，边座宽28.5厘米。顶盖可以拆开。匣的基座为仿砖石结构的叠涩须弥座式，束腰的四角有角柱，四壁中部各有一尖拱形镂孔，镂孔两侧均饰有对称的麒麟和莲花纹饰。匣身为直口中空的方筒形。外面四角各有装饰莲花纹的角柱，角柱外侧各有一头蹲狮。柱顶之间有带乳钉的横枋。四壁中部有封闭的假门，门两侧各塑一天王，立于莲座之上。匣身的内壁刻有“咸平元年十一月三日张家记”的题记。匣盖为平顶四厦的盝顶形。顶盖内壁刻有“咸平元年十一月三日施主仇知训”的题记。从塔基下层石函刻文和三彩器上的题记可知，三彩琉璃舍利匣区为北宋咸平元年（公元998年）十一月三日张家工区匠所造，其他几件三彩琉璃塔为咸平二年四月二十日所造，而埋葬时间是北宋咸平二年八月二十日。证明这几件佛教艺术品是我国目前有明确纪年最早的琉璃制品（图86.4）。这几座琉璃密檐方塔和方形琉璃舍利匣，显然是依据当时的砖石建筑塑造出来的，很富有我国民族建筑形式的特征。北宋早期的方塔保留至今的较少，因此这些方形琉璃塔对研究北宋早期砖石塔建筑结构具有重要作用。这次新密

图 86.4 三彩琉璃舍利匣

图 86.3 三彩琉璃塔

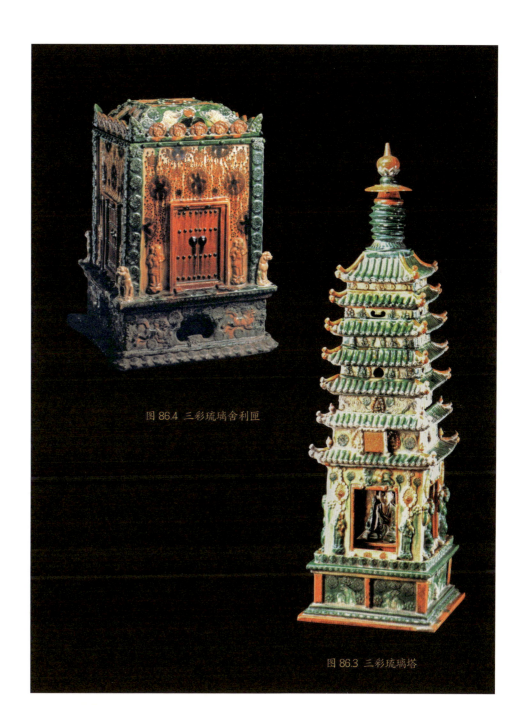

法海寺塔基的考古发现，为建筑、绘画、雕塑、陶瓷、彩釉多种工艺美术与佛教艺术完美的结合，实为不可多得的艺术珍品。

四、郑州开元寺宋代塔基

郑州市东大街路北有唐开元寺旧址，寺早已无存，寺前有一座北宋时期修建的舍利砖塔。八角十三层，通高约30多米。塔座南侧有一大佛龛，内供石雕佛像。昔日这里古塔耸峙，景色清幽，被誉为郑州八景之一的“古塔晴云”。该塔毁于抗日战争时期，仅存塔基埋在地下。1974年为配合市政建设，对此塔基进行考古发掘。

塔基略呈方形，用数百块大型不甚规整的条石垒砌而成。在塔基中部有一座用石条修建的八角形地宫，石条呈放射状，石条接缝处凿凹卯，用细腰铁榫加填石灰扣合。在石条空隙中填土夯实。地宫由宫门、甬道和宫室组成，青石门两扇可以启闭，门框上刻有牡丹、石榴等花卉，门楣上刻双羊奔逐，门额上刻有一佛、二弟子的释迦说法像。门内外各有一对力士守卫。宫室呈方形，四角上部有石雕斗拱，顶部为莲花藻井，宫室后部砌棺床。

地宫内最主要遗物为宫室棺床上放置的连座石棺。石棺前宽后窄，前高后低，呈倾斜状。棺盖为七棱半圆形，前后出檐，檐上施金妆彩绘。上面线刻缠枝牡丹，正中有“匠人鱼继永”“唯大宋开宝九年（公元976年）岁次丙子十一月戊寅制造毕工……”的题记。石棺四面均有雕刻。棺两侧浮雕释迦牟尼涅槃十弟子送葬图：右侧刻一僧哭昏在地，一僧从后搀扶，另一僧端钵鼓腮喷水相救，后面还有两僧掩面痛哭；左侧一僧坐地捶胸顿足仰面大哭，其后有一僧掩面痛哭，再后有两僧相互抱头哀号，最后一僧面向里，手拍棺墙掩面号啕大哭。这两组雕刻小巧精细，十僧各具形态，声泪俱下，形象十分感人。石棺前后两面均雕有假门，形制相同，饰以门簪、门钉、铺首，闭门上锁，门外两侧有二夜叉持械守护。石棺下连雕一须弥座，四角带有角柱，角柱上下各刻一个小力士，弯腰弓背，奋力负棺；中间有莲花饰间柱，柱间有壶门，内雕伎乐人。左侧四个，持笛、箫、腰鼓、箜篌；右侧四个，持排箫、琴、笙、琵琶；前面两个，持瑟、钹；后面一个，持拍板。神态各异，形象生动。这连座石棺施以不同色彩，棺身绘有砖墙，门涂以朱红，夜叉施金彩，僧作肉红色等，但年久剥蚀，各种颜色与图案大部已脱落。连座石棺下还放置有底座，亦为须弥座，座四角立四个夜叉，袒胸露体，筋肉凸起，作肩扛手托负重状。座四周也刻有壶门，内雕异兽，有的猛扑向前，有的回首张望，有的急追猛逐，有的边走边嗅，有的毛发耸起，有的仰首怒吼，形态十分生动。雕刻上也饰彩绘，今已剥落殆尽。棺座上刻有铭文，记述了修塔的主持人员，施主姓名及施舍物品，还记载了僧人姓名及各种“佛舍利”、“佛胸骨”和“佛牙”的数量。

值得注意的是，在修塔题记中刻有“东京左街相国寺”“东京右街开宝寺”“西京太宫寺”以及寺内有“法华院”“东经藏院”“文殊阁”“不动尊院”“九曜院”“弥勒院”等建置。东京为京师汴梁，即今开封市。东京的相国寺与开宝寺，为当时京都最大的寺院，宋承唐制，在东京设左右街僧录，由相国寺、开宝寺分住，成为京都所有寺院僧侣的首领，故名“东京左街相国寺”“东京右街开宝寺”。而西京即今洛阳市。上述题记，也反映了当时郑州开元寺与东京、西京佛寺之间的联系。郑州开元寺宋代塔基内的石雕人物形象惟妙惟肖，看上去犹如身临其境，耳闻其声；武士、夜叉的雕凿苍劲有力，又与彩绘相结合更增添了艺术的感染力。为研究宋代的小型雕刻艺术和佛学艺术提供了新的资料。

五、邓州福胜寺宋代塔基

福胜寺塔位于邓州市区大十字街西南隅，为平面八角形七级楼阁式砖塔，通高38.28米。每层塔檐施仿木斗拱，塔身内外壁面嵌砌坐佛、菩萨、天王、力士、罗汉、伎乐、莲花等雕砖2000余块。1988年进行全面维修时发现塔基地宫。地宫位于塔心室之下，距地表深4.6米，坐南向北，由宫道、大门、甬道和宫室组成。宫室平面呈六角形，最上为六角攒尖顶，顶部正中嵌有一面铜镜。每边长0.65米，高3.45米。宫室壁面遍涂一层白灰，宫室南中部砖砌一方台，其上置白色石质须弥座，束腰部分的正面和侧面刻《地宫记》楷书铭文，共14行，满行13字，刻有各地施主姓名和地宫内随葬物品的清单。落款为“大宋天圣十年二月二十五日记”。石须弥座上置一方形石函，石函盖上东西各放铁塔1座，西侧塔体内还有2件玻璃葫芦，其间放铜线编织手炉1件。石函内放有金棺、银椁、玻璃舍利瓶和鎏金双龙银壶等。

金棺作前高后低的长方形，长19厘米，宽9—11厘米，高7—13厘米，重620克。前挡正面上部压印出四阿式屋顶，檐下錾一方框，框内錾刻护法神像2尊。后挡刻铭文6行“维摩院僧赵过，观音院僧惠应，龙山院赠仪朋、张谷，打造人赵素”。右侧棺板上錾刻文殊菩萨坐于狮背的莲台上，狮前有光头狮童回首牵引，狮后随行一老者和两少女。后端边沿处刻“未年三月造”5字题铭。左侧棺板上錾刻涅槃图，释迦牟尼侧卧于帐内床上，周围有佛徒6人作仰面痛哭状。八棱形棺盖顶部刻凤鸟一对，口衔牡丹，展翅飞翔状（图86.5）。银椁置于铜椁床上，椁床长40厘米，宽20厘米，高26厘米。银椁作长方形，前宽后窄，前高后低，长40厘米，宽20厘米，残高24.6—34厘米。前挡和后挡皆线刻门框和门扉，两侧椁板压印凸起的僧院名称和施主姓名。椁盖压印古钱形纹饰，前端有欢门式装饰，两侧透雕对称的双凤戏牡丹纹（图86.6）。

从宫室内石函下白色石质须弥座束腰部分所刻的《地宫记》楷书铭文“大宋天圣十年（公元1032年）”，在一块封门砖上也刻有“天圣九年六月十五日雨下”11字。提供了福胜寺塔建造的确切年代，纠正了过去很长时间一直误传为隋塔的失误。地宫出土的金棺、银椁、鎏金双龙银壶和紫红色玻璃葫芦等，是我国佛教文物的重要考古发现，展示了宋代手工业已达到非常高的水平，为古代科技史、艺术史、宗教史的研究提供了难得的实物资料。

邓州福胜寺塔2006年被国务院公布为全国重点文物保护单位。

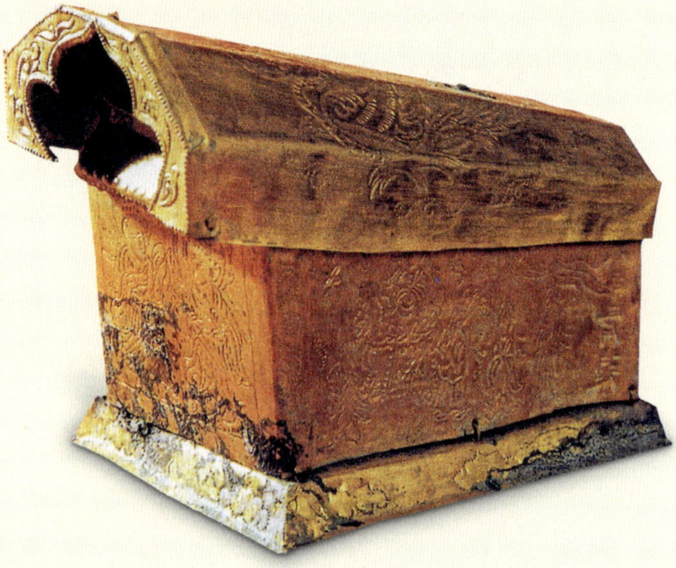

图 86.5 金棺

图 86.6 银椁

巩义唐代瓷窑遗址

巩义瓷窑遗址包含巩义三彩窑址和巩义白河窑址。巩义三彩窑址位于巩义市站街镇黄冶河两岸的大、小黄冶村。1957年调查发现黄冶三彩窑址；1972—1973年又多次调查该窑址，面积约16万平方米；1976年首次进行试掘，清理25平方米；1976—1984年，又进行了数次重点文物调查；2002—2004年，为配合黄河大桥至310国道连接线修路工程，进行了大规模的考古发掘，揭露面积2000平方米，清理出窑炉、作坊、淘洗池、沉淀池、陈腐池、釉料坑、灰坑、灰沟、路土等遗迹；出土一大批的各类瓷器和唐三彩，收获甚丰（图87.1）。

发掘窑炉10座，多数以烧制三彩制品为主。平面近似马蹄形，窑室、烟囱部分皆半地穴式、普遍采用土坯垒砌，火膛部分用高温耐火砖砌成。窑室内部都出土一定数量的三彩制品和窑具。其中5号窑炉坐东朝西，由工作面、窑门、火膛、窑室、隔火墙、烟囱、护墙七部分组成。火膛平面近似梯形，口宽0.54米，进深0.42

图 87.1 黄冶窑发掘现场

米。窑床前宽0.66米，中宽1.04米，后宽1.03米，长1.34米。窑床上平铺一层耐火垫板，在垫板和窑壁上分别涂抹一层较厚的耐火泥，窑床上粘结大量支烧痕，常见的三个一组，平面作三角形，并残留少量窑柱、垫圈支烧和大量绿釉、黄釉斑块。隔火墙厚0.1米，在隔火墙下有四个烟道分别通向后面的两个烟囱。烟囱为竖长方形，左烟囱宽0.4米，长0.52米；右烟囱宽0.37米，长0.49米，两个烟囱的隔墙厚0.2米。护墙采用河卵石堆积在火膛耐火墙体的外侧，然后封土围护。窑内填有大量红烧土，出土遗物有较多的垫板、窑柱、三叉支烧、圆形素烧垫饼和三彩器残片。

6号窑炉是烧造唐代瓷器的典型窑炉。由工作面、窑门、火膛、窑室、隔火墙和烟囱六部分组成。窑体总长3.7米，前宽1.65米，中宽1.86米，后宽1.8米，保存墙体最高处1.17米。该窑炉窑室曾多次修补。在窑室底面上粘连有不少黑釉瓷、酱黄釉瓷和白釉瓷器残片，为研究河南唐代烧造瓷器窑炉的形制、结构，提供了不可多得的实例。

清理作坊遗迹5处，包括窑洞式作坊3处，房屋式作坊2处。其中在第二烧造区的1号作坊，分前室、中室和后室，前室作竖长方形，墙壁规整，南北长4.7米，东西宽3.5米；中室西扩部分作弧壁，平面呈横长方形，东西长5米，南北宽2.6米，残高0.1—0.5米；后室在断崖内，可看出为弧形顶，下宽1.88米，高3.04米，后室地面略高于前室和中室工作面。该作坊为依断崖挖筑的窑洞式建筑。在作坊内分布有5个辘轳坑，有圆锥形和上圆下方形两种。口径0.4—0.6米，深0.68—0.8米。有3个辘轳坑在作坊前室，平面布局接近等边三角形；另2个辘轳坑位于中室的东部和西部，呈西北至东南向排列。另有练泥池3处：一处位于中室西部，南北长2.74米，东西宽2.2米，池底用废弃的耐火垫板铺地，在池内东部有一大块长方石，当为练泥台。在该练泥池之下，还压有另一处练泥池，似为作坊初期存泥之用。第三处练泥池位于作坊前室西北部，东西长1.72米，南北宽1.4米，地面残留青灰泥厚0.05米，在青灰泥下有三条间距相等、东西向的地槽，地槽宽0.14—0.18米，长1.72米，深0.06—0.1米，槽内堆积纯净青灰泥。这三条地槽和西墙壁上三个大小不一的土洞分别相连，表明这处练泥场地前后期的用途有所区别。作坊内淤积层达15层，出土遗物中没有发现晚于唐代的遗存。

第三烧造区发掘的1号作坊为一大型房屋式建筑，由四间房屋组成。前墙基础槽宽0.5米，后墙基础槽宽0.6米。前墙基础用长方砖垒砌，在墙基础内侧有四个柱础石，后墙基础经夯打，墙基础内亦有四个柱础石与前墙内侧的四个柱础石相对应。每间房屋面阔3.6米，进深2.4米。房间与房间之间没有隔墙痕迹，初步推断该作坊顶部重心在柱子和横梁上。每间房之间可能是贯通的。残存门道两处，一处在第一间房4号柱础石的右侧，入口宽0.72米；另一处位于第三间房6号柱础石的左侧，仅存门墩石。在第三间房内清理出一个辘轳坑，坑的直径0.5米，残深0.44米。清理灶两个，分别位于第一间房东北角和第二间房的中北部。在北墙基础内

图 87.2 三彩洗

侧，排列两个保存完好的大陶瓮。从作坊的整体建筑结构、布局和与作坊相关的地层出土的大量素烧器、成批垫圈等窑具分析，此处应是一座集制坯、烘干、素烧、施釉等为一体的庭院式作坊遗址，时代大约在盛唐以后。

巩义黄冶窑由于出土大量的唐三彩器，一般习称为黄冶三彩窑。历年来的调查和发掘，出土与收集一大批唐三彩和低温单彩的标本，有些完整的和很多可复原的器物，以及素烧器和窑具、模具等。器形种类繁多，有日常生活用具的碗、盘、豆、钵、碟、洗、盂、罐、盆、杯、盅、盏、执壶、水注、枕、炉、灯、盒、瓶、唾盂等（图87.2）；还有伎乐、仕女、女侍、男侍、儿童、胡人、骑马等人物俑；另有马、骆驼、猪、猴、牛、羊、狮、虎、狗、兔、鸡、鱼、蝉、蛙等动物俑；又有轿车、庙堂、寺塔、碓、磨、井、灶等模型；以及猴头埙、人面埙、铃、权等玩具。这些材料说明，巩义黄冶唐三彩窑既生产实用的日常生活用具和小型玩具，又生产作为墓内陪葬品的模型明器、人物俑和动物俑。器类丰富多样，包括了当时社会生活的各个方面。洛阳一带唐墓出土的不少三彩器，应是巩义黄冶窑生产的。

巩义黄冶窑除大量生产三彩器之外，还生产相当数量的白釉瓷、黑釉瓷，常见的白釉瓷有贯耳瓶、钵、双系敛口钵、三足炉、三足樽、盆、碗、注碗、杯、盅、唾盂、瓶、罐、器盖等，黑釉瓷有三足炉、双系罐、盆、碗、瓶、壶、钵、灯、水盂、器盖等；还有些绞胎瓷，以枕类器为主，碗、盘、盏等不多。此外，在唐代晚期还出土有高温钴蓝青花瓷片，纹饰清晰，色泽鲜艳，为唐代青花瓷起源和产地找到了实物依据。

巩义黄冶三彩窑址2001年被国务院公布为全国重点文物保护单位；2006年与近在咫尺的白河窑址合并，改称为巩义窑址；2021年入选河南考古百年百大考古发现。

巩义白河瓷窑址位于巩义市北山口镇白河村一带沿西泗河两岸的台地上。总面积约100万平方米，文化层一般厚4米左右。2005—2008年，对窑址进行较大规模的考古发掘。根据遗址的自然地貌，以西泗河与310国道交叉处为中心，将遗址分为四个发掘区。揭露面积2400平方米，发现窑炉6座，还有灰坑、灰沟及灶面等遗迹百余处。其中北魏窑炉（三区Y1）残长13.7米。由窑前工作坑、火膛、窑室和烟囱组成。工作坑平面呈长方形，长6.1米，宽6米，深0.7米。在工作坑的东部遗留有炉灰堆积，东部地面和东壁均有一片烧结面，当为窑炉的火膛内清除炉灰暂放于此而形成的。火膛平面呈马蹄形，残高1.1米。火膛两壁底部残留用耐火材料做成的壁砖，后壁用耐火砖平铺9层与窑床面持平。窑床平面呈长方形，残长4.7米，宽3.35米，窑室壁残厚0.22米。护墙和烟囱部分，已损坏无存。火膛内出土大量青釉瓷和少量白釉瓷器，还有三角支烧和柱形支烧等窑具，有的支烧和青釉瓷器粘连在一起。根据该窑的形制与结构，结合出土遗物分析，推定三区Y1是以烧制青釉瓷器和白釉瓷器为主的北魏时期的窑炉。

唐代窑炉（二区Y1）残长8.5米，宽4.6米。由窑前工作面、火膛、窑室和烟囱构成。烟囱和窑室后部压在民居之下，未能清理。工作面用废弃的耐火砖铺成扇形，火膛口残破较甚。火膛平面呈马蹄形，底部遗留一层炉灰。从火膛北部被现代水井打破的断面上，可以明显看出火膛底部有两层堆积，上面一层用废弃的耐火砖铺就，下层为厚薄不均的青灰色烧结面。两层面间距0.2米。火膛南壁残存三道耐火砖砌成的墙基。火膛后端最外一道膛壁内宽2.96米，最内一道膛壁内宽2.2米。窑室与火膛结合处的断面上，也可明显地看到三层用石英砂粒铺垫的窑床面。窑室平面长方形，残长3.6米，最外一道窑室内壁宽3.4米。护墙基部厚0.4米左右。该窑炉经过至少三次修补和利用。在火膛里清理出白釉玉璧底碗、器盖、盏、瓶等器皿，以及大量的匣钵、垫饼等窑具，窑床上还有垫饼等。这些表明二区Y1是以烧制白釉瓷器为主的唐代窑炉（图87.3）。

在白河瓷窑址北半部，发现一座烧造唐三彩的窑炉。该窑炉坐北朝南，平面呈马蹄形，周壁用耐火砖砌成，窑室东西宽1.25米，进深1.3米。窑室底部留有釉滴痕和少量柴灰。窑壁内侧已烧结成灰褐色，外侧有厚0.4—0.5米的暗红色烧土。窑炉附近伴出三彩钵、三彩豆等遗物，其南1千米处的丘陵上便盛产高岭土，至今还有人在开挖使用。上述表明白河窑址在生产白釉瓷的同时，也兼烧少量的唐三彩制品，从而扩大了唐三彩的烧造区域。

巩义白河窑出土遗物非常丰富。通过初步整理可以看出：一区、二区、四区出土遗物以唐代白釉瓷器为主，酱釉瓷器和黑釉瓷器次之，唐三彩器较少；三区以北魏青釉瓷器和唐三彩器为主，北魏白釉瓷器和唐代白釉瓷器、黑釉瓷器等次之，北魏黑釉瓷器少见。唐代青花瓷器主要出于三区与四区。北魏白釉瓷器和青釉瓷器、唐代青花瓷器和三彩器，是这次考古发掘的重要收获。

图 87.3 白河窑唐代窑炉

北魏青釉瓷器以碗为主，另有盘、豆、钵、盆等，胎体较厚重，多有垂釉现象。白釉瓷器有杯、碗，胎体细白，器壁均匀，器内满釉，器外施釉过腹，没有垂釉现象。黑釉瓷器很少，主要是碗。各种釉色瓷器的饼形足缘都斜削一周，且皆未施化妆土。另出土大量捏制的三足支烧及柱形支烧等窑具。还发现有白釉瓷器和青釉瓷器同窑叠烧的现象。

唐代以白釉瓷器为大宗，器形以碗、罐、盆为主，另有瓶、盒、盘、执壶、茶托等。此外，还有少量细白釉瓷器（图87.4）；酱釉瓷器可分内外酱釉、内白外酱釉两种，器形多为盆、碗、灯，另有水注、罐等；黑釉瓷器有黑釉瓶、黑釉执壶、内白外黑釉碗等。在有的器物腹部和部分窑具上刻有款识，大多是一器一字，有“马”“冯”“张”“李”“仙”等，并发现有简体字。又见有青花瓷器残片，器形为圈足碗、葵口碗、套盒和枕等，绘有各种花卉纹饰，实为重要考古发现。

唐代三彩器也有大量出土。釉色可分单彩、二彩、三彩、多彩等，单彩以棕、褐彩为主，二彩、三彩者为蓝、黄、绿、酱釉等色，多彩器则以黄、绿、白为主色，调配成其他诸色。此外也有部分未施釉的素烧制品。器形有钵、灯、豆、盘、洗、瓶、罐、炉、枕等，玩具有人面埙、鸽及小动物等；在洗、盘等器物内壁底部多饰以宝相花纹和莲花纹印花图案等。窑址出土的一件大型三彩马俑，虽只残存马背部分，但它为洛阳及周边地区唐墓中随葬的大型唐三彩器是巩义窑烧造的产品，

图 87.4 唐代白釉盖罐

提供了确凿重要的实物例证。另有三区H28出土的三彩鸭形盒，保存较为完好，盒身施蓝、白、黄釉，器内满釉，整体呈卧鸭状，曲颈，鼓腹，卷尾，两翅覆身，卧于圆角方形平板之上。堪称唐三彩精品工艺之代表作。

通过上述对巩义白河窑的考古调查与发掘，可以确认这里首次发现我国最早烧造白釉瓷器和青釉瓷器的北魏时期窑炉及其产品，为探讨早期白瓷的起源及其演变，提供了极为珍贵的实物资料；唐代青花瓷器的出土，为研究唐青花瓷器的起源及其产地，提供了极为重要的实物资料；唐代三彩器物的出土，扩大了唐三彩的烧造范围，为河南及周边地区唐墓出土的大型唐三彩器找到了来源；在白河窑址还清理出一座保存较好的汉代陶窑，或可说明这一带至迟从汉代就已经开始了陶瓷的烧造，也反映了从汉代一直到唐代这里陶瓷制造业是一脉相承的，北魏至唐代白河窑的发展与其长期陶瓷工艺的积淀和传承是密不可分的。巩义白河窑与黄冶唐三彩窑共同彰显了重大的历史、科学和艺术价值。

巩义白河瓷窑址2006年与巩义黄冶三彩窑址合并，改称为巩义窑址，被国务院公布为全国重点文物保护单位；2021年入选河南考古百年百大考古发现。

鲁山段店唐代瓷窑遗址

鲁山段店窑遗址位于鲁山县梁洼镇段店村东北，周围丘陵起伏，其间沟壑纵横。遗址范围南北长约1000米，东西宽约160米，总面积达16万平方米。文化层厚1—3米，最厚的约5米。1950年调查发现该遗址；20世纪70年代又进行考古调查，采集到一些瓷器标本；1986年再次对段店窑遗址进行调查，采集大量各类瓷器标本；1990年进行首次考古发掘，揭露面积200平方米（图88.1）。文化层堆积大致可分为唐及五代、宋、金、元四个时期。发掘有宋代炕房、窑炉和澄泥池等遗迹。炕房内残留有两个方形石柱和炉渣铺垫的地面，地面下保存有比较完整的砖砌火道，火道东西长17米，在东端作环形弯道与窑炉相连。窑炉为砖砌，由工作坑和燃

图 88.1 段店窑地面瓷片

烧室等组成，工作坑内还遗留有烧煤痕迹。澄泥池平面略呈方形，是在土坑内用残匣钵或石块垒砌四壁。

段店窑址出土遗物较多。唐代是该窑址的创烧时期，唐及五代以烧制黑釉瓷器、花釉瓷器、白釉瓷器为主，酱釉瓷器、黄釉瓷器较少。器形主要有黑釉瓷罐、瓶、盘、碗、盒、灯和马、狗、狮子等动物造型，以及花釉瓷瓶、罐、盘、碗、注子和腰鼓等（图88.2）。其中花釉瓷是在黑釉上再点缀天蓝色或月白色的斑点装饰，可谓别具特色，成为鲁山段店窑的标志性产品。更加证实了唐代南卓在《羯鼓录》中“不是青州石末，即是鲁山花瓷”的文献记载。故宫博物院藏有完整的段店花瓷腰鼓（图88.3）。北宋时期以烧造青釉瓷器和白釉瓷器为主，同时还出有黑釉瓷器。柿叶红釉瓷器和三彩制品，白地黑花瓷在这一时期开始出现，白釉瓷中有珍珠地划花或刻花装饰（图88.4）。青釉瓷中发现少量满釉支烧的器物，釉色呈纯正的天青色和豆绿色，釉质莹润，造型规整与汝官窑制作工艺相同。器形有青釉瓷碗、盘、盂、洗；白釉瓷罐、注子、碗、盘、盏、灯；黑釉瓷罐；柿叶红釉碗、盏；宋三彩有炉、盆、枕等。金代时期以白地黑花瓷、白釉瓷和钧釉瓷为主，黑釉瓷和三彩制品不多。器形有盆、碗、盘、碟、罐、瓶、炉、盏、灯和人物俑等。元代窑址继续烧造，但生产品种减少，仅见钧釉瓷和白釉瓷，器形有碗、盘、盏、炉等。不少白瓷碗内底部写有草书文字。上述发掘的历代不同品种的瓷器中，如黑釉花斑瓷注子、腰鼓和三足盘，天青釉瓷洗和凹足盘，白地黑花瓷罐和鱼纹盆等器形，制作精美，是鲁山段店窑中的上品。

鲁山段店窑分布面积大，延烧时间长，从唐初创烧，历经五代、宋、金、元时期，连续烧造长达数百年，是河南地区年代跨度大、产品精美的一处民间制瓷窑场，在中国陶瓷史上占有重要地位，有重大历史、科学和艺术价值。

鲁山段店窑址2006年被国务院公布为全国文物重点保护单位；2021年入选河南考古百年百大考古发现。

图 88.2 唐代花瓷腰鼓

图 88.3 故宫博物院藏花瓷腰鼓

图 88.4 宋代珍珠地刻花瓷片

宋金元明文化

宋代经济繁荣、文化发展，北宋东京城是当时世界上最大的都会。勘探出宫城、内城和外城基址，发掘出内城西门之一的新郑门和南北轴线御街上的州桥遗址；巩义北宋皇陵、洛阳富弼家族墓和安阳韩琦家族墓则有不少新发现；禹州白沙宋墓有着重大的学术价值；宝丰清凉寺汝窑址、汝州张公巷窑址、禹州钧窑址名满天下；而荥阳周懿王墓、开封明永宁王府遗址，则是明代考古的新发现。宋金元明考古中有14项成果入选河南考古百年百大考古发现。

开封北宋东京城遗址

开封北宋东京城，位于今开封市区及其周围。这里是北宋王朝的京师所在，由于地处豫东大平原，在地理位置上缺少长安的“关中之险”和洛阳的“山河之固”，因此北宋统治者十分重视东京城的防御设施，在平面布局上设有完整的外城、内城和宫城，三重城垣大小相套，也是三道防御屏障。1981年开封市龙亭东湖清理淤泥过程中，发现了东京城皇宫遗址的部分遗迹，随即开始了长达数十年对东京城址进行文物勘探和配合基本建设的发掘工作，有许多重要的考古发现。

外城又称新城、罗城，始建于五代后周显德三年（公元956年），北宋时曾多次加以重修、增筑和扩展。经勘探，外城位于今开封明、清砖城外1300—2000米处，平面呈南北纵长方形，东墙长7660米，西墙长7590米，南墙长6990米，北墙长6940米，合计周长29180米，按照宋代尺寸度量为50余里，与文献记载的“城周五十里百六十五步”基本吻合。城墙皆掩埋于地下，一般距地表3—5米，墙宽15—20米不等。西墙南段的试掘表明，外城墙系用夯土版筑而成。城墙外的护城壕宽约40米，距今地表深11米。据《东京梦华录》记载，外城共有城门12座，水门6座。南墙勘探出3处缺口，按分布位置分别为南薰门、戴楼门和蔡河水门；东墙2处缺口，可能为新曹门和汴河下水门旁边的拐子城；西墙5处缺口，应为新郑门（顺天门）、汴河上水门、固子门、万胜门和金水河水门；北墙破坏过甚且地下水位太高，未能找到城门缺口。其中南薰门为外城南墙正门，瓮城东西长130米，南北宽80米，瓮墙厚15米。新郑门为外城西墙的正门，瓮城南北长165米，东西宽120米，在已探明的门址中规模最大。上述正门的瓮门与城门呈直线对应，符合正门皆“直门两重”的记载。而万胜门为外城西墙的侧门，东墙的新曹门亦为侧门，瓮城较小，平面呈半圆形，它们的瓮门均位于瓮城右侧，与文献记载侧门“屈曲开门”相一致。

内城又称里城、阙城或旧城，为东京城的第二道城垣。内城主要为中央衙署、寺院宫观和商业场所及居民区，也是京师最繁华的地方。内城为唐汴州节度使李勉重筑，北宋时屡有增修。内城遗址在今开封市区内，平面略呈正方形，周长约11.5千米。南墙在大南门以北约300米的东西一线，距今地表8—9.8米，墙基残宽3—10米，残高0.6—1.8米；北墙在龙亭大殿以北500米的东西一线，被金皇宫北墙、明周王府萧墙北墙叠压，距今地表8.5—9.5米，墙基残宽不足5米，残高0.5—1.2米；东墙和西墙则被叠压在明清砖砌城墙之下，东墙顶端距今地表约3.6米，西墙顶端距今地表3米，部分地段残高8.2米，底部有厚约0.3米的砖瓦层做基础。内城南墙和北墙各有3座城门，东墙和西墙各有2座城门和1座水门。多年来已经探明内城的位置、形制、范围和部分门址及水门之所在。

皇城又称宫城、大内，是北宋帝王生活起居和议政的地方。最早为唐代汴州节度使衙署，五代后梁改为建昌宫，后晋改为大宁宫，后周加以营建。宋太祖建隆三年（公元962年）扩大皇城东北一带，并按洛阳宫殿图样修建。皇城遗址位于内城西北部，平面略呈南北长方形，东墙在今东华门西侧，长约690米，距地表5米，墙宽8—10米；西墙北起电视塔，向南经杨家湖一带到麻刀厂门前，全长约690米，处于地表5米以下，残宽8米；南墙在今午朝门东西一线，全长约570米，距地表4—5米，墙宽10—12米；北墙位于今龙亭大殿后墙的东西一线，全长约570米，距地表深约6米，残宽约12米。皇城城墙是先垫一层碎砖瓦，再填一层灰土夯筑而成。夯土内外均用砖包砌。皇城有城门6座，南面3门，中为乾元门（又改宣德门），东为左掖门，西为右掖门；东面1门为东华门；西面1门为西华门；北门1座为拱宸门。已勘探出这些城门的缺口。

东京内城的街道规划整齐，有4条主要干道通往外城的正门。其中最主要的街道称为御街，北起皇城正南门宣德门，向南通过内城正南门朱雀门，直达外城正南门南熏门，这是北宋东京城的南北中轴线，亦即现在开封市南北中轴线的中山路，可以说是亘古延续未变，至今一越千年。另外3条干道是：一条从州桥往西直达新郑门外，一条从州桥往东直达新宋门外，一条从相国寺东侧往北直达新封丘门外。城内其他大小街道与4条干道互相贯通，形成了城内四通八达的交通网络。北宋时期已经不再有封闭的里坊布局，而是一条条开放的街道。宋人孟元老所著的《东京梦华录》和张择端所绘的《清明上河图》，均向人们展示了北宋东京内城城楼高耸、交通繁忙、店铺林立、商业兴盛的景象。

1984年至今陆续发掘了东京城御街与大运河（汴河段）交叉点上的标志性建筑州桥遗址。遗址位于今开封市中山路与自由路十字路口南约50米处。州桥始建于唐代建中年间（公元780—783年），因在汴州之南门故名州桥，五代时称汴桥，宋代改称天汉桥，因正对大内御街，又名御桥。坊间仍习称为州桥。后经金、元、明修缮、改建，至明末崇祯十五年（公元1642年）被黄河洪水灌城后的泥沙淤埋。《东京梦华录》记载："州桥正对大内御街……其柱皆青石为之，石梁石笋楯栏，近桥两岸，皆石壁雕镌海马水兽飞云之状，桥下密排石柱，盖车驾御路也。"目前发掘的州桥是一座砖石结构单孔拱桥，其时代为明代早期，是在宋代州

图 89.1 东京城州桥青石桥面

桥桥基的基础上建造而成的。桥面青石铺就（图89.1）。南北跨度为26.4米，东西宽约30米，南北桥台东西两侧各展出雁翅，加上两侧雁翅东西总宽约48米。州桥桥面中间高，向南、北两侧呈坡状。桥台东侧雁翅上残留有栏杆地栿石，雁翅金刚墙上部用青砖错缝平砌，下部用石条平砌，桥券用青砖券成，厚六层，三券三伏，券脸用斧刃石砌筑，桥孔两侧金刚墙用青石条东西顺砌，总高6.58米，桥孔宽5.8米，桥孔侧面外观类似城门洞的形状。

与此同时，还对州桥东侧汴河河道进行发掘，清理出南北两岸唐、宋时期的河堤。可知当时汴河宽度为25—28米，河堤距地表深度为9.5—10米，河底最深处距地表为13.5米。金、元、明之时，河道变窄变浅。最重要的考古发现是在州桥东侧汴河河道两岸，清理出大型浮雕石壁，其上雕刻有海马、仙鹤、祥云等，一头海马和两只仙鹤环以祥云为一组，目前两岸各发现3组，每组长度约7.5米，现东西长约22米，高约6.5米，顶部距地表5.5米。由于宋代汴河石壁被明代后建的州桥雁翅遮盖，推测石壁图案每侧应有4组，东西总长约30米。州桥石刻壁画印证了文献的记载（图89.2）。州桥遗址的发掘，填补了大运河东京城段遗产的空白，为研究北宋东京城的布局增添了全新的资料，具有重大的历史、科学和艺术价值。

新郑门遗址为宋东京城外城西墙的正门，五代后周时称迎秋门，北宋太平兴国四年（公元979年）改为顺天门，因西对郑州故俗称新郑门。1981年对东京外城进行普探调查时，在开封市西郊南正门村北侧发现新郑门遗址，1982年进行试掘，因地下水位过高而暂停。2007年配合南正门城中村拆迁改造工程，开始进行复探和大规模发掘，揭露面积3500平方米。

门址为长方形瓮城形制，南北长约165米，东西宽约120米。瓮城墙为夯筑，残宽20米，残高4—9米，墙底部距地表深约10.5米。城门和瓮门处见有包砖痕迹，开在瓮城东、西墙正中，东西相向，均宽30米。新郑门为“直门两重”结构，主城门位于瓮城东部主城墙上，为一门三道布局，由墩台、隔墙、门道组成（图89.3）。城门整体南北宽54.2米，东西进深23.8米。在北门道西口进深4米处，发现有门限槽遗迹，门限槽平面呈长条形，南北纵贯门道。门限槽开口长5.3米，宽0.35—0.55米；剖面呈倒梯形，斜壁，平底，底部长5.2米，宽0.3—0.42米；现存深度0.3—0.5米。在北门道与北墩台交界处清理出几处地墩石坑，多近方形，边长0.5—0.7米。主城门西侧由青砖包砌，砖长34—35厘米，宽18—19厘米，厚6厘米。主城门内侧、北墩台北侧清理出一处新郑门北马道，总长约26米，宽5.6米。瓮城内主城门南北两侧近城墙处，各清理出一座高台房屋建筑基址，南北对称，形制布局相同，南北进深均为10.8米。沿建筑台基东侧和北侧均发现有方形磉墩，边长1.5米，间隔2.4米。在北侧建筑的北部同时期灰坑中，清理出迦陵频伽、灰陶套兽、龙纹瓦当等建筑构件。

北宋新郑门道叠压在后周迎秋门基础之上，并由一门道改建为三门道，又增筑瓮城。新郑门废弃后，其门道区域作为道路一直沿用至元、明、清。其中路旁的清代院落因黄河泛滥淤积而保存完整。整个新郑门遗址出土各类器物标本2900多件（套）及大量陶瓷器残片等遗物。新郑门的考古发掘，还为研究五代至北宋时期门址的演变，新郑门的规模、形制、建筑方法，以及开封城市发展史和黄河水利史等，均提供了全新的珍贵资料。现已建成北宋东京城新郑门遗址博物馆。

金明池为北宋著名的皇家园林，始建于五代后周时期，北宋王朝多次营建，既用于水师训练，又是游览胜地。1993年秋，经过三个月的考古勘探，基本上搞清了金明池的位置及大致范围。金明池东岸位于东京外城西墙新郑门之西大道近300米路北处，路南则为另一处皇家园林琼林苑。金明池平面近方形，东西长约1240米，南北宽1230米，周长4940米。池底距今地表12.5—13.5米，池深3—4米。在池中心一带400平方米的范围内，距地表约10米深处，普遍探至青砖瓦块，应为池内水心岛及水心五殿遗迹。金明池南岸发现有临水殿遗址，殿基长约20米，宽约15米，埋深约9米。基址内有白瓷片、腐木块等遗物。还探出一段从池西北角向北延伸的古河道，宽约11米，深约12米。从位置上判断应是北宋时期注水入池的汴河支流遗存。金明池遗址之上至今地表，皆为纯净的黄沙层。此外，金明池南侧与琼林苑之间的新郑门外东西向大道亦被探出，路宽20米，距地表约7.5米，路土较硬，层次分明。孟元老的《东京梦华录》和张择端的《金明池夺标图》，均对金明池有生动描述和艺术再现，博得后世文人骚客赋诗赞叹，亦令今人心驰神往。

如今，北宋东京城的开宝寺塔、天清寺繁塔和大相国寺等地面建筑，保存完

图 89.2 州桥河道石壁仙鹤图

图 89.3 新郑门北门道

好，向人们展示出大宋王都的千年风貌（图89.4）。

开封北宋东京城遗址1988年被国务院公布为全国重点文物保护单位；2017年北宋东京城顺天门（新郑门）遗址入选河南年度五大考古新发现；2021年北宋东京城遗址入选河南考古百年百大考古发现。

图 89.4 宋开宝寺塔

巩义北宋皇陵

北宋王朝（公元960—1127年）的建立，结束了唐末五代的封建割据局面，中原和南方广大地区又重归统一。农业生产得到恢复和发展，手工业和城市经济进一步繁荣，境内外贸易频繁兴盛，科学文化发达进步，成为继唐代之后我国封建社会又一个全面发展的高峰。帝王陵寝制度是封建社会礼仪典章制度的重要组成部分，代表着丧葬礼制中的最高等级，不仅能反映出当时的社会风尚和丧葬习俗，而且还是每个朝代物质文化兴盛衰落的体现。北宋皇陵地处东京汴梁与西京洛阳之间，位于巩义的西南部，南依嵩山北麓，北傍伊洛河水的黄土岗上。陵区范围东西长13千米，南北宽12千米，面积约156平方千米。巩义北宋皇陵中，8座帝陵保存较好，皇后陵地面现存18座。依据帝系先后和各陵的分布位置，可划分为西村、蔡庄、孝义和八陵四个陵区。

西村陵区位于西村镇的常封村与滹沱村之间，陵区自东南向西北依次排列为永安陵、永昌陵和永熙陵。其中永安陵系赵匡胤的父母赵弘殷与昭宪杜太后的合葬墓；永安陵西北还存有祔葬的孝惠贺皇后陵和淑德尹皇后陵。永昌陵是宋太祖赵匡胤（公元927—976）的陵墓；永昌陵位于永安陵西部的偏北处，两陵上宫东西间距约450米。在永昌陵北和西北部祔葬有孝章宋皇后陵和章怀潘皇后陵。永熙陵是宋太宗赵光义（公元939—997）的陵墓；位于永昌陵上宫西北约1千米处，在永熙陵西北祔葬元德李皇后陵、明德李皇后陵、章穆郭皇后陵。

蔡庄陵区位于芝田镇蔡庄村北1千米的北岭上，正南面对少室山主峰，东南连接嵩山余脉青龙山，西北陵坡下为伊洛河。陵区内营建有永定陵（图90.1）。永定陵是宋真宗赵恒（公元968—1022）的陵墓，在永定陵西北部祔葬有章献明肃刘皇后陵、章懿李皇后陵和章惠杨皇后陵。

孝义陵区位于巩义市区南部，地处孝义镇的外沟、二十里铺和孝南村。这一带为黄土岗，岗地东南连接嵩山余脉青龙山。陵区内由东南向西北依次营建永昭陵和永厚陵，两陵上宫东西间距约300多米。永昭陵是宋仁宗赵祯（公元1010—1063）的陵墓；在永昭陵西北隅现存祔葬慈圣光献曹皇后陵。永厚陵是宋英宗赵曙（公元1032—1067）的陵墓；在永厚陵的西北隅，现有祔葬宣仁圣烈高皇后陵。

图 90.1 北宋永定陵

八陵陵区位于巩义芝田镇八陵村南。这里南依嵩山余脉的白云山，北接伊洛河水。陵区内由东南向西北，营建有永裕陵和永泰陵。其中永裕陵是宋神宗赵顼（公元1048—1085）的陵墓；在上宫西北方祔葬有钦圣宪肃向皇后陵、钦慈陈皇后陵、钦成朱皇后陵和显圣王皇后陵。永泰陵是宋哲宗赵煦（公元1076—1100）的陵墓；在上宫西北隅祯葬有昭怀刘皇后陵。

北宋皇陵的诸帝陵陵园建制统一，平面布局相同，皆坐北朝南，分别由上宫、下宫、皇后陵和陪葬墓组成。上宫是陵园的主体，从南至北依次有鹊台、乳台、神道石雕像、陵台和围绕陵台的宫城等地面遗迹。下宫位于上宫的西北部，地面现存南门狮一对。皇后陵和陪葬墓皆在帝陵上宫的西北隅，其中皇后陵的陵园布局与帝陵相同，只是规模相对缩小，石雕像有所减少（图90.2）。

诸帝陵上宫石雕像皆为60件，除东、西、北神门各2件门狮外，其余多集中在乳台以北、宫城以南的神道两侧。石雕像东西相向，两两对称，由南向北依次是：望柱2、象与驯象人各2、瑞禽石屏2、角端2、马4、控马官8、虎4、羊4、客使6、武官4、文官4、南门狮2、武士2、上马台2、神门内及陵台前宫人4。皇后陵石雕像均为30件，除四神门各有2件门狮外，在乳台以北的神道两侧，依次排列有望柱2、马2、控马官4、虎4、羊4、武官2、文官2、宫人2。其中南门狮呈蹲坐姿，与帝陵南门狮作行走状不同。另外，尚有一些陪葬墓前也置石雕像。按宋代制度：勋戚大臣“坟前有石羊、虎、望柱各二，三品以上加石人二人”。北宋皇陵陪葬墓前的石雕像数目和种类，基本也符合上述规定。

依据实地调查统计，皇帝陵现存石雕像407件，其中残缺不全者33件；皇后陵现存石雕像336件，其中残缺不全者51件；陪葬墓尚存石雕像69件，其中残缺不

图 90.2 永定陵神道石马与控马官

全者19件。皇帝陵和皇后陵的石雕像中，除望柱为两层石座、上马石为单层石座外，其余均有三层石座。因上层石座与石雕像连在一起，可称之为连座，中间和下层石座依文献记载分别称作底座和土衬。为使石雕像稳固，往往在连座的下面中部留一方榫，竖立时正好嵌入底座预留的方形卯孔中。连座和底座表面磨光，土衬石的四侧面则凹凸不平，保留有粗加工的凿痕。由此可知，土衬石在当时应是作为衬石埋入地面以下的，其上面约与原地表相平。

为配合巩义市宋陵抢救保护工程，重点试掘了永定陵上宫遗址。一是试掘了东鹊台，找到了东鹊台的东、北、西三壁的夯土边线和包砖基槽。二是试掘了西乳台东壁、北壁西段和西边的两个拐角。三是试掘了神门遗址。南神门现存东、西两阙台基址，阙台之间的石雕宫人仍立在原地。四是试掘了东南角阙，现为一平面呈三角形的夯土台。五是试掘了陵台。

陵台位居宫城中部，距四神门阙均为85米，底部平面呈方形，边长约51.7米。陵台作三层台阶状，下部两层在夯土表面包砖，砖外粉以红灰；顶部夯土呈覆斗状，直接在夯土表面粉刷红灰。按照已知地面建筑基址的具体尺寸和石雕像所在位置，可大致复原出永定陵上宫的平面布局。

祔葬于宋太宗永熙陵的元德李后陵，早年被盗严重，由盗洞可直达墓室，天降暴雨，陵台塌陷。1984—1985年，对该陵地宫进行抢救性发掘。元德李后陵地宫由墓道、甬道和墓室三部分组成。墓门青石质，表面磨光，位于甬道中部偏南。在门额上线刻有两个飞天，周围衬以对称的祥云，两飞天面容丰润，腰肢纤细，身着披巾和长裙，手捧果盘或花束，作凌空飞翔状。两扇门扉各线刻一尊高大的武士立像，武士浓眉环目，披甲执器，气宇轩昂，十分威武。墓室平面为圆形，直径7.98米，高11.26米，穹窿顶。墓室北半部有石砌棺床，棺床南面作须弥座式，亦雕刻有横长幅的花纹装饰。环绕墓壁砖砌11根立柱，立柱间的壁面上皆有雕砖仿居室装饰。其中北壁3个壁面砖砌门窗，西壁两个壁面砌有桌、椅和灯檠，东壁两个壁面砌成衣架、盆架和梳妆台。在立柱之上各有一组仿木建筑结构的四铺作斗拱，斗拱表面用红、白两色刷饰，并间绘有花纹。房檐之上的2.7米高度之内，原曾经有楼阁图，再上至墓顶为星象图。该墓虽经严重盗掘，但仍出土可表明墓主身份的玉谥册和玉哀册各1副。玉册为珉玉质，白中微闪青色。册片呈长条状，表面磨光。册文系阴刻的楷书，并填金粉。玉谥册出土36简片，其中有三简完整。史料记载有元德李皇后的谥册册文，出土的册文与其核对，两者是吻合的。玉哀册出土41简片，其中两简完整，长30.8厘米，宽3.3厘米，厚1.4厘米，满简14字，较谥册简片字体略瘦小。书写严谨规整，与谥册字体不同，显然出自两人之手。值得注意的是出土的哀册多数残缺不全，册文与文献记载也不相符，无法据以考订原文。还出土一些残瓷器、铜饰件、铁钥匙和彩绘木雕龙首，以及带文字的建筑构件青砖等。其中越窑瓷器3件，胎质坚硬，釉色青绿，龙纹盘器形硕大，刻纹精湛；云鹤纹盒四层相套，划纹纤细匀称，无疑是越窑中的精品“秘色瓷”（图90.3）。定窑官字款白瓷器17件，有的刻划飞凤纹，有的胎薄而透明，也属定窑中的上品。

在北宋皇陵范围内还勘探、调查或发掘了一些亲王陪葬墓，与皇陵有关的寺院（如永昌禅院、永定禅院、昭孝禅院、宁神禅院），北宋皇陵的陵邑永安县城，与皇陵有关的采石场、砖瓦窑场、防洪堤等；出土和收集到大量的宋代各类遗物、皇陵碑刻、明清时期御制祭文、墓志、墓记等石刻。这些与陵园的地面建筑、石雕造像、陵台地宫等共同组成了规模宏伟的北宋皇陵，有着重大的历史、科学和艺术价值。

巩义北宋皇陵，1963年由河南省人民委员会公布为省级文物保护单位；1982年被国务院公布为全国重点文物保护单位；2001年入选20世纪全国100项考古大发现；2009年入选最具中华文明意义的百项考古大发现；2021年入选河南考古百年百大考古发现。

图 90.3 李后陵越窑套盒

洛阳北宋富弼家族墓地

洛阳富弼家族墓位于洛阳市西工区史家屯村，东靠国花路，西临王城大道，北为防洪渠和居民区，南部为民居，北依邙山，南望洛水，属于邙山陵墓群的大范围。2008年为配合洛阳中迈置业有限公司“王城之珠”经济适用房住宅小区建设，在这一带进行考古发掘。清理宋代墓葬11座，出土墓志14方。据墓志记载，这里为北宋中期宰相富弼夫妇及其家族墓地。

这次发掘的宋代富弼家族11座墓葬。包括富弼夫妇墓，富鼎（富弼六弟，又名富奕）夫妇墓，富绍京（富弼次子）夫妇墓，富绍宁（富鼎长子）夫妇墓，富绍修（富弼二弟富奭之次子）夫妇墓，富绍荣（富鼎三子）夫妇墓，富直方（富绍京长子）夫妇墓，富直英（富绍荣之子）墓，另有3座墓主人不详。富弼家族三代的11座墓葬，形制上可分为三种类型：一是斜坡墓道圆形单室墓5座，包括IM2761（富弼夫妇墓）、IM2760（富鼎夫妇墓）、IM2743（富绍京夫妇墓）、IM2752（富直方夫妇墓）、IM2742（墓主不详）；二是竖穴墓道长方形单室墓5座，分别为IM2735（富绍宁夫妇墓）、IM2737（富绍修夫妇墓）、IM2744（富绍荣夫妇墓）、IM2745（墓主不详）、IM2749（墓主不详）；三是斜坡墓道长方形单室墓1座，即IM2721（富直英墓）。

富弼夫妇墓为长斜坡圆形单室砖室石椁室墓，由墓道、封门、甬道、墓室、椁室五部分组成，坐北朝南，墓道位于甬道之南，长17米，宽1.64米。封门两重，砖封门位于墓道与甬道之间，用小砖顺置侧立。砖封门以北甬道南部，用青石板叠砌封门。甬道位于墓道与墓室之间，平面呈长方形，长2.6米，宽1.64米，残高1.88米。壁用长方形小砖错缝横砌，底用方砖错缝平铺。小砖和方砖均单面模印几何图案。甬道两侧各设有一个壁龛，上部均已坍塌，进深0.3米，宽0.48米，残高0.3米。甬道两侧均绘有壁画，由于破坏严重，只在甬道西壁清理出门吏图1幅，身披铠甲，双手持剑，足穿长筒靴，高约1.7米。甬道南侧底部平置长方形青石4块，高于甬道底0.42—0.46米。甬道北侧底部与墓室之间平置富弼墓志。圆形墓室位于甬道之北，直径5米，小砖券穹窿顶，直壁与起券相交处用小砖两侧顺置，一周出沿宽0.05米，墓室残高0.5—3.3米。墓室壁砖为小砖，均单面模印几何图案，与甬道小砖相同。墓室内原有壁画大都脱落，仅在墓室西部起券部位残存有墨绘线条，依稀可见白云、飞鸟等图形。富弼妻晏氏墓志斜靠在墓室西南角。椁室位于墓室中部地平面以下，为暗室，略呈方形，长3.1米，宽3.14米，深1.85米。椁室四壁及铺底用长条形青石砌筑，盖顶用长条形青石平铺。椁室上部东、西各有4个卯口，呈对称分布，可能插有横木。富弼墓志盖及其妻晏氏墓志盖残块均在椁室内扰土中。该墓人骨无存，除两方墓志外，未见其他随葬遗物（图91.1）。

由于盗扰极为严重，富弼家族11座墓葬出土遗物极少，见有瓷瓶、瓷碗6件，陶器1件，铁犁、铁牛、铁猪共5件，铜钱开元通宝、至道元宝、咸平元宝、祥符元宝、天禧通宝、景祐元宝、至和元宝、熙宁元宝、元丰通宝、元祐通宝、绍圣通宝、元符通宝、大观通宝、政和通宝、皇宋通宝等15种，共计53枚。出土遗物中最有价值的是14方墓志。其中富弼墓志，墓志盖方形，边长1.42米，厚0.2米。盝顶，四边及四刹阴线刻有龙凤纹和卷云纹饰，顶部纵5行大篆体书“宋开府仪同三司守

图 91.1 富弼墓全景

图 91.2 富弼墓志盖拓片

司徒致仕韩国公赠太尉谥文忠富公墓铭”（图91.2）。墓志石边长1.41米，厚0.3米。志面文字阴刻，楷书，首行题“宋故开府仪同三司守司徒检校太师武宁军节度徐州管内观察处置等使徐州大都督府长史致仕上柱国韩国公食邑一万二千七百户食实封四千九百户赠太尉谥文忠富公墓志铭并序”。纵85行，满行84字，计6595字。晏氏墓志盖已残碎。墓志石边长0.92米，厚0.13米。志面文字阴刻，楷书，首行题“宋赠太尉谥文忠韩国富公周国太夫人晏氏墓志铭”。纵46行，满行47字，计1895字。

富弼，字彦国，河南府人，生于宋真宗景德元年（公元1004年），天圣八年（公元1030年）中茂才异等科，进入仕途，知河南府长水县，签书河阳节度判官厅公事。一路升迁，一直到至和二年（公元1055年）六月，拜同中书门下平章事、集贤殿大学士，与文潞公并命。熙宁四年（公元1071年）拜左仆射判汝州。因反对王安石变法，乞还政事，归洛养疾，拜司空复武宁节钺，封韩国公致仕。富弼为相仁宗、英宗、神宗三朝。卒于宋神宗元丰六年（公元1083年）。富弼起家平素，然而其一生仕途顺畅，除了其卓越的才识和修养外，也与前辈范仲淹、韩琦等人的举荐，同僚文彦博、司马光、韩维等人的帮助及岳父晏殊的提携有关。

北宋富弼家族墓地出土的14方墓志，书法精致，刻字兼备楷、行、篆、隶，尤其司马光所书富弼墓志盖，更是极为难得的艺术珍品。富弼墓志鸿篇巨制，志文近七千言，在河南乃至全国都是罕见的。志文文辞优美，内容丰富，涉及北宋时期政治、经济、外交、职官、变法、婚姻、宗教信仰、历史地理、礼教、荫补等诸多方面，历史、文学艺术价值兼备。富弼墓志中所反映的许多重大历史事件，是研究北宋与契丹和西夏的关系、庆历新政、王安石变法等历史事件的重要史料。墓志还涉及北宋西京的园林胜迹、街道里坊，对研究隋唐洛阳城的发展与兴衰有重要学术价值，墓志中记载的关于家族地位升降的变化以及上层贵族的生活追求等方面的内容，有助于认识北宋时期复杂的社会生活状况。此外，墓志还涉及许多重要历史人物，有富弼的姻亲、同僚，也有政治上的盟友，如晏殊、范仲淹、欧阳修、文彦博、司马光、韩维、孙永、范祖禹、孙固、冯京等，他们大都是北宋中后期的朝中重臣，是富弼辅佐三朝的重要支持者。富弼通过这些政治网络，甚至在退居洛阳后，还可以遥控朝廷，阻挠变法。朝廷也因富弼的老成持重、人脉广博而礼之有加。这不仅巩固了富弼的政治地位，同时还延续了富弼的政治生命，提升了富弼家族的地位。

洛阳富弼家族墓地的发现与发掘，是近年来河南宋代考古的重要收获。2008年入选河南五大考古新发现；2021年入选河南考古百年百大考古发现。

安阳北宋韩琦家族墓地

安阳韩琦家族墓地位于安阳市殷都区北蒙办事处皇甫屯村西地，东南距丰安村约500米，又称“丰安茔”。由于历代的人为破坏，包括20世纪50年代的“大跃进”运动和后来农业学大寨的平坟改为耕地，这里变成了大片的农田，墓地已无任何踪迹可寻。南水北调中线干渠从墓地中间穿过，配合南水北调工程建设，2008年对干渠工程线内所占韩琦家族墓地进行调查勘探，勘探范围南北长约500米，东西宽为120米，总面积约6万平方米，发现大型宋代照壁建筑基址1处，宋代大型砖、石室墓5座，并于2009年进行考古发掘；2010年又对南水北调中线干渠工程线外的韩琦家族墓地进行调查勘探，发现大型宋代拜殿建筑基址1处，宋代大型砖、石室4座，随即又进行考古发掘，揭露面积1000平方米（图92.1）。

图 92.1 韩琦墓发掘现场

照壁建筑基址编号为2009HQQ，位于墓地M1、M2、M3之南侧，由中间的长方形基址和东西两端的方形基址组成。中间建筑基址东西长10.5米，南北宽1米，残高0.15—0.2米，为砂土加红黏土夯筑而成，内含有小的卵石、砖块。东西两端的小型方形夯土基址，东西长2.8米，南北宽2.2米。其上还各有5个柱洞，三圆两方。在清理过程中发现两处较大的墙皮遗迹，一处长0.8米，宽0.5米；另一处长0.5米，宽0.3米。均有白地朱红色条状图案。依据2009HQQ建筑基址的位置、形制及走向，发掘者认为是照壁之类的建筑。照壁是我国传统建筑中的一个重要组成部分，主要用在宫殿、院落、胡同、寺庙等古建筑的前面。韩琦墓前的照壁发现很重要，这是中国陵寝建筑上的个例，具有较高的考古学术价值。

拜殿建筑基址编号2010HQF1，位于整个墓地的最南部，平面呈方形，北边线长19.3米，西边线长18.5米，南边线长19米，东边线长18.6米。基址西边线中部稍偏北有一疑似门道的缺口，宽3.7米，进深1.3米，缺口外面有大片卵石铺地；基址南边线中部稍偏东亦有一疑似门道的缺口，宽3米，进深1—1.5米。基址建筑系先开挖中部深2.5米、四周稍浅1.65—1.7米的基槽，然后逐层夯打，最后形成夯筑地坪。由于破坏严重，原有建筑形制已无法确知。但在基址内出土有大量琉璃构件、瓦当、板瓦、筒瓦及石构件和石像生残块，其中瓦当多饰有各类的兽面纹；琉璃构件主要包括鸱尾、兽头及仙人、龙、凤、狮子、海马等；少量石构件形制较大，为浅浮雕羊头图案等。从上述遗物可以推知这一建筑规格很高，规模很大，装饰富贵华美，成为整个墓地的标志物。从其位置、形制及当时家族墓地的传统布局来分析，它应是韩琦家族墓地上的拜殿类建筑。在韩琦家族墓地共发掘9座宋代墓葬，编号为M1至M9。墓葬形制可大致分为五种类型：一是斜坡墓道圆形单室墓4座，包括M1（韩琦与安国夫人崔氏合葬墓）、M4（韩琦第二夫人普安郡太君崔氏墓）、M5（墓主不详）、M9（墓主不详）；二是斜坡台阶墓道圆形单室墓1座，即M3（韩琦长子韩忠彦与安康郡夫人吕氏合葬墓）；三是斜坡墓道方形单室墓2座，包括M2（墓主不详）、M8（韩琦四子韩纯彦与令人孙氏合葬墓）；四是斜坡墓道长方形三室墓1座，即M6（韩忠彦长子亦即韩琦长孙韩治与平阳郡君文氏合葬墓）；五是竖井形墓道方形双室石室墓1座，即M7（韩琦五子韩粹彦与陈氏合葬墓）。

韩琦与安国夫人崔氏合葬墓（M1）位于韩琦家族墓地的西北处，居于墓地的最高点，占据墓地的主要位置。墓葬由墓道、墓门两侧保护墙、砖封门、门楼、甬道、椁室等组成。从清理的情况看，该墓为先开挖墓圹，然后在中部向下开挖并砌筑椁室，其后用青砖垒砌墓门、保护墙、门楼、甬道和墓室上部的直墙及穹窿顶部分。在墓顶上方有墓上建筑遗存，共有东西向平行分布的“地梁”三条，其中墓顶的南侧有两条，北侧边有一条。“地梁”由柏木制成，放置在东西向的长形地槽内，上部与原地表齐平。其中最南侧的“地梁”位于甬道的最上方，东西长5.6米，宽0.6米，由三根方木铺砌而成，其两端分别有一处石质长方“柱础”，长0.6米，宽0.4米；中间的“地梁”为一根圆木，直径0.35米，东西长8.4米，两端有榫卯痕迹；最北侧“地梁”紧贴墓顶的北部，直径0.2米，东西长6.6米，两端也有榫卯痕迹；斜坡墓道长27.8米，宽3.1—3.5米，墓道两侧有壁画残迹，内容为官吏和侍女形象，墓道北端有一段青砖垒砌的挡土墙；甬道呈过洞式，有仿木构斗拱，正中设有石门，由门框、门栏、门额等组成；墓室位于甬道北端，筑砌于直径10米的圆形墓圹内，平面呈圆形，内径6.5米，高8.1米，墓壁为青砖平行错缝垒砌，在高2.02米处起券内收形成穹窿顶。在墓门后和墓室东南角出土了韩琦及夫人崔氏墓志，墓室北部填土中出有石函1件；方形椁室在墓室下部，为石砌暗室。椁室上覆盖16块青石板，石板长2.5—3米，宽0.5—0.7米，厚0.3米，南北各8块平行铺砌，边角处随墓壁的形状为弧形，抹角，其余的均为长方形。椁室由一东西向的石梁分为南北两室，石梁长4.4米，宽0.68米，两室相通。底为条石铺底，椁室四壁为石砌，石梁下由四根八角形石柱和柱间三处由5块石块垒砌的短墙支撑。立柱上有榫插入石梁和地下的铺石内。这种墓室下部砌筑石椁暗室的形制被称作“石藏墓”，是宋代个别顶级官吏方可使用的墓葬形制，诸如与韩琦同样担任宋仁宗、英宗、神宗三期宰相富弼的墓葬形制也与此相类（图92.2）。

韩琦夫妇墓盗扰严重，不见葬具，只在填土中出有少量腿骨。出土遗物仅墓志2合，石函1件。韩琦墓志，有志石和志盖各1件，志盖为盝顶状，四边斜杀，中间

图 92.2 韩琦墓室结构

图 92.3 韩琦墓志盖拓片

为方形，长、宽各1米，斜边宽0.34米，厚0.1米。志盖四坡分别用阴线雕刻出四神形象，即左侧青龙，右侧白虎，上为朱雀、下为玄武，并衬以海水和祥云图案。志盖中间篆书“宋故司徒兼侍中赠尚书令魏国忠献韩公墓志铭”，计5行，每行4字，共20字（图92.3）。志石为方形，长、宽各1.55米，厚0.26米。志石四周阴线雕刻人物故事，中为宋代王侯端坐，两侧各有一文官、武将站立。志文为楷体，首行题“宋故推忠宣德崇仁保顺守正协恭赞治纯诚亮节佐运翊戴功臣永兴军节度管内观察处置等使开府仪同三司守司徒检校太师兼侍中行京兆尹判相州军州事兼管内劝农使上柱国魏国公食邑一万六千八百户食实封六千五百户赠尚书令谥忠献配享 英宗庙廷韩公墓志铭并序”。志文纵81行，满行82字，共计6000余字。墓志由陈荐撰文，宗敏求书丹，文彦博篆盖。墓内另出土安国夫人崔氏墓志一合，志盖为盝顶状，四边斜杀，中间为方形，长、宽各0.55米，斜边宽0.25米，下厚约0.08米。志盖篆书“宋安国夫人崔氏墓志铭”，计3行，每行3字。字外圈装饰一周缠枝花卉图案。志石为方形，长、宽各0.94米，厚0.21米。志石四周阴线雕刻相同的4组宋代官员人物图案，每组人物图案之间以花卉屏风图案相界隔。志文为楷书，纵35行，满行38字，总计1060字。志文首行为“宋故安国夫人崔氏墓志铭并序”。墓志由陈荐撰文，陆经书丹，章友直篆盖，中书省玉册官王克明镌。

韩琦（公元1008—1075），字稚圭，北宋相州安阳人，《宋史》有传。仁宗天圣五年（公元1027年）考中进士，授将作监丞。后历任开封府度支判官、右司谏、陕西安抚使、枢密副使、门下侍郎兼兵部尚书，卫国公。英宗治平元年（公元1064年），迁右仆射，次年封魏国公。治平四年（公元1067年）正月，神宗继位，拜为司空兼侍中。熙宁八年（公元1075年）六月病逝，终年68岁。神宗“辍视朝三日，发哀于后苑”，亲篆其碑曰“两朝顾命，定策元勋”。谥忠献赠尚书令。韩琦一生“历事三朝，十年辅相”，在抗击西夏安定边境，庆历新政变法改革，协调皇室两宫关系，立储君安众心，以及兴修水利，开垦土地，发展农业生产等方面，为宋代社会发展做出了突出的贡献。著有“安阳集”行世。

韩琦家族墓地自韩琦之妻安国夫人崔氏于嘉祐七年（公元1062年）最先入葬，至韩琦长孙韩治宣和七年（公元1125年）入葬，其后随北宋灭亡，韩氏子孙南迁，墓地废止，前后祖孙三代，延续60余年。墓葬排列长幼有序，尊卑有律，体现出宋代严格的家族等级制度。出土的9方墓志，有的体量很大，其中韩琦墓志长、宽各1.55米，厚0.26米；韩粹彦与韩治墓志长、宽各1.56米，厚0.31米和0.35米。显示了相州韩氏家族在北宋时期的地位和荣耀。有的志文很长，韩琦墓志长达6000余字，韩粹彦墓志约3000字，韩治墓志也有2000余字，有的可与史书互相印证，有的史书无载可填补一些历史空白，对于宋代历史、文化及相州韩氏家族兴衰的研究具有重要学术价值。所出墓志均由当时著名文人、御笔官、高级官吏和书法家撰文、书丹、篆盖，墓志文字具有极高书法价值和文学价值。如韩琦墓志由当时的宰相、大书法家、文学家文彦博篆盖，字体硕大，章法古朴，书体遒劲有力，为书法的上乘之作。文彦博历任宋仁宗、英宗、神宗、哲宗四朝将相50年，但书法真迹很少见，彰显弥足珍贵。志文由龙图阁直学士陈荐撰文，洋洋洒洒六千余言，是一篇经典的传记文学精品。墓志书丹由当时书法家、史学家、唐书编修官、龙图阁直学士、《河南志》与《长安志》的作者、修两朝正史的宋敏求完成。

还要一书的是，为加强韩琦墓地的文物保护，安阳市在发掘中对韩琦墓地的建筑构件进行整体编号和拆迁，按照整体保护规划在原墓地南约500米处进行复建。新规划的韩琦陵园占地近100亩，以韩琦墓为中轴线，自北而南依次为韩琦及家族成员墓、石像生、照壁、拜殿、厢房、神门及附属建筑等，具有典型的宋代陵寝风格，至今复建的韩琦家族墓地新陵园已接近全部完工。

2016年安阳韩琦家族墓地被河南省人民政府公布为省级文物保护单位；2021年入选河南考古百年百大考古发现。

禹州白沙宋墓

1951—1952年，为配合治淮工程中禹县白沙水库的建设，中央文化部文物局、中国科学院考古研究所和河南省文管会分别组成考古工作队，先后联手发掘了自新石器时代至战国时期遗址数十处和战国至宋明时期墓葬300余座。其中北宋末年赵大翁及其家族3座墓葬的清理，是很重要的考古发现。这3座宋墓位于禹县白沙镇北侧，这里地处洛阳至许昌的大道旁边，扼颍水流进平原的谷口，很早以来就是东西交通之要冲。北宋时期，开封是京师，洛阳是西京，许昌是颍昌府，为东、西两京南面的军事重镇。自汉代以来这里成为产铁之地，到了宋代更是瓷业兴起，因此禹县白沙一带可谓是交通便利，工商业发达，经济一片繁荣。

3座宋墓均为砌在土洞内的仿木构建筑砖室墓。1号墓较复杂，由墓道、墓门、甬道、前室、过道和后室组成。南有长5.75米的阶梯式墓道；墓门为门楼形式，通高3.68米，门脊、瓦垅、柱头铺作和补间铺作斗拱、门额、门簪、倚柱、槫柱、立颊、门砧俱全，墓门的门扉上有门环和门钉；进入墓门有甬道，长1.26米，宽0.91米，高1.5米。甬道东西两壁各砌出1扇板门，寓意墓门已经开启，板门面各砌门钉7排，每排5钉，并雕出门环1具；穿过甬道即为前室，平面为横长方形，长1.84米，宽2.28米，高3.85米。四角下部砌覆盆柱础，其上有四方抹角倚柱，倚柱之间砌壁面，倚柱之上砌阑额，阑额上砌普柏枋，枋上转角处有转角铺作斗拱，转角之间有补间铺作斗拱，前室顶部为扁方形宝盖式盝顶藻井；前室后面有过道，长1.2米，宽1.43米，高3.15米。东西两壁有棂子窗，过道上部亦有斗拱，过道顶部与前室顶部相通，二顶合在一起为“丁”字形盝顶藻井，其上布满彩绘（图93.1）；过道后面有过梁门即后室入口，后室平面为六角形，每边长1.26—1.3米，高2.6米。每个角皆有方抹角倚柱，柱上有转角铺作斗拱。转角铺作之间各有一朵补间铺作斗拱。东北、西北二壁正中各砌一棂子窗，北壁砌假门，门饰俱全，左扇门向北半启。后室顶部有山花帐头和宝盖。

2号墓较为简单，为单室墓。墓南有阶梯式墓道，墓门正面门楼模仿木构建筑，与1号墓近同。但东西倚柱的柱头铺作斗拱均为半朵，正中补间铺作为一朵；

图 93.1 1号墓过道与前室“丁”字形彩绘藻井

墓门后接甬道，甬道后为券门，即墓室入口。墓室为六角形，底部砌棺床，各转角处都砌有覆盆柱础和方抹角倚柱，倚柱上砌阑额、普柏枋，枋上砌单抄四铺作的转角斗拱，转角铺作之间没有补间铺作斗拱，砌有拱眼壁。墓室最上为六瓣形宝盖顶。

3号墓结构也很简单，墓道、墓门与2号墓相同，柱头铺作斗拱也是只砌半朵，但斗拱比2号墓少一条。甬道过后为六角形墓室，其结构与2号墓也相同，唯棺床的束腰部分雕有壸门。

3座宋墓皆为男女合葬墓。但1号墓为迁葬，2号墓为同棺葬，3号墓无葬具，死者直接安置在棺床上。墓内随葬品很少。1号墓内有残铁器、长方形铁块、绍圣元宝铜钱、陶瓮、瓷碗，还有一合砖地券，券盖面四杀起盝顶，无字，券文朱书，字多漫漶不清，仅见有“大宋元符二年九月十□日赵”；2号墓内随葬有瓷碗、银钗、银耳环、铁钱及天禧通宝、熙宁元宝等铜钱；3号墓未见随葬品。

3座宋墓最重要的考古发现莫过于墓内琳琅满目的彩绘壁画了。这些壁画均绘制在墓内各室，用很薄一层白土粉刷的壁面上。1号墓壁画最多，甬道东壁绘有三人，其中一老者在开门，另一人双手持筒囊，还有一人肩负钱贯，当为向墓主人贡纳财物；甬道西壁三人一马。一人隐半身于砖砌门扇之内，其后立一黑鬃黑尾浅黄色马，马具俱全。马后立二人，一个右手执竿形物，另一个双手捧黑色酒瓶，当是向墓主人敬送酒物。

1号墓前室南壁入口东侧绘二人，一人手持骨朵守卫，另一人肩负钱贯侍候；西侧亦绘二人，一个手持骨朵守卫，另一个双手捧筒囊贡纳。前室东壁阑额下有卷帘和悬幔，其下绘有女乐舞伎十一人，右侧五人分前后两排，前排三人，右边一人双手击腰鼓，中间一人侧身吹横笛，左边一人吹筚篥；后排二人，一个双手各持小杖击鼓，另一个双手击拍板。左侧立五人亦分前后两排，前排三人，左一人吹笙，中间一人吹十二管排箫，右一人弹曲颈五弦琵琶；后排二人吹箫；画面正中有一女子欠身扬袖作舞。这些女乐舞人装束有同有异，表情却千姿百态，眼睛十分传神，展现了一组生机勃勃的乐舞伎队（图93.2）。前室西壁是绘画和砖砌相结合的艺术品。墓主人夫妇二人男右女左坐在砖砌的椅上，侧身面东观看东壁之乐舞。椅前各设一赭色脚床子。中间有砖砌的桌子，桌上砌有瓜棱形注子、瓷盏和盏托。砖砌部分之后绘壁画，男女主人身后有波浪纹屏风，屏风之间立有侍女三人，分别捧圆盒、长巾和一果盘红桃，还有一童髻侍男，双手捧青白色唾

图 93.2 1号墓前室东壁乐舞伎壁画

图 93.3 1号墓前室西壁夫妇对饮壁画

壶。男、女侍后面有一大幅草书中堂。桌下绘有黑色高瓶，瓶下承以黄色小座。椅子下和脚床子前还绘有金银铤、银饼等物（图93.3）。前室北壁东西两侧，上面绘绛色悬幔，下列兵器有弓、箭、枪、剑等。

1号墓过道东壁棂子窗下，绘黑色粮罐和白色粮袋，最前一袋墨书“元符二年赵大翁布”八字题记，这与墓内砖地券朱书“大宋元符二年”相对应；过道西壁窗下绘带座白黑色高瓷瓶两件，瓶左绘银铤、剪刀等物。

1号墓后室东南壁悬幔下绘三女二男。左侧二女，前者坐于椅上，右手持银铤，后者站立，也手持银铤；右侧二男，一个双手捧钱贯，另一个双手持黑色盘，盘内放有银锭、银饼等物，面向左侧坐椅之女，作进奉状。此二男可能就是甬道东壁和前室南壁所绘的贡纳财物者。二男之后立一女，双手持一如前述之筒囊。后室西南壁悬幔下绘有五女，左侧一女双手捧绛色圆盒，其前置一淡赭色镜台，台端画七枚蕉叶饰，中间系圆镜一面。这和郑州南关外宋墓壁画中的砖砌镜台，以及上蔡宋墓雕砖壁画中的活动支架镜台有异曲同工之妙。右侧立四女，前面一女欠身对镜着冠，其身旁一女空手，另二女分别捧白色盘、黑色盘，白盘中盛二瓷盏及托子，黑盘盛梳妆用具，拱身侍立于照镜女人之后。后室东北壁棂子窗右侧绘灯檠，窗下绘画已不清；后室西北壁绘剪刀和熨斗，窗下绘矮几，上置一白瓷瓶，几左边还绘一黄猫，充满生活气息。后室北壁绘悬幔，其下有砖砌假门，假门内有砖雕妇人掩门。

2号墓由于墓顶残毁渗透泥水和墓内淤土的腐蚀，墓壁下部和墓顶壁画大部分蚀落，墓壁中部的壁画保存尚好。甬道东壁绘二人，一个双手捧朱色圆漆盒，另一个后肩负筒囊；甬道西壁绘二人一马，一个背大量钱贯，另一个手持肩负伞盖。看来均为向墓主人贡纳财物。

墓室东南壁阑额下绘绛色悬帐，悬帐上又有蓝色帐沿。帐下三女，左侧一女梳高髻，髻前后插簪饰，耳轮饰耳环，着红色长衫，坐于朱色椅上。背后置一高足柜，柜侧有长锁，柜上放银铤、钱贯和出焰明珠。右侧二女，一个双手捧白玉莲花大盘，盘中有白碗，碗上有荷叶形盖，下衬朱色托子；另一女与之交谈。西南壁绛帐下绘二男二女，右侧一男坐于朱色椅上，背后有屏风，屏心有墨书草字四行。左侧坐一中年妇人，当为墓主夫妇。其间置朱色桌子，正中有白瓷注子盛莲瓣注碗，其后有衬以红色托子的白碗，桌上还有三个黑盘，分别盛果品四枚、六枚和七枚。桌后左侧立一女，双手击拍板；其后立一梳髻男童，双手叉于胸前。墓室东北壁和西北壁，绛色悬帐，饰蓝色帐沿，下绘淡黄色卷帘，再下有棂子窗。墓室北壁上画绛帐，其下砖砌假门，左门扇微启，绘一女子开门。

3号墓壁剥落严重。甬道东壁绘二人，一个左腋下夹筒囊，左肩负黄色筐篮，内放青色钱贯。另一人左手握钱贯，右肩负筒囊。由门外进入墓门向主人贡纳钱物；甬道西壁一人一马，此人右肩负筒囊。

墓室内东北壁、北壁、西北壁、东南壁的壁画绘图皆剥落。西南壁阑额下绘蓝色幔饰，幔饰下由绘画和砖砌组成画面。桌、椅和桌上的注子、二碗及碗托均用砖砌出。右侧椅上坐一盛妆妇女，可能是墓主人之一。身后绘一屏风，屏心墨画水波纹。桌后立三女，其中最左侧一女，双手捧黑盘，盘中放一白沿黑碗。左侧椅上无人，放置袋囊二件。

这3座宋墓除壁画之外，还绘有大量的建筑彩画，在墓门、甬道、过道、墓室的仿木建筑部分，如门、倚柱、斗拱、阑额、盝顶等均刷白土，装饰彩画，其内容包括各种花卉、卷草、果品、云朵、瑞禽和各式各样的图案，装饰繁缛，色彩鲜艳，富丽堂皇。

这3座赵氏家族墓，1号墓赵大翁葬于宋哲宗元符二年（公元1099年），2号墓、3号墓年代稍晚一些，应在宋徽宗时期。按照宋代埋葬制度，非品官不能使用墓志。赵大翁等墓虽然建造豪华，但墓内没有墓志，表明他不曾担任过官职。从壁画中常见大量的银锭、银饼、钱贯和贡献货币等财物看，墓主人当为地主兼营商业者。再者，中原地区宋墓随葬品也很少，与汉代墓内大量陶器或唐代墓内大量三彩器及其他诸多随葬品不同，究其原因很可能是一方面借壁画或砖雕内容来代替实物；另一方面应与当时流行纸质明器有关。据宋人孟元老《东京梦华录》一书所载，北宋东京城内有专门出售纸质明器的店铺——纸马铺，当街用纸叠成楼阁之状，另有明器靴鞋、幞头帽子、金犀假带、五彩衣物和纸作偶人等，种类繁多。至于纸明器的处理，也与后世相同，埋葬亡人之时，即当场焚化，很难留下什么遗存了。赵大翁等虽然家资丰厚，但墓内也仅有一枚铜钱和两件瓷器，显系宋代埋葬习俗的真实反映。

禹县白沙宋墓的考古发掘2001年入选中国20世纪100项考古大发现；2021年入选全国百年百大考古发现和河南考古百年百大考古发现。

洛阳北宋衙署庭园遗址

洛阳北宋衙署庭园遗址，位于洛阳市老城区中州路南侧，东邻集市街，西临乡范街，南接西大街。1984年配合洛阳市政基本建设，勘探发现并发掘了衙署的南大门；1991—1992年，配合洛阳市老城区旧房改建工程，发现了南大门北面近40米处的衙署庭园遗址并进行了两次考古发掘。衙署南大门为单门洞砖石结构，由地栿石、门扉结构、车道和踏道等部分组成。地栿石居门址东、西两侧，间距4.65米，在石面上以0.55米的间距凿出一排14个长方形柱孔，孔内有边缘整齐的木炭块。门扉结构位于门址横中轴线上，现存有门槛石、门槛石中央的将军石、两侧的门砧石及门框石，门扉的宽度为3.18米。车道由两排平行的石条组成，两排石条的中线间距为1.55米，亦即当时车轨的宽度。踏道共3条，用条砖横砌，中道居车道条石之间，宽为1米，侧道居地栿石和左、右条石之间，各宽1.15米。该门址建于夯土之上，两侧设地栿以立排柱，中有车道和踏道，横中部有严谨的门扉结构，应属于宋代《营造法式》所描述的地栿之上立排叉柱的“过梁式”木构门洞。

进南门之北为衙署庭园遗址，颇具规模，南北长76米，东西宽33米。发现有殿亭、廊庑、道路、花榭、水池和数条明暗水道。殿亭两座，位于遗址南部，东西并列，东殿亭破坏严重，南北残长8.9米，东西残宽8.05米，夯土台基外侧砌有包砖，西部残存南北向磉墩2个；西殿亭保存较好，平面近方形，南北长9.2米，东西宽8.1米，夯土台基四边包砖，台基上面自东向西有4排磉墩，每排南北向4个，排列整齐。

廊庑两排，东西对称贯穿南北整个遗址，形成庭园的环廊。东廊庑破坏严重，南北长56米，东西宽4.3—5米，台基东侧残留有包砖，其外有宽0.72米的砖铺散水；西廊庑保存尚好，残长61.3米，宽约7.2米，东部砖基残存最高达0.47米。

东、西廊庑之间有一条花砖路相连接，长16米，宽2.6米。路面用南北8排柿蒂形卷草纹方砖铺成，路面下为夯土台基，两侧砌有包砖。花砖路中部建有门楼一座，小巧灵秀。花砖路中部北侧，筑一南北向的夯土漏花墙，将整个庭园分为东西两部分。并在花墙的东侧，沿墙用白色小卵石铺一条宽0.8米的石子小路，在其北端穿过漏花墙以石子甬道与西部庭院内的黑色石子路连在一起（图94.1）。

庭园西部有一座与长廊相连的花榭，基址呈长方形，南北长5.85米，东西宽4.2

图 94.1 宋代衙署庭园花砖路

米，台基北、东、南三面均有包砖，包砖外有宽0.25米的砖砌散水。在基址南、北两侧5.2米处，各有一排柱洞，洞内残留有木炭灰，由此可知当时立有木质栏杆，两栏杆之间的地段与花榭合成一体，形成“园中之园”的小格局。

水池位于庭园中部偏西，北临花砖路，南接殿亭遗址，西靠西廊庑，平面呈长方形，东西长6.12米，南北宽2.1米，深0.8米。水池四壁砌有长方形砖两排，磨砖对缝以白灰粘合，严实坚固。上口四周用砖砌有宽0.65—0.78米的二层台，池底为黄褐色夯土。在池的东端和西南角设有进水口。整个庭园内道路的两侧或一侧，设有明暗水道，交互相通，最后注入蓄水池内。这一水池的设置既解决了雨季雨水排泄问题，又增加了园中新的景色。

在庭园遗址中出土大量的陶垂兽等建筑构件，还有不少宋代印花或刻花青瓷碗、盘，以及钧瓷碗，白瓷碗、盘、壶等（图94.2、94.3），另有“皇宋通宝”“治平通宝”“元丰通宝”“元祐通宝”“崇宁通宝”等宋代铜钱。又有一件刻铭方砖，砖铭为“崇宁五年（公元1106年）十白乙卯九十号丁安汝州”，是重要的纪年文物。洛阳是隋唐之东都，宋代为西京，当时的宫室建筑皆因唐之旧，具有很高的等级。在古城遗址中发现古代园林尚属首次，其保存情况，保存面积也是前所未有的。这为研究宋代大型官府衙署的建筑布局及整体风貌提供了一个十分难得的典型实例，有重大历史、科学和艺术价值。

洛阳北宋衙署庭园遗址1992年入选全国十大考古新发现；2001年入选中国20世纪100项考古大发现；2021年入选河南考古百年百大考古发现。

图 94.2 钧瓷碗

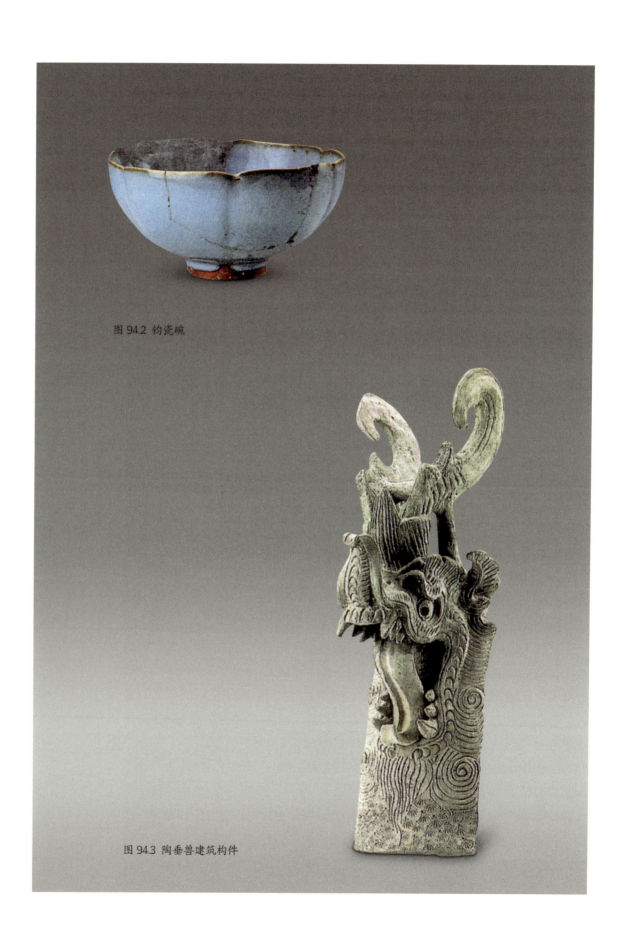

图 94.3 陶垂兽建筑构件

滑县宋代沉船

滑县宋代沉船地处滑县新区寺庄村东北。2011年在当地建筑工地施工过程中发现一艘古船，经勘探在该古船西侧又发现一艘古船。同年2—4月，对古船遗址进行抢救性考古发掘。清理面积430平方米。古船位于一处东西长57米、南北宽20米、深3.32米的建筑基槽内。西侧古船编号为船1（GC1），东侧古船编号为船2（GC2）。古船所在地以前为砖窑厂，地表以下5—6米厚的土层已被挖去，从建筑基槽北壁剖面可以看出，除第1层为扰土层之外，第2—8层为黄淤沙土或红胶泥土层，第9层为灰淤沙土层，第10层为灰黑淤沙土层。两艘古船均位于第8层的黄沙淤土层内。两船东西相邻，南北向排列，间距3.75—6米。两艘古船形制相同，方首，方尾，平底，两端上翘。船底板与舷板皆为单层木结构，船底为纵向单板平铺。船舷均有不同程度的损毁，从残留的舷板看，布满排钉，船舷为单板上下拼接，板与板之间用铁钉从外向内斜向钉入，加以固定，缝隙间填桐油灰。船板表面并不光滑，可以看到纵向加工痕迹的凹槽和船板上突出的结节。两艘船均出土有器物（图95.1）。

GC1北端为船首，全长25.5米，船首宽4米，船尾宽3.75米，船中部最宽处5.85米。船舱由上下对称的横梁构成，船体内铺设有舷压筋，起到了支撑和加固船体的作用，舷压筋由硬木随船舷的坡度加工而成，但分布不规则。船身从南往北共设十个船舱，第八船舱底部中间靠前的位置，有一个长0.75米、宽0.25—0.35米、厚0.1米的木板，上有方形孔，这应是放置桅杆的底座。在中部偏北的位置，零星分布着几块石头和器物，其间有一腐朽的簸箩痕迹。船内出土遗物有铁器、瓷器、陶器、簸箩、钱币等。船体中部偏北和南部残留有两处席纹（图95.2）。

GC2南端为船首，已残。全船残长23.6米，船首残宽3.85米，船尾宽3.65米，中部最宽处5.5米。船身从北向南共设船舱十个，在第五舱内有东西向甲板，第八舱有桅杆底座。船北部偏西和中部偏西各有一处席纹。船体内侧铺设有不规则的舷压筋。船首与船尾起翘处的木板有明显的刮削痕迹和火烤的痕迹，为造成船首与船尾上翘的效果，需先将该处木头削去一部分，然后用火烧烤使木板

图 95.1 宋代两艘沉船（左：GC1；右：GC2）

图 95.2 GC1 出土遗物

弯曲。船底横梁与船板相接处均开有长方形穿孔，每个横梁上有三个长方形穿孔，穿孔高2.5—3厘米，长6—7厘米。船内出土遗物有瓷器、陶器、磨石和钱币等。

两船共计出土各类遗物31件。其中有铁篙1件，只存钻部，还有长51.3厘米、銎径5厘米、内有残长15厘米的篙杆。另有白釉瓜棱执壶、青绿釉双系罐、白釉碗、白釉碟等瓷器。又有双耳大罐、卷沿小罐、敞口平底盆等陶器，在有的小陶罐内，置有麦粒或他其植物种子。出土遗物中还见有磨石和开元通宝、唐国通宝钱币等（图95.3）。

通过考古发掘，从出土遗物、船体形制和古船的制造工艺等多个方面，可以推定古船的年代。其一是两艘古船内各出土1枚钱币。1枚为开元通宝，出土于GC1船体中部的瓷碟下面，另1枚为唐国通宝，出土于GC2北部船首上部的淤土中。开元通宝始铸于唐武德四年（公元621年）；唐国通宝始铸于五代时期南唐交泰元年（公元958年）。从出土钱币的年代看，这两艘古船的年代上限应不早于五代，具体说不早于公元958年。从船上出土的白釉瓷和青釉瓷看，具有明显的北宋时期特征，古船的时代也当属于北宋时期。其二是中国古船种类繁多，船体形制分方首平底型和尖首尖底型两大类。沙船则属于前一种，其主要特征是平底，方首，方尾，尾部出方艄，身长体宽且扁，为唐代宋元明清各代内河、近海、远洋船舶中主要的船型之一。沙船在唐代定型，宋朝称“防沙平底船”，元代名“平底船”，明嘉靖初年已通称“沙船”，元明时期是其发展的鼎盛时期。此次发掘的两艘古船皆为方首方尾，船体宽且扁，大体符合沙船的特征。其三是从船体木料的加工工艺看，刀锯和弓形锯都不能胜任解大木的要求。木料的开解只能沿用楔开裁木板的方法。这两艘船的船体上两木料间缝隙较小，相对来说整齐得多，有明显锯过的痕迹，系一次性开解而成，说明这两艘古船船身所用木料在开解的过程中使用了框架锯，开解后的木料表面还进行了刨制，木料残留的状如柳叶的浅槽和木板表面有突出的结节，说明木板进一步精加工时使用的是削。这与《清明上河图》中各类船加工工艺相同。这两艘古船为防沙平底船，形制与《清明上河图》中正在虹桥下通行的船形非常相似。由此也可推测这两艘古船的时代与之相近，应为北宋时期。其四是据《滑县县志》记载，古黄河一直流经浚

图95.3 GC1出土白釉瓷碗

县、滑县之间，在历史上虽多次改道，但在金代以前从未离开过浚县、滑县境内。金太宗天会六年，亦即南宋建炎二年（公元1128年），为阻止金兵南下，宋东京留学杜充竟然在今滑县西南人为决河，使黄河东流经豫东北、鲁西南地区汇入泗水，夺泗入淮。从此黄河离开了春秋战国以来流经今浚县、滑县一带的故道。根据对两艘古船废弃的地点分析，两艘古船或许是因黄河改道的弃船。因此，两艘古船的制造和运行年代应不晚于金天会六年即南宋建炎二年。

滑县宋代沉船为豫北地区的首次发现。这是中原地区发掘的体量最大、保存相当完整的宋代黄河货船。这为研究古代黄河水运交通和造船工艺、古黄河变迁和黄河文化等提供了全新的资料，有重要的科学和历史价值。

2011年入选河南五大考古新发现；2021年入选河南考古百年百大考古发现。

宝丰清凉寺汝窑遗址

宝丰清凉寺汝窑遗址，位于宝丰县大营镇清凉寺村。遗址北至清凉寺村内，南至韩庄村南，南北长约1750米，东西宽为300—550米，总面积约70万平方米。1950年陈万里赴临汝、宝丰和鲁山调查汝窑，最早发现宝丰清凉寺窑址，将文献记载与田野调查相结合，给清凉寺瓷窑的青瓷以较高评价。1977年为编写《中国陶瓷史》，冯先铭、叶喆民赴豫南调查古瓷窑址，偶于宝丰清凉寺窑址采集1件天青釉汝瓷片，后经化验，其结果与故宫博物院所藏汝窑瓷盘的化验数据基本相同。1985年在郑州举行的中国古陶瓷研究会年会上，叶喆民首次提出宝丰清凉寺"未必不是寻觅汝窑窑址的一条重要线索"。1986年在西安召开的中国古陶瓷研究会年会上，河南宝丰县陶瓷工艺厂王留现展示了他在清凉寺窑址采集的1件青釉瓷洗，引起与会者的重视。当年上海博物馆汪庆正两次派人前往清凉寺窑址进行调查，并在1987年出版《汝窑的发现》一书，认定宝丰清凉寺瓷窑址为汝官窑口。1987年河南省文物考古研究所首次对清凉寺瓷窑址进行考古勘探与试掘，揭露面积200平方米。1988—1989年，又连续进行第二次和第三次发掘，发掘面积1150平方米。1998年进行第四次考古发掘，清理面积500平方米。1999年又在村内进行钻探，并在两个地点进行小规模的第五次考古发掘。2000年清凉寺村四户农民搬迁，又进行第六次考古发掘，揭露面积500平方米。2001—2002年，又进行第七次和第八次考古发掘，清理面积300平方米。其后一直到2016年，在宝丰清凉寺瓷窑址又进行过多次考古发掘，收获满满（图96.1）。

通过考古勘探与试掘，了解到清凉寺瓷窑遗址的烧造区位于清凉寺村内中部，其范围东西长约80米，南北宽为60米，面积约4800平方米。这也是多次重点考古发掘区。共清理窑炉20座，作坊3处，过滤池1个，澄泥池1个，烧灰池1个，灰沟3条，灰坑44个，水井3眼，墓葬2座等遗迹。出土了大量的窑具和瓷器，以及少量的民用瓷、建筑材料和钱币等其他遗物。

清理窑炉20座，编号为Y1至Y20，除Y11破坏过甚，情况不明外，其余窑炉依据平面形制和建筑结构可分为两组：一组为马蹄形窑炉有7座；另一组为椭圆形窑炉有12座。马蹄形窑炉位于发掘区的中部偏北和偏西部，分东西向和南北向两排，

图 96.1 清凉寺汝窑发掘现场

呈曲尺形排列。偏北的一排3座，自东向西为Y2、Y5、Y14；偏西的一排4座，自北向南为Y8、Y3、Y4、Y10。以保存较好的Y2为例，坐北向南，平面呈马蹄形，南北长4.74米，东西宽2.76米。由工作面、窑门、火膛、窑室、隔火墙、烟囱和护墙等七部分组成。工作面位于窑门正前方，面积约5平方米，工作面上残留有匣钵、垫饼等窑具。窑门作扇面形，外口宽1.6米，内口宽0.42米，残高0.24米，窑门口残留一层封门砖。火膛呈半圆形，进深1.08米，宽2.3米，低于窑床面约0.6米，保存最好的一段墙体有11层砖，残高0.67米。火膛内出土遗物较多，以天青釉瓷片和匣钵、垫饼等窑具为主，黑釉、白釉瓷片较少。该窑内出土的匣钵外壁涂抹耐火泥的占有一定数量。窑室位于火膛、隔火墙之间，平面近方形，东西长2.4米，南北宽2.2米，面积5.28平方米。窑壁用长方砖错缝平铺垒砌，残高0.32米。窑床面上铺一层耐火砂粒，厚约0.06米。在窑床的东北角，出土匣钵2件，仍保留在原位置。隔火墙位于窑床和烟囱之间，仅存隔火墙下烟道两侧的砖墩和砖墩印痕，除1、6号烟道分别宽为0.2米和0.26米外，其余4个排烟孔宽为0.18米左右。烟囱2个，位于窑炉的后端，横向并列，近正方形。左侧的烟囱较大，东西长1米，南北宽0.9米；右侧烟囱稍小，东西长0.94米，南北宽0.9米；护墙保存最好的一段位于火膛左侧砖墙外，用大小不等的卵石砌成，残长2.1米，宽0.4—0.6米。除此之外，在窑门口的东侧还残留部分卵石。依据窑室西侧北段残存的一段卵石护墙推测，

图 96.2 马蹄形窑炉

该窑炉以外整体砌卵石作护墙，为保持窑室内温度，在护墙以外培土至窑室顶部（图96.2）。

椭圆形窑炉位于发掘区北部，南北向排列，共计12座，均呈两座并列连体式布局，分别为Y1与Y6，Y7与Y9，Y12与Y13，Y15与Y16，Y17与Y18，Y19与Y20。除Y1与Y6和Y19与Y20为坐北朝南外，其余8座皆为坐西向东。其中Y1和Y13保存较好，其他均残破过甚。Y1和Y6位于发掘区北部偏西，坐北向南，由工作面、窑门、火膛、窑室、隔火墙、烟囱等六部分组成。窑壁用大小不等的残耐火砖顺砌而成。Y6在Y1的右侧，东半部被灰坑H6打破。火膛内出土遗物有垫饼、匣钵、火照和天青釉汝瓷残片等。Y1整体长1.89米，宽1.4米，墙体尚存3层砖，高0.2米。工作面在窑门前方，两窑共享。窑门内口宽0.4米，外口宽0.52米，残高0.15米。火膛在窑门的内侧，作半圆形。进深0.34米，宽0.96米，低于窑床0.34米。火膛底面四周高，中间凹，周壁烧结呈青灰色。窑室位于窑炉的中部，墙体残缺，仅存窑床和墙下烧结痕，平面呈横长方形，前窄后宽，东西长0.96—1.07米，南北宽0.64米，面积约0.68平方米。隔火墙在窑室和烟囱之间，墙体残缺，只能看到烟道之间中部砖墩一层和两侧的2个砖墩印痕。依据隔火墙下残存的砖墩印痕和烟道烧结情况判断，隔火墙有4个排烟孔，左侧的两个宽0.14米，右侧的两个宽0.12米，分别与隔火墙后部的弧形烟囱相通。

清理作坊遗迹3处，分别编号为F1、F2、F3，保存情况均不甚理想。以2号作坊F2为例，位于发掘区的中部偏南，Y2、Y3、Y4、Y5、Y8、Y10和Y14的正前方。仅存部分东墙、西墙、北墙和南墙基的印痕。因北墙向东延伸过东墙1.34米，推测F2是一处两间或两间以上的并列房屋。西侧的一间保存尚好，通过复原，东西长8.1米，南北宽6.2米，室内面积约38.56米。北墙厚0.4米，西墙厚0.46米，南墙仅存断续印痕，厚约0.4米，东墙为中隔墙，最厚为0.6米，所存墙体皆采用大小不等的河卵石和少量残匣钵垒砌。房内西半部有多层踩踏活动面，厚0.15米左右，内含沙土、草木灰、煤粉等。在中西部贴近墙体处有较多青灰土和极少的细白土，可能是制坯的原料。出土有天青釉三足洗、板沿盆、椭圆水仙盆、盘、碟等10件可复原器物，还有屋顶坍塌的一些板瓦片。房内西南部有2个残陶瓮和排列2条直线的4个柱洞，柱洞可能与晾坯架有关。

宝丰清凉寺汝窑址中出土大量的遗物，其中最主要的是各种窑具、模具、作坊具和瓷器。出土窑具有匣钵，绝大部分为轮制，包括漏斗形、筒形和筒形中孔三种；有支烧具，常见有垫饼支烧和垫圈支烧两种；有支垫具，均用耐火泥捏成，包括三角形、弧条形和不规则形三种，主要用于匣钵的稳定；有火照插饼，是汝窑烧制汝瓷独门的一种窑具，有圆形、长方形、椭圆形和船形四种，饼面上有插槽10—15个不等；有火照，均用素烧器物残片制成，一面施半釉或两面饰半釉，制作较为随意，分为桃形、三角形、圆角方形和其他不规则形等多种，中间均有一圆孔；有支顶钵，可分为两种：一种形如倒置的平底钵状，顶中心有一圆孔；另一种如倒置的平底杯状，顶部无圆孔，有炉条，呈不规则圆柱形，背面近平，长30.4厘米，直径8厘米。

出土的模具是汝窑瓷器制作的主要工具之一，常见的以轮制为主，有纹饰的用手制，花纹较复杂的则为对合而成。其中内模以轮制为主，多为素面。素烧而成，胎呈黄色，表面涂一层白粉。常见的内模有碗、盘、碟、盏、洗、盆等，每种器物内模还可分几种型式。外模皆手制，对合而成。除个别器形复杂的为素面外。绝大多数有纹饰。胎体有白色和粉红色两种。常见的外模有莲花熏炉、套盒、龙体、龙身、龙爪、鸳鸯头、鸭尾、狮头装饰、卷鬃、长方形、楔形、簇形等。

由于发掘主要局限于烧造区，出土相关的作坊具非常少，仅见有辘轳转盘附件的托形盘头、盘形盘头、玉璧形盘头；另有圆形荡箍；还有少量陶瓷与石片的复合工具，用耐火泥捏成，素烧，上端横夹一块打磨石片，石片作铲形，双面刃，用于刮削、刻划，刃长2.6厘米，底座直径4.5厘米，通高6.4厘米。

宝丰清凉寺汝窑址内出土遗物最多的是各类瓷片，其数量多达50多万片，可复原的器物约5000件。其中天青釉汝瓷器占99%，白釉、豆青釉、黑釉瓷和三彩器等仅占1%。器物的种类有碗、盘、洗、套盒、梅瓶、鹅颈瓶、器盖、盆、盏、器

图 96.3 鹅颈瓶

图 96.4 鸳鸯器盖莲瓣纹熏炉

托、碟、钵、壶、熏炉、樽、杯、尊、罐、盒、三足筒形器、器座和狮子、麒麟等，不少器类还有多种造型。发掘出土的汝瓷的种类，远比传世品为多。釉色以天青、淡天青为主，淡青釉、青绿釉也占一定数量。在一些器形的表面还饰以纹饰，以莲纹居多，这在以釉色取胜的汝窑传世品中实属罕见。从而使我们对汝窑产品有了新的认识，扩大了新的视野。此外在汝瓷的早期地层和遗迹内，还出土有不少在釉色、器形上有别于民用青瓷的器物和各类窑具等，为研究汝瓷从创烧到成熟的发展过程，提供了重要的实物资料（图96.3、96.4）。

宝丰清凉寺汝窑遗址2000年入选全国十大考古新发现；2000年入选20世纪河南十项重大考古发现；2005年被国务院公布为全国重点文物保护单位；2021年入选河南考古百年百大考古发现。

汝州张公巷瓷窑址

汝州张公巷瓷窑址，位于汝州市区东部偏南的中大街与张公巷交汇处。2000年老城区民房改建工程中发现。2000—2001年进行试掘，揭露面积65平方米，清理房址5座，灰坑28个，灰沟2条；出土一些“类汝窑”瓷器残片、窑具和素烧器坯残片。2004年拆迁民居7户，又进行考古发掘。揭露面积124平方米，清理出土不同时期的房址4座，灶6个，灰坑79个，水井4眼和淘洗池1个；出土了一大批张公巷窑生产的完整或可复原的瓷器和窑具，以及唐宋金元明清时期其他文物标本。长期以来，学术界对汝州张公巷瓷窑址的时代和性质有过较多的学术争论。2017年汝州张公巷瓷窑址区域的旧房拆迁完毕，遂又开始较大规模的考古发掘（图97.1）。

发掘结果表明，张公巷窑址文化层堆积上下有10层，内涵非常复杂。第1层和

图 97.1 张公巷窑发掘现场

图 97.2 出土瓷片

第2层：为现代垫土层与近现代堆积层；第3层：为黄灰土，内含大量红烧土颗粒和炭粒，出土遗物有白釉瓷、钧瓷和白地黑花瓷等，为元代文化层；第4A层：出土大量的白釉瓷和一些青釉瓷、豆青釉瓷、钧瓷、黑釉瓷、白釉红绿彩、三彩等，另有少量匣钵、垫饼、垫圈等窑具，亦为元代文化层；第4B层：土色灰白较纯净，出土白釉瓷、豆青釉瓷、青釉瓷较多，另有少量钧釉瓷、黑釉瓷和三彩器残片，还有极少的垫饼、垫圈等窑具，时代不早于金代；第5层：出土遗物较多，白釉瓷占有半数，还有不少青釉瓷、黑釉瓷、豆青釉瓷、影青瓷和三彩制品，另有少量匣钵、垫饼等窑具，时代不早于金代；第6层：出土遗物不多，有白釉瓷、豆青釉瓷、青釉瓷和匣钵等，时代为北宋末年；第7层：出土遗物以白釉瓷为主，黑釉瓷、豆青釉瓷较少，器形有碗、盘、碟、罐等，不见与张公巷窑址烧造青釉瓷及其他有关的任何遗物，时代不晚于北宋；第8层：出土遗物较多，与第7层的器形大致相同，属于北宋晚期；第9层：土色浅黄，内含少量红烧土与炭粒，出土遗物同样以白釉瓷为主，豆青釉瓷及黑釉瓷不多，时代为北宋晚期；第10层：土质疏松，土色灰白，内含大量草木灰和烧土颗粒，出土遗物以白釉瓷为主，另有黄釉执壶、三彩三足樽、玉璧底碗等，不见豆青釉瓷，属晚唐时期（图97.2）。

张公巷窑烧造区的范围约为3600平方米。从大量的草木灰看，烧造用的燃料是以木材为主。在多次发掘中尚未发现窑炉，但清理出房址9座，灰坑107个，灰沟2条，灶6个，水井4眼，过滤池1个和废料堆。出土各类遗物相当丰富，出土的窑具有匣钵、垫饼、垫圈、垫饼支烧和垫圈支烧，还见有火照，匣钵有浅腹漏斗状、深腹漏斗状、浅腹筒状和深腹筒状四种。这些匣钵外壁涂抹耐火泥的占60%左右，这种工艺仅见于宝丰清凉寺汝窑。垫饼和垫圈制作工艺精细，支烧的支钉为非常规整的锥帽形，支点呈圆形，作小米粒状。火照则采用不规则的素烧器残片制成，单面施釉，与汝窑早期试烧工艺一致。还出土有少量模具，但绝大多数的器物都是轮制或手制。

张公巷窑烧制的唯一产品是青釉瓷，从整体上看既不同于临汝窑的豆青釉瓷，也有别于清凉寺窑的天青色釉瓷。其釉色可分为卵青、淡青、灰青、青绿等；器形有直口深腹盖碗、敞口斜腹小圈足碗、敞口折沿碗、花口浅腹碗、曲口弧腹四方平底盘、花口折腹盘、花口板沿盘、碟、盆、洗、盘口折肩瓶、鹅颈瓶、细颈瓶、壶、堆塑莲花熏炉、枕、盏托、套盒、器盖等，工艺上乘，不乏精品（图97.3）。

图 97.3 盘口折肩瓶

关于张公巷窑址的时代和性质，学术界颇有一些争论：认为其烧造时代在北宋末年或金代早中期，甚或延烧到元代初期。张公巷瓷窑址有一些继承了清凉寺汝窑的工艺；另一说是仿汝窑工艺但有所创新，或可称之为“类汝窑”；其性质不是一般的民间生活用瓷，有可能为文献中记载的“汝、钧、官、哥、定”五大名窑中的官窑，在中国陶瓷史上有重大科学和艺术价值。

汝州张公巷窑址2006年被国务院公布为全国重点文物保护单位；2021年入选河南考古百年百大考古发现。

禹州钧台窑遗址

禹州钧台窑遗址位于禹州老城东北隅，东起禹州东城墙北端，西至古钧台，北靠北城墙东端南侧，南达马号街路南，东西长约1100米，南北宽为350米，总面积达30多万平方米。1949年以来，曾对全省和禹县进行过多次古瓷窑的调查；1964年当地文物部门又对县域内的钧窑址做了一次全面调查，在县城北和县城西发现96处钧瓷窑址，另在县城内东北隅的八卦洞与钧台附近，发现一处大型钧窑址；1973年在城内钧台一带进行基建工程，又配合开展文物勘探；1973—1975年和1986年，先后四次在该窑址区域内进行考古发掘。2004年为配合旧城改造工程，又进行第五次大规模的考古发掘，揭露面积3000平方米，发现有窑炉、灰坑、水井、房址、灰沟等遗迹，收获满满（图98.1）。

禹州钧台窑址可分为四个不同类型的生产区域：一是窑址东北区，以梨园地为中心，东西长340米，南北宽243米，为钧窑生产区；二是窑址西部以八卦洞为中心，西至钧台，南到马号门街，除烧造钧瓷外，还烧造汝瓷和白地黑花器；三是在窑址中部，八卦洞以东至迎下街西侧，烧造天目瓷；四是窑址东南部烧造钧瓷及其他瓷类。

在钧瓷窑区发现一批窑炉，作坊遗迹多处，还有钧瓷片堆积坑和瓷土堆积坑等。保存较好的窑炉有2座。其中Y1坐南朝北，系就地挖筑，由窑门、通风孔、并列的两个乳状火膛、长方形窑室（即窑床）、烟囱和窑道等组成。除在窑门及方形烟囱的口部垒砌少量的小砖外，其余皆为土壁。窑门位于该窑北部并列乳状双火膛的西边火膛最北面，高0.72米，宽0.53米，可能专供投柴烧火之用。东边火膛最北面，仅有圆形通风孔，直径0.22米，既可用于投柴，又可以观察火候。双火膛在窑室北侧，底部低于窑室0.71米。东边火膛内长1.44米，宽1.7米；西边火膛内长1.4米，宽1.68米。火膛内留有灰烬，顶、壁均被烧成琉璃状。窑室呈长方形，底部夯筑平整，亦被烧结成琉璃质。窑壁残高1.86米，窑室底长3.61米，宽1.56米。窑室东壁外侧有路土面，可能与装、出窑的窑口处相通。烟囱有4个，其中3个位于窑室后壁，另一个则位于窑室前面西边火膛的顶部，后者为正方形，边长0.4米，用小砖垒砌，这个火膛上方的烟囱，可大量通风抽烟，这种装置对烧制钧瓷的第一阶段需要利用氧化焰有着特殊意义。

Y7位于Y1西南10米处，它们在同一层位上，但由于烧成工艺的不同，窑形和结构也有差异。Y7亦系就地挖坑，建成土圹，整体呈椭圆形，坐南向北，由窑门、火膛、窑室、烟囱、窑口等部分组成。其中窑门位于窑的北端，门高1.12米，宽0.75米，进深0.65米。门额收成弧形顶，门底平铺6块小砖，应是为通风和投放燃料而设置的。火膛位于窑门和窑室中间，由门向里伸展呈扇面形，弧形顶。南北长1.6米，东西宽0.68—2.18米，通高2.55米。火膛土壁全烧成青蓝色。窑室在火膛后侧，前后平整，两侧微向外弧，窑顶内收成弧形顶。南北长2.57米，东西宽2.18—2.5米，通高2.02米。窑底用黄砂土铺垫，高于火膛，便于在窑室内充分利用热能。烟囱共计5个，排列于窑室后壁，中间烟囱较大，高出地面，并直通窑顶。而两侧的四个烟囱分别向上延伸，还向内弯曲成对称的弧线形，通向中

图 98.1 钧台窑发掘现场

间烟囱的上部，最后合五为一，由中间烟囱直通窑顶。这种并列烟囱中间上部合一，造成吸力大而回风力小，当钧瓷铜红釉开始熔解需改为还原焰气氛时，则便于随时控制。

作坊是工匠们为完成拉坯成形、修坯、施釉及雕塑纹饰等各种不同工艺流程的操作间，位于窑炉很近的地段。发现的作坊建于地下巷道两侧的3个壁龛内，龛与龛之间有土柱与墙壁，形成3个大小不一的工作间，编号为F1、F2、F3。F1面积近4平方米，开有1门；F2约8平方米，F3为15平方米，各有2门。工作间与Y1、Y7和另一座残窑炉有巷道相通，便于操作与管理，又很隐蔽，可能与官窑性质有关。

出土遗物相当丰富，其中窑具有匣钵，数量最多，可分为筒状匣钵、漏斗状匣钵、盆状漏孔匣钵三种；窑塞，为不规则长条弧形状，主要用于装窑后填塞于匣钵与匣钵之间，使匣钵稳定，似乎是装窑时随手用耐火泥塞在两匣钵之间空隙处，经烧结后而形成的不规则固体物。残长6—13厘米，宽5厘米左右；锯齿状垫圈支烧，均为圆形，先用耐火泥做成圆圈，然后用刀将其上部削出斜尖呈锯齿状，经烧造后置于器物底部作为支垫。这是钧台窑的特殊垫圈支烧工艺，由于各类器形大小不一，所以锯齿状垫圈支烧也大小有别，直径9—13.5厘米，高3.6—4.3厘米；抿子，主要用于修理器坯。有鹿角抿子，为一小型鹿角磨制而成，前有弧形角尖，用于刮抿器坯，后有握手便于持拿，长11厘米，径2.2厘米。又有铜抿子，细长条状，一端弯曲成钩形柄，另一端为扁体细而长。长16厘米，最宽处0.6厘米；坩埚，为圆锅底形，敞口，弧壁，下为圆弧底，用耐火泥做成，为冶炼金属矿物之用，底存有矿渣。口径11厘米，残高11.5厘米。

出土大量宫廷使用的御用钧瓷。除少量碗、盘等日用生活器皿外，最多的是适合摆设的各种花盆与盆奁（即盆托），有方形、长方形、六边形、鼓钉式、莲花式、葵花式、海棠式、仰钟式、盃形式，以及尊、瓶、洗等工艺陈设品。不同形式的钧瓷花盆均配有相应的盆奁。禹州钧台窑所出的大量钧瓷花盆及盆奁底部均刻有从一到十的数字，经考证和与实物相对照，证实这些数字编号是为了方便花盆与盆奁的同号配套。其中数字的大小与器物的尺寸存在着密切的关系，数字大者则器体小，数字小者则器体大，即一号器体最大，十号则器体最小。这些特点是民窑产品中所不见的，它解决了历来对钧瓷花盆和盆奁底部所刻数字含义的争论。这一时期钧台窑的钧瓷产品，胎质坚固致密，釉质温润明快，造型工整，窑变美妙。最突出的是窑变釉色比故宫博物院珍藏的传世宋钧要丰富得多。出土的钧瓷窑变釉色包括天青、天蓝、月白、米黄，以及茄皮紫、丁香紫、海棠红、朱砂红等，令人心驰神往（图98.2、98.3）。

禹州钧窑的烧造时代学术界意见不一：有人认为依据传统的文献所记载，钧窑为宋代五大名窑之一，依据河南郏县黄道窑和鲁山段店窑出土的唐代窑变斑彩的花釉瓷，可视为钧瓷的源头，称之为“唐钧”，经过晚唐和五代的发展，促进了成熟宋钧的产生，包括钧瓷铜红釉的烧造成功及复杂窑变工艺技术的熟练掌控，其后宋室南迁，金元时期钧瓷再次复苏；又有人认为钧台窑烧造时间为元末明初，早不到北宋。但这些并不影响钧瓷作为中国古代陶瓷一个极为重要流派的重大历史、科学和艺术价值。

禹州钧台窑遗址1988年被国务院公布为全国重点文物保护单位；2021年入选河南考古百年百大考古发现。

图 98.2 钧瓷碗

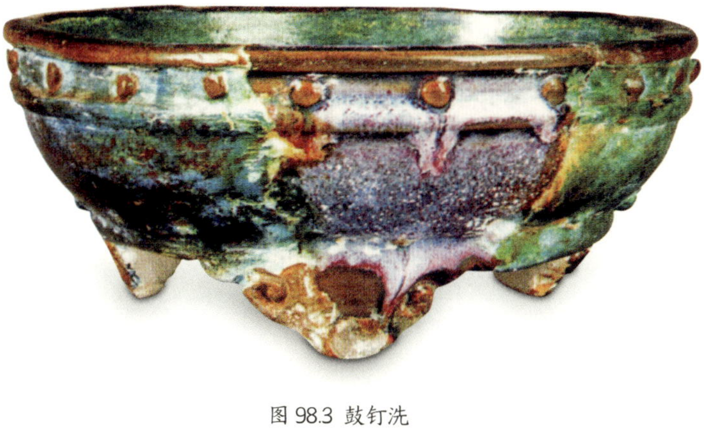

图 98.3 鼓钉洗

禹州神垕钧窑遗址

禹州神垕钧窑遗址位于禹州市神垕镇西南部的刘庄村（刘家门），还涉及与之相邻的白峪村及河北地一带。1964年北京故宫博物院曾对神垕钧窑址进行调查；2001—2002年，北京大学考古文博学院与河南省文物考古研究所联手对遗址进行主动发掘，揭露面积650平方米，清理窑炉8座，石砌澄泥池3座，灶1个，以及窑前工作场所3处，出土大量瓷器和窑具残片。

有的窑炉保存相对尚好，其中窑炉Y1是一座土洞式长条形分室窑炉，约在北宋末期到金代。残长12.92米，宽2.26米，窑室为长方形，中间以一道土石砌建的矮墙将窑室隔为前、后室。在前室和后室的南壁各开了3个添火孔，有的尚存有拱顶。1号添火孔长1.2米，宽0.88米，高0.35米。在窑底和添火孔中发现大量草木灰，表明该窑是以木柴为燃料的。在窑壁上涂抹耐火泥，全部被烧结。窑尾部是一个圆形大烟囱，以石砌小孔与窑室相连，烟孔口径1.1米，高0.06米，应是该窑唯一的排烟道。Y1窑炉形制特殊，既不同于北方常见的馒头窑，也不同于南方流行的龙窑。有专家认为，这种窑在热功能上十分合理，从前到后依次生火烧制，这有利于充分利用热能，提高烧成温度，这是北方的窑工们，借鉴南方龙窑的成功经验，结合北方实际情况的一种创新，为北方地区烧造瓷窑炉发展史的研究提供了新资料。

窑炉Y4由窑前工作面、火膛、窑床、烟室、护墙组成。窑的前部破坏严重，窑的后部保存尚好。南北残长4.8米，残宽3.81米，残高1.65米，是北方地区常见的马蹄形半倒焰馒头窑。从堆积物和火膛、窑床及烟囱的烧结程度看，该窑以煤为燃料，时代为金代。

窑炉Y3，为一座元代土洞式窑炉，平面近方形，由窑前工作面、进风道、火膛、窑床和烟囱组成（图99.1）。总长3.72米，宽2.9米。窑的整体，包括窑前工作面都是在生土中挖建的，长形进风道，后接长方形火膛，深0.56米。火膛内发现大量柴灰和炭屑，证明仍以木柴为燃料。进风道与火膛部分有0.07米的被烧结成青砖状的硬结面。窑床呈横长方形，通过3个排烟孔与后边的抹角长方形烟囱相连。该窑仍属于北方的馒头窑系统，但有大而深的火膛，其青灰色的烧结面表明此窑主

图 99.1 神垕 3 号窑

烧还原火焰。发掘者认为在北方地区已普遍用煤作燃料的元代，钧窑仍以烧柴为主，这大约与钧窑的烧成气氛和曲线有关。

禹州神垕钧窑址为民营窑址，与禹州城内钧台窑址的官窑在性质上有别，因此，其产品并不十分规范，除生产钧瓷之外，还有相当数量的其他各类民间用瓷。发掘者根据地层叠压关系的早晚，将神垕钧瓷窑址分为三期五段。第一期前段为北宋末期即徽宗和钦宗时期（公元1101—1127年）。钧瓷已经出现，数量较少。以青釉瓷为主，还有素胎器和少量的黑釉瓷及白釉瓷。器形有碗、盘、洗、盒、盆、注壶、罐、瓶、香炉、器盖、枕等。部分器物如莲瓣洗、圆洗、鋬耳洗、菱口折沿盘、海棠盘等，明显是仿金银器。钧釉器物的釉层较薄，釉的流动性不强，釉色淡雅匀净，部分器物布满小块开片。口部和器物转折处呈赭绿色，在器体部位则是淡粉红色，器物上有大片的红彩。钧釉器物在器足底部加施一层酱褐色的护胎釉，部分器物采用裹足刮釉的方法，还有部分产品采用裹足支烧的方法，底部留下支钉痕。有些器物采用匣钵单烧法装烧，见有不同形状的漏斗形匣体。

第一期后段约为金代前期，即金太宗天会五年至金海陵王正隆五年（公元1127—1160年）。与第一期前段相比，器物的质量呈现某种衰落迹象。出土钧釉瓷中不见海棠长盘及各种精美的圆洗。钧釉器天蓝色不似原来的匀净淡雅，开始出现较强艳的釉色，如较深的天青釉和浅淡近白的月白釉等，且同一器上釉色的差别较大，显得斑驳多彩；发现少量的红釉器，出现施于碗、盘内底，聚成物形规

图 99.2 神垕窑出土钧瓷盘

图 99.3 早期地层出土钧瓷片

整的紫红斑，多呈规则的弯曲细条状。大部分器物施釉至足，足心无釉。部分足心有釉的呈釉滴状，似随意一点而成，不如第一期前段的裹足刮釉规整细致。

第二期的年代为金代后期，即金世宗大定元年至金亡的金哀宗天兴三年（公元1161—1234年）。钧釉器数量有所增加，器形也很丰富，包括各类碗、盘、罐、盆、水盂、瓶、香炉、盏托等。釉色多为天青色，因烧成因素而形成深浅不同的天蓝、天青、灰蓝等色，此外，还有部分灰赭色、月白色等，釉面仍较光洁润泽。紫红斑比较多见，施于碗、盘等器壁上，呈块状或条形，边界分明。

第三期前段年代相当于蒙古时期到元代前期的元成宗大德十一年（公元1235—1307年）；第三期后段为元武宗至大元年到元末（公元1308年—14世纪中叶）。钧釉瓷仍然相当繁盛，器形有各种碗、盘、盆、钵、瓶、罐、香炉、盂、洗、盏托等。釉色变化丰富，天青釉器皿有所减少，月白色釉开始较多出现，还有紫蓝色、褐绿色等。钧釉的流动性很强，同一件器物上不同部位也会因釉层的厚薄和烧成因素的不同而呈现多种色彩，过渡部分还常有白色或灰蓝色的针状结晶，即所谓“兔丝纹”，釉层较厚且不匀，乳浊感强，釉面光亮，多密布小棕眼。在大中型香炉的颈部和腹部，以及大瓶的腹部等较大的器皿上，开始出现堆贴花装饰，但纹饰较疏朗。碗、盆内壁和罐上带紫红斑的器物增多，达到了高点（图99.2、99.3）。

对于禹州神垕钧窑的年代，学术界也存在一些争论，有专家指出，神垕钧窑最早为金代，上溯不到北宋末期。学术争论是很正常的，这同样不能影响禹州钧窑在中国古代陶瓷史中无可替代的重要学术地位。

禹州神垕钧窑遗址2006年被国务院公布为全国重点文物保护单位；2009年入选全国最具中华文明意义的百项考古大发现；2021年入选河南考古百年百大考古发现。

延津沙门古黄河渡口城址

延津沙门古黄河渡口城址，地处古黄河故道，位于延津县西北榆林乡沙门村东北，南距现今的黄河约35千米。这一带当地俗称“吴起城”，相传为战国时期魏国著名军事家吴起扼守黄河渡口时的屯兵处。明清时期《延津县志》中也有记载。2006—2007年，为配合当地榆东经济开发区建设，对沙门城址进行抢救性考古勘探和发掘工作，勘探范围100万平方米，发掘面积4000平方米。

沙门城址历史上长期位于黄河南岸，是古代一处重要的黄河渡口。这里宋金时期称为宜村（黄河南岸渡口），地处京师开封北上卫辉府的水陆交通要道。金代后期黄河改道，流经城址之南。《金史·地理志》记载：“卫州，……贞佑二年（公元1214年）七月城宜村，三年五月徙治于宜村新城，以胙城为倚郭。正大八年（公元1231年）以石甃其城。”胙城县治为避风沙亦迁于此。蒙古蒙哥汗元年（公元1251年）卫州治所由宜村新城迁回汲县（今卫辉市）。后宜村城逐渐被风沙所掩埋。

现存城址平面大致呈北窄南宽的梯形，西城墙、北城墙、东城墙北段保存较好，南城墙（在古黄河大堤的基础上建筑）及东城墙南段遭到破坏而上部无存。北城墙长约740米，墙宽35米，残高约2米；东城墙长约640米，墙宽35米；残高约2米；南城墙上部近年被破坏，长约1000米；西城墙长约800米，因上部积沙很厚，宽度不详，残高逾3米。城址北部平坦，南部因被沙丘覆盖地势较高。经过大面积勘探，在西城墙、东城墙和北城墙各发现一座城门。南城墙因依托黄河大堤而无门。城内发现多条道路遗迹和两条东西带状生活密集区。南城墙外1000米处是码头所在地。西城墙外侧为黄河古河道。

沙门遗址发现有城墙、道路、房址、水井、农田、灰坑、墓葬等遗迹；出土大量瓷器、陶器、釉陶器、石器、玉器、骨器、铜器、铁器及建筑构件、冶炼遗存，动物骨骼等遗物。可以确认沙门城址属于宋金时期，最晚可以到元代初年。可以说是收获满满，以下几点尤为突出。

其一是对宋金元时期黄河渡口的城址首次进行考古发掘，城内出土大量的砖瓦等建筑遗物（图100.1），包括较多的绿釉筒瓦和龙首纹瓦当，表明城内有高规格

图 100.1 沙门城址出土建筑构件

的衙署和寺庙建筑。还发现有10多眼水井和较多的宋代钱币，反映当时城内居民较多，商业也很繁荣。

其二是对宽度达80米的南城墙（黄河大堤）做了解剖清理。发现南城墙是在早期夯土（古黄河大堤）的基础上加宽加高夯筑而成。如此宽的墙体与兼顾黄河防洪有关。在南城墙内侧还见有宋金时期的道路及车辙痕迹，车辙的宽度为1.45米，这也为了解当时的交通状况提供了确凿资料（图100.2）。

其三是发现了较多的穿孔石块，可能与运输或商业交易中挽系牛、马等牲畜有关。另外在城南约1000米处，施工部门挖出10余块大型穿孔石，这些重达数吨的穿孔石应与码头挽系船缆有关。城址西城门等处大量礌石的发现，与城的军事防御有关。在西城墙处发掘出土了大量块体较大的石块，这与文献记载的“以石甃其城”相吻合。

其四是宋金时期大面积农田遗存的发现尚属首次，可知当时的垄作农田田垄的宽度约为0.25米。在清理的一部分农田中，田内人的足迹和牲畜的蹄印清晰依然（图100.3）。

其五是在城址内出土的瓷器品类多，数量丰富。瓷器从釉色上可分为白釉瓷器、黑釉瓷器、青釉瓷器、黄釉瓷器、钧釉瓷器、白地黑花瓷器、花釉瓷器、酱釉瓷器、红绿彩瓷器等。器形有盘、碗、碟、盏、盏托、壶、瓶、盆、罐、盂、香炉、尊、枕、灯、俑、骰子、棋子等（图100.4）。瓷器的装饰技法可分为划花、刻花、印花、贴花、剔花、绘花等。许多瓷器足底部还墨书有“张”“小王”“李”

图 100.2 南城墙夯层夯窝发掘现场

图 100.3 农田发掘现场

图 100.4 红绿彩骑马瓷俑

等题记。此外，还出土有丰富的三彩枕、灯、炉和孔雀蓝印花盘等精美的釉陶器。这些瓷器及釉陶器的大量出土，可以印证沙门城址黄河渡口的商业性质，是当时瓷器等各类商品转运、交易的集散地，也说明这里是州治所在地的可信性。

其六是沙门城址还出土有大量的冶炼坩埚及炼渣，说明这里有冶铸手工业作坊的存在。

上述考古发现展现了沙门城址宋金时期农业、手工业、商业、交通、黄河堤防建设、城市军事防御设施、城市规划布局和各类建筑、城内居民社会生活等诸多方面的繁荣景象。值得注意的是，沙门城址存在有“城摞城”的现象。在现今地下水位线（距地表深约6米）以上，发现汉代至南北朝、唐宋、金元时期不同时代的遗存相叠压。另在城址南城墙下的古黄河大堤底部夯土层中，还发现战国至西汉时期的板瓦、筒瓦和一些陶器等残片。这为寻找战国时期的“吴起城”提供了一点线索。由此可以彰显沙门城址具有重大的历史、科学和艺术价值。

延津沙门黄河渡口城址2013年被国务院公布为全国重点文物保护单位，2021年入选河南考古百年百大考古发现。

荥阳明代周懿王墓

荥阳明代周懿王墓位于荥阳市贾峪镇鲁庄村东北，2016年为配合郑州豫能热电有限公司2x660MW燃煤供热机组项目的建设工程，在这一带进行考古发掘。共清理各个时期墓葬115座，其中就包括明代周懿王与其王妃王氏的合葬墓。该墓地由寝园建筑、周懿王墓和祔葬墓等几部分组成。

周懿王墓坐北朝南，由长斜坡墓道、砖砌琉璃仿木门楼、夹门墙、随门墙、封门和土圹砖券墓室等部分组成。墓道长35.5米，宽2.5—3米，深8.18米。墓室前部有琉璃瓦覆顶的单檐仿木朱饰门楼，门楼通高4.9米，面阔5.5米；门楼两侧为须弥座式方柱形夹门墙，夹门墙两侧为随门墙。随门墙墙顶以灰色板瓦覆盖并以筒瓦合脊。两侧随门墙上部与墓室券顶结合处，均有以残砖或土坯摆砌的挡土矮墙。门楼正中为墓门，由内、外两层灰色条砖垒砌封堵（图101.1）。其中外层封门砖底部正中有方形砖龛，砖龛高0.52米，宽0.52米，进深0.36米。龛内竖置汉白玉描金墓志一合。墓圹为长方竖穴土坑，砖砌墓室长7.4米，宽5.7米，高4.9米。东、西两壁底部各有一个拱形壁龛，北壁底部正中有三层灰色条砖横向摆砌的“凸”字形砖台，墓室底部四角均有朱砂点画的痕迹。墓室中北部有两个并列的砖砌棺床。从残存的痕迹看，两位墓主人的葬具均为一棺一椁。其中周懿王内棺外壁髹以红漆，并通体沥金，内壁衬有素绢类的织物。遗骨残缺，散落在墓室北壁之下。

墓室内壁布满彩色壁画，其中顶部和北壁保存较好。画面整体表现的应该是《佛说阿弥陀经》所描绘的西方极乐世界的庄严圣境。顶部画面以云气、花卉、乐器为主要内容，花卉有牡丹、菊花、莲花等；乐器有八件：西侧由南向北依次为鼓、钹、笙、拍板，东侧由北向南依次为羯鼓、轧筝、铛、横笛。东西两壁画面基本对称，下部为栏杆、荷花，中部均有三株菩提树。北壁上部为房屋，其中正房为庑殿顶，厢房为歇山式；中部绘有三株菩提树；下部为彩色云气。壁画色彩以黑、红两色为主，间有青、绿、黄、白诸色。壁画整体具有写意特征，有一定的艺术效果，绘制技法是“墨线成形，色彩成韵”的传统绘画方法，更符合一般百姓的审美要求，应是出自民间画师之手（图101.2）。

图 101.1 周懿王墓封门

图 101.2 墓内壁画

墓葬多次被盗，受水浸等自然损毁严重，墓内淤土厚达4米左右。出土遗物有铜、铁、铅、陶、瓷、石、蚌等质地的遗物共50件（套）。其中有镜、圆盘、火盆、带链火箸、剪刀、炉、熨斗、铺首、合页、铆钉等铜器；抓钉、铭旌钩等铁器；香炉、烛台、灯台、盒、罐、长明灯等铅器；灯座等陶器；白釉及酱釉双色碗等瓷器；另有小件带刃蚌器等。其中最重要的遗物当属1合墓志。汉白玉质，志盖与墓志相向而合，外部束以铁箍，并有6个楔形铁垫加固。志盖横宽48.3厘米，纵长48.5厘米，厚6厘米。正面阴刻双钩篆书“周懿王圹志”5字，周边纹饰填朱砂，字口内先填朱砂而后涂金。墓志横宽47.8厘米，纵长48.5厘米，厚5.7厘米。墓志阴刻楷书，字及周边纹饰均填朱砂，共15行，满行20字。志文曰：“周王讳子埅，周简王之子也，母孟氏，永乐二十一年（公元1423年）二月十九日庶生，正统六年（公元1441年）九月初九日封为通许王，天顺元年（公元1457年）九月十五日袭封周王，成化二十一年（公元1485年）六月初九日以疾薨，享年六十三岁。妃王氏南城兵马副指挥斌之女，子八人，女五人。讣闻，上辍视朝三日，遣官赐祭，谥曰懿，命有司治丧葬如制。皇太后、东宫及文武衙门皆致祭焉。以成化二十一年十月二十五日，葬郑州荥阳白狮子庄槐东保之原。惟王宗室至亲，茂膺封爵，享有大国，贵富兼隆，寿考令终，复何憾焉，用述大概，纳之幽圹，以垂不朽云。”200条字的简略墓志，介绍了周王朱子埅的生卒年月及两次封王的经历，以及王妃王氏之家世。

周懿王祔葬墓分列东西两侧，南北向排列。东侧祔葬墓共7座，盗扰严重，其中5座为竖穴土坑墓，1座为长斜坡墓道砖券墓，1座为带有台阶的长斜坡墓道土洞壁画墓。其中的砖券墓位于5座竖穴土洞墓土坑墓南侧，坐北朝南，由出土墓志可知是周懿王另一位夫人蔡氏墓。西侧祔葬墓由1座砖券墓和4座竖穴土坑墓组成，皆坐西向东，砖券墓位于北端，东部有长斜坡墓道。

通过考古发掘获得如下几点认知。一是周懿王墓的位置。据清《荥阳县志》载，周懿王墓位于槐蔺（今荥阳市贾峪镇槐林村），距荥阳县城四十里。以往的研究者根据文献记载和神道石刻的发现情况，多认为周懿王墓在槐林村东双楼郭村的“王坟”。后来又根据一些新的调查和分析资料，认为双楼郭村所谓的“王坟”应该是周敬王墓，而周懿王墓则被大体推定在荥阳贾峪镇的卧龙凹村西。本次考古发掘周懿王墓志明确说周懿王“葬郑州荥阳白狮子庄槐东保之原”，说明今天的荥阳市贾峪镇鲁庄村即明代的“白狮子庄”，这就证明清乾隆《荥阳县志》的记载有误。

二是关于明代封藩亲王墓葬的形制变化，从考古发现可知，明代亲王墓葬从早到晚，由多室墓逐渐简化到单室墓。有明一代，随着宗室人口生齿日繁，其相应的各项费用也随之增多，明朝政府面对巨大经济压力，天顺年间及其后不断颁布政令，以减少各王府的造坟开支。明天顺二年（公元1458年）颁布合葬令："天顺二年奏准，亲王以下依文武大臣例，或王或妃有先故者，并造其圹，后葬者只令所在官司起倩夫匠开圹安葬。继妃则祔葬其旁，同一享堂，不许另造。"周懿王葬于成化二十一年（公元1485年），墓室为单室，可见是严格按照当时的合葬制度"并造其圹"。

三是关于随葬品，多数为明器，在明成化五年（公元1469年）之前，宗室人员丧葬所用明器均是"工部委所司制造"，是年六月礼部奏请"凡其明器宜令工部具例品式，下所在有司就彼制造给用"，亦即成化五年以后宗室人员丧葬使用的明器，由各藩所在地的衙门机构根据工部提供的样式在本地安排制造，周懿王墓出土的明器随葬品应是此类。其次，该墓出土的纯铅制随葬品部分铅器器表有鎏金现象。这类现象仅见于明代亲王墓葬，而次一级的郡王墓葬则无。说明鎏金器物的使用和墓主的生前身份是一致的。另外，从残存的遗物看，周懿王墓出土的随葬品应有两套，分属于两位墓主。如剪刀和熨斗等器物，虽然形制相似，但明显不是同一批铸造的器物。表明周懿王与其王妃王氏应各自拥有一套明器。

四是墓内出土墓志问题。该墓为周懿王与王妃王氏合葬墓，但仅出有周懿王一合墓志，而王妃王氏墓志则未发现。发掘者发现将周懿王墓志盖顺时针旋转90度，可在现有刻字之下辨识出"周王妃王氏圹志铭"八个双钩篆字的笔画残迹；志文石亦可辨识出部分志文"成化二十年九月……六月□□日葬于……墓□敢旌哉……王斌之女……册封……赐祭营葬……铭曰……母□□□……□德之□……樛木逮下……荥阳之野……"，根据墓志残存的痕迹，并参考相关文献，可以确定周懿王的墓志是用王妃王氏的墓志改刻而成的。这在考古发掘中是十分少见的。关于墓志改刻的原因可能与周懿王突然薨世并仓促下葬有关。

荥阳明代周懿王壁画墓的考古发掘，为研究明代诏封皇室藩王丧葬的规制提供了全新的资料，有重要的学术价值。2016年入选河南五大考古新发现；2021年入选河南考古百年百大考古发现。

开封明代周藩永宁王府遗址

开封明代永宁王府遗址，位于开封市鼓楼区省府西街路北、城隍庙街中段路西。永宁王为明代周藩郡王，据《明史》记载，永乐初年诏封第一代周定王朱棣橚的庶六子朱有光为永宁王，万历二十六年（公元1598年），末代永宁王朱在鎧薨，因无子嗣而除国，共历八代196年。2017—2018年，开封市文物考古研究所对永宁王府遗址进行考古勘探与发掘。

遗址距今地面深约5米，叠压在厚约2.5米的淤积黏土层下。经勘探实测，整个王府遗址坐北朝南，平面呈长方形，南北通长约200米，东西宽115.7米。周边围筑有宽约1.6米的夯土包砖墙。遗址建筑包括中、东、西三处院落，中院为中轴线主院，东院和西院为两侧的跨院。重点对中轴线主院进行考古发掘。主院布局为中轴对称的四重三进式院落，中轴线建筑自南向北依次为王府南大门、隔墙（照壁）、仪门、前厅房、后厅房、花园（假山、水池）等（图102.1）。

图 102.1 永宁王府遗址

南大门（F9）为一座面阔五间（19.7米）、进深两间（8.8米）共有三扇大门对应有台阶三道，台阶前左右两侧各有一上马石。绿琉璃瓦屋顶，瓦当、滴水等建筑构件以龙纹为主。大门两侧有八字墙，墙面涂红，蓝琉璃瓦墙帽，墙宽1.6米。大门北侧正中有三条斜坡道通往院内。大门内侧与仪门之间有一道东西向隔墙将两门之间分为南北两部分，隔墙东端南北两侧有掖门相通（图102.2）。

仪门为面阔三间（12.8米）、进深两间（8.6米）的高台屋宇式建筑。门北侧东、西两端有门房。灰瓦绿琉璃剪边屋顶，绿琉璃瓦以龙纹为主，间有少量花卉纹。仪门前有斜坡式踏跺一组，垂带石包边。中线残存陛石3块，靠下端2块陛石雕刻有海浪及游鱼等纹饰。仪门北端有高台甬路（L1）通往前厅房月台，甬路宽3.2米，高0.8米。路中线及边缘铺青石板，中间夹铺青砖。甬路东、西两侧天井内各植树1列，每列4株。甬路两侧为前厅所附属的东、西厢房，两厢房亦为高台式建筑。西厢房面阔五间（19.7米），进深两间（9.4米）；东厢房面阔五间（20米），进深两间（8.9米）。厢房明间前均有台阶5级，通往天井，厢房北半部台基与月台相连。

前厅房（F1）为王府内规模最大、规格最高的建筑，面阔五间（24.7米），进深三间（19.8米），室内近一半区域被清代建筑基础所打破，另一半区域仍残存铺地方砖。房前有青石板铺砌的台阶3级，台阶下为月台。从房屋四周坍塌堆积的建筑构件判断，屋顶铺绿琉璃瓦，瓦当、滴水多饰龙纹。西墙外坍塌砖瓦堆积中出土正脊鸥吻拼块2件，复原后正吻通高为1.21—1.44米（图102.3）。

后厅房（F10）及附属东、西厢房（F4、F5），位于前厅房北侧，该区域破坏较为严重。后厅房面阔五间（24.7米），进深三间（13.5米），残存台基及零星铺砖。房前月台东西长13.4米，宽约6米，高0.8米。月台南侧有高台甬路（L2）通往前厅房，甬路宽3.1米，高0.8米。甬路两侧为后厅房附属东、西厢房，仅存部分墙基及零星铺地砖、石柱础等建筑构件。东厢房面阔五间（18.3米），进深两间（6.9米）；西厢房面阔五间（17.7米），进深两间（7.5米）。

后厅房向北约12米处，为灰土层层堆砌而成的一座假山，残高近5米。假山北坡有池塘一处，南北长5.8米，东西宽4.7米，深1—1.3米。假山北侧为王府北墙。

从上述考古发现可以看出，永宁王府中院每座主体建筑之间，沿中轴线有踏道或甬路相连。前厅房与后厅房均有附属的东西厢房。仪门、甬路（L1）、前厅房、甬路（L2）、后厅房组合形成了两组“工”字形殿堂，这是王府建筑的核心所在。

另有一些墓葬或人骨值得关注。在前厅房明间中部偏北铺地方砖下发现墓葬1座（M1），墓室内有棺木2具，棺内各有人骨1具。东部棺内为男性，约35—40岁，随葬铜镜1件、铜牌1件及一些铜钱；西部棺内为女性，约50—55岁，随葬铜臂

图 102.2 南大门

图 102.3 前厅房及月台、甬道

1件及珍珠、珊瑚串珠若干颗。此外，在遗址不同地点的淤积层下，还见有人骨13具，姿态各异，显系非正常死亡。

永宁王府遗址内出土陶、瓷、石、玉、金、银、铜、锡、琉璃、木、骨、角、贝等各类遗物1600多件（套），主要为生活用品、供器和建筑构件等。其中瓷器以青花碗、碟、盘、杯居多，也出土一些夹砂粗瓷和灰陶罐、盆、缸、瓮等大件器皿（图102.4）；杂类有铜镜、木雕板、象棋棋子、铜簪等；建筑构件以琉璃为大

图 102.4 青花瓷器

宗，包括筒瓦、板瓦、瓦当、滴水、鸱吻、垂兽、走兽、脊饰砖、当沟瓦等；供器主要为香炉及瓷、铜造像等。此外，在南大门出土银锭700余克，明代晚期铜钱8000多枚；南大门台阶前出有木匾额1块，楷书匾文“昭代贤宗”，上款题“赐进士第知阳武县事甄淑为”1行12字，下款题“永宁王府掌理府事肃溱立 万历壬子岁中冬吉旦”2行20字。万历壬子岁即万历四十年（公元1612年）。匾额长2.83米，宽1.02米，厚0.03米。遗址的建筑规格和体量、绿琉璃瓦构件的使用、万历壬子岁的“昭代贤宗”木匾额等，佐证了这里当为明代永宁王府遗址。

据文献记载，明崇祯十四年（公元1641年）三月，李自成军久攻开封城不下，至崇祯十五年九月，决黄河水灌开封，包括永宁王府在内，城内建筑毁弃者十之八九，开封城遭受灭顶之灾。该遗址开口于淤土层下，正是当年洪水灾难在地层学上的反映，王府内淤土层下13具非正常死亡的人骨，也应与洪水灾难有关。开封明永宁王府具有明确的始建和毁弃年代，也是目前国内已发掘的保存状况最好、遗物最丰富的明代早期郡王府遗址。这对研究明代郡王府规制有重要意义；对研究明代政治、经济、文化的社会面貌有重要学术价值。

开封明代周藩永宁王府遗址2018年入选河南五大考古新发现；2021年入选河南考古百年百大考古发现。

后记

笔者全力以赴撰写的《河南考古百年志》，终于迎来了收官阶段，完成了多次修改的书稿。最后再写上短短的“后记”，其实概括起来只有两个字“感谢”！

在全书的编写过程中，得到许多文博单位相关人员的大力支持。其中包括河南省文物局贾连敏副局长等人，河南省文物考古研究院刘海旺院长和孙凯、吴小玲、韩凯英等人，河南博物院马萧林院长和孙广清等人，郑州市文物考古研究院顾万发院长等人，开封市文物考古研究院王三营院长等人，洛阳市文物考古研究院史家珍院长等人，三门峡市文物考古研究所郑立超所长等人，安阳市文物考古研究所孔德铭所长等人，濮阳市文物保护管理所刘朝彦所长等人，鹤壁市文物考古研究所阎建新所长等人，焦作市文物考古研究所韩长松所长等人，新乡市文物考古研究所李慧萍所长等人，平顶山市文物工作队孙清远队长等人，许昌市文物考古研究管理所车飞所长等人，漯河市文物考古研究所张珂所长等人，驻马店市文物考古研究所李安娜所长等人，南阳市文物考古研究所乔保同所长等人，信阳市文物考古研究所牛长立所长等人，商丘市文物考古研究院王良田副院长等人，周口市文物考古所李全立所长等人，济源市文物工作队许召东队长等人。还有中国社会科学院考古研究所洛阳汉魏城队钱国祥等人，洛阳唐城队石自社等人，偃师二里头队赵海涛等人，偃师商城队陈国梁等人，安阳工作队何毓灵等人，北京大学考古文博学院李伯谦、王幼平等人，郑州大学韩国河副校长等人，河南大学历史文化学院袁俊杰、刘春迎等人。另有河南省图书馆杨向明，在查阅核对资料、电脑打字、扫描照片、文字初稿修订和校对等诸多方面，给予帮助。本书的出版离不开科学出版社的工作，向负责本书的张睿洋编辑致以诚挚感谢！最后还要特别感谢河南省委原常委、郑州市委原书记、郑州中华之源与嵩山文明研究会会长王文超先生，数十年来，他一贯关心和支持河南的文物考古事业。这次又亲自打电话给作者，要求把《河南考古百年志》做成精品，这无疑是巨大的鞭策和鼓舞！

“行走河南，读懂中国。”可以说《河南考古百年志》是集体合作的成果。谨向上述单位和个人，表示诚挚的感谢。

作　者

2023年4月